思想觀念的帶動者
文化現象的觀察者
本土經驗的整理者
生命故事的關懷者

Psychotherapy

探訪幽微的心靈，如同潛越曲折逶迤的河流
面對無法預期的彎道或風景，時而煙波浩渺，時而萬壑爭流
留下無數廓清、洗滌或抉擇的痕跡
只為尋獲真實自我的洞天福地

第二版

從嬰兒到青少年

EMDR

應用於兒童
心理治療之藝術

羅比·阿德勒－塔皮亞 (Robbie Adler-Tapia)
卡洛琳·賽圖 (Carolyn Settle)

謝馨儀、朱品潔、余芊慧、陳美秀、楊雅婷——譯

鄔佩麗——審閱

EMDR and the Art of
Psychotherapy With Children

Infants to Adolescents, Second Edition

目次

譯者簡介

謝馨儀

臺灣師範大學教育心理與輔導學系學士

臺灣師範大學教育心理與輔導學系諮商心理學組碩士

永恩心理諮商所所長／諮商心理師

EMDRIA 認證 EMDR 治療師

朱品潔

臺灣師範大學教育心理與輔導學系學士

臺灣師範大學教育心理與輔導學系諮商心理學組碩士

尚語身心診所諮商心理師

頂溪心理諮商所諮商心理師

EMDRIA 認證 EMDR 治療師

余芊慧

高雄師範大學英語系學士

臺灣師範大學教育心理與輔導學系諮商心理學組碩士

師大僑生先修部專任諮商心理師

EMDR Basic Training Weekend 1

陳美秀

臺灣師範大學教育心理與輔導學系學士

臺灣師範大學教育心理與輔導學系諮商心理學組碩士

高雄市立正興國民中學教師兼輔導組長

高雄市學生輔導諮商中心內聘心輔人員

高雄市立國民教育輔導團兼輔教師

EMDRIA Basic Training 完訓

楊雅婷

中山醫學大學醫學檢驗暨生物技術學系學士

國立陽明交通大學解剖學及細胞生物學研究所碩士

國立清華大學教育心理與諮商學系研究所碩士

苗栗縣學生輔導諮商中心兼任諮商心理師

EMDR Basic Training Weekend 1

【中文版審閱序】為臺灣的孩童，建構起一個具有療癒性的社會網

自從於 2008 年在東京近郊的岐阜市與本書作者之一的卡洛琳・賽圖（Carolyn Settle）結識之後，開啟了我與這本書的因緣。

2013 年的五月在夥伴們的幫助下，臺灣 EMDR 學會將此書的第一版翻譯成繁體中文出版。當年在 EMDRIA 的 Annual Conference 會場裡，與本書的另一位作者羅比・阿德勒－塔皮亞（Robbie Adler-Tapia）博士碰面，相談甚歡。兩位作者在兒童的 EMDR 治療實務中投入甚深，令我佩服不已！因此就一直期待臺灣的兒童 EMDR 治療也能夠盡速跟上美國的步調。此次感謝心靈工坊願意協助我把此心願完成，也再度由臺灣 EMDR 學會的夥伴們來幫忙將該書的第二版翻譯出來，在此向參與此次譯書工作的所有成員表達我內心最誠摯的謝意！讓臺灣的 EMDR 治療能與美國的專業發展同步，以擴展臺灣 EMDR 治療專業夥伴的視野，進而帶給臺灣民眾最大的福祉。

在閱讀和審閱本書第二版的過程中，我的內心產生很多的震撼！自從 2008 年開始，每年在 EMDRIA Conference 中，我都會去選羅比和卡洛琳所開的課程，藉此瞭解她們現階段的實務所得，以提升我的 EMDR 治療專業能力，所以我對她們的理念與發現時有所知，並不陌生。雖然她們曾告訴我，在第二版的書中有更多精彩的片段，但是，當我拿到書時，仍然有說不出的驚喜與讚嘆！因此，我再度跟學會的夥伴們提出邀約，能夠讓第二版的內容展現在大家的眼前。感謝大家的努力，在 2023 年得以讓本書繁體中文版上市。可以想見的是，今年的 EMDRIA Conference 會場中，我又可以與兩位作者笑談她們的創意與甘苦了！

　　本書的特色之一，是將兒童 EMDR 治療用很人性化又易於理解的方式傳達給讀者。當看此書時，讀者會發現自己彷彿在跟作者一起投入於治療的過程中，書中的用語是那麼親和、生動又有趣，而治療師與孩童的互動更是躍然於紙上，讓讀者也想追隨作者的發想而遨遊其中呢！由此可見，羅比和卡洛琳是何等地用心在幫助讀者於專業工作上能夠有所突破，也精準且充分展現法蘭芯・夏琵珞（Francine Shapiro）博士生前戮力傳達的助人之衷心理念。

　　本書的第二版令人讚嘆之處，在於作者毫無保留地展露著她們多年的實務經驗，並且將此經驗擴展到足以服務更多族群。我在閱讀此書之後，不時地將所學用於我的臨床工作中，結果發現效果出奇地美好，也因此更加由衷地佩服她們的創意與實踐力，而我自己也發現在進行 EMDR 治療時，我感到有更大的空間可以去有所突破。因此真的很感謝她們兩位那麼努力又真誠地與讀者分享她們的所知所行。

　　在書中，我們可以很容易地就感受到治療師對孩童的喜愛與理解，而她們愛屋及烏，也能向孩童們身邊的相關人士賦予必要的支持與陪伴，以使孩童們得到最大的利益！而此等服務型態，雖然一直是眾所周知的最佳作為，但是能夠真正做到的助人者卻較少聽聞。我是真的很開心，能在專業領域中找到這樣的知音！雖然，多數的助人專業工作者都能盡其所能地將孩童們的福祉放在心中，去為孩童營造一個友善的生活環境，但是據我所知，能夠照顧到孩童身邊的相關人員的助人工作者並非是普遍存在的現象，實在令人感嘆！顯然，羅比和卡洛琳為我們做了最佳的示範！也希望能帶給臺灣的助人工作者看到如何有效執行這樣的理念，締造更好的服務品質。

　　另一項值得特別讚許的特點是，書中除了針對兒童及青少年為主要對象來介紹 EMDR 治療的理論與實作外，同時也試圖就兒童心理治療可使用的輔助工具做詳細的說明，此舉足以為有意從事相關工作

的助人者提供一個明確又有效能的方向。其中甚至能針對有特殊需求的孩童（如罹患拔毛症、解離症狀和家庭衝突中的子女等）之治療工作者指引明燈，而使實務工作者在兒童心理治療工作上有所依靠！相信每一位讀者都會為此而開心不已吧！

針對有意投身於兒童 EMDR 治療的助人工作者，我個人建議治療師要能與時並進。因為孩童的發展變化快速，兼以當前的社會往往超過我們的預期在產生改變。治療師要充分掌握社會脈動，才能在個案概念化、技術運用等方面有所調整與突破。本書之所以能夠推陳出新，就是在於作者永遠不畏辛勞，總是兢兢業業地在細讀孩童們隱藏在內心的困惑與掙扎，甚至與孩童一起經歷個中難以言說的種種，才能寫出如此深入且貼近孩童內心世界的好書，讓讀者可以用更細膩的心去讀懂孩童的語言。我個人從中產生諸多反思與學習，相信讀者也會有此同等收穫吧！

在本書即將付梓出版之際，我要感謝二十餘年來對 EMDR 治療有信心，長期跟我在臺灣一起努力推動 EMDR 治療的訓練與實作的工作夥伴們！過去的經驗告訴我們，我們真的可以將此技術運用在臨床實務工作中，也可以透過傳達此治療理念來促使學校的教育人員、甚至社會福利機構的兒童照顧者有信心在職場上扮演最佳的角色，為臺灣的孩童建構起一個具有療癒性的社會網，讓孩子們在治療師的照顧下，能夠安心、有信心並能追求他們快樂的人生！

值得一提的是，翻譯本書的譯者謝馨儀、朱品潔、余芊慧、陳美秀、楊雅婷都有豐富的心理治療的工作經驗，也因此更加能掌握到兩位作者撰寫此書的用心，進而反映出作者的本意。相信每一位讀者在閱讀此書時，內心都會因此而感受到被滋養，進而在自己的工作中更能照顧到孩童或青少年的需求，以使治療者的功能發揮到最高點。

最後要感謝心靈工坊為本書所投注的心力，也容許我向譯者統籌

謝馨儀心理師表達最高的敬意。由於她們的努力與嚴謹的作業程序，促使本書能夠將原作的精華所在確實地充分展現，以饗讀者。由於出版在即，疏漏難免，尚祈讀者不吝指正。

鄔佩麗 謹識

2023 年四月於頂溪心理諮商所

前言 <small>xiii</small>

在第二版的《EMDR 應用於兒童心理治療之藝術：從嬰兒到青少年》中，作者將他們全面性的 2008 年版本擴展到與嬰兒和青少年相關的資訊。貫穿第二版的指導語和腳本偏重於適合這些年齡層的發展語言。此外，有一個全新的章節特別說明如何將 EMDR 應用於非常年幼的兒童（嬰兒、幼兒、學齡前兒童），以及第二章說明如何以 EMDR 的適應性訊息處理（Adaptive Information Processing，簡稱 AIP）理論與青春期前兒童和青少年工作。

許多兒童治療師的工作對象是學齡的兒童，特別是那些由兒科醫師、老師或學校諮商人員轉介的兒童。然而，4 到 5 歲或更年幼的兒童出現不當或失常行為時，通常會到就學年齡後才被發現。因為幼童所處發育範圍，很多學前老師和父母會假定兒童的問題行為，如衝動行為、過度好鬥以及社交極度退縮等，「長大就會好了」。然而，對於受創的幼童來說，早期介入的需求是十分重要的，須能夠向照顧者提供協助和知識來辨認創傷、忽視、虐待和依附問題的症狀。

許多書籍和文章都宣告對兒童進行 EMDR 治療的成功，然而，很少有出版品討論如何處理和實施從嬰兒到學齡前兒童的治療。〈對嬰兒、幼兒和學齡前兒童實施 EMDR 治療的調整〉這個章節提供一個模板，讓臨床工作者以一個工作模型來調整 EMDR 治療，以運用在非常年幼的兒童身上，也能引導同是治療過程一部分的父母／照顧者。訊息豐富的圖表、表格、檢核表和參考資料提供了很棒的資源。

在童年階段的演變中，青少年／青少年期（12 至 18 歲）對很多家庭和治療師，尤其是以 EMDR 為主的臨床工作者而言，可能是具有挑戰性和挫敗的。EMDR 治療師該遷就 EMDR AIP 的成人模式，還是調整成兒童的範本呢？在〈為青春期前兒童和青少年修訂之

xiv

EMDR 治療〉這個章節，作者融合了這兩種做法，提供有效的策略來建立一個信任且正向的治療同盟，以及評估情緒、生理和社會發展加上適齡的技能。將個案概念化和 AIP 模式整合至治療計畫裡，不僅顧及父母的目標，也同時將青少年表達的標的項及結果一併納入，以多樣和動人的例子說明 EMDR 模式的各個階段，如何依循案主的發展程度和認知能力來調整。

根據美國兒童正向教養協會（American Society for Positive Care of Children，簡稱 SPCC；www.americanspcc.org），（a）在美國，七到十二年級的年幼兒童，每天平均有超過 5,400 例企圖自殺，有五分之四企圖自殺的青少年曾有明確的警訊。（b）整個童年到成年，受虐的倖存兒童有較大的風險出現生理、情緒、工作和關係問題。（c）兒童虐待的危險因子包括涉及受害者、家庭、施暴者和社區的問題。（d）兒虐的受害者經常對受虐反應以及與他們遭受虐待類型相關的症狀感到有壓力。（e）兒童虐待的症狀和徵兆會因為兒童的發展階段和年齡而有所不同。物質濫用與心理健康服務局（Substance Abuse and Mental Health Services Administration，簡稱 SAMHSA）網站（www.samhsa.gov）指出，「有半數的成人心理疾病在 14 歲以前就開始了，而有四分之三的人是從 24 歲前開始。13 歲到 17 歲的青少年中，有超過四成的人在七年級之前就發生過行為健康問題。」不幸的是，有許多青少年的狀況未被診斷出來，而走向了暴力、霸凌、物質濫用、青少年懷孕、憂鬱，還有很多案例選擇了自殺。

文森・費里提（Vincent J. Felitti）博士是童年逆境經驗（Adverse Childhood Experience，簡稱 ACE）研究的首席研究者，這個研究與凱薩醫療照護計畫（Kaiser Permanente Medical Care Program）以及疾病管制與預防中心（Centers for Disease Control and Prevention）一同合作。近年來，費里提博士也在以推廣創傷知情為主要目標的組織（www.trauma-informed-california.org）所舉辦之研討會，擔任客座講者。費里提的 ACE 研究顯示創傷對整個生命週期有長遠的影響：在調查超過

17,000 名聖地牙哥地區的凱薩成員，ACE 研究發現 67% 的受訪者曾經經歷過至少一個童年逆境經驗。研究同時發現，隨著 ACE 數字增加，對生活、心理與行為健康問題的風險同樣增加。令人驚訝的是，在大約 200 位與會者中，超過 85% 表示曾有超過一個童年逆境經驗。

　　從前述的數據便可證實，在社區中提供治療和家庭服務來保護兒童和青年，以防止他們發展成人心理疾患，是重要且迫切的需求。作者們曾以 EMDR 療法成功治療上百位受創兒童，其豐富的臨床經驗和熱情在這本重要的書中展露無遺。在這些章節中珍貴的策略和創意的工具，為父母以及與各年齡層兒童工作的專業人員們帶來了希望和解答。

羅碧・杜頓（Robbie Dunton, MS）
EMDR 機構統籌長

序言

　　能夠修訂我們的書和它的手冊是我們的榮幸。從第一版到現在的八年間，發生了許多事情。今日的兒童和青少年擁有的機會和面臨的挑戰較其他世代都多。他們擁有神奇的科技以及社交軟體，然而這卻讓他們更容易遇到網路霸凌；他們有途徑可以接觸到世界各地的資訊、發現和教育，但他們卻經常聽到校園槍擊案的消息。身為兒童或青少年，這是一個令人驚奇和困難的時代。然而，拜 EMDR 治療所賜，執業人員有機會幫助兒童和青少年療癒他們經驗到的創傷和干擾事件。秉持這個精神和目的，本書試圖解決今日兒童和青少年的當前問題和診斷，並影響兒童的生命軌跡。

　　本書的第二版提供了一個機會讓我們為運用 EMDR 治療與兒童工作的治療師更新和擴展資訊。第一版的內容主要聚焦於 5 至 12 歲的兒童，並有一些較年幼兒童及青少年的資訊。在這個新的版本中，內文交織了與嬰兒期至青少年期兒童工作的具體、詳細的說明和腳本，讓資訊更加豐富。兒童治療師會學到如何以發展的觀點將 EMDR 治療的八個階段應用於嬰兒、幼兒、學齡前兒童、兒童、青春期前兒童和青少年。有兩個新的章節和兩個修訂的章節：第十一章說明如何和 0 至 6 歲兒童工作，第十二章則聚焦於 10 至 18 歲的青春期前兒童和青少年。

　　在討論嬰兒、幼兒、學齡前兒童的第十一章，著重於 EMDR 治療與 BLAST 及安全照護模式（Safe Care Model）之創新的方法。這些方法鼓勵並告知治療師如何將 EMDR 治療的八個階段應用於尚未學會說話或是剛開始學習說話的兒童。治療師學習發展協調技巧，以及如何轉譯 EMDR 治療各階段的語言讓嬰兒和幼童理解。在這個章節，我們也運用一個表格說明 EMDR 治療的八個階段，以及如何視

兒童和青少年的年齡層和發展需求來調整各個階段。

第十二章聚焦於為青春期前兒童和青少年調整 EMDR 治療。兒　xvi
童和青少年的治療師將學到以青春期前兒童和青少年獨特的社會、生
理和發展需求為中心的技巧，調整治療步調和介入的時機。這個章
節也聚焦於今日年輕人面臨的當前議題，如社交軟體、霸凌、性議
題等。此外，本章節的資訊還包括如何為在重症門診計畫（Intensive
Outpatient Programs，簡稱 IOP）和精神療養院（Residential Treatment
Centers，簡稱 RTC）中的青少年調整治療的節奏。

第十三章更新了第一版的資訊，包含由美國精神醫學會（APA,
2013）出版的《精神疾病診斷與統計手冊第五版》（*Diagnostic and
Statistical Manual of Mental Disorders*，簡稱 DSM-5）以及由世界衛生組
織（WHO, 2016）出版的《ICD-10 心理和行為疾患：臨床描述與診
斷準則》（*ICD-10 Classification of Mental and Behavioural Disorders: Clinical
Descriptions and Diagnostic Guidelines*，簡稱 ICD-10 Version: 2016）中
的編碼以及最新的兒童診斷。它討論了多種童年診斷，尤其是如何
將 EMDR 治療運用於自閉症類群障礙、智能及發展障礙的兒童。第
十四章延伸到處理從嬰兒期到青春期的情境議題，聚焦於各式各樣的
主題，如家庭暴力、收養、寄養和霸凌。這些章節也透過增添工具來
加強阻塞的處理，如附錄 K 的兒童和青少年之阻礙信念問卷所示。

如同第一版，這本書另外附有一本包含腳本和指導語的手冊，讓
治療師在他或她的診療室複製及使用。本書和手冊的目的是為治療師
提供最實用的資源，使兒童和青少年的 EMDR 治療易於使用。

參考文獻

American Psychiatric Association. (2013). *Diagnostic and statistical manual of mental
disorders* (5th ed.). Arlington, VA: Author.
World Health Organization. (2016). *ICD-10 Classification of Mental and Behavioural
Disorders: Clinical Descriptions and Diagnostic Guidelines* (*ICD-10 Version: 2016*).
Geneva, Switzerland: Author. Retrieved from http://apps.who.int/classifications/
icd10/browse/2016/en#

致謝

　　作者們很感謝法蘭芯・夏琵珞（Francine Shapiro）博士、羅碧・杜頓（Robbie Dunton）和安德魯・里茲（Andrew Leeds）博士，他們對於我們將 EMDR 治療應用於兒童的研究與出版，給予指導和鼓勵。他們每位都對原版書籍和手冊中的資訊提供了專業的評論。我們很感謝金・強生（Kim Johnson）博士在編輯第一版書籍及手冊時不辭辛勞地協助，並提供嚴謹的回饋。我們也很感激雪莉・蘇斯曼（Sheri W. Sussman）、敏狄・陳（Mindy Chen）、戴博拉・薇林（Deborah Wareing）和蘇珊・布朗（Susan Brown），在本書和手冊冗長的編輯與修訂過程中，付出的專業和支持。

　　若是沒有先前所有 EMDR 兒童治療師的付出及勇氣，這兩個版本的書籍和手冊便不可能完成。去年，我們失去了珊卓拉・威爾森（Sandra Wilson）博士和卡羅・約克（Carol York）女士，她們是 EMDR 兒童治療的先驅。在修訂第二版書籍和手冊時，我們想藉著這個機會，表達對她們的摯愛和感謝。對於將 EMDR 應用於兒童的這個領域，她們的投入和奉獻不只引領了我們發展各種與兒童工作的技巧，她們的工作也影響了世界，我們將永遠懷念她們。

　　最重要的是，我們想感謝我們的兒童案主及他們的家人，讓我們有幸與他們合作，並且允許我們將他們的故事寫在案例研究中。書中所有的資訊和圖畫作品都已得到案主的允許，我們也對他們的名字和細節做了一些修改來保護案主的隱私。我們的案主和他們的家人所展現的力量與勇氣給了我們一個機會，讓我們能夠從中學習，並且和他們一起成長。

　　最後，我們想要再次感謝彼此的丈夫和家人，當我們在修訂這本書時，給我們的支持與耐心、技術上的協助，以及無數家務和差事

的支援。我們想要謝謝我們的家人——雨果・塔皮亞（Hugo Tapia）博士、邁克（Michael）、麥克斯（Max）和莫拉・塔皮亞（Maura Tapia）；以及朗（Ron）、艾利克斯・史密斯（Alex Smith）和莎拉・歐坎（Sara O'Kane）——謝謝他們的愛、支持和理解。我們愛你們！

【第一章】兒童 EMDR 治療的理論基礎與　1 學術研究：從嬰兒到青少年

　　本書是奠基於法蘭芯・夏琵珞（1989a, 1989b）所創立的眼動減敏與歷程更新（Eye Movement Desensitization and Reprocessing，簡稱 EMDR）治療和 EMDR 治療訓練方案（Shapiro, 2007）。EMDR 建構在適應性訊息處理（Adaptive Information Processing，簡稱 AIP）理論上，共有八個階段，是一個全面性、整合性的治療取向。本書所提供的訓練讓治療師能夠將 EMDR 治療完整的八個階段應用於所有年齡層的兒童——從嬰兒到青少年。本書所提的兒童適用於嬰兒階段到青少年階段，也就是 0 到 18 歲。

EMDR 治療的基礎訓練

　　EMDR 國際學會（EMDR International Association，簡稱 EMDRIA）在美國設立了 EMDR 基礎訓練的規範與訓練。目前，在美國 EMDRIA 認可的 EMDR 治療基礎訓練包含 20 小時的課程和 10 小時 EMDR 臨床實務諮詢。全球有超過 70 個國家提供 EMDR 治療基礎訓練；有些國家設立了與 EMDRIA 相同的訓練規範，有些國家則有自己的訓練規範。大多數的 EMDR 治療基礎訓練對於兒童 EMDR 應用提供了簡要的概述；然而，若治療師期待更為深入的學習，就必須參與進階的訓練方案。本書旨在提供治療師與嬰兒、幼　2童、兒童和青少年工作時的 EMDR 治療基礎訓練。

兒童心理治療領域中的 EMDR 治療

　　一個全面性的兒童心理治療理論必須包含對人類發展的闡釋（包含人們如何成長、學習、改變、互動和建立關係的假設），以及精神病理學發生的緣由。綜觀歷史，作者們試圖說明人類發展的各個階段，包含認知、心理社會和心理發展；有時，這些理論也導致了心理治療模式的發展。然而許多人類發展的理論都尚未能解釋精神病理學的發展，更別說能在人類發展偏差時提出治療模式來處理。例如，皮亞傑（Piaget 1932, 1952）創立了認知發展論，將重點放在人類如何發展出複雜的推理能力，但未能將其理論拓展到能夠解釋認知發展偏差是如何發生的，或是它會如何影響兒童的心理健康。很少心理發展理論能夠包含對心理治療的建議或是準則。儘管人類發展的理論已有不少成果，大多數的精神病理和心理治療模式仍是以成人模式為主。

　　夏琵珞（2001）發展出 AIP 理論來解釋 EMDR 治療如何能夠幫助當事人將困擾導向適應性的解決。EMDR 療法是一個全面性的心理治療方法，而 AIP 則是一個全面性的心理治療理論取向。在 AIP 模式中，夏琵珞認為當人類遇到新的資訊時，若這個經驗獲得高度的活化，人類這個有機體便會自動地同化新的訊息並導向適應性的解決。若經驗活化的程度對個體來說是難以承受或創傷性的，AIP 的進程便會受到阻礙，適應性的處理將無法進行。取而代之的是，個體會以事件發生當下所有的感受和知覺來儲存這個經驗。當資訊處理系統無法處理這個令個體難以承受的經驗，創傷事件被以其原來的形式儲存，這個事件也無法持續更新到適應性的解決。

　　當**創傷**被定義為所有對心理有負面影響的事件並且會阻礙個體健康的發展，這個令個體感受到創傷的事件就會持續影響個體的功能。當一個創傷事件發生，個體未能適應性地儲存的這些素材將在其症狀中顯現，並持續影響日常生活。如此一來，這些成為病因的事件將阻止個體自然療癒的潛能。在 AIP 理論中，夏琵珞（2001）認為情緒、

行為和心理健康的症狀都是根源於過去未能被適應性地儲存的生活事件。當這些已儲存的經驗被觸發時，當事人便會在目前的生活中感受 3
到困擾和失功能。

對兒童來說，創傷事件也會影響其神經系統的發展和所有未來的生命經驗。也就是說，兒童成長過程中會投入或是避免什麼樣的經驗，都受其過去生命經驗的影響。舉例來說，有位中度心智發展遲緩的 5 歲女孩被她的養父母帶到我的診間，她當時無法做口語表達且難以承受醫療處理。這個孩子曾遭受許多侵入性且令人痛苦的醫療處置；因此，每當她進入醫師的診療室且看到針筒的時候，便會暈過去。有時候，她暈過去並導致更多傷害。這個孩子家中有位家庭成員患有糖尿病，需要定時注射胰島素。每當這女孩看到針、空的針筒或是任何一點點和針有關連的東西，她都會暈過去。父母帶女孩來尋求心理治療，處理她對針頭和醫療行為的恐懼，因為她需要持續的醫療介入來穩定她的健康。生理上，這個孩子的系統將針筒視為威脅，並認為自己身處危險，即便針筒在很多時候是用來拯救她的生命。治療師用 EMDR 治療處理女孩對針筒和醫療行為的恐懼，這樣一來女孩便能感到安全，並在最低的創傷情況下接受必要的醫療照護。使用 EMDR 治療的非語言遊戲治療和藝術治療技巧，女孩的 AIP 系統被提取。經過八個階段的 EMDR 治療，女孩將針筒視為威脅的連結被減敏感化了。如此一來，治療將女孩被針筒引發的反應減少到像一般兒童可以承受針筒的程度。她一樣不喜歡打針，但她可以承受這些醫療行為而不會感受到像生命被威脅一般。她不再一見到針就暈過去，還能夠在玩具針筒中裝水玩。她也學會將這些攻擊技巧應用到生活的其他層面。

這個治療程序是如何發生的呢？AIP 理論假設大腦處理創傷就像身體處理傷口一樣。當生理上的傷害發生時，身體會自動尋找療癒的機制。身體會持續地康復，除非受到感染或異物等因素阻礙療癒歷程。在這種狀況下，身體原有的自然療癒歷程受到阻礙，此時便會需

要進一步介入來恢復療癒歷程。在治療過程中，EMDR 治療提供了特定的治療程序 來處理不適當儲存的訊息，讓個體恢復原有的健康軌跡。藉由提取這些記憶網絡，EMDR 治療聚焦在對這些訊息進行歷程更新，讓個體自然的療癒歷程能夠繼續。

4　　AIP 理論假定訊息需要被提取、刺激才能導向適應性的解決（Shapiro, 2007）。因此，當事人需要有能力提取並表達這些訊息，這對兒童常常是困難的，因為他們尚未發展出足夠的情緒表達能力來告訴治療師他們經驗到什麼。由於兒童在不同發展階段上的差異，治療師需要在進行 EMDR 治療前先評估當事人的發展情形，然後調整治療的作法，以符合當事人的發展需求。兒童經常是以知覺／動作的形式來儲存記憶，因此可能無法連貫地向治療師敘述事件。然而，在觸及到神經網絡時，他們便能表達感官感受。這是為什麼遊戲治療和藝術治療的技巧被認為可以催化治療過程。

　　AIP 理論也認為記憶是感官輸入、想法、情緒、生理感受和一組信念系統的組合，這裡提到的信念系統實際上可能是指後設認知。**後設認知**是一種對於認知產生認知，或是對正在思考的內容有所思考的能力。兒童可能尚未完全發展出一組信念系統能夠理解或是處理一個事件或經驗，因為兒童還沒有發展出對自身思考歷程有所認識的能力。因此，以幼童來說，提取和處理訊息的神經網絡是不同的。儘管兒童還未發展出與青少年、成人一樣的認知處理和語言表達技巧，AIP 理論依然可以解釋兒童的人格發展以及失功能行為、症狀和病理學。

　　根據 AIP 理論，如果人格發展的基礎是個體將所經歷的事件與既有的聯想記憶網絡整合，以及個體將新經驗整合至先前的認同所做的調適以便更好地適應新的情況和環境（Shapiro, 2007），則愈早介入對於個體的人格發展和整體健康將有愈正面的影響。AIP 認為，對於長期受虐和被忽視的個體，這種學習和適應性解決無法發生，因為他們沒有足夠的內在資源和正向經驗去轉化一開始的失功能狀態。當與

兒童進行心理治療時，治療師就有一個特別的機會，能經由 EMDR
治療的資源建立和駕馭技巧，提供機會拓展兒童的內在資源和正向經
驗。

EMDR 在兒童和青少年應用上的文獻評估

當查詢 EMDR 應用於治療兒童的文獻時，過去許多文獻都建議
如果沒有刪除範本中的某些步驟時，就應對範本中的八個階段做大幅
度地修改。治療師閱讀關於 EMDR 療效的公開文獻是非常重要的，
即便您通常不太閱讀研究文獻。執業治療師們應參考相關研究來引導 　5
他們的實務工作，也為能更妥善地向當事人、機構、其他提供者、
第三方付費者說明 EMDR 治療而做好準備。在目前公共衛生和社區
心理健康領域中，使用以實證為基礎的實務方法是一個趨勢，治療師
理應更有能力引用證明 EMDR 治療療效的文獻和相關研究，來支持
EMDR 治療的使用。

僅有錢姆托、中島和卡爾森（Chemtob, Nakashima and Carlson
2002）的兒童 EMDR 治療研究結果認為 EMDR 治療能夠有效地使用
於兒童身上。文獻中也提到，當兒童的年紀愈小，就需要刪除愈多
範本中的步驟，因此也背離了 EMDR 八階段的理念。在兒童 EMDR
治療上，我們思考著可以從訓練和文獻中獲得什麼結論。我們真的
無法將 EMDR 治療的標準範本運用在兒童身上，尤其是 10 歲以下的
兒童嗎？或者，若經過更多的進階訓練和支持，治療師將可以發現
EMDR 治療運在兒童身上與應用在成人身上一樣有效？帶著這些疑
問，我們開始記錄臨床工作中的發現，這些紀錄甚至來自最年幼且極
度受到虐待的兒童。

EMDR 治療的研究

　　EMDR 治療應用於成人的研究已經相當普遍，也因此 EMDR 治療被視為治療成人創傷後壓力症候群（posttraumatic stress disorder，簡稱 PTSD）最好的方法。可惜的是同樣的研究結果並未在兒童 EMDR 治療中展現。（可於 www.springerpub.com/adler-tapia 下載兒童 EMDR 治療的文獻回顧）。

　　自從夏琵珞（1989a, 1989b, 1995）於 1987 年介紹了 EMDR 治療，便發展出一連串有顯著意義的研究，支持 EMDR 治療應用於成人 PTSD 的療效。美國精神醫學會（American Psychiatric Association, 2004）、美國退伍軍人事務處（U.S. Department of Veterans Affairs）和美國國防部（U.S. Department of Defense, 2004）均認可 EMDR 是成人 PTSD 治療的選擇之一。美國國家心理衛生研究院（National Institute of Mental Health）也認可 EMDR 是治療創傷的有效方法。除了這些專業組織的支持，也有大量的研究顯示運用 EMDR 治療與成人工作的療效。世界衛生組織（World Health Organization，簡稱 WHO）、美國物質濫用暨心理健康署（Substance Abuse and Mental Health Services Administration，簡稱 SAMHSA）和加州兒童福利實證服務處（California Evidence Based Clearinghouse for Child Welfare）也都支持 EMDR 治療做為兒童心理治療的一個選擇。

6　　因為複雜的知情同意程序和各種不同環境中兒童做為樣本取得的困難，對兒童心理治療做研究是困難且成本高昂的。兒童心理治療的研究很明顯地不足，除非兒童的父母積極地參與治療。在心理治療中和兒童當事人進行隨機臨床試驗還有許多其他的阻礙，包含訓練和聘請專精於與兒童工作的治療師、複製研究，還有當兒童經過許多發展階段，而這些發展階段影響了情緒發展評估工具的變異性時，如何評估結果，以及試著控制所有會影響兒童的變數。兒童心理治療的研究需要涵蓋治療中有利於治療結果研究的相關和動態層面。目前兒童心

理治療的研究仍然受限，尤其是嬰兒、幼兒和幼童。不論方法上的挑戰如何，嬰兒、幼兒和兒童 EMDR 心理治療研究具有很高的表面效度，顯示 EMDR 心理治療是有效的治療方法。

摘要

　　不論是任何心理治療方法，治療介入是否有效都需要研究來支持，並驗證其治療模式是否為最佳實務方式。針對治療過程設計研究非常有挑戰性，需要符合特定的規範來建立研究方法的嚴謹性。針對運用 EMDR 療法於治療兒童方面，我們需要進行更多的研究，但若只有少數特定治療師受過兒童 EMDR 治療訓練，要如何進行研究呢？我們要從何處開始呢？為了能夠精確地使用 EMDR 治療範本，治療師首先需要接受標準化的 EMDR 治療訓練，再接受 EMDR 治療應用於兒童的進階訓練。這個訓練從書面手冊開始，裡面記載了讓治療師能夠遵循範本的指引。除了手冊的使用，治療師需要持續接受諮詢，並提升能夠有效實行 EMDR 治療的技巧。本書的目的在於記錄並嘗試標準化 EMDR 治療在兒童、青少年上的運用。以本書為根據，日後尚需採用隨機取樣臨床試驗，以使兒童 EMDR 治療得以具有實證基礎。這些研究也需要針對特定的主題處理，例如與受虐兒童或社福機構中的兒童工作等。

　　本章從 AIP 理論和簡要的兒童 EMDR 治療文獻回顧開始，下一個章節將為治療師提供特定的說明和範本，運用 EMDR 治療於兒童。這些說明和範本將針對 EMDR 治療使用的各個層面。而特定案例和診斷則會在後續的章節呈現。　　　　　　　　　　　　　7

　　為了評估治療師運用 EMDR 治療於兒童的成效，未來隨機取樣的臨床試驗是必要的。可惜的是，以兒童和青少年為對象的臨床實驗是非常複雜的過程，以特定的心理治療方法（包含遊戲治療）應用於兒童、被診斷有 PTSD 的兒童或是社福單位中的兒童，這方面發表的

研究非常少。目前，兒童 EMDR 治療被視為是有實證基礎的實務方法，也是治療兒童（從嬰兒到青少年）最好的實務方法之一。

參考文獻

American Psychiatric Association. (2004). *Practice guidelines for the treatment of patients with acute stress disorder and post-traumatic stress disorder.* Arlington, VA: Author.

Chemtob, C., Nakashima, J., & Carlson, J. (2002). Brief treatment for elementary school children with disaster-related posttraumatic stress disorder: A field study. *Journal of Clinical Psychology, 58*(1), 99–112.

Piaget, J. (1932). *The moral judgment of the child* [Le jugement moral chez l'enfant]. London, UK: Kegan Paul, Trench, Trubner and Co.

Piaget, J. (1952). *The origins of intelligence in children* [La naissance de l'intelligence chez l'enfant, 1936]. New York, NY: International University Press.

Shapiro, F. (1989a). Efficacy of the eye movement desensitization procedure in the treatment of traumatic memories. *Journal of Traumatic Stress, 2*(2), 199–223.

Shapiro, F. (1989b). Eye movement desensitization: A new treatment for post-traumatic stress disorder. *Journal of Behavior Therapy and Experimental Psychiatry, 20*, 211–217.

Shapiro, F. (1995). *Eye movement desensitization and reprocessing: Basic principles, protocols, and procedures.* New York, NY: Guilford.

Shapiro, F. (2001). *Eye movement desensitization and reprocessing: Basic principles, protocols, and procedures* (2nd ed.). New York, NY: Guilford.

Shapiro, F. (2007). EMDR and case conceptualization from an adaptive information processing perspective. In F. Shapiro, F. W. Kaslow, & L. Maxfield (Eds.), *Handbook of EMDR and family therapy processes* (pp. 3–34). Hoboken, NJ: Wiley.

U.S. Department of Veterans Affairs and U.S. Department of Defense. (2004). *VA/DoD clinical practice guideline for the management of post-traumatic stress.* Washington, DC: Authors.

【第二章】開始使用 EMDR 治療時，就嬰兒到青少年所提出之建議

9

　　將 EMDR 治療融入心理治療的實務工作中可能很有挑戰性。治療師通常會猶豫是否開始 EMDR 治療，因為這些階段最初會令人感到尷尬和陌生。而對於兒童心理治療師來說，這可能又更有挑戰性。若兒童治療師習慣非指導性的治療學派，且在遊戲中解釋兒童的行為，對於 EMDR 治療的使用可能又有更多掙扎。除非用不同的說法，或是在操作上針對不同的年紀及發展階段說明，本章和本書所提的兒童皆是指從嬰兒階段到青少年階段。本書將提供一個總覽，說明治療師可以如何開始經由 AIP 模式，建構與兒童的治療工作，並有效地使用 EMDR 治療完整的八個階段。

　　本章將提供一個全面性的概覽，說明如何開始用 EMDR 治療與兒童到青少年工作。在接下來的章節，我們會先詳細介紹與兒童工作時的 EMDR 治療基本技巧，接著轉換到更進階的技巧，說明如何運用 EMDR 治療於有特定診斷以及當前議題的兒童。本書的最後，將詳細說明如何針對 0 至 6 歲的兒童調整 EMDR 治療，以及如何與青春期前兒童和青少年進行 EMDR 治療。

　　最後，本書最重要的目的是提供一個最佳的實務方法給那些需要專業心理治療來改變其人生軌道的兒童。我們將聚焦於提供治療師指引和支持，幫助他們開展 EMDR 治療的實務。在本章的最後，我們將總結考量各年齡層兒童在不同的發展階段實施 EMDR 治療時各階段的建議。

10 開始使用 EMDR 治療

經由諮詢、參與學習團體與進階訓練的持續支持，明顯地可提升治療師在心理治療上有效使用 EMDR 臨床能力的自信。在本章後續內容中，將提供治療師與任何年齡層案主運用 EMDR 治療時的實務建議。此外，我們總結了給治療師的操作指南，希望能幫助治療師回到會談室時開始和案主使用 EMDR 治療。

EMDR 治療的八個階段

本章接下來的部分將以 EMDR 治療的八個階段做為標題編排，這個編排方式並非表示 EMDR 各階段是線性或連續的。相反地，這個心理治療方式的各階段常是循環進行的，當新的記憶網絡被觸及或活化而出現新的資訊時，治療師得回到前幾個階段處理。舉例來說，在個案史蒐集和擬定治療計畫之後，治療師仍可能在評估期得到關於案主過去生命歷程的新資訊或／和更詳盡的資訊。因為這個新的資訊，治療師可能會判斷案主在歷程更新的階段中需要更多額外的資源，以承受更新的過程。對於變化快速且快速經驗這個世界的兒童來說，治療師回到準備期為他們創造新的資源是很常發生的。增加案主的資源能夠幫助他們承受 EMDR 治療的創傷歷程更新階段，達到症狀的適應性解決。

在開始減敏感之後才了解到案主需要額外的資源來處理某個特定的記憶網絡，這種情況很常見。隨著治療師和案主一起發現案主是如何經驗和儲存創傷事件，EMDR 治療過程常常無法預測且充滿驚奇。治療過程中，我們經常會發現浮現的遺失片段，而它恰巧解釋了為什麼這個事件被封存在個體的記憶中，沒有隨著個體自然療癒的過程被解決。

在 EMDR 治療的每個階段，治療師都需要意識到兒童有其獨特

的過程。治療師要跟隨兒童獨特的療癒過程。此時，治療師可以把先前學習的工具整合至 EMDR 治療各階段中。治療師傾聽、調整自己與案主同步、運用臨床的技術可促進治療過程。更重要的是，治療師要能夠將成人的語言轉譯成兒童的語言，這些能力都是 EMDR 治療八階段中不可或缺的。

　　曾受訓與兒童工作的治療師可能會想要解釋兒童的想法或感受；然而，在 EMDR 治療中，治療師要跟隨兒童的引導，並以兒童可以理解的方式進行此範本。根據 AIP 理論的基礎，兒童有其獨特地經驗和形成記憶網絡的方式，治療師協助兒童提取和活化這些記憶網絡，目的是讓這些記憶在療癒過程中可以進行處理而得到適應性的解決。兒童可能需要有人幫忙以表達他們所經驗到的東西，治療師必須小心不要過多地指導兒童，以免影響了兒童自己的意思。協助兒童找到他們表達自己的用語或方式是 EMDR 兒童治療師的工作。以「我想知道」（I wonder）等字眼開頭的非引導式問題，可以幫助兒童了解治療中他或她自己的經驗是最重要的。和兒童工作的治療師必須記得，當大人提出一個問題，孩子多半會覺得這個問題有一個正確答案。治療師必須讓兒童案主理解，他們（兒童）自己的答案才是最重要的。父母的意見很重要，但是兒童本身的經驗才能引導治療。正是有了這個理論基礎，治療師才能對從嬰兒到青少年的兒童進行 EMDR 治療。

個案史蒐集、個案概念化、擬定治療計畫階段

　　EMDR 是一個整合性和全方位的階段性治療方式。AIP 理論和 EMDR 治療八階段的架構是將治療個案概念化的基礎。許多其他治療方式的重要部分都可以和 EMDR 八階段進行整合。考量到 EMDR 第一階段的目標為個案史蒐集、個案概念化和擬定治療計畫，大部分的治療師會從蒐集個案史開始，接著以個案概念化為基礎擬定治療計畫。在整個治療過程中，治療師根據個案呈現的症狀，考量個案需要什麼才能在 EMDR 治療中獲致成功的結果，治療師除了蒐集案主的

生命故事，在兒童描述他或她目前遇到的問題時，還要聆聽兒童的負向自我認知、信念、想法、情緒和身體感受。治療師記錄下兒童各方面的表現，包含信念／想法（認知）、感受（情緒）或是身體感受，可能是兒童自己說的，也可能是治療師觀察兒童的非語言訊息得到的。

　　兒童在治療中所呈現的各個主題，包含負向自我認知、信念、想法等，通常在任何其他心理治療方法的資料蒐集階段也很明顯。從 AIP 的觀點來看，EMDR 治療中這些議題的不同之處在於，症狀表現指引治療師經由八個治療階段進行個案概念化。

　　治療師也觀察兒童的感受、情緒表達和身體感受的表達，這些都是資訊被不適當地儲存在腦中的證據，這些線索皆暗示了在 EMDR 治療中，兒童可能如何更新其經驗。有時候，這些感受、情緒和身體感受都是早期事件被凍結封存在兒童的神經系統中所產生的症狀。以兒童來說，不只是傾聽和觀察案主，也需要從父母口中得到資訊，包含兒童在特定情境或事件中如何反應的詳細描述。集結了治療師的觀察和蒐集自兒童、兒童的父母的資訊，便可以針對兒童的治療所需和治療方向，形成工作假設。

12

　　在 EMDR 治療的第一階段中，治療師也會評估案主的情緒管理、情緒容忍度、情緒調節技巧、自我安撫的技巧，以及其他在任何治療方法都很重要的必要技巧。我們也會記錄兒童展現的能力水平和發展階段，以協助治療師判斷兒童在 EMDR 治療階段還需要學習哪些技巧。

向父母及兒童說明 EMDR 治療

　　以所有家庭成員都能了解的方式向父母及兒童說明 EMDR 治療是很重要的。案主的理解有助於兒童和家人投入治療過程，可以是一個簡單又直接的過程。第四章有一些明確的例子說明如何向成人與兒童解釋 EMDR 治療。一旦兒童和其家人都同意了治療的過程，治療

師便可以開始蒐集幫助形成個案概念化的資訊了。

兒童 EMDR 治療的個案概念化

　　父母提出的議題與兒童提出的議題可能有非常大的差別，治療師使用 EMDR 治療來幫助兒童形成的個案概念化要包括整合來自父母及兒童雙方的資訊。在心理治療中，進行初談（intake）和發展治療計畫的具體說明需要將案主、家人和兒童的其他照顧者一併納入。請記住，詢問兒童他自己的治療目標是非常重要的。治療師必須詢問兒童本身想要如何思考、感受和表現，或是他／她想要能夠做什麼來取代現在所做的。

　　兒童和父母不只會提出不同的治療目標，他們也常對症狀有不同的看法；父母關心的狀症對兒童來說可能不是那麼重要。父母較常指出外顯性的症狀，兒童則會提出內隱性的症狀。舉例來說，父母可能因為孩子亂發脾氣或是「崩潰」而帶來治療，但孩子可能比較擔心的是發脾氣後惹上的麻煩。這個狀況在青春期前兒童和青少年身上特別常見，例如，青少年可能擔心的是「不友善的孩子」，但父母擔心的是青少年自身憂鬱的狀況。

　　兒童呈現的議題和其父母認定的議題之差異可能會影響治療計畫，治療師需要與父母及兒童探索兩者間的差異。一個簡單的方式是問父母：「您如何知道孩子在治療中進步了呢？」父母對於孩子來接受治療的目標是什麼？詢問父母，在治療結束時，期待孩子將會如何表現、作為及感受。在第三章，我們將詳細說明在 EMDR 治療過程中要如何探索父母和兒童提供的資料，與案主及其照顧者共同建構一個為兒童所設之全面性的治療歷程。

　　從個案概念化的觀點，治療師試圖聽到創傷是如何被儲存在兒童的記憶網絡中。兒童的創傷事件經驗通常以獨特、令人驚訝的方式儲存。兒童可能會將創傷事件以富有想像力的方式儲存，例如想像成一個幽靈、怪獸，或是諸如行為或感官反應之類的隱喻。孩子可能會說

13

他無法入睡是因為衣櫥裡面有怪獸，然而治療師從父母那兒得知這個
孩子是在某次車禍之後開始有睡眠的困擾。在治療師檢視孩子如何經
驗這個世界，以及孩子如何儲存那些讓他們前來接受治療的痛苦和創
傷事件時，治療便已經開始了。

　　由於兒童經常是現在導向的（present-oriented），治療師的個案
概念化包含決定用 EMD 或 EMDR 治療。EMD 聚焦在單一事件的減
敏感程序，這較常出現在單一意外事件，例如車禍意外或是被狗咬
傷。第十四章對 EMD 的情緒忍受度方面將會更詳細地討論。現在呈
現的議題是否是危機、近期事件、單一創傷事件、急性創傷、發展性
創傷或是複雜性創傷，這些都會影響個案概念化的建構；這個臨床的
思考過程也會引導個案概念化和治療計畫的擬定。這些議題將會在本
書的其他章節進行討論。

　　一旦治療師完成了初談並寫下初步的治療計畫，治療便進展到
EMDR 的準備期。與從嬰兒到青少年的兒童工作之其他建議，將收
錄在第十三章和第十四章中。

準備期

　　在 EMDR 治療第二階段，治療師的主要目標為評估兒童的能
力、情緒管理和資源系統。其次，治療師將決定是否要教導兒童其他
新的資源，以及解釋 EMDR 治療的運作機制。

　　大部分的治療方法會先評估兒童的資源系統，接著催化兒童的
學習能力，以促進其在家中、學校及社交上的功能。因此，任何治療
師平常用來建立技巧的活動都可以在準備期中運用。引導式想像法
（guided imagery）、系統減敏感法、自我肯定訓練、情感素養、感受
14　辨識、以創傷為核心的認知行為療法，或是任何治療師認為對兒童有
益的介入方法，都可以考慮在準備期或任何治療師評估兒童需要學習
以增進治療功效的時候使用。舉例來說，兒童常常受益於學習平靜技
巧，如透過深呼吸來自我撫慰或漸進式肌肉放鬆練習等。在 EMDR

治療中，可以輔以雙側刺激（bilateral stimulation, BLS）來教導兒童資源技巧和深植其駕馭感經驗（mastery experience），以提供鷹架來協助兒童建構健康經驗和更新創傷事件。

在準備期，重要的是要教導案主調整強烈情緒之影響的能力。當案主愈能夠掌握強烈情緒並自我安撫，治療過程就愈有效。兒童尤其需要對治療過程有掌控感和勝任感，才會積極投入療癒的過程。一旦兒童感到被自己的強烈情緒淹沒，他們就可能對治療產生抗拒。因此，治療師應該教導兒童情緒調節技巧，以幫助他們在治療過程中持續投入。在教導情緒調節技巧時，治療師可以考慮將父母也納入，這樣一來，父母便可以在治療以外的生活中協助兒童。而父母也能從兒童所需要的一些技巧受益。

停止信號和安全／平靜情境

任何年齡層的案主皆需要在治療過程中感到安全和有掌控感，這也是為什麼要教導停止信號（Stop Signal）來幫助案主管理強烈情緒。在 EMDR 治療歷程更新過程中，若兒童的情緒難以負荷且無法繼續，兒童需要能以隱喻的方式到一個安全／平靜的場所（Safe/Calm Place）。停止信號和安全／平靜情境的教學將在第四章詳細說明。不論是哪個年齡層的案主，都需要建構一個安全／平靜情境和一個停止信號，以便在需要停下來時和治療師溝通，嬰兒和無法回應的案主則可不必。即便是年紀很小的兒童，都可以在治療師的協助下獲得安全／平靜的情境和停止信號。舉例來說，年幼的兒童可能會畫一張或幾張圖畫來當作安全／平靜情境，在治療中使用。與兒童工作時，安全／平靜情境的變化運用將在之後的章節提及。

在準備期，另一件重要的事是，治療師要能夠為雙親及兒童提供相關心理教育資訊，以解釋 AIP 模式和使用 EMDR 治療的心理治療方法。第四章將有例子說明如何進行。

在 EMDR 治療後續階段，治療師教導兒童情緒控制的技巧，如

安全／平靜情境和火車的隱喻等，為進入歷程更新作準備；也是在這時候，會對 EMDR 治療雙側刺激的機制加以說明。

15 雙側刺激

　　EMDR 治療的特色之一便是要學習使用雙側刺激。雙側刺激是指透過能夠交互刺激案主身體兩側（視覺、聽覺或觸覺）的外在動作，來交互活化大腦的兩側。在 EMDR 治療中，雙側刺激的主要方式為眼球移動；治療師讓案主追隨其手或手指，或其他案主可以盯著看，足以製造案主眼球來回移動、跨越其身體中線的物件。雙側刺激還有其他方式，包含觸覺、聽覺或三者混和型。在 EMDR 治療訓練中，鼓勵治療師主要使用眼球移動的方式，因為大多數的 EMDR 研究奠基於此，但那並沒有排除其他的方式，事實上，為了維持兒童的注意力，其他的方式可能是必要的。

　　治療師可以用許多創意的方式促發眼球移動，例如在手指上畫畫或把貼紙黏在手指上、使用布偶或指偶，或使用填充動物玩偶和其他兒童自己選擇的玩具，這些方法能夠鼓勵兒童對此過程的興趣與投入。其他技巧，如用手電筒照在地上或使用其他設計可來回移動的儀器，則將在其他章節中討論。重點是要增加兒童的樂趣或興趣，讓兒童持續參與其中。治療師常常覺得很難讓兒童投入在眼動的過程，因為兒童很快就會感到無聊而想去玩耍；只要是與兒童進行雙側刺激，都需要治療師主動積極、發揮創意。

　　有時候，兒童的眼睛可能停止跟隨或是移動不流暢，有很多可能的原因。也許是兒童跟隨刺激物有困難，這時治療師可以將速度慢下來，並告訴兒童：「用你的眼睛推我的手指。」有時候治療師得停下來並搖動手指，確認兒童仍然有在跟隨。有時在更新一段記憶時，治療師會注意到兒童的眼睛有跳動或顫動的狀況，治療師隨時都可以詢問兒童發生了什麼事。除了評估兒童跟隨雙側刺激的能力外，掃視（來回傳遞）的次數也會影響兒童跟隨刺激物的能力。兒童可能會需

要較少的掃視次數，因為他們更新快速且較難維持注意力。

　　因此，與特定案主工作時，決定必要的掃視次數是很重要的。夏琵珞博士和研究都指出，眼球移動不該只是跟隨而已，應在案主可以忍受的範圍內盡可能快速移動以啟動更新和減敏感。治療師可以這樣和案主說：「我只是先試試速度和來回的次數，你可以告訴我該停止或是繼續。」藉著給予兒童停止或繼續掃視的權力，治療師更能夠與兒童獨特的更新方式同步。有些兒童也的確會告訴治療師何時要停止以及何時開始。

　　治療師也可以提供觸覺雙側刺激，例如輕敲案主的手，或使用專門設計給治療師用於 EMDR 治療中的儀器來觸動兒童的雙手。目前已經有很多不同形式的觸覺雙側刺激方法，其中不乏一些有創意和有趣的方式，讓兒童能夠更投入雙側刺激。這個工具會在後面的章節詳細說明，因為觸覺刺激看起來似乎在自我撫慰和歷程更新上較眼球移動有完全不同的影響，解釋這些差異的理論將會在本書後面章節加以討論。

　　另一個治療師可以提供的雙側刺激類型是用聽覺儀器，這些儀器可以藉由 CD 或 MP3 播放器或智慧型手機，將有節奏的聲音或音樂由耳機傳入案主耳中。有些治療師使用揚聲器，放在遊戲區或沙盤兩側，播放預先錄好的 MP3，以產生聽覺的交互刺激。NeuroTek 的儀器可以將音樂及揚聲器一起使用，以便能夠調整音樂在雙側交互出現的速度。

　　當使用儀器進行雙側刺激時，一開始最好將所有控制鈕，包含聽覺、觸覺的聲音和速度都轉到最小，之後再慢慢增加速度、強度或音量，直到案主選擇了一個他覺得最舒適的設定。本書的第四章對於雙側刺激有更深入的討論；而針對 0 至 6 歲兒童、青春期前兒童／青少年的雙側刺激，則可以參考第十三章和第十四章

　　當兒童和其家人都已經充分學習情緒管理資源，也了解了 EMDR 治療的運作機制，治療師便可以開始創傷歷程更新的階段。

16

階段三到七為 EMDR 治療中創傷歷程更新的階段。案主呈現的症狀及情緒調節技巧指引治療師可以多快進入到創傷歷程更新階段。在進入 EMDR 治療的創傷歷程更新階段前，還有一些其他需要考量的因素，將在下一章做深入討論。

評估期

即便標的項在 EMDR 治療第一階段標的項辨識（target identification）和擬定治療計畫時就已經確定，但直到評估期，治療師和案主才會一同決定一個特定標的項，以開始進行歷程更新。評估期會涉及需要歷程更新之標的項所有層面，不只是創傷事件的圖像，治療師還須找出負向認知／正向認知（negative cognition, NC/positive cognition, PC）、認知效度（Validity of Cognition, VoC）、情緒、主觀困擾指數（Subjective Units of Disturbance, SUD）和身體感受。給 0 至 6 歲兒童、青春期前兒童／青少年的明確指示、調整方式、修正和解說，將在第十三和第十四章介紹。

17　**確認標的項**

從 AIP 的觀點，和兒童確認標的項有很多方式。治療師需要一些聰明和有想像力的方式來挖掘兒童的記憶網絡。在確認了事件、經驗或是症狀為標的項後，治療師會請案主指出最糟糕的部分。兒童可能透過繪圖、在沙盤中工作、使用玩偶，以及利用其他藝術類型或遊戲治療的技巧等，確認出最糟糕的部分。

選擇圖像

治療師須了解標的項與圖像不是同一件事。**標的項**是案主生活中的一個議題、事件、經驗或記憶；**圖像**則是代表標的項中最糟糕部分的畫面。若案主無法提供一個圖像，還有一些別的方式來提取標的項，例如聲音、身體感受、氣味和隱喻。

負向和正向認知

　　當標的項的圖像確認了之後，評估期接著便要萃取兒童負向認知形式的核心信念。兒童通常較能理解「信念」（beliefs）而非認知（cognitions）。當幫助兒童理解信念的概念時，治療師需考量兒童的發展階段。這個過程需要耐心、創意，並與兒童同步。治療師需要投入一些時間才能確認能夠引起兒童共鳴的負向認知。兒童一開始可能提出數個負向認知，若是如此，治療師接著便要探索，哪一個負向認知和特定圖像連結時，能夠引起當事人最強烈的共鳴。若某個負向認知和兒童有共鳴，兒童往往一聽到此負向認知就會出現情緒上或生理上的反應；這個明顯的反應也讓我們確認就是這個負向認知。和成人工作時，萃取出負向認知可能需要花許多時間，因為那代表了案主對自己的核心負向信念；和兒童工作時，這個過程可能簡單到只需詢問兒童與標的項和圖像有關的不好的想法是什麼。不過，兒童通常不太像青少年和成人案主一般易於觀察到，對負向認知表現出明顯的反應。

　　對成人來說，其負向認知是當前持有的非理性、自我參照且可以類化的信念。但對兒童來說，負向認知可能是一個特定的創傷，且更具體，如「我不好。」（I'm bad.）兒童的負向認知可能是一個感覺、一個字、一個聲音或是一個隱喻／幻想。這在年幼的兒童與智力或發展遲緩的個人身上特別真實。

　　一旦負向認知確認了，治療師便已經和案主的記憶網絡有所連結。有了負向認知，治療師接著確認正向認知。正向認知是案主對自己想要相信的信念，而非負向認知的信念。對成人案主來說，正向認知必須是實際的、自我參照的，且要類化的。對兒童來說，同樣地，正向認知可能是一個特定的創傷、呈現在一個感覺中、出現在想像或隱喻裡。舉例來說，兒童可能會說「約翰不好」。而正向認知可能是「約翰現在好多了」。第五章會討論兒童發展對認知處理的影響。

　　就正向認知的部分，在考慮到他或她自己未來發展的可能性時，

18

使兒童確認他或她想要去相信什麼，會是一個教育歷程。治療師要能考量兒童現在對自己想要相信的是什麼。

認知效度

接下來的 EMDR 治療，治療師要評估正向認知（PC）的認知效度（VoC）。認知效度是一個 7 點量表，從 1（**完全不真實**）到 7（**完全真實**）。評量認知效度時，成人和兒童一樣都常會感到困惑，甚至連治療師自己在解釋認知效度時可能也會有些疑惑。接下來，第五章將會仔細說明如何向兒童解釋和獲取認知效度。儘管評量認知效度有些挑戰性，試圖從最年幼的案主身上取得認知效度，還是有可能且是重要的。兒童往往必須以較具體的用語來測量認知效度。有許多好玩和創新的方法可以讓兒童選出認知效度。

一旦治療師詢問案主目前對正向認知的**感受**有多真實，治療過程便從認知思考的層次移動到感受的層次。在獲取認知效度的時候，治療師有可能錯誤地詢問了兒童的想法，而不是他的感受。這可能會帶來問題，因為這部分的目的是將兒童移動到感受的層次。記住這點會很有幫助：治療師要問的是感受，不是想法。

表達情緒

在認知效度之後，治療師需詢問案主與標的項關聯的情緒。無論兒童回答什麼情緒，治療師都寫下來，並繼續後面的程序。有些治療師會探詢案主更多的情緒，然而，一個情緒便足夠繼續後面的程序。若治療師詢問案主更多情緒，案主可能會因為想要討好治療師的需求特性（demand characteristics），而回答額外的情緒。搜索更多情緒時會觸發探索的認知歷程，然而此時治療師實際上是要走向情緒和感受。

在心理治療中，當治療師向案主提出問題並暗示了期待的答案、結果或是成效時，便可能會出現**需求特性**；案主可能會回答他們認為

治療師想要聽到的答案，因此在治療過程中警覺需求特性是非常重要的。對兒童來說更是如此。治療師要用其臨床經驗判斷案主回答的答案是否是其認為可以取悅治療師的答案，或是想要避免不舒服的治療主題。假如案主是因為上述狀況而回應，就表示有需求特性的存在。

主觀困擾指數

　　一旦案主已經確認與此標的項聯結的情緒，治療師接著馬上請案主評估這個情緒現在對他或她造成困擾的程度，從 0（**完全沒有困擾**）到 10（**最困擾**）。這是一個主觀困擾程度的量尺，也稱作 SUD。更多創意且具體的測量方法將在後續的章節說明。

身體感受

　　當案主選好 SUD 之後，治療師便詢問案主他或她的身體知覺：「你覺得此干擾會在你的身體哪裡？」對於任何年齡層的案主，治療師都可以試著將身體部位指出來：「有些人會在他們的頭部；有些人會在他們的心臟；有些人會在他們的肚子；有些人在他們的雙腳。這個感覺在你身體的哪裡呢？」

　　若治療師可以用適合兒童年齡的語言對兒童說明治療歷程，通常兒童都能夠跟隨評估期的步驟。針對兒童以引出範本的每個步驟，更多的深入說明將在第五章提供。

減敏感期

　　當治療師將圖像、負向認知、案主的情緒以及案主對其身體感受連在一起，並開始做雙側刺激時，便進入到減敏感期。減敏感期的長度可以是一次晤談的幾分鐘，或是延伸到數次晤談，為期長達數個月；這取決於當事人記憶中與標的項相關的通道或記憶的數量，因此 EMDR 治療的時間軸可能相當有彈性。與 0 至 6 歲兒童、青春期前兒童／青少年工作時的調整和修正，將在第十三和第十四章說明。

如果這個負向認知和案主生命中的多段經驗都有相關，其記憶和記憶間的連結就會擴大。這些連結可能會很清楚，也可能顯得離題和不相干，這時候，治療師的耐心和同步就極為重要。治療師能夠**堅持且與案主保持距離**的能力，在減敏感階段是非常重要的。有時候治療師會回到原本的標的項，即使兒童們想像中的語言讓案主仍繼續推進歷程。只有兩種狀況，治療師需要回到原本的標的項，第一，治療師認為兒童已經完成了一個記憶通道（memory channel），也就是說這段經驗已經不再讓兒童感到干擾；第二，治療師不確定兒童是否仍在處理先前所選擇的標的項時。我們將在第六章說明如何確認兒童是否完成了一個記憶通道。

如果記憶通道看起來已經完成，則治療師接著重新評估原本選擇的標的項。治療師請兒童回到原本的標的項，以評估在減敏感階段中，兒童在何處歷程更新標的項。治療師只要簡單地請兒童回到原本的事件，並詢問兒童「現在得到什麼」。無論兒童回答什麼，治療師請兒童「跟著它」，並繼續雙側刺激。只要兒童回應仍有困擾，治療師就繼續減敏感程序，這是 EMDR 治療的臨床決策點。在各雙側刺激之間，治療師會請案主先深呼吸，再詢問案主注意到什麼。

如果案主標的項已經處理完成，治療師便請案主評量 SUD。若案主的答案是中性或正向的，治療師便可以假設標的項已經歷程更新完畢。舉例來說，案主可能開始說出類似正向認知的敘述。案主可能說：「我當時只是個孩子。我沒辦法阻止他。」即使是兒童也有自己的觀察力，讓他們用不同的眼光來看待他們的年輕與無助。這個觀點說明了案主的變化以及標的項不再具有情緒價值的可能性。

在 0 與 1 的 SUDs 之間通常需要完成驚人數量的歷程更新。為了一些理由，治療師必須花些時間繼續更新，讓 SUD 降到 0。在 EMDR 治療訓練中，我們曾教導**生活情境的聲音**（ecologically sound），意思是這些是經驗中合理的困擾，有時候 SUD 維持在 1 是合理的。在第六章，我們將深入討論 SUD 在 1 或更低但不到 0 時，

治療師應該探索哪些面向以及該怎麼做。

　　覺察兒童非口語的表現與傾聽兒童口語的回應一樣重要。有些兒童會試著在減敏感程序中表現完美。這時很重要的是要重複指令：**「只要注意正在發生的事情就好。」**

　　在任何形式的治療中，案主的呼吸都是一個重要因子。當治療師持續和兒童的非語言訊息同步，呼吸意味著許多可能。在更新過程中，觀察兒童的呼吸極為重要。焦慮的兒童可能會有較淺的呼吸。當兒童正在更新一個記憶，起初，他可能先屏住呼吸，接著淺淺地呼吸，直到更新完成標的項，才會有較深沉的呼吸。

　　兒童可能也會努力想要記得雙側刺激時浮現的每一件事情給治療師知道。這時一個有用的方法是告訴他們，我們只需要他簡短陳述雙側刺激停止時，他注意到的最後一件事即可。雖然很多孩子都喜歡報告雙側刺激時察覺到的每件事情，鼓勵他們只報告注意到的最後一件事來催化這個過程。如果孩子顯得無法專心、困惑、回答沒有事情發生或是沒有注意到任何事，治療師可以簡單地回應：「就跟著它。」　21
這可能只是兒童歷程更新的一部分。

　　在歷程更新過程中，兒童可能變得很安靜或是很躁動。任何一個行為都反映了在減敏感階段開始之前不明顯的變化。學習每一位案主的獨特表現，並鼓勵案主對於當下發生的事情「只要注意它就好」，是 EMDR 治療中歷程更新的特點。在減敏感期的歷程更新時，不論是哪個年齡層的案主，很多事情都會發生。有關這個階段的挑戰和臨床決定，將在第六章仔細說明。

完成標的項

　　治療師需要運用臨床判斷來決定案主何時完成了減敏感期。治療師請案主回到原本的事件之後，請案主評估原本的標的項所殘留的部分，並更新該事件，直到它現在被體驗為中性或是正向的。接著治療師請案主測量 SUD，如果分數為 0，治療便從減敏感期進入深植期。

如果 VoC 維持在 5 或是 5 以下，治療師可以決定繼續減敏感階段的工作；我們的建議是，治療師把 VoC 小於或等於 5 視為需要繼續減敏感的指標。

假如治療師持續減敏感，直到案主開始報告一連串的正向敘述，這在臨床上表示案主已經準備好正向認知的深植。

接下來要如何進行，需要治療師的臨床判斷。若考量到治療的流暢性，治療師應繼續減敏感期直到 VoC 達到 6，接著進入到深植期。治療師持續減敏感直到兒童給予重複幾組基本上相同的正向反應，這樣的過程會比較流暢，也降低需求特性發生的可能。舉例來說，兒童可能會說：「我現在是個好孩子。」治療師回答：「只要注意它就好。」接著繼續雙側刺激。接著兒童重複到：「我現在是個好孩子。」治療師回答：「只要注意它就好。」如果很明顯地，孩子呈現的都是正向認知或是很接近的意思，治療師便可以衡量案主已準備好進入 EMDR 治療的深植期。

深植期

一旦兒童報告 SUD 更新為 0，治療師便可以開始深植期。治療師請兒童將原本的事件和正向認知放在一起，並詢問孩子原先這個正向認知是否仍然適合，或是孩子現在有注意到新的正向認知。如果正向認知仍然適合，治療師繼續深植它直到 VoC 等於 7。治療師需在每次的掃視回合後評估 VoC，若 VoC 有增強，就繼續深植。當 VoC 達到 7 或更高，接著進入 EMDR 治療的身體掃描期。

在深植期，治療師持續使用與減敏感期同等的 BLS 回合數，以確認是否還有未處理的殘餘素材。治療師必須在每一次的掃視回合後評估 VoC，雖然這可能會提高需求特性發生的可能，尤其是兒童。一旦兒童發現治療師的焦點是 VoC 達到 7，兒童可能會報告 7，以便可以停止治療去玩。有些兒童在深植期進步的速度非常快，治療師需要運用臨床判斷來評估兒童是否真的經驗到正向認知完全深植。第七章

將說明如何與年紀很小的兒童進行 EMDR 治療深植期的工作。較年長的兒童與青少年可能需要多一點時間來讓正向認知類化到生活中的其他層面。

身體掃描期

在身體掃描期，治療師請案主把原本的事件和正向認知放在一起，並從頭頂到腳趾掃描其身體，檢查是否有任何身體感受或不適。如果案主察覺到任何狀況，治療師便進行額外的雙側刺激，請案主注意那個身體感受。有時候，案主表示沒有注意到任何不適，覺得很好或平靜，這時便進入結束期。如果案主注意到任何生理上的不舒服，治療師便針對這個不舒服減敏感。這個不舒服可能代表了與另一個記憶或記憶通道的連結。其他時候，案主可能只會注意到身體裡有東西快速地在雙側刺激過程中化解了。是否繼續進行雙側刺激直到完全清除身體的不適，或是接著處理其他浮現的記憶，這需要治療師的臨床判斷。

和兒童工作的時候，身體掃描可能需要一些教育、指導和示範。年紀較小的兒童可能會注意到一些外傷或瘀青，需要重新導向到內在知覺，例如頭痛或肚子痛等。教導兒童如何掃描身體時，可以用一些說法，如掃描就像照 X 光一樣，從頭頂到腳趾，可以看進去身體裡面。有時候，用玩具來示範如何掃描身體也會很有幫助。較年長的孩子或青少年比較能夠理解這些指示，也許不需要借助實體的工具來進行。

兒童可能會表示他們手臂或腳有不尋常的身體感受，治療師可以請兒童「跟著它」。與兒童進行身體掃描的一些特定指示將在第七章討論。與兒童工作時，身體掃描階段通常很快結束，然後他們就準備要去玩了。

23 **結束期**

結束期的目標是在每次會談結束時總結和穩定案主的狀況，當所有的標的項都更新完畢即進入此階段。這時候治療師鼓勵案主，並協助他或她在兩次會談間辨識和使用資源。依標的項完成與否，會有不同的結束期進行方式。

結束一個已完成的標的項

在 EMDR 治療中，一個已完成的標的項是指 SUD 等於 0，正向認知已經深植到 VoC 達 7，案主也回報清晰的身體掃描。在確認案主的工作之後，治療師和父母一起回顧孩子的紀錄表，並討論孩子可以如何在兩次會談之間記錄其經驗。

結束一個未完成的標的項

若要結束一個未完成的標的項，治療師得即時停止更新，讓案主在會談室中穩定下來，並在會談結束前把任何令案主感到不適的素材放進蒐集箱。

此時的目標是穩定案主的狀況，讓他在離開會談室時是穩穩地安定在當下，並且有能力處理任何可能浮現的困擾或其他額外的歷程。

在兩次會談之間，兒童可以使用先前學到的自我冷靜和自我安撫技巧。治療師須向兒童和父母解釋，歷程更新可能會在兩次會談之間持續進行，並告訴他們兒童可以做些什麼來協助孩子因應這個持續更新的過程。教導像蒐集箱（container）、社交技巧，或是其他兒童可以用來處理強烈情緒的工具，此部分將於第六章說明。與 0 至 6 歲兒童、青春期前兒童／青少年進行深植、身體掃描和結束期的相關資訊將放在第十三章和第十四章。

再評估期

EMDR 治療的最後一個階段是再評估期。事實上會有兩個不同

的時機可能需要再評估：在隔次會談一開始時，以及評估治療過程以
協助結束治療計畫。

再評估一個標的項

　　第一種再評估的形式是在歷程更新後的下一次會談一開始時，
無論標的項是否完成更新。此時，治療師請案主回想最初的事件，並
詢問案主：「當你想到原本的事件，你有發現什麼嗎？」與兒童工作
時，治療師可以這樣說：「你還記得我們上禮拜工作的那件事嗎？現
在你想到了什麼？或是有什麼感覺？」這裡需要臨床的判斷來引導這
個過程，我們將於第八章詳細說明。

24

再評估一個治療計畫

　　第二種再評估的形式是在治療師和案主一起回顧所有的標的項
時，此時是為了確保沒有其他的干擾存在，確保所有的標的項都已被
更新。一旦治療師和案主都同意所有標的項皆已成功更新，且在治療
剛開始時確認的症狀都被處理了，在這些成功的治療過程之後，治療
師和案主便可以一起計畫結束治療，這是所有案主的目標。

三叉取向

　　EMDR 治療中的三叉取向（three-pronged approach）包含過去、
現在和未來的標的項。從 AIP 觀點進行個案概念化時，治療師以案主
呈現的困擾、症狀和行為來辨識其負向認知，並追溯到其根源的記
憶。接下來，治療師記錄會引發案主困擾且與負向認知有關的當前經
驗，目的是為了找到這些引爆點以進行歷程更新。當這些標的項皆已
被更新，接著，治療師根據病人想要的感覺和表現，發展一個未來目
標。

　　在個案概念化中，這個取向取決於剩下的會談次數或治療時間。

若時間有限，治療師便需要結束會談並幫助案主在沒有嚴重的困擾下回到其生活；若時間允許，治療師為已選定的標的項繼續做未來藍圖（Future Template）以完成 EMDR 治療。

首位案主的考量

關於您的第一位案主，我們建議治療師選擇已經建立了治療關係的案主。在將語言更改為適用於兒童的文字之前，可從成年案主開始，將有助於熟悉此治療並建立信心。第一次使用 EMDR 治療時，對治療師來說，理想的狀況是案主有一個相對較小的創傷。治療師應該和案主說明，他或她學習了一個被研究支持的新的治療程序，也接受了這個療法的訓練，並相信 EMDR 治療會對案主有幫助。我們建議，和兒童說明時，治療師可以使用範本的指導語，並寫下兒童的回答。

舉例來說，在與一個年輕男孩的會談中，男孩剛更新了令人害怕的標的項，接著驚訝地說：「你知道嗎，那些觸動器（觸覺刺激）就像吸塵器，它們只把灰塵吸走，好的東西留下來了！」能夠自在地和兒童及父母解釋 EMDR 治療對治療師來說是重要的。如果治療師對於說明 EMDR 治療有信心，兒童和父母便可能在過程中感覺較自在。治療師和案主解說完 EMDR 治療後，治療師便可以開始進入評估期。

EMDR 治療中治療師的角色

展開 EMDR 治療時最困難的部分之一是，治療師需要忍住任何形式的分析和反映案主的話語。在經過研究所的課堂或專業情境的訓練和練習後，治療師可能被訓練要重述案主的話或給予案主一些口語回應。治療師需要保持安靜，並只回應：「現在你注意到什麼？」與

「跟著它。」這在一開始的時候，可能讓治療師覺得怪異，且通常讓治療師對 EMDR 治療感到不自在。在減敏感期特別重要的是，治療師不介入案主正在更新記憶的過程，治療師只要在一旁等候，讓案主在不被中斷、影響或引導的狀況下進行歷程更新。很多治療師會忍不住重述案主的回應、提供見解或建議，事實上這些都會使案主的更新速度變慢。

與兒童工作時，治療師的**不介入**可能更加困難，因為治療師可能需要幫助兒童聚焦且遵循程序。究竟孩子是偏離了焦點，或其實他們只是用自己獨特的方式更新記憶，這需要治療師的臨床判斷。能夠和案主的更新同步以及耐心地跟隨更新的進行，需要許多練習和 EMDR 治療的實務經驗。

為 EMDR 治療設置會談室

當與成人案主工作時，治療師真的需要創造一個對治療師和案主來說都感到自在的環境。可能需要安排座位，讓治療師可以用某種方式支撐手臂做雙側刺激。也需要安排座位讓治療師能夠和成人案主座位平行而坐，就像 EMDR 治療訓練中教的一樣（Shapiro, 2007）。

與兒童工作時，會談室最基本的設置應該包含地板空間和一個較大的寫字板以及一些畫圖用具，例如蠟筆和彩色筆。這個過程可以很簡單，不是一定要有很多玩具或特別為 EMDR 治療設置些什麼。治療師可以用任何遊戲治療和／或藝術治療的活動，但不是一定要用它們。要能分辨哪些是必要的，哪些只是為了好玩而放在會談室裡。沙盤、娃娃屋和其他玩具可以協助兒童創建事件的畫面與最糟的那個圖像，甚至是不好的想法／負向認知。另外也有一些工具有助於教導孩子情緒辨識和問題解決。融入一些科技裝置，例如 NeuroTek（neurotek.com）Advanced Audiotek Device® 的聽覺和觸覺刺激，對孩子來說可能會很有趣或很有吸引力。這些都會在之後各章深入探討。

26

將遊戲治療融入 EMDR 治療

兒童透過遊戲來處理歷程和溝通 ，因此，若能融入遊戲治療的工具和技術在 EMDR 治療中，有助於概念化兒童的治療。在本書中，我們用遊戲治療的活動和觀點與兒童工作，目的是吸引兒童更能夠參與治療，也更能理解 EMDR 治療的語言。

EMDR 進展筆記

剛開始用 EMDR 治療時，治療師使用詳細的進展筆記有助於確保治療過程遵循 EMDR 治療。與兒童工作時，治療師使用進展筆記在會談室走動時，可以兼顧兒童並有助於過程更順利。

在 EMDR 治療訓練中，參與者會拿到實作工作單以進行演練。請參考本書的範本和簡版手冊《EMDR 應用於兒童心理治療之藝術：從嬰兒到青少年治療手冊》（*EMDR and the Art of Psychotherapy With Children: Infants to Adolescents Treatment Manual*）。

開始使用 EMDR 治療的其他工具

當治療師學習如何用 AIP 模式和 EMDR 整合性的治療過程進行個案概念化時，可從一些有經驗的 EMDR 治療的治療師的額外技巧獲益。這就是為什麼我們強烈鼓勵治療師參與一些學習團體並尋求諮詢。此外，閱讀使用 EMDR 治療的文獻，甚至參與特別為 EMDR 治療的治療師設置的網路社群，都極有幫助。

學習團體

能夠和其他受訓的治療師一起參與 EMDR 治療學習團體是非常寶貴的經驗。洽詢您當地的 EMDR 治療機構或是造訪 EMDRIA.

org，以尋求當地免費的學習團體清單。這些都是連結其他 EMDR 治療師、問問題和轉介個案的絕佳機會，可能也有機會和其他運用 EMDR 治療的兒童治療師接觸。EMDRIA 也有一個兒童特殊興趣研 27 究團體（Special Interest Group，簡稱 SIG）提供兒童治療師參考。

網路社群

　　治療師也可以參加 EMDR 的網路社群。這是一個 EMDR 治療師 分享使用 EMDR 治療資訊的線上社群，在 EMDRIA.org 的網路社群 中可找到更多資訊。也有針對特定族群的網路社群，包含 EMDR 兒 童特殊興趣研究團體。同時，在 EMDRIA.org 網站上也有世界各地的 EMDR 組織和網站的連結。

摘要

　　除了開始使用 EMDR 治療的細微差別，和兒童工作時，臨床上 也有一些額外的技巧和解決方式。此書提供詳盡的逐步說明，協助 實務工作者將 EMDR 治療應用於兒童。將這些技術融入在臨床工作 中，治療師需要有耐心地投入於 EMDR 治療的學習。這整本書提供 實用的指引，能夠增進治療師在實務工作中運用 EMDR 治療與所有 年齡層兒童工作的能力。

　　兒童 EMDR 治療的研究不多，然而，這不代表 EMDR 治療不能 應用於兒童。事實上，即使是非常年幼的兒童，都對 EMDR 治療各 階段有非常好的反應。所以，展開 EMDR 治療訓練後，要將 EMDR 治療應用於兒童身上，第一，需要有與兒童工作的經驗與訓練。接 著，治療師需要臨床的技巧，特別是在適宜個別兒童發展的框架中， 針對兒童設計的 EMDR 治療技巧進行。在 EMDR 治療的某些片段加 入遊戲治療或藝術治療的技術，對所有案主來說都是很有效的，特別 是年幼的兒童。

　　本章總結了治療師開始 EMDR 治療時會需要的基本技術，接下來的章節，我們將給予臨床工作者運用 EMDR 治療和從嬰兒到青少年所有年齡層之兒童工作時所需的技巧。第十三章和第十四章聚焦於運用 EMDR 治療於 0 至 6 歲兒童、青春期前兒童和青少年。第十章將說明一些額外的技巧，用來協助處理阻礙歷程和 EMDR 治療的進階應用。

參考文獻

Shapiro, F. (2007). EMDR and case conceptualization from an adaptive information processing perspective. In F. Shapiro, F. W. Kaslow, & L. Maxfield (Eds.), *Handbook of EMDR and family therapy processes* (pp. 3–34). Hoboken, NJ: Wiley.

【第三章】EMDR 治療階段一： 29
蒐集個案史、個案概念化和擬定治療計畫

　　在多數的心理治療取向中，治療程序始於完整的個案史蒐集或是初談以產生個案概念化和治療計畫，這是很常見的。從 AIP 模式開始的個案概念化也是始於個案史蒐集、個案概念化和擬定治療計畫。每位案主都需要完成一個全面性的初談。在 EMDR 治療中，心理專業人員一樣會在初談過程中傾聽主題、可能的標的項、創傷史、依附史和可能的負向認知。在這個階段，EMDR 治療的獨特之處在於治療師會傾聽可能導致案主目前症狀的標的項、負向認知和核心信念。當與兒童案主工作時，這個過程包含了向兒童、兒童的照顧者，可能還有兒童的教育環境等蒐集資訊。與兒童工作時，向所有可能的資源蒐集資訊，並集合起來形成一個完整的個案史，對於形成一個有效的治療計畫是非常關鍵的。與嬰兒、幼兒和兒童進行初談時，資訊蒐集的重點也包含治療師的觀察。與嬰兒和幼兒的初談包含了對案主與其照顧者的互動及觀察，透過遊戲和各種其他的資訊蒐集技術。

　　一旦自兒童及父母蒐集完資訊集結成個案史後，治療師接著運用臨床評估擬定治療計畫，據此引導案主的治療過程。本章將提供資源來論證治療師已在實務上運用的案主初談與治療計畫歷程。

　　EMDR 治療的第一階段要開始與案主獨特的擔憂、議題和生理與情緒能力同步，並創造一個案主可以處理創傷的安全情境。調節 EMDR 治療各階段是治療師重要的臨床責任。為了協助案主做好準 30 備進入減敏感程序，治療師必須留意與案主的生理和情緒表現以及其獨特需求同步。與案主獨特的生活經驗同步，並能處理感官輸入，是有效治療的基礎，這是另一個持續進行的臨床過程，是所有的臨床介入和治療關係的基礎。

蒐集個案史、個案概念化和擬定治療計畫期側重於指認並編組標的項，以為 EMDR 治療進行創傷的歷程更新。標的項辨識始於找到負向認知或信念，並讓兒童嘗試回想首次和這個負向認知有關聯的一個事件。這個核心事件也叫作**試煉事件**（Touchstone Event，簡稱TE）。

試煉事件被定義為和目前觸發事件有關的最早的創傷經驗，確認了試煉事件後，治療師接著尋找其他需要進行歷程更新之依時間序排列的事件。這些事件通常圍繞著兒童的負向認知或信念，並和其目前的症狀或行為有關。由標的項構成的治療計畫包含了兒童創傷性的生活經驗，這些經驗影響到兒童目前的症狀或行為。這個治療計畫也包含一個未來兒童希望表現的標的項。治療師需為每個兒童辨識出的每個負向認知都制定一個定位計畫，負向認知代表的是一個兒童對於自己的負向信念，且這個負向認知和標的項是有關連的。這個初次會談的進行會視兒童探索標的項時能夠忍受的程度而定，如果兒童在探索過去事件時感到難以承受，治療師可能需要先進入 EMDR 治療中的準備期，在繼續探索標的項序列之前，提供兒童資源和穩定技巧。這樣一來，EMDR 治療中的第一階段和第二階段便會互相交錯，而不是線性的進行。在個案史蒐集、個案概念化、擬定治療計畫的這些階段，臨床決策取決於兒童能否舒服地參與其中，而不會感到難以承受且在過程中受創。關於 EMDR 治療的臨床決策，將在本章有更深入的討論。我們將於第十三章和第十四章討論針對 0 至 6 歲的兒童、青春期前兒童和青少年在個案史蒐集、個案概念化和擬定治療計畫這幾個階段可以做的調整。

蒐集個案史

一個完整的初談程序包含個案史蒐集及案主功能的評估，以制定一個有效的治療計畫。在任何心理治療的臨床實務中，使用融合

EMDR 治療資訊的標準初談表單都會很有幫助。這個過程依據案主年齡和其發展程度而有所不同。本章提供了個案史蒐集和擬定治療計畫的表格，以及兒童／青少年症狀監控紀錄表範例（見表 3.1 和 3.2）。

表 3.1　個案史蒐集和治療計畫表 31

（除了臨床的一般初談表外，另須完成此表。）

   1.父母目前關心的議題及治療目標為何？（「當＿＿＿＿＿＿時，我便知道治療對我的孩子有了成效。」）

＿＿＿＿＿＿＿＿＿＿＿＿＿＿＿＿＿＿＿＿＿＿＿＿＿＿＿＿＿＿＿＿＿

＿＿＿＿＿＿＿＿＿＿＿＿＿＿＿＿＿＿＿＿＿＿＿＿＿＿＿＿＿＿＿＿＿

2.主題：（孩子／父母所呈現出來與責任、安全、控制／選擇有關的主題有哪些？）

＿＿＿＿＿＿＿＿＿＿＿＿＿＿＿＿＿＿＿＿＿＿＿＿＿＿＿＿＿＿＿＿＿

＿＿＿＿＿＿＿＿＿＿＿＿＿＿＿＿＿＿＿＿＿＿＿＿＿＿＿＿＿＿＿＿＿

3.症狀評估：（孩子／父母對症狀的前兆是否有表示？症狀出現多久時間了？有沒有什麼時候症狀未出現？）

＿＿＿＿＿＿＿＿＿＿＿＿＿＿＿＿＿＿＿＿＿＿＿＿＿＿＿＿＿＿＿＿＿

＿＿＿＿＿＿＿＿＿＿＿＿＿＿＿＿＿＿＿＿＿＿＿＿＿＿＿＿＿＿＿＿＿

4.單獨請父母指認創傷經驗。當治療師與父母討論標的項時，治療師請兒童在遊戲室等待：（在父母個別的敘述中，孩子最糟糕的創傷經驗為何？評估近期促發的創傷，包含與當前苦惱或症狀最密切相關的創傷／觸發事件。記錄每個兒童主動提到的其他創傷經驗。列出觸發事件，就是會促發創傷記憶並引起苦惱、症狀，或是導致兒童迴避的人、地點、事物等。）

＿＿＿＿＿＿＿＿＿＿＿＿＿＿＿＿＿＿＿＿＿＿＿＿＿＿＿＿＿＿＿＿＿

＿＿＿＿＿＿＿＿＿＿＿＿＿＿＿＿＿＿＿＿＿＿＿＿＿＿＿＿＿＿＿＿＿

（接續下一頁）

表 3.1　個案史蒐集和治療計畫表（續）

32　| 5. 指認兒童提到的創傷經驗。（治療師邀請兒童重新加入會談，並就每個記錄下來的標的項辨識腳本與兒童會談。兒童可能對父母指認的標的項沒有什麼反應。）在這個過程中，治療師也完成評估量表（對於 8 歲以上的兒童）。（如果兒童對於父母不在場感到自在，便請父母到等候室等待，並完成評估量表。）

_____

_____

　　6. 指認兒童所述的駕馭感經驗。（「告訴我你曾經做過並讓你感到自豪的事情。告訴我你曾經覺得自己真的很棒的時刻。」）

_____

_____

_____

備註：

_____

_____

_____

_____

_____

治療師姓名：_____　日期：_____

治療師簽名：_____

表 3.2　兒童／青少年症狀監控紀錄表　　33

日期：＿＿＿＿＿＿＿＿＿＿　　兒童姓名：＿＿＿＿＿＿＿＿＿＿

父母填寫人＿＿＿＿＿＿＿＿＿＿＿＿＿＿＿＿＿＿＿＿＿＿＿＿＿

治療師＿＿＿＿＿＿＿＿＿＿＿＿＿＿＿＿＿＿＿＿＿＿＿＿＿＿＿＿

症狀	每天（治療之後）						
	第1天	第2天	第3天	第4天	第5天	第6天	第7天
胃痛							
拉肚子／便祕							
睡眠困擾							
行為問題							
發脾氣／衝動行為							
哭泣							
迴避行為							
躁動							
排尿／腸道問題							
抗拒行為							
焦慮							
飲食習慣改變							
頭痛							

備註：1＝輕微，2＝中等，3＝嚴重

其他可能和治療有關的症狀：

症狀的正向變化	每天						
	第1天	第2天	第3天	第4天	第5天	第6天	第7天

備註：1＝輕微，2＝中等，3＝嚴重

表 3.2　兒童／青少年症狀監控紀錄表（續）

其他意見／擔憂：

_____

_____

_____

_____

正向資源	每天						
	第 1 天	第 2 天	第 3 天	第 4 天	第 5 天	第 6 天	第 7 天
社交互動表現良好							
能完成日常活動（例如：良好衛生習慣）							
能遵循生活常規（睡覺、上學、日常活動）							
溝通良好							
能尊重他人							
能好好處理衝突							
能夠管理和表達情緒							
備註：1 ＝輕微，2 ＝中等，3 ＝嚴重							

請完成此表，並在孩子下次會談時帶來，謝謝！

案主最初的評估包含評估案主的症狀和生活經驗。治療師需特別注意的重點是孩子的發展程度，以及理解兒童生活經驗的內容。就像先前提到的，我們建議將雙親及兒童都納入訪談的對象，以得到完整的生命史資訊。

34

與父母及兒童訪談

治療師可以根據其臨床判斷和實務經驗決定第一次會談時，兒童是否要在場。在父母打電話給治療師預約第一次會談時，治療師可以進行簡短的電話訪談，將有助於做出決定。在電話中，治療師可以請父母說明對兒童的擔心，以及父母如何決定兒童需要心理治療。

在此同時，治療師也在評估轉介的適當性以及在會談室進行初次會談時的架構。也是在這次的電話訪談中，治療師將決定如何進行初次的會談，並且決定兒童首次來到會談室的最適時機。

有些治療師在初談時傾向沒有兒童在場，僅向父母進行生命史蒐集。如果兒童一起前來會談，訪談父母時，最好請兒童在遊戲室或等候室等待。治療師是否做出這個決定將取決於父母的敘述對兒童的敘述的影響程度，同時，兒童的年紀也是一個決定性的因素。

在和父母訪談時，我們建議兒童暫時離開會談室，有幾個原因。35 第一，父母可能有屬於自己的議題或對於事件未處理的情緒，卻將其指向兒童。第二，父母的標的項可能和兒童的標的項不同，我們不希望父母的敘述影響到孩子。若孩子聽到父母的陳述，他可能想要附和父母的意見，而非敘述自己真正的困擾或標的項。第三，兒童可能不會主動述說那些讓他感到難堪的標的項，或是忘了某個需要在治療中處理的標的項。這些都是治療師需要仔細思考的，然而最終，在評估期選擇要進行歷程更新的標的項必須是兒童有所共鳴的標的項。蒐集生命史時，治療師必須將指認出的標的項以定位序列形式記錄下來，以便之後在評估期深入探索。

與父母訪談完後，治療師可以訂定下一次的會談來和兒童訪談，或者讓正在等待的兒童一起加入會談。為了讓兒童感到自在，與兒童會談時，治療師可以讓父母在會談室中靜靜坐著。與兒童會談的過程中，治療師需同時注意兒童的非語言溝通，包含呼吸、習慣動作、膚色的改變等等。

腳本

下面的腳本可以在與兒童會談時使用：

「你的媽媽／爸爸／照顧者怎麼跟你說今天為什麼要來這裡？」如果兒童沒有回答，治療師接著說下面的話。

「你的媽媽／爸爸／照顧者告訴我你有一些讓你困擾的煩惱、想法，或是感覺。」如果兒童沒有回答，治療師舉出一些父母提出的症狀，例如：「你的媽媽／爸爸／照顧者說你會做惡夢。我很好奇，有沒有一些其他困擾你的事情是你的媽媽／爸爸／照顧者不知道，而我們今天可以好好談談的。」在治療師與兒童同步的基礎上，治療師先試著讓孩子說說看標的項，但孩子可能需要一些其他的選項。

「如果你想的話，我們可以畫一張圖，或是把那些困擾你的事情都放在我的白板上，這樣我們就不會漏掉任何東西。」要允許兒童選擇治療工具來指認要進行減敏感的標的項。治療師可以使用沙盤、玩具或其他活動讓孩子參與指認標的項。

在初談過程中，治療師也要記下可能的負向認知，它們可能是案主提出的目前症狀的主題。舉例來說，案主是否重複在敘述中暗示著36　兒童感到「我很壞」或「我的朋友不喜歡我」？負向認知是兒童生活中潛藏的內在衝突的證據之一。負向認知引導治療師在兒童的記憶網絡中找到可能的標的項，以進行歷程更新，達到適應性解決。其他的方向和形式可參考手冊。

程序性的考量

治療師記錄著案主呈現的主題，並把這些主題以相似的負向認知、信念、情緒、和／或身體感受分類。藉著分類標的項，治療師的

目標是透過編組標的項，讓這些主題在減敏感期進行歷程更新時更有效率。症狀的呈現也會引導試煉事件的探索。舉例來說，如果案主呈現了一個行為議題，治療師便要思考這個行為議題第一次出現是什麼時候，以及它是由什麼事件或記憶導致當前行為議題的？對於負向認知、信念、情緒、身體感受也是一樣的道理，治療師需要探索與事件或記憶相關的負向認知、情緒及身體感受是何時開始的。

　　AIP 理論認為，將標的項分類，治療師就能夠透過簡單的探索試煉事件來更好地管理治療計畫的目標。夏琵珞（2001）發展出 AIP 模式來解釋 EMDR 治療的機轉如何幫助案主將困擾轉向適應性的解決。EMDR 治療是一個整合性的治療方法，而 AIP 對心理治療來說也是一個整合性的心理治療取向。（讀者可以參考第一章 AIP 理論的討論。）夏琵珞（2001）將試煉事件定義為過去不當編碼且促動當前症狀的初始事件。在蒐集個案史、個案概念化和擬定治療計畫的階段，治療師要聆聽試煉事件，若案主可以忍受此過程，則可能能夠探究這些試煉事件。如果案主很脆弱，在探索試煉事件之前是否要進行額外的準備工作，就要做臨床判斷。如果案主需要更多的資源才能承受試煉事件的提問，臨床上表示應該先進行準備期。如果兒童可以承受問題，治療師就繼續標準的初談和擬定治療計畫，直到完成這個階段。這部分將在此章後面討論。

　　和兒童工作時，治療師需要同時聆聽父母關注的部分以及兒童呈現出的症狀。（標的項指認與編組的問題也會放在第五章的評估期。）非常重要的是，記得同時詢問兒童和父母的意見。兒童較常出現睡眠困擾、身體不適、行為議題、分離焦慮，以及情緒調節方面的挑戰，包含情緒調節和各種形式的恐懼。詢問兒童的恐懼、擔心和／或問題非常重要。父母可能能夠很快地指認兒童的症狀，然而兒童可能需要一些額外的治療介入來引導出他們的看法。年幼的兒童特別可能會以隱喻的用語呈現其症狀，例如對怪物和蟲的恐懼等。治療師可以直接請兒童說出他的擔心，也可以請兒童畫出他最害怕或困擾的東

37

西。治療師可能需要進一步說明並教兒童如何辨認其困擾，例如詢問兒童有什麼讓他感到「舒服或不舒服」，或「某個你喜歡或是你不喜歡的事情」，或甚至「你害怕或是感到噁心的事情」。

　　治療的焦點可能不一定很明顯。兒童呈現的問題可能指向未被適應性編碼的隱藏議題。當前問題的累加指出需要進行額外的探索才能確定核心問題。除了探索核心症狀外，治療師可以用較正式的評估工具對兒童進行評估並辨認其核心議題。評估兒童的工具將在本章後面討論。

　　在個案概念化的這個過程，治療師致力於了解兒童活在什麼樣的世界，了解兒童在這個世界的經驗是什麼。設身處地地想像兒童的處境感受為何？在兒童的生活中，誰是重要的？在個案概念化的這個部分，治療師要以對兒童的好奇心來認識案主，以與兒童同步。治療師需要想像和這個兒童一起是什麼樣子。兒童會在什麼狀況感到掙扎？什麼時候是快樂、欣喜和滿足的呢？重要的不只是與兒童同步，也需想像養育這個孩子會是如何？如此治療師才能推測親子關係以及那個關係如何影響案主呈現的議題。

　　在這些活動中，治療師注意聽兒童可能的標的項，以便之後以 EMDR 治療進行創傷歷程更新。這些標的項為某些事件，是兒童症狀的起源，並把兒童帶來治療中。

聆聽標的項

　　標的項是當前症狀中體現兒童的生命史未解決的片段的代言者。從第一次與兒童見面開始並持續在整個八階段的 EMDR 治療期間，治療師都需注意聽那些可能需要歷程更新的標的項。這並不是說治療師此時已指認特定的標的項以進行歷程更新，而是指在治療進行的過程中，治療師需做筆記，寫下來或是記在心裡，去探索可能的標的項議題和負向認知。標的項可能包含了記憶、圖像、負向認知、未解決的感受、行為和身體感受。任何兒童或家長提到的困擾都可能表示未

解決的議題，並導向潛在的標的項。

　　由於這些領域對從嬰兒到青少年的兒童 EMDR 治療的個案概念化具有特殊意義，因此包含個案史蒐集、個案概念化和治療計畫的階段需要處理以下領域。

主訴問題

　　臨床評估會引導指認主訴問題的過程，藉由治療師詢問案主簡單的問句，例如「你的爸爸或媽媽是怎麼和你說要過來見我的呢？」、「你有什麼擔心或是困擾呢？」、「為什麼是現在？」、「你想從這裡得到什麼呢？」、「我們如何知道我們完成了？」在這個過程中，治療師能不能得到足夠的重要資訊，要取決於案主。這是治療師首次構思治療的進程。治療師也必須評估兒童家庭環境的穩定度、學校經驗（如果適用的話）、重要關係、健康或醫療史、情緒耐受度和可能的創傷史。

心理社會史

　　這部分檢視如何取得兒童的家庭史資訊。詢問兒童目前和誰同住以及有關監護議題是很重要的。兒童是否住在不只一個地方？親職的時間如何分配？治療師同時也要探索兒童的正負向經驗史以及人際關係。了解兒童生活中的重要他人，包含日間托育的照顧者、學校老師、朋友／玩伴以及手足。在家庭中有哪些出生和死亡對兒童造成影響？在兒童的生活中有哪些正向和負向的變化發生，包含搬家、轉學等等？這些都可能影響親子關係，並在最早期的關係中帶來依附的議題。

親子依附／同步

　　在最初和父母和／或照顧者接觸時，治療師也會聆聽父母本身的依附和發展史以及這些如何影響他們。治療師會評估父母對兒童的同

步能力（attunement），以及父母的心理健康和依附史對於兒童目前症狀的展現有什麼影響。評估親子關係的方法之一是，在治療師沒有介入的狀態下，觀察家庭在等候室或是其他狀態下的親子互動情形。另一種觀察父母和孩子的方法是一個具備觀察窗的遊戲室。治療師可以提供一間帶有窗戶的遊戲室，足以對兒童和家庭進行不動聲色的觀察。這個過程也可以評估兒童會如何和父母分離。

在評估兒童的依附經驗時，要探索兒童的照顧史。父母是否有哪一段時期因為移民、醫療議題、兵役或其他原因在兒童的生活中缺席？兒童是否曾和主要照顧者在某段期間分開？

39 親子關係的分離、中斷和侮辱可能被解讀為依附創傷，並成為 EMDR 治療歷程更新的一個焦點。親子關係和父母的夫妻關係是常見影響兒童的重要議題。與依附創傷和／或反應性依附障礙的孩子工作，將於第十三章和第十四章討論。

教育史

兒童的教育經驗如何？這些教育經驗對兒童有什麼影響，包含可能的資源和駕馭感經驗，以及可能的痛苦和／或創傷經驗？很多兒童會提到有壓力的學校事件，對兒童來說，就是經驗到創傷。有個孩子被要求在全班同學面前朗讀時吐了，之後她就出現了拒學的狀況。當這個朗讀事件在 EMDR 治療中被當成標的項處理後，這個拒學的孩子就可以去上學了。為了對兒童的生活有更全面的了解，治療師可以考慮和兒童的老師以及其他照顧者面談。如果兒童整天都處在一個教育環境中，這些大人也許可以為兒童的生活提供一些額外的洞察。

教育活動應包含音樂課、體育、戲劇及其他兒童會定期參與的課外活動。為了蒐集這些資訊，治療師可以請兒童和父母描述其典型的一週生活。治療師可以這樣問：「孩子通常如何運用自己的時間呢？」、「孩子在有規畫的時間和空閒時間都做些什麼呢？」

電視、電腦、智慧型手機、平板和電玩等螢幕使用時間對現今的

兒童和家庭是一大挑戰。在這個螢幕侵入家庭生活的世界中，協助父母和兒童妥善掌握這些時間是個複雜的任務，尤其在現今的兒童心理治療領域中。螢幕相關主題的處理稍後在第十四章探究。

宗教信仰／文化動力

　　家庭的文化認同是什麼？家中用的是什麼語言？如果有的話，是什麼宗教信仰在影響這個兒童和家庭？宗教在這個兒童的日常生活中占了多大的角色？當家庭在進行文化或宗教相關活動時，是否會有其他親戚參與？一週中，兒童有多少時間參與宗教活動和／或教育？

　　治療師要了解兒童和家庭受到文化的影響，因為它可能影響到 EMDR 治療中能夠取得的資源和限制。舉個例子，有個兒童的宗教信仰對天使的詮釋讓天使無法被用來做為其資源。覺察這些獨特的家庭動力，是任何心理治療方法在與任何年齡層的案主工作時非常重要的一環。

　　對於較年長的兒童、青春期前兒童和青少年來說，宗教和文化規 40 範可能是一個治療議題和／或兒童進入治療的部分原因。這是認同與個體化階段，這時期兒童會進行探索、提問，有時候對父母的信念提出挑戰，是發展的一部分。兒童、青春期前兒童和青少年正在尋找他們的自我認同以及他們在世界上的位置。就家庭與家庭的文化和宗教信仰來說，兒童可能會質疑或反抗，可能製造家中的衝突或親子間的衝突。這些衝突可能影響青少年的自尊以及與父母之依附。這些衝突可能會是創傷的，需要被視為歷程更新的標的項。

發展史

　　對案主的評估應該包含其產前／產期前後的經驗、認知功能、語言表達和接收能力、自助技巧、心理社會／情緒發展、情緒辨識和感官統合議題。為了知道如何向某個兒童說明 EMDR 治療的語言，了解這個兒童的獨特個性和目前發展狀態是十分重要的。本書的每一

章都會提供例子闡述如何以兒童的語言向其說明 EMDR 治療，要視兒童獨特的發展程度而定。使用 EMDR 治療於從嬰兒到青少年的兒童，具體建議放在第十一章和第十二章。

醫療史

母親懷孕時的經驗如何？兒童出生時的經驗如何？兒童目前的醫療狀況如何？兒童至今接受過哪些醫療介入？有沒有哪個家庭成員曾有重大醫療議題？有一些經驗可能會影響兒童的心理健康功能，包含高燒史、腦傷、手術、侵入性醫療介入和慢性疾病。

治療師也需要注意疾病、過敏或兒童居住地區的特殊狀況。例如，在美國亞利桑那州，兒童可能會被蠍子螫傷，這可能同時是創傷事件和神經上的損傷。在鳳凰城都會區，樹皮蠍子很常見，其毒液中有一種神經毒素可能對兒童造成嚴重的健康問題。有位治療師和某個因憂傷和焦慮來接受治療的兒童工作時，發現其醫療史就包含因為被樹皮蠍子螫傷而有的瀕死經驗。樹皮蠍子的毒液對神經系統造成的影響，以及這個近乎死亡的創傷經驗，兩者在 EMDR 治療中都被視為標的項。

治療師探索兒童最近可能的生病經驗也很重要。某個兒童因 41 為最近開始的幻覺和怪異想法被帶來治療。這個兒童先前被診斷為 ADHD，但兒童在有架構的環境中如在學校和家中表現很好。根據父母的說法，這位兒童在某次生病高燒後，開始出現幻覺，變得較有攻擊性，並難以遵守規定。治療師將這位兒童轉介到精神科評估，精神科醫師診斷為合併鏈球菌感染的兒童自體免疫神經精神異常（Pediatric Autoimmune Neuropsychiatric Disorders Associated With Streptococcal Infections，簡稱 PANDAS），並且以藥物治療。之後，兒童便能夠回到 EMDR 治療中處理突然經歷幻覺以及當時難以解釋自己狀態的創傷。這例子足以說明，在與兒童和家庭工作時，和其他專業合作尤其重要。

目前穩定度評估

治療師需要評估兒童目前的穩定度，包含使用一個迷你的心理狀態測驗。關於兒童穩定度的臨床判斷包含評估特定的議題，例如兒童的自殺風險、任何少年犯罪史、性反應或創傷反應行為、情緒波動、藥物使用，和／或生理上的併發症等等可能導致兒童特別脆弱的原因。

遭遇單一創傷事件的兒童可能不需要重要的準備便可進入EMDR治療創傷事件歷程更新階段，然而遭遇大量創傷的兒童可能需要很大程度的技巧建立和資源安置以進行治療流程。案主的創傷史和目前穩定度都與個案概念化和EMDR治療進行的速度有關。

生活在不穩定環境下的兒童之治療必須主要聚焦在準備期的前期工作。前期工作意味著在進行EMDR治療的創傷歷程更新前，治療重點放在協助兒童發展內在和外在資源、涵容技巧、情緒管理和自我安撫技巧等等。

準備期會在下一章有更詳細的討論，但很重要的是，與生活在不穩定環境中的兒童工作的治療師要意識到，治療可能需要花非常多的時間才能夠進入EMDR治療的評估期。再一次強調，與生活在脆弱環境中的兒童工作時，臨床判斷在個案概念化階段極度重要，且必須包含兒童的調節與滴定技巧。治療的過程必須以一個能夠讓孩子在環境中穩定下來的速度進行，不能造成擾亂而導致兒童惡化。然而，即便是在收養或不穩定、危險環境中的兒童都能夠從EMDR治療中受益。個案概念化必須聚焦於兒童在當前生活情境下能夠承受的治療過程。

情緒耐受度

42

兒童承受強烈情緒的能力必須經由評估以決定兒童在EMDR治療的準備期需要學習哪些情緒耐受度技巧。治療師應該向兒童及其照顧者探索兒童如何表達憤怒。兒童如何回應恐懼？兒童如何處理挫

折？在會談室中，治療師觀察兒童對提問如何反應是很重要的。在討論某個議題時，兒童是否變得比較焦慮或是積極？當兒童想要逃避某個他不想談的主題時，他會做些什麼？兒童如何處理煩惱？佛葛西的情緒轉盤（Forgash's Affect Dial, 2005）為治療師提供了一個機會觀察關係、評估教養方式和教導技巧。

　　治療師可以使用改編後的佛葛西情緒轉盤（2005）來幫助父母與兒童同步，並且辨認出與兒童工作時對治療有高度幫助的資訊。這裡的目的是幫助父母與兒童的情緒同步，以及幫助兒童學習情緒監控。下面的問題有助於增進親子關係的同步：

- 「告訴我會讓你感到快樂的事情？」
- 或者問父母，「什麼事情會讓你的嬰兒／兒童最輕鬆自在和／或快樂？」（邀請父母回想兒童的毛毯、玩具、撥浪鼓、手足、音樂或會令兒童感到安全和放鬆的人。）
- 教導兒童／父母如何藉由問問題調動情緒，並且／或提供物件，告訴兒童像是「這是沒有關係的。你現在很安全。媽媽和你在一起。」
- 使用雙側刺激和／或感官素材來深植情緒。請父母在兒童的手臂或腿的雙側輕拍其深層肌肉。
- 練習教導父母如何幫助兒童緩和情緒。
- 在親子互動中玩遊戲來幫助兒童感到更放鬆、自在。
- 教父母和兒童同步，並請父母在日常的互動中練習觀察和與兒童互動。請父母記下孩子做了什麼會對兒童的情緒有幫助，且增進兒童的情緒調節。
- 治療師可以訓練父母，並在父母與兒童同步時提供正面的肯定。「你做得很棒，你有注意到湯米喜歡和你坐得很近並和你談論他的小狗。那樣似乎可以幫助他感到更舒適。」

這個簡單的活動讓治療師與家長—兒童兩人間更同步，並且形成治療同盟，這在兒童 EMDR 治療的創傷歷程更新階段會有幫助。教導佛葛西的情緒轉盤為兒童與家人提供了情緒管理的技巧，這在繼續探索兒童創傷史的過程中是必要的。

創傷史

43

在創傷史的部分，治療師要評估兒童的症狀和可能的解離。在廣義的定義中，創傷被定義為任何對兒童的心靈有負面影響以及阻礙兒童發展的事情。很重要的是，治療師要記得，某些對大人來說不會形成創傷的經驗，對兒童來說可能會是創傷經驗。必須從兒童生活中的觀點來探索創傷史。

目前的資源、個人內在和人際技巧

治療師應該試圖評估兒童擁有的當前資源與技巧，並聚焦在兒童的優勢。兒童應被要求說說自己特別成功或完成一件事的那些時刻。有哪些駕馭感經驗會令兒童為此成就感到驕傲？這些提問可以增進兒童與治療師的關係，同時也讓治療師有機會蒐集一些未來可以用來幫助兒童的重要資訊。這些正向資源可以用來深植駕馭感經驗，我們將會在第四章說明。

潛在標的項

經由兒童的敘述、父母的敘述和／或兒童呈現的症狀指認出標的項。治療師需要與標的項一起探究的問題之一是了解孩子如何在孩子的記憶網絡中將特定的經驗編碼。標的項可能在大腦中以認知、情緒、身體感受、信念、圖像、影像、聲音、氣味或其他的感官輸入等方式編碼和儲存。兒童可能常以隱喻的方式或不尋常且超乎想像的方式編碼創傷事件。每次探究編碼的記憶網絡時，相關症狀也會被啟動。每次重新鞏固記憶時，會啟動創傷性記憶網絡並經歷不適和／或

不安症狀，可能造成額外的創傷。理論上這種啟動方式在當下增添不適症狀，也就是這種啟動方式和再鞏固，導致最初的創傷經歷隨著時間推移而變得更糟。這種資訊處理和有機體存活下來的過程，可比擬為一個受到感染的傷口沒有接受治療，以至於原本的傷口隨著時間而惡化。這個理論構成創傷治療的基礎，並由童年逆境經驗研究（Adverse Childhood Experiences study，簡稱 ACE 研究）所支持（Felitti 等人，1988）。也因為這樣，治療師在 EMDR 治療中探索標的項時必須更小心謹慎。

44　　　兒童對於自己不理解的事情自然會尋求解釋。在嘗試理解和處理惱人的創傷生活事件時，兒童通常會從記憶的片段中創造出他們自己的敘述，而大人不一定能夠理解。兒童通常會藉由談論怪獸或外星人來指認其創傷經驗。治療師了解兒童到底發生了什麼事不是那麼重要，重點反而是治療師能夠了解兒童為了處理這個煩惱或創傷事件而創造了一個自己的詮釋。治療師可以鼓勵兒童藉由文字、符號或圖畫來確認創傷事件，而不是去探索事件的細節。治療師並非一定要探究兒童經歷到的事情，而是要理解孩子經歷過的事件是有問題的。

聆聽負向認知

EMDR 治療奠基於將負向認知與信念分成責任、安全和選擇三個類別。仔細聆聽創傷事件中責任的錯誤歸屬是非常重要的，尤其是在治療兒童時。在創傷經驗中，兒童經常認為這是自己的責任，因為這讓兒童在創傷經驗中仍保留一些力量以及一種對於未來潛在受害情境的虛假掌控感。當治療師聽取了這些負向認知，治療師也開始探索如何發展可能的標的項序列計畫。

有許多方法可以探索標的項，只要兒童可以承受這個過程而不會感到無法負荷。一個方式是從負向認知開始，可以先問兒童：「你第一次想到『我很壞』是什麼時候呢？」如果兒童能夠指出一個較早的時間，那個最早的記憶便成為試煉事件（TE），接著治療師可以

探索兒童記得「我很壞」的其他時候。治療師按照時間順序記錄這些其他的記憶，愈多愈好，從試煉事件開始，接著是其他的過去事件，以及兒童記得的較近期的事件。最後，這個標的項計畫聚焦在未來藍圖（Future Template, FT），亦即當未來負向信念「我很壞」影響兒童時，兒童希望自己可以如何表現。指認和編組標的項序列有許多細節可以探索，也是繪製標的項地圖的一部分，將於第五章說明。以這個方式，治療師將圍繞在負向認知或信念的事件分類，以便在評估及歷程更新時，能夠更有效地編組非適應性編碼的記憶網絡事件。

　　確認試煉事件時，若直接詢問效果不佳，治療師可以使用回流技術（The Floatback technique）。回流技術是治療師請案主回到過去，回憶曾有相同感覺、身體感受或有相似經驗的時刻。和兒童工作時，治療師可以用一些隱喻來問問題，例如「如果你可以像小鳥飛翔一樣飛回到過去，你記不記得過去什麼時候你有那樣的感覺？」或者「你記得它第一次發生在你身上是什麼時候呢？」

　　然而，與兒童確認試煉事件常常很困難，因為他們傾向於活在當下且具體。為了協助兒童能更意識到和目前困擾與擔心有關的過往事件，和兒童工作的治療師需要使用一些其他的技巧。治療師可以用認知交織回流（Cognitive Interweave Floatback）協助兒童尋找試煉事件，這個技巧和一些其他的技巧將在第十章討論。 45

　　與年幼兒童確認試煉序列時，治療師可以嘗試將焦點放在兒童症狀是如何發展，而不是放在特定的事件。治療師可以詢問兒童和／或父母來確認症狀開始的時間點，並將兒童的症狀和相關經驗一起繪製成地圖。

　　再次強調，若兒童無法忍受對於標的項的直接探索，治療師就要回到EMDR治療的準備期來為孩子發展資源以增進情緒耐受度，之後才能繼續進行深入的標的項辨識。

　　在這個時期，治療師會在第一期和第二期間來來回回，一邊蒐集兒童的症狀和生命史資訊，同時也為兒童提供情緒管理和因應的資

源。這裡的目標是讓治療師找到足夠的資訊來制定標的項計畫，成為
全面性治療計畫的一部分。

擬定治療計畫

　　即使已經完成了正式初談，在整個治療過程中仍需持續地蒐集與
案主生活相關的資料。當治療師持續聽取案主生活中的新興和變化的
經驗時，便會形成一個引領治療的初始治療計畫。治療計畫是一個流
動的過程，在每次的晤談中都會評估治療目標是否達成、增加或是調
整。與兒童工作時，治療計畫是由許多部分的意見所組成。

　　治療師可以詢問父母和兒童對於治療的目標為何；然而，父母
的目標、兒童的目標和治療師的目標可能會也可能不會有重疊之處。
治療師應該將所有人的治療目標記錄下來，並與案主一起寫下治療計
畫。治療計畫確認了症狀和／或想要處理的議題、治療過程以及治療
的結果目標。

　　有效的治療計畫包含治療師概念化案主狀況的能力。在 EMDR
治療中，評估兒童如何儲存創傷記憶是制定治療計畫過程中相當重要
的部分。治療師必須詢問特定的問題以了解當症狀出現時，案主的生
活中發生了什麼事件，以及案主在其生命史中因此產生了哪些負向認
知。通常，案主的症狀受到未解決的創傷觸發，而這些創傷又和案主
生命史中同時發生的片段有關。為了與個別案主有效地形成治療計
畫，治療師需要詢問當時還發生了哪些其他的事件。治療師常常在尋
找遺失的片段。

　　舉例來說，如果兒童在父母離婚期間同時經歷了創傷性的醫療
46　程序，治療師就可能需要標的創傷性的醫療過程以及兒童在父母離婚
過程中經驗到的任何困難。有個兒童，治療師標的且歷程更新了其被
鄰居性侵的經驗。兒童對於被性侵的痛苦沒有減少，於是治療師探索
了兒童的家人在兒童揭發性侵事件後產生的變化。治療師發現，得知

性侵事件後，兒童的父親對於觸碰兒童不再感到自在。兒童為此感到
非常難過並且受到創傷。無論是父親或是兒童都沒有向治療師告知這
個狀況，但當治療師發現這個狀況後，便能夠處理這個議題。這便是
這位兒童治療中遺失的片段。治療師常會在治療的很多情況中遇到僵
局，事實上，可能就是有個遺失的片段。遺失的片段可能來自於過去
或是現在，可能父母也沒有察覺到。然而，常常就是此遺失的片段造
成兒童持續感到痛苦。

　　此外，治療計畫的制定並非總是具有連貫性，可能也不會在此
部分的治療中完成。治療計畫的擬定橫跨整個治療期，隨著目標的出
現和確定，其他的目標處理完成，擬定治療計畫將是持續且靈活的過
程。在司法場域與兒童工作時，治療師可能需要先穩定兒童的狀況，
讓其能夠完成受暴的指證。在這些情況中，在加害人被逮捕及刑事／
司法程序完成前，兒童很難處理這些創傷經驗。治療師可能會發現很
多兒童無法談論他們受虐的經驗，除非加害人被監禁，且兒童在社區
中感受到某個程度的安全感。為了探索兒童目前的狀況，接下來我們
提供一些指導語給與兒童工作的治療師參考。關於書中包含的任何腳
本，我們都鼓勵治療師調整指導語以符合兒童的個別需求。

蒐集個案史和擬定治療計畫的腳本

　　與父母會談後，把兒童帶入晤談室，並使用以下指導語來與兒
童晤談：「**你的媽媽／爸爸／照顧者是怎麼跟你說今天要來這裡的
呢？**」（如果兒童沒有回應，治療師接著說：）「**你的媽媽／爸爸／
照顧者告訴我你有一些讓你困擾的煩惱、想法或是感覺。**」（如果兒
童沒有回應，治療師提及一些父母提供的症狀，例如，「**你的媽媽／
爸爸／照顧者告訴我你會做惡夢**」或「**我很好奇，你有沒有其他的煩
惱是媽媽／爸爸／照顧者不知道的，而我們今天可以說說看的。**」）
在治療師能夠和兒童同步的基礎上，治療師可以先嘗試讓兒童以口語
說出標的項，不過兒童可能需要其他選擇：「**你想要的話，我們可以**

畫圖，或是把所有困擾你的東西畫在我的白板上，這樣我們就不會漏掉任何東西。」（在擬定治療計畫時，要允許兒童自己選擇想要使用的治療工具來指認症狀和憂慮。治療師可以用沙盤、玩具或是其他活動來吸引兒童投入。）

47   對某些兒童來說，這是治療中進行繪製地圖的合適時機，在第五章將有更多說明。對治療師來說，很重要的是專注於與兒童建立融洽的關係，以及開始鼓勵兒童對於治療過程有信心。有些兒童可能會覺得這個過程難以負荷，或是被嚇壞了，或覺得困窘。治療師需要向兒童保證他或她在治療中的分享是保密的，只有治療師和兒童的照顧者會知道。這也是一個時機，讓治療師向兒童及父母說明，治療師的任務是兒童與其家人的幫手，如果治療師對於兒童的安危感到擔心，治療師將會採取符合當地法律規定的步驟來保護兒童。治療師必須在這個初期蒐集案主生命史及擬定治療計畫階段的治療過程，將知情同意的議題納入。可以這樣向兒童說明，治療師是個「關心兒童的醫生」，將會協助兒童和其家人處理那些讓兒童困擾的事情。或者治療師可以告訴兒童，**「其他的孩子會來這裡和我說他們的煩惱和擔憂，有時候是關於學校，有時候和家裡有關，有時候是其他的事情。」**

知情同意

接著，治療師可以使用符合治療師專業組織機構行政規定、倫理準則的法令要求的知情同意表格（在本章最後）。

我們鼓勵治療師邀請兒童簽署治療同意書。這份治療同意書邀請兒童也同意參與治療過程。這份兒童的治療同意書不是必需的，而是一個治療的策略，重點在於鼓勵兒童投入治療過程，並賦能兒童在自己的治療過程中做為一個主動的參與者。關於資訊如何在兒童—父母—治療師三者間分享，治療同意書的簽署提供了一個討論的機會。與較年長的兒童和青少年工作時，治療同意書的使用有相當大的幫助，它創造了一個治療性的關係，並且鼓勵兒童投入治療過程中。

建立治療關係並讓兒童投入治療中

打從兒童一踏入會談室，治療關係建立的過程便開始了。兒童與治療師有一個健康的工作關係，才能夠投入治療中。其中一個方法是讓治療盡可能好玩和有趣，因為遊戲是兒童理解與經驗世界的工具、向他人傳達自己的經驗和詮釋自己的世界的方式。

發展兒童在會談室中以及和治療師在一起時的安心和安全感也很重要。治療師需要花時間穩定兒童的狀況，並讓會談室成為一個安全的地方。視個別案主的狀況，治療師可能需要使用額外的技巧和技術來讓案主投入 EMDR 治療中，並且協助案主建立對治療的安全感。兒童的依附史會影響這個過程。治療師需要覺察到很重要的一點是，若兒童曾在其依附關係中有創傷，可能也會讓治療關係變得複雜。治療關係可能是兒童第一次經驗到健康且接納的依附環境，兒童可以在其中療癒，並開始學習正向的依附方式。如果兒童不是以健康的方式依附，兒童可能會較活躍而難以平靜下來，兒童可能也會有較差的人際界限，是需要在治療中處理的一部分。依附創傷對治療關係和治療過程的影響將於第十三章更深入地討論。

48

若能與兒童建立工作關係，也會提升評估的過程，治療師便能對兒童實施有效的評估。因為很多評估工具是自我陳述的測量，兒童必須覺得與治療師在一起夠自在，才能夠投入評估的互動中。

評量兒童的評估工具

許多用來評估兒童的自我陳述與父母填寫的量表都可以免費在網路上取得或是允許專業人士購買。有些工具已翻譯成多種語言。我們將評估工具的總覽放在本章的最後。評估兒童做為治療的一部分，由個案概念化及治療計畫的擬定所引導，同時，也是制定一個綜合性治療計畫的一部分。

一開始，治療師應該要求取得兒童之前所有評估和測驗的副本，

接著考慮接下來要使用來評估兒童目前功能和治療進展的量表。為了進行兒童綜合性的評估，心理健康專家考慮的評估向度包含認知、學業、情緒、發展、口說和語言、感覺統合以及心理健康議題。如果沒有先前的評估資料，治療師可能需要考慮將兒童轉介以進行全面性的心理評估。身為治療師在治療中應該考慮轉介兒童給其他專業人員以進行評估。在這個過程中，治療師需要考慮評估兒童時倫理和法律的相關議題。

倫理和法律議題

有些倫理和法律議題在探討心理健康專業人員兼具評估者和治療者雙重角色的狀況。關於進行評估，治療師應參考各自專業組織的相關規定。大部分的認知、學業／成就和發展的評估都需要特定的訓練才能執行和解釋這些測驗。

49　　此外，任何評估都需要與父母討論，並得到轉介的同意。如果兒童有監護的議題，治療師須確保兒童的任何法定照顧者都有參與轉介討論，並取得書面同意。

認知／智力評估

治療師可以向學校或其他專業人員要求先前的測驗結果，或請家人轉介兒童去做認知評估。有一些標準化的工具可以評估兒童的認知功能。部分治療師可能有資格解釋這些評估，其他的治療師可能得仰賴有評估專長的專業人員。認知／智力評估的結果是擬定和執行治療計畫時的重要資訊。

學業／成就評估

學業／成就評估通常由學校或醫院及私人機構的專業人員進行。認知與學業／成就評估也用來評估兒童是否有學習障礙，以及評估發展和認知上的困難、閱讀障礙、語言障礙，以及其他發展的問題。

發展評估

　　實施兒童發展的評估不只對治療計畫的擬定很重要，也有助於父母了解兒童的發展程度，以及確定是否有任何遲緩可能影響到兒童的功能。小兒科醫生、心理學家以及學校心理師等發展專家接受訓練可實施兒童發展評估，範圍從嬰兒到成人。一般用來評量兒童發展的評估工具會評估兒童五個向度的功能，包含生理功能、適應行為、社會／情緒功能、認知功能和溝通技巧。其他量表評估不同年齡層的發展狀況和發展技巧，包含溝通技巧、粗大動作技巧、精細動作技巧、問題解決技巧，以及個人／社會技巧。

　　除了發展的量表之外，感覺統合的評估也很有幫助，尤其是對年幼的兒童。儘管感覺統合是其他心理健康議題的一個症狀，包含自閉症和亞斯伯格症，感覺統合議題最常是由職能治療師來診斷。關於感覺統合和感覺處理議題的資訊，網路上有許多資源可以下載。克蘭諾維茲（Kranowitz 2005）所寫的《不怕孩子少根筋：輕鬆克服感覺統合障礙》（ *The Out-of-Sync Child: Recognizing and Coping With Sensory Processing Disorder* ）對父母和治療師非常有幫助。感覺統合評估可以協助治療師了解兒童如何處理資訊。在選擇對兒童來說最有效的雙側刺激方式時，感覺統合的評估可能格外重要。與感覺統合議題的影響之相關討論貫穿了本書。感覺統合議題可能被職能治療師診斷為感覺統合障礙。在參與 EMDR 治療時，治療師可能需要轉介案主進行職能治療評估和療程。 50

　　大多數具兒童治療角色的心理健康專業人員會使用其他專業人士實施的學業、認知和發展評估。然而，具治療角色的心理健康專業人員通常會自行實施兒童的情緒和行為健康評估，做為綜合性治療計畫的一部分。

行為和／或情緒評估

　　除了智力、成就、發展和行為議題，治療師評估兒童遭受的嚴

重事件、創傷症狀和解離，是很重要的。我們鼓勵心理健康專業人員假設大多數的案主會使用某種形式的解離來處理創傷。《ICD-10 心理和行為疾患：臨床描述與診斷準則》（*ICD-10 Classification of Mental and Behavioural Disorders: Clinical Descriptions and Diagnostic Guidelines*）（ICD-10 Version: 2016；世界衛生組織，2016）記載兒童的解離伴隨自我感喪失（depersonalization）和現實感喪失（derealization）的症狀，可能被誤解為認知和／或發展遲緩。治療師需要思考如何分辨發展創傷議題和智力／發展議題。當為了 EMDR 治療之目的來評估兒童時，本章的最後提供了建議的評估工具。

評估兒童對治療的準備度／篩選準則

與兒童工作是否能夠成功的關鍵，在於能否讓兒童投入治療過程。為了成功地讓兒童投入治療，治療師需要先評估兒童對治療的準備度。由於治療很少是由兒童主動提出的，因此治療師有必要評估兒童對治療的準備度以及參與治療過程的意願。治療師可以在一開始和兒童玩的時候詢問兒童，「**你的媽媽或爸爸怎麼和你說，為什麼要來和我玩呢？**」治療師需要詢問某些形式的問題來探索兒童從照顧者那裡理解到什麼，以及兒童對於前來治療的預期是什麼。這個一開始的對話讓治療師有機會討論治療、治療師的角色以及治療的目的。治療師也可以藉由這個機會，以適合兒童發展階段的詞彙說明心理健康和心理治療。

在這些互動中，治療師持續和兒童變得同步，並且評估兒童在會談室中自在和安全的程度。兒童能夠與治療師一起投入遊戲活動嗎？兒童和父母分開時的自在程度如何呢？兒童的活動狀況如何，以及兒童如何探索會談室呢？一個安全依附的兒童應該會逐漸有興趣探索會談室，同時也在身體上或視覺上確認父母。當兒童對於治療師和會談室的設置建立了自在程度後，上述的確認過程應該會減少。與有依附

51

議題的兒童工作時，治療師在使用 EMDR 治療時需要用到更進階的臨床技術，這部分將在第十三章更詳細地討論。

在與兒童互動期間，治療師可能有機會深植一個駕馭感經驗。如果治療師感覺到與兒童已經有了某個程度的同步，治療師也許可以決定深植一個對兒童有幫助且讓兒童更投入治療過程的駕馭感經驗。

監控兒童的症狀

了解了 EMDR 治療蒐集個案史、個案概念化和擬定治療計畫階段的目標後，接下來的會談範本為治療師的治療會談提供了逐步的程序。

我們提供了一份兒童／青少年監控紀錄表（見附錄 C）做為範本，治療師可以提供給父母用來記錄兒童在每次會談間的行為和進展。根據家長的心理覺察程度而定，治療師可能需要更詳細地說明這張表單。我們鼓勵治療師多給家長幾張空白表單，並請家長在下次會談時交回。

提供心理教育資訊

除了監控孩子在各次會談間的行為外，治療師也教導父母關於兒童面對煩惱和創傷經驗的反應。向父母解釋兒童的症狀與行為議題的原因對家長有非常多好處，能夠增進父母對於兒童的洞察和理解，同時也讓父母投入治療過程。

提供心理教育素材給兒童和父母是有幫助的，有很多原因可以說明。首先，提供創傷、虐待和其他兒童議題的教育資訊給父母和兒童在會談之間閱讀是重要的。有非常多的書籍和網站可以提供更多資訊給兒童和父母。提供心理教育資訊和素材也很重要，可以協助家人學習兒童如何處理煩惱，並獲得放鬆、壓力管理、情緒辨識能力，以及親職教養等技巧。其次，讓家人在會談時問問題，並且在治療師的引導下練習新的技巧，也十分重要。

在蒐集個案史、個案概念化和擬定治療計畫階段的最後，當治療師蒐集了所有相關資訊並擬定了一個工作治療計畫，治療師可以說明
52　心理治療過程的下一個步驟，準備進入 EMDR 治療的準備期。

摘要

EMDR 治療的第一個階段是蒐集個案史、個案概念化和擬定治療計畫，此階段著重在蒐集與兒童和家庭有關的資訊，並發展成治療計畫。治療計畫為治療中各階段的開展形成基礎。視個別案主的需求，治療師可能需要在蒐集個案史、個案概念化、治療計畫的擬定與準備期間不斷來回。治療師需要考慮兒童有多穩定，以及發掘影響目前症狀的過去事件時，兒童能夠忍受的程度如何。這些過去事件被指認出來，圍繞兒童負向認知與信念分類而發展成標的項序列。如果兒童無法忍受探索過去事件，治療師可能需要提供資源和情緒耐受技巧，才能繼續進一步探索過去的標的項。這部分我們會在下一章 EMDR 治療的準備期討論。

連同本章所討論的臨床工具和與兒童工作時的各種技術統整，以下我們提供了一個與嬰兒至青少年的兒童初次 EMDR 治療會談的流程大綱。

初次 EMDR 治療會談

1. 治療師向兒童和家長問候，並自我介紹。
2. 治療師檢視一開始的病歷資料和知情同意書表單，並回答兒童和父母的問題。治療師考慮與兒童使用治療知情同意書的效果。
3. 治療師提供自陳量表給家長，並且說明這些工具的目的。接著，治療師請家長簽署同意治療師向老師、兒科醫生和／或照顧者徵詢資訊的同意書。

4. 治療師以前面提供的表單來完成個案史蒐集和治療計畫的擬定。
（除了表單上列出的內容外，個案史和治療計畫制定的過程在與
兒童和家長會談時完成。）

5. 治療師完成所需要的評估。有些評估工具只需要由家長完成，有
些只需由兒童完成，有些需要家長和兒童一起完成。

6. 根據家長和兒童提出的主訴問題，治療師開始註記可能的 EMDR
治療標的項。這是制定 EMDR 治療標的項序列的開始。

7. 治療師從可測量的行為目標來確定整體的治療目標，並完成治療　53
計畫表單，例如，「我知道當我孩子的學校出席率提升 50％時，
就是完成治療了。」

8. 治療師說明在各次會談之間可以使用的兒童監控系統表單，並給
家長一張供家長使用的兒童監控系統表單影本。

9. 治療師和兒童及家長審查知情同意表單（見本章最後的未成年治
療同意書和兒童同意書），並且回答任何仍有的疑問。

10. 治療師和兒童及父母檢視治療目標，並且在預約下次會談時間
前，回答任何疑問。

評估工具

　　兒童創傷事件影響量表－修訂版（Children's Impact of Traumatic
Events Scale–Revised）由吳爾夫等人（Wolfe, Gentile, Michienzi, Sas and
Wolfe 1991）編製，用來評估兒童受虐的影響，題目著重在辨識符合
PTSD 的症狀，可以在網路上（http://vinst.umdnj.edu/VAID/TestReport.
asp?Code=CITESR）找到。

　　兒童創傷事件反應量表－修訂版（The Children's Reactions to
Traumatic Events Scale–Revised，簡稱 CRTES-R）由瓊斯（Jones 2002）
編製，用來評估兒童經歷創傷事件後的相關症狀。CRTES-R 經常在
研究時中做為前後測使用，評估兒童接受治療的效果。

　　兒童創傷症狀檢核表（Trauma Symptom Checklist for Children，

簡稱 TSCC）由布利爾（Briere 1996）編製，是用來確認創傷後壓力症狀的工具，適用於 8 至 16 歲的兒童。TSCC 可以在心理評估資源（Psychological Assessment Resources）上購買（www.parinc.com）。

創傷壓力症狀檢核表（The Traumatic Stress Symptom Checklist，簡稱 TSSC），由阿德勒－塔皮亞（Adler-Tapia2001）編製，此量表是設計來評估 0 至 6 歲兒童的創傷壓力症狀。此量表尚未建立常模或效度，但涵蓋的症狀與兒童 PTSD 診斷一致，顯示其有表面效度。這個量表可以在網路上（www.emdrkids.com）找到。

兒童解離檢核表－第三版（Child Dissociative Checklist, Version 3，簡稱 CDC-3）由普特南（Putnam）編製，可在網路上（www.energyhealing.net/pdf_files/cdc.pdf）找到。CDC-3 有助於篩選兒童的解離。此檢核表沒有計分，但題目可用來探索與解離相關的特定症狀。

最後，網路上有一份各式量表的摘要（Association for the Study and Development of Community, www.capacitybuilding.net/Measures%20of%20CEV%20and%20outcomes.pdf）。

54

未成年治療同意書

我同意＿＿＿＿＿＿＿（治療師的姓名）對我的孩子／青少年＿＿＿＿＿＿＿（兒童的姓名）提供治療和／或診斷的服務。藉由簽署這份同意書，證明我在法律上擁有孩子的監護權或共同監護權，因此可以合法行使孩子治療的同意權。

父母／監護人簽名：＿＿＿＿＿＿＿＿＿＿＿＿＿＿＿＿＿＿　日期：＿＿＿＿＿＿＿＿

兒童同意書

我了解我的家長或監護人同意我接受治療；然而，我也被詢問並且同意自己接受治療。藉由以下的簽名，我明白上述的治療師已得到我的同意為我治療。

兒童姓名：＿＿＿＿＿＿＿＿＿＿＿＿＿＿＿　日　期：＿＿＿＿＿＿＿＿＿＿＿＿

兒童簽名：＿＿＿＿＿＿＿＿＿＿＿＿＿　見證人：＿＿＿＿＿＿＿＿＿＿＿＿

參考文獻

Adler-Tapia, R. (2001). *Traumatic stress symptom checklist for infants, toddlers, and preschoolers.* (Unpublished, available from the author).

Briere, J. (1996). *Trauma symptom checklist for children: Professional manual.* Odessa, FL: Psychological Assessment Resources.

Felitti, V. J., Anda, R. F., Nordenberg, D., Williamson, D. F., Spitz, A. M., Edwards, V., . . . Marks, J. S. (1998). Relationship of childhood abuse and household dysfunction to many of the leading causes of death in adults. The Adverse Childhood Experiences (ACE) Study. *American Journal of Preventive Medicine, 14*(4), 245–258.

Forgash, C. (2005, May). Deepening EMDR treatment effects across the diagnostic spectrum: Integrating EMDR and ego state work. Workshop presented at EMDR Advanced Speciality Workshop, New York. Retrieved on DVD from http://www.advancededucationalproductions.com)

Forgash, C., & Knipe, J. (2008). Integrating EMDR and ego state treatment for clients with trauma disorders. In C. Forgash & M. Copeley (Eds.), *Healing the heart of trauma and dissociation* (pp. 46–47). New York, NY: Springer Publishing.

Jones, R. T. (2002). *The child's reaction to traumatic events scale (CRTES): A self-report traumatic stress measure.* Blacksburg, VA: Virginia Polytechnic University.

Kranowitz, C. S. (2005). *The out-of-sync child: Recognizing and coping with sensory processing disorder* (Rev. ed.). New York, NY: Perigee.

Shapiro, F. (2001). *Eye movement desensitization and reprocessing: Basic principles, protocols, and procedures* (2nd ed.). New York, NY: Guilford.

Wolfe, V. V., Gentile, C., Michienzi, T., Sas, L., & Wolfe, D. A. (1991). The children's impact of traumatic events scale: A measure of post-sexual abuse PTSD symptoms. *Behavioral Assessment, 13,* 359–383.

World Health Organization. (2016). *ICD-10 Classification of Mental and Behavioural Disorders: Clinical Descriptions and Diagnostic Guidelines (ICD-10 Version: 2016).* Geneva, Switzerland: Author. Retrieved from http://apps.who.int/classifications/icd10/browse/2016/en#

55 　　　　　　　【第四章】EMDR 治療階段二：準備期

　　準備期的目標為向兒童及照顧者解釋 EMDR 治療、評估案主準備面對創傷歷程更新的資源，以及教導 EMDR 治療的「機制」。

解釋 EMDR 治療與治療知情同意

　　在準備期中，治療師必須向家長及兒童解釋 EMDR 治療，並提供治療歷程知情同意文件，如同任何其他類型的心理治療。正如第三章所討論的，EMDR 治療的知情同意可以整合進治療師的初談過程，做為整體心理治療知情同意的一部分。我們不建議治療師特別針對 EMDR 治療再徵得第二份知情同意，這會使案主感到困惑。治療同意書範例請見附錄 A。

向家長解釋 EMDR 治療

　　向家長解釋 EMDR 治療是一個教育家長、討論 EMDR 機制如何運作，以及它對兒童有何功效的直接過程。治療師可以參考有關大腦功能與身心關聯的研究。治療師也可以向家長解釋孩子的行為與症狀可能是大腦與身體對兒童生命經驗的適應性反應。即使創傷此時不再發生，兒童可能被鎖在任何看起來、聽起來、聞起來或感覺像是原始經驗的反應模式中，就像是實際經驗再次發生一樣。治療師也可以使用廣泛的定義向家長解釋創傷，強調他們的孩子會如何處理與整合令人恐懼的、受傷的或創傷性的經驗。

56 　　解釋的深度必須與家長的自在程度與需求相符。治療師可以提供講義給家長，讓他們在有空時閱讀，也可提供網路資源文獻和其他書面資料。推薦的網路資源可參考本書末尾。

向兒童解釋 EMDR 治療

本節說明了如何向兒童和青少年呈現 EMDR 治療可能因人而異。討論治療如何對處理「擔憂或困擾」有幫助，是一種簡單而直接、能讓兒童理解的解釋。青少年和年齡較大的兒童能夠理解類似於向成人解釋的 EMDR 治療描述。示範 EMDR 如何運作，然後讓兒童在過程中提問，通常也能有助於理解 EMDR。

以下的腳本引用了可用於觸覺刺激的設備（由 NeuroTek 製造）。它有兩個槳，孩子可用兩隻手各自握住，它們會在交替刺激下來回震動嗡嗡作響（兒童經常將槳稱為「嗡嗡嗡」〔buzzies〕，因為它們在兒童手中嗡嗡作響，本書譯為觸動器）。

腳本

以下是一份治療師可用於向兒童解釋 EMDR 治療的腳本範例。

「**我想向你介紹什麼叫作 EMDR 治療，以及它會如何幫助你。**」治療師使用個別兒童獨有的用語。

「**當我們進行 EMDR 治療時，我們會使用這些工具。所有的東西都可以用在 EMDR 治療中，所以讓我們找出哪種對你最適合吧。**」治療師開始眼動並嘗試其他雙側刺激（BLS）類型，看看哪種對個別兒童最適合。

「**我想向你展示我有的這個東西。**」治療師取出帶有觸動器的 EMDR 治療 NeuroTek 儀器（見本章後面的描述）。「**當你將這個東西放在雙手中時，它會輕輕地振動。你想試試看嗎？**」治療師教導兒童如何使用 NeuroTek，並且讓兒童體驗。治療師評估兒童對機器的反應。若兒童感到舒服，治療師會繼續。若兒童對觸動器展現出不適，治療師會與兒童探索其他類型的雙側刺激。治療師接著再以 NeuroTek 儀器示範聽覺雙側刺激。

「**看起來你不太喜歡觸動器。我想看看你是否可能比較喜歡聽這些由機器製造的聲音？**」治療師示範聽覺雙側刺激並讓兒童體驗。若

兒童對聽覺雙側刺激感到舒服，治療師則繼續。

57　　一旦兒童對某些類型的雙側刺激感到舒服，治療師便繼續解釋 EMDR 治療。

「伴隨著＿＿＿＿＿＿〔雙側刺激〕，我們要請你想著 ＿＿＿＿＿＿〔標的項〕，並且看看它對你有什麼作用。」

「你有任何有關這種 EMDR 治療運作的問題嗎？」如果兒童有疑問，治療師則回應這些問題。

評估兒童的資源

兒童將他們自身用以因應生活、令人驚豔的內在與外在資源帶入治療。在準備期中，治療師評估案主當前的資產，以及案主需要學習哪些資源和技巧來改善心理健康和整體功能。

評估兒童的內在資源與技巧

治療師可以透過直接詢問、互動的活動以及觀察來評估兒童的資源和技巧。兒童在階段一中的反應，可以在準備期中予以整合和延伸。舉例來說，兒童對詢問駕馭感經驗的回應（例如「你什麼事情做得很好？」）可以做為兒童當前資源與需求的佐證。如果兒童在打棒球時覺得自己能勝任，那麼棒球隱喻和棒球活動將會是開始與兒童建立關係的好所在。青少年很享受打電玩遊戲並感受到自己是勝任的，因此治療師可以用這些正向經驗來建立關係，並在治療歷程中加以利用。

直接詢問

治療師在過去治療中曾經使用的任何工具或技巧都可以在此結合使用。治療師嘗試與兒童同步並發展關係時，也正試著確認資源、技巧、技能缺陷以及資源挑戰。兒童和青少年的心理治療歷程並不是線

性的。當治療師詢問兒童問題時，治療師也記下兒童的非語言反應、喚起程度、情感、活動程度，以及互動和回答問題時的整體自在程度。治療師注意兒童的思考歷程、表達的語言和創造力，以及家長在場時的親子互動。治療師是否選擇於父母在場時詢問兒童或青少年問題，取決於許多考量，將在本章稍後進行討論。

　　治療師應以一種不具威脅的方式直接詢問兒童問題，且可以包含以下提問，這些問題特別設計為穿插著簡單回應與更多的探索問題，使兒童在治療歷程中投入，但又不會被情緒滿載的話題給淹沒。（此為《EMDR 治療應用於兒童心理治療之藝術：從嬰兒到青少年治療手冊》Adler-Tapia 與 Settle，2017 中的兒童訪談問題清單。）

- 你讀哪所學校？
- 你的老師叫什麼名字？
- 你在學校除了下課和午餐外，最喜歡的科目是什麼？（這通常會引發兒童咯咯笑）
- 如果你有三個願望，那會是什麼？
- 你最喜歡什麼顏色？
- 如果你統治這個世界，你會馬上改變哪兩件事情？
- 你最喜歡什麼電視節目？
- 什麼會讓你發笑？
- 你最喜歡的運動或活動是什麼？
- 告訴我有什麼事讓你難過。
- 你最喜歡什麼動物？
- 誰和你住在一起？（探索人與寵物）
- 你最喜歡哪位超級英雄？（可能的資源）
- （詢問兒童有關他們的房間）誰和你共用房間？誰布置你的房間？房間裡你最喜歡的東西是什麼？（這個問題提供了有關孩子在家中地位的訊息。家中由誰做主？孩子是否被允許做有關自己房間的決

定？或是若由家長布置房間，孩子有提供任何意見嗎？）

- 你最喜歡的電影是什麼？你最喜歡的電玩遊戲是什麼？
- 當你真的很沮喪時，你通常會做什麼？你會回房間嗎？你會騎腳踏車、玩電玩遊戲，或是看電視嗎？
- 你喜歡聽音樂嗎？你最喜歡什麼歌？你曾在快樂或難過時聽音樂嗎？
- 告訴我惹惱你的事。（如果兒童是會被衣服上的標籤困擾的人，這個問題可能會更有得談。）
- 你心情不好時會跟誰說話？
- 誰是你最好的夥伴？你和你的夥伴喜歡一起做什麼呢？
- 你放假時會做什麼？
- 你曾經頭痛或胃痛嗎？

　　不需要對所有孩子問所有的問題，或是按照順序問所有的問題。這些問題可以在一次會談或數次會談中做為一系列問題提出。隨著治療師記錄兒童回答問題的反應，治療師可能會選擇改變提問的方向，或是在特定範圍詢問更深入的問題。

　　詢問問題時，治療師也有機會與兒童製造連結，並且教導兒童有關兒童自己的處理方式。治療師可能想向兒童強調他們已擁有的資
59 源，例如，一個在沮喪時彈鋼琴的孩子，已經使用了健康的自我安撫技巧。這是一個強調孩子已經擁有正向行為與技巧的機會。

　　這個提問過程有時也可以加入家長。詢問家長觀察到孩子在快樂或沮喪時會做些什麼，會是有幫助的。注意家長如何與孩子同步是很重要的。家長真正注意到了孩子什麼？家長如何處理孩子的挑戰行為？家長是否重視孩子的優勢或問題呢？孩子的行為觸發了家長什麼？蒐集這些資訊可提供治療方向以及兒童與家庭所需發展資源的目標。

評估兒童資源與技巧的互動式活動

畫圖可以同時用來做為互動與診斷的工具。一個標準的兒童治療技巧是讓兒童畫出一張他或她家人的圖片。有些孩子很容易開始這項任務，然而其他孩子可能不願意畫。孩子做的任何決定對治療師來說都是重要的訊息。治療師盡可能地提供繪圖材料與工具讓孩子能夠完成這項任務，並且在孩子繪圖時與孩子對話。

如果孩子接受畫圖，請孩子畫一張自畫像和他或她最喜歡的地方。同樣地，這提供了大量的訊息以及潛在診斷意義。任何類型的投射性活動都能使用於評估資源和技巧，以及探索在減敏感期中要處理的可能標的項。

如果孩子對畫圖不是那麼自在，那麼拼貼會是一項有趣的活動；讓孩子挑選文字和圖片來呈現他或她的長處、最喜愛的事物，以及「你最棒的地方」。這是一個簡單的互動技巧，可以用紙、雜誌、口紅膠來完成。治療師讓兒童撕下文字或圖片，或提供剪刀讓兒童從雜誌上剪下東西來做拼貼。在兒童參與這項活動時，治療師便有了難得的機會可以觀察孩子並建立關係。

觀察

觀察是一種重要的心理治療工具。治療師總是在觀察孩子、孩子於家長在場或不在場時的互動，以及孩子和家長與治療師的互動。治療師需要注意家長如何和兒童互動以及家長如何和青少年互動。家長檢視幼兒的行為是否恰到好處，還是家長控制或是未察覺孩子的行為？例如，當孩子需要使用廁所時，家長是否注意到此情況，並幫助孩子安全地使用廁所？對青少年來說，家長是否允許青少年為他或她自己發聲呢？家長是否在會談室中適當地鼓勵社會可接受的行為呢？

治療師應該注意兒童／青少年並未說出口的，這與兒童／青少年在治療中開口說的一樣重要。在提問與互動活動期間觀察兒童／青少年同樣有幫助。從這些活動和互動中可以獲得大量的訊息。在此刻，

60

臨床判斷將引導歷程，因為治療師判定了兒童／青少年當前已擁有何種技巧，以及兒童／青少年需要學習哪些技巧才能繼續進入 EMDR 治療的下一個階段。阿德勒－塔皮亞和賽圖（2008）忠實度研究的一個重要發現，是成功的準備與技巧建立能避免兒童／青少年抗拒 EMDR 治療。針對兒童／青少年有關資源、因應與駕馭感的技巧建立技術，請見第九章。

兒童對 EMDR 治療的抗拒常源於缺少安全與保障，特別是在家庭環境中。對 EMDR 治療的抗拒可藉由調整治療速度來避免，兒童對於在治療歷程中發生的事情有些權力感，對他的安全感會有所幫助，並且在兒童生命中的某個地方提供一種具有力量和控制的感覺。

評估兒童的外在資源

理解兒童的家庭環境、家長影響、家族資源、朋友、老師、學校以及社區支持，對於促進開展 EMDR 治療是必要的。兒童傾向找誰解決困難？祖父母、阿姨或叔叔們有參與兒童的生活嗎？誰是他或她的好朋友？兒童的老師是支持性的嗎？學校能提供資源、支持和服務嗎？社區能提供什麼服務來幫助兒童和他或她的家庭呢？

當孩子在他或她的環境中面臨不穩定時

當家庭環境不穩定時，便會發生治療上的挑戰，包括家中出現家庭暴力、高衝突的離婚、家長對物質的依賴性，和／或照顧者心理健康議題。治療師可能需要在以 EMDR 治療開始處理創傷前，先正視家庭議題並提供兒童資源。資源為兒童建立內在鷹架、韌性與復原力，使其能夠因應不穩定的環境。治療師持續檢視兒童的內外在需求。為兒童的資源工具箱增加技巧，是 EMDR 治療中一個持續進行的部分。

家長和照顧者對兒童治療的影響

　　評估家長變項如何影響兒童的治療，以及探索這些變項將如何在治療中處理，是非常重要的。家長變項包括心理健康議題和治療史、任何虐待行為、情感容忍度、依附議題、在治療中成為觀察者的能力，以及評估家長在兒童治療中擔任協同治療者。 61

　　有各式各樣的模式在討論家長是否應該納入兒童會談中。有一種模式關注於納入家長在會談中能促進依附與提供教育來改善親子關係。對某些治療師來說，在會談中何時納入家長並非問題，反而是何時該排除家長。有些治療師僅因法律因素排除家長，例如考慮到家長對孩子施虐，或是青少年需要安全的環境來討論有關家長的議題。

　　對某些治療師來說，排除家長可能取決於某些涉及法律的類型，要求治療師只單獨與孩子碰面。這通常發生在兒童福利與家事法庭議題上。

　　另一種模式則建議家長在評估期與減敏感期不參與會談，以維護兒童隱私。這使得兒童處理歷程的開展不受到家長想法、情緒或議題的影響。有時家長的議題或情緒會干擾或減緩處理歷程。

　　參見表 4.1 做為家長是否參與會談的影響之指引。治療師需針對家長參與治療的角色事項採取主導決策，並記得在治療過程中，這個決定是可以改變的。有關家長參與會談的決定應依據兒童的治療目標，依個別案例做考量。

　　在兒童福利系統工作的專業人員（例如寄養、收養，以及與嚴重慢性創傷兒童工作）有機會處理依附議題並示範健康的成人兒童互動。治療師可以從運用家長做為協同治療者的角度來工作，這對幼兒特別有幫助。例如，一個 4 歲孩子不可能在離開治療之後返家，教導家長更有效的親職技巧以及有關兒童在治療中的體驗。將家長納入會談支持這個理念：治療納入家長為協同治療者會是更有效的。每天與孩子互動的是家長，而治療師每週可能只見孩子一個小時。藉由將家長納入兒童治療，治療師可以為孩子提供臨床介入，同時也教育家長

表 4.1　將家長納入兒童 EMDR 治療會談的影響

	家長參與會談	家長不參與會談
家長的心理健康狀態／施虐的家長	如果家長已辨識和處理他或她個人的心理健康議題。	家長心理健康議題尚未處理且干擾兒童在會談中的處理歷程。
家長的治療史	家長已在先前的／目前的治療中處理他或她的個別議題。	家長正在治療中且無法參與兒童的治療。
家長的情緒容納能力	家長能容納兒童的情緒嗎？	家長無法容納兒童的情緒，並且試圖干預。
依附	治療目標之一是改善親子依附。	親子依附並非主要治療目標之一。
分享資訊	家長是觀察者，且能夠協助兒童。	家長無法保持觀察者的角色，因此，治療師在會談之間分享訊息以協助家長。
家長協同治療者	如果家長可以處理此處列出的議題，家長可以擔任協同治療者。	家長自己的議題分散注意力，兒童和／或治療師必須關照家長。

並為他們做示範。有時，治療師甚至可以讓家長參與治療過程，例如在孩子處理創傷記憶時，讓家長抱著兒童。有了家長做為資源，兒童可以感受到被支持，家長可以學習如何與孩子更同步。在會談室中可以為家長提供教育和輔導，而非要求家長離開會談室卻要求他們在家與孩子嘗試新技巧。這是一種在家庭系統中將治療介入機會高度加強的方法。

62　　　相反地，治療師與完整家庭的兒童工作時，兒童經驗單一意外創傷或有較不複雜的創傷時，可能會將家長排除在會談以外，以保護家長免於替代性創傷和避免他們影響兒童。治療師可以在會談的最初和尾聲納入家長。一旦孩子能夠自在地與治療師獨處，孩子在治療時，家長可以坐在等候區。兒童和青少年不須顧慮家長時，兒童和青少年在治療中是可能更開放與誠實的。家長可能會從兒童或青少年在過程

中說的內容而體驗到間接的創傷，特別是當家長曾經驗過相同創傷，或是他或她自己有尚未妥善處理的心理健康議題時。通常，家長會影響兒童的標的項，以及負向與正向認知。兒童會說出家長想聽的話，而不是他或她的個人觀點。青少年為了隱私，特別不希望家長參與治療。

教導 EMDR 治療機制　　　　　　　　　　63

　　EMDR 治療機制的解釋包括描述和示範雙側刺激（用於自我安撫與冷靜，以及創傷歷程更新），建立案主用於減敏感期的安全／平靜情境，以及教導情緒讀寫能力。此外，治療師也在準備期教導案主自我安撫／冷靜技巧、停止信號、距離隱喻、蒐集箱以及資源。

雙側刺激

描述

　　夏琵珞（1995, 2001）報告她在 1987 年發現了 EMDR 治療，當時她邊走邊想著生命中的創傷事件，散步過後，她感覺明顯好多了。夏琵珞思考到底發生了什麼，她發現在散步時，自己的眼球來回轉動，她所經驗的困擾就減少了（Shapiro, 1995, 2001）。更多關於夏琵珞如何發現使用眼動（Eye Movements, EMs）效果的詳細歷史已記載在她的書中（1995, 2001）。

　　由於雙側刺激的替代形式所需（如：視覺障礙），治療師開始嘗試其他類型的雙側刺激，例如使用觸覺或聽覺雙側刺激。在 EMDR 治療訓練中，治療師被鼓勵與案主優先使用眼動，因為截至目前的研究主要是針對眼動。然而，找到最適合案主的雙側刺激類型仍然是重要的。在治療師嘗試用不同種類的雙側刺激取代眼動時，他們必須探索眼動的不適是否與案主的生理問題有關，或者生理反應是否是案主

必須處理的記憶殘留物。另一個使用眼動可能的困難是，如果案主開始哭泣而無法跟隨眼動，治療師可能需要轉換不同類型的雙側刺激，以持續記憶的歷程更新。

雙側刺激種類

雙側刺激是 EMDR 治療減敏感期不可或缺的部分。有數種類型的雙側刺激，包括眼動、觸覺和聽覺刺激。雙側刺激可以由治療師手動，或是使用像是 NeuroTek Corporation（neurotekcorp.com）提供的科技儀器。NeuroTek 製造眼動使用的閃光棒，也包括聽覺與觸覺刺激。他們也製造便於攜帶且合併聽覺與觸覺刺激的聽覺掃描器。治療師會發現擁有一個可與兒童創造雙側刺激的電子設備，是相當值得投資的。有了像是 NeuroTek 閃光棒的電子儀器，或是使用 EMDR app（可在任何智慧型手機、電腦或平板上取得）時，單獨或是任意合併使用眼動、觸覺刺激和聽覺音調，都是可行的。

64 ● 眼動

治療師可以參考他們起初接受的 EMDR 治療訓練來了解有關眼動的細節；然而，此處仍提供一些對兒童使用眼動的重要資訊。兒童可以跟隨眼動，甚至嬰兒和幼兒都可以。有些 EMDR 治療師有錯誤的資訊，認為兒童無法用他們的眼睛對他或她的身體「跨過中線」。基本上這是錯誤的，有關與嬰兒、幼兒和學齡前兒童工作的內容，於第十三章解釋得更詳盡。

對兒童測試眼動是重要的，但治療師必須有創意且彈性。有些兒童可以選擇雙側刺激的一種類型，且只使用一種便非常成功。其他的孩子則需要經常轉換雙側刺激的類型，以持續處理記憶並保持專注。兒童很容易覺得無聊，而不再對治療師做的事情感到有興趣。

當治療師來回移動他或她的手時，治療師只需讓孩子用他或她的眼睛跟隨著治療師的手指頭。或者治療師可以有創意地將臉畫在手指

上，或是貼貼紙在手指上，讓孩子跟隨，以吸引案主參與。有些治療師會讓兒童選擇指偶、手偶、填充玩具動物，或是其他類型的玩具，在治療師製造來回移動的雙側刺激時讓兒童追蹤。治療師也可以使用玩具魔法棒或其他類型的指示棒讓孩子跟隨。若治療師感到疲倦或對重複眼動感到不適，這也會對治療師有幫助。治療師可以在地板或牆壁上使用筆型手電筒或雷射筆，讓兒童以他或她的眼睛跟隨。治療師必須小心，不可將光線指向案主或案主的眼睛。另一個與幼兒進行眼動的特別有趣方法，是讓幼兒將他或她的擔憂畫成一張圖或塗鴉，接著拿支蠟筆，隨著幼兒注視著他或她自己與蠟筆的動作來回塗鴉。只要焦點的物件能夠吸引孩子，並且他或她的眼睛能夠跟隨，治療師使用雙側刺激的創意是無限的。

　　治療師可以用他或她的手創造無數次的移動來讓案主跟隨眼動。通常在案主經驗了近期事件或正處在危機中時，這是相當有效的。這種無數次的移動有助於案主在高度失調時更新，而非淹沒其中。

● 觸覺刺激

　　觸覺刺激可以有許多形式，可以由治療師、兒童或電子儀器創造。在兒童同意的情況下，治療師可以輕敲兒童的手、肩膀或膝蓋。兒童可以打鼓、拍手、跺腳、玩 patty cake 小遊戲（類似臺灣的「一角兩角三角形」遊戲）、拍擊他或她的膝蓋、坐在椅子上輕敲她或她的腳，或是使用蝴蝶擁抱、瓢蟲擁抱、或是 'tude 擁抱。**蝴蝶擁抱**（Jarero, Artigas, Mauer, Alcala, &Lupez, 1999）讓孩子在胸前交叉手臂，交替輕拍著自己的前臂。**瓢蟲擁抱**讓孩子將手指頭連接在一起， 65 並且移動手，交替地讓手指來來回回。**'tude 擁抱**讓青少年交叉手臂，並且輕拍他或她的臀部外側，看起來更冷靜，因此也更「酷」。瓢蟲擁抱和 'tude 擁抱是蝴蝶擁抱的變形。蝴蝶擁抱也適用於團體範本，將在本書後續進行討論。

　　如前所述，NeuroTek 儀器可以使用觸覺刺激；它有兩個來回交

替刺激嗡嗡作響的樂，可讓兒童握在手中（孩子經常稱樂為「嗡嗡嗡」，因為它們在孩子手中嗡嗡作響，本書譯為觸動器）。觸動器的幫助在於不只是兒童很享受其中，治療師也能輕鬆地在室內跟著孩子移動。觸動器很彈性，治療師能有多種用法。孩子可以握住它們、將它們放在口袋中、坐在它們上面，或是將它們放入他或她的襪子裡。（在會談室裡放消毒濕紙巾是有幫助的，你可以在會談之間清潔觸動器。）

看起來以儀器觸發的觸覺刺激，比起輕拍或其他類型的雙側刺激，引發了不同的神經通路。來自儀器的觸覺刺激形式似乎對大腦提供了「一切都好」的訊號，而不是對害怕反應做回應（參見 Serin、Adler-Tapia 和 Tapia，未出版文章）。

聽覺刺激

聽覺刺激也可以用許多創意的方法提供。一般來說，聽覺刺激需要某些類型的電子儀器，像是使用準備好的 CD，或是下載有聲音的音樂，例如大衛‧格蘭德（David Grand, biolateral.com）所銷售的或是 EMDR apps，以及透過使用 NeuroTek 儀器。CD 或是從格蘭德或 EMDR apps 下載的音樂可使用於任何個人音樂裝置上，例如 CD 播放器、MP3 播放器，或是筆記型電腦和平板。大衛‧格蘭德的聽覺雙側刺激已預先格式化為在雙耳之間來回，並包含許多不同的音樂或大自然聲音選項，然而交替聽覺刺激的速度是無法調整的。

此外，任何類型的 CD 或 MP3 播放器都能與主要用於聽覺刺激的特定 NeuroTek 儀器一起使用。此款 NeuroTek 儀器是一種電子工具，用於製造聽覺或觸覺雙側刺激。聽覺刺激可以來自於機器製造的聲音，案主透過可與 NeuroTek 儀器連接的耳機或任何類型的聽覺播放器聆聽。這個儀器可以讓案主選擇他們喜歡的聲音或音樂類型。兒童和青少年經常偏好聽覺刺激，並且在他們能夠選擇音樂時特別地投

入。治療師可以讓案主選擇任何家長或治療師事先批准的音樂種類。治療師甚至可依案主請求下載特定歌曲到 MP3 播放器（像是 iPod）或是平板上。

● 多種類型的雙側刺激　　　　　　　　　　　　　　　　　　66

在這個科技時代，有許多創新方法使用 NeuroTek 產品與當前的電子設備結合。例如，治療師可以為兒童購買一個視頻搖椅，讓兒童在會談室裡坐，並將 NeuroTek 儀器與視頻搖椅連結。視頻搖椅在椅子兩側都有揚聲器，音樂便能來回移動。兒童／青少年可以握住「觸動器」，治療師可以連接音頻線路至視頻搖椅的揚聲器，因此兒童／青少年坐在搖椅上時，可以同步獲得聽覺和觸覺雙側刺激。這也使得兒童／青少年在 EMDR 治療中可以移動。

治療師可以將遠程揚聲器放在沙盤的不同側，讓兒童在使用沙盤時，聽覺刺激能在兒童頭部的兩側製造雙側刺激。如果孩子經常到處移動，這可能會有點麻煩，但兒童通常在玩樂中更能專注。當兒童在沙盤中創造場景時，專注於沙盤工作的兒童經常獲益於揚聲器製造的聽覺雙側刺激，或是襪子或後口袋裡的觸動器。使用沙盤創造負向和正向認知或更新記憶，在此書中的許多章節會加以討論。

雙側刺激的臨床決策

即便案主在掙扎中，有關何時改變雙側刺激類型以及何時持續相同雙側刺激的決定，都基於臨床判斷和治療師與個案的同步。

個案研究：莎凡娜變得自信

莎凡娜是個 8 歲女孩，她因為不明食物過敏源引發過敏性休克而受到創傷。在治療師處理了她經歷的創傷後，她持續在當

前生活中感到焦慮和痛苦。莎凡娜處理了一些痛苦，但隨後開始哭泣，治療師認為她顯然需要自我肯定技能且她正為人際關係所苦。治療師讓孩子說出她對這種情況的感受，並暫停使用雙側刺激，因為這是需要處理的技能不足問題，而非必須處理的記憶。這種情況在兒童中比成人更為常見，因為兒童是第一次經歷生活情境，而他們可能沒有先前的意識或技巧可以處理該種情境。一旦治療師完成了教導和討論必要的技巧，他們便在接續的會談中繼續使用雙側刺激。

67　## 成人與兒童有關雙側刺激的差異

兒童與成人的雙側刺激有些差異。首先，兒童的注意力持續時間較成人短，因此治療師必須使用較短回合的雙側刺激，或是較頻繁地改變雙側刺激類型。此外，兒童傾向於更快速地處理，因為他們比起成人擁有較少的個人經歷。因為兒童比起成人較快達到標的項所需的結果，在處理歷程中需要的掃視（包含兩邊的雙側移動）較少。兒童可能需要在雙側刺激中改變速度。他們可能需要較慢的眼動雙側刺激來跟隨，但多數兒童／青少年實際上偏好更快速雙側刺激的觸動器。這些都需要治療師觀察與了解他們所合作的兒童／青少年。

掃視的速度與次數

如先前章節所述，雙側刺激的速度必須根據個別案主的舒適度進行調整。對治療師來說，重要的是關注案主並視案主需求調整，以持續在治療中工作。掃視的次數也必須依個別案主的需求調整。告訴案主「我會推測何時停止雙側刺激並且與你核對，所以若你想要我快點暫停或是持續進行，請讓我知道。」這是案主可以使用停止信號的時機，將在本章後續說明。

治療師的雙側刺激指引

　　本章先前包含了治療師如何向兒童說明雙側刺激的腳本，以及示範雙側刺激的第二個腳本。然而，使用雙側刺激並非總是那麼簡單明瞭；應用雙側刺激時可能有細微差別與困難，此處提供治療師指引。

　　治療師可能偶然注意到案主停止跟隨雙側刺激，或是觀察到眼動不再總是流暢。這可能有幾個原因，例如案主可能有困難跟隨刺激，因此治療師可以放慢眼動，或是告訴案主「用你的眼睛推我的手指頭」。有時候，治療師可能需要停下來並擺動手指頭，以確認案主仍在跟隨。其他時候，案主可能正在處理記憶，治療師會觀察到跳動的眼動或是案主的眼睛顫動。治療師可以持續使用眼動，以確定案主是否仍追隨眼動而顫動解除了。或是，治療師可以隨時與案主核對，看看發生了什麼事。

　　除了評估案主追蹤雙側刺激的能力，掃視次數也會影響個案追蹤刺激的能力。與特定案主工作時，確定掃視或來回的次數是必要的。夏琵珞（2001）和其他研究者建議，為了活化處理歷程，眼動必須盡量在案主能容忍範圍內加快速度，而非僅是追蹤。治療師可以告訴案主：「我只是推測移動的速度和次數，但你可以告訴我停止或繼續。」透過給予案主繼續或暫停掃視的權力，治療師變得與個別案主的獨特處理方式更為同步。 68

　　使用提供雙側刺激的電子儀器時，一開始將所有設定調整至最低程度是有幫助的，包括聽覺和觸覺的音量和速度。接續緩慢地增加速度、強度或音量，直到案主選擇一種最舒服的設定。

　　一旦治療師確認了兒童偏好的雙側刺激類型和兒童最舒服的設定，治療師接著可以使用雙側刺激幫孩子深植一個安全／平靜情境。治療師需要知道使用於自我安撫與冷靜的雙側刺激，而不是使用於創傷歷程更新。使用兩種不同類型的雙側刺激是最有幫助的——一種旨在自我安撫與情感調節，另一種不同類型的雙側刺激則用於創傷歷程更新，因為大腦與雙側刺激製造了關聯。一旦某種類型的雙側刺激使

用於創傷歷程更新，此時它與這部分處理便產生一種關聯。用於自我安撫與冷靜的雙側刺激需要與資源有所連結，而不是與創傷歷程更新有關。

安全／平靜情境

定義安全／平靜情境

　　安全／平靜情境練習的目標在於評估兒童是否能夠提取一個正向資源和創造一個安全／平靜情境，讓兒童可以在任何時刻使用來自我安撫和涵容強烈的情緒經驗。兒童的安全／平靜情境通常是一個放鬆、平靜和舒服的地方。安全／平靜情境可以使用於會談中、會談尾聲，或是在兩個會談之間，讓兒童自我安撫與冷靜。

　　在會談期間，若歷程更新變得令人難以負荷而兒童無法繼續時，兒童可能需要安全／平靜情境。兒童可能會自動地前去安全／平靜情境，或是在必要時，治療師可能需要提醒兒童使用安全／平靜情境。安全／平靜情境也可以使用於會談尾聲，在一種正向狀態做收尾。在會談結尾時，治療師會提醒兒童安全／平靜情境，也可以使用第九章討論的深呼吸或其他技術。

　　最後，可以提醒孩子在兩個會談間練習使用安全／平靜情境，以加強該情境和練習自我安撫。此外，可以指導孩子在預期會遭遇困難時使用安全／平靜情境，例如與非監護家長有壓力的會面，或是對社交情境感到困擾的青少年。

69　與兒童使用安全／平靜情境練習的其他技術

　　在教導安全／平靜情境的過程中，治療師開始與孩子建立信任，並且與孩子同步體驗正向經驗，尤其是孩子對雙側刺激的反應。

　　因此，在創造安全／平靜情境的過程中，治療師也是在教導正念，目的在於讓兒童注意自己的情緒為何以及身體感受如何。有時

候，對較年幼兒童或是情緒辨識能力有限的兒童來說，這可能是教導這些技能的時機。有些孩子可能缺乏描述情緒和／或身體感受的詞彙。兒童可能不知道如何描述身體感受或是將這些身體感受與情緒經驗做連結。青少年可能會掙扎於這些類似的問題。因此，治療師需要評估青少年辨識情緒與身體感受的能力，並適當地教導。

治療師可能會發現與案主嘗試創造一個安全／平靜情境時，案主會開始回報安全／平靜情境已經改變了，或是被壓力素材或經驗污染了。這是另一個判斷與經驗都很重要的決策點。此刻，如何繼續進行有多種選擇。如果安全／平靜情境在某方面來說變得負向，治療師可以選擇接納所發生的一切，並與案主創造一個不同的安全／平靜情境。或者，若治療師覺得可以繼續進行，治療師可能會決定繼續使用安全／平靜練習時所浮現的訊息，並持續 EMDR 治療。一般來說，安全／平靜情境似乎對單一事件創傷兒童較容易，而對慢性嚴重創傷兒童是較困難的。

通常，案主創造與維持安全／平靜情境的能力與案主的正向和一致性的依附經驗直接相關。例如，治療師與住在寄養家庭或團體之家環境的兒童工作時，可能會一開始就在安全／平靜情境卡關。一旦孩子被安置在較長期的寄養家庭或收養家庭中，治療師可能較容易建構一個安全／平靜情境，因為在個案的生活中有了一個穩定的成人照顧者。安全／平靜情境練習可以做為案主依附經驗、案主連接內在／外在能力，以及維持正向資源能力的診斷。

使用安全／平靜情境練習的挑戰

在阿德勒－塔皮亞和賽圖（2008）的忠實度研究中，發現兒童的安全／平靜情境練習必須簡化。跟孩子一起將字句改為平靜、快樂、舒服或特別的場所是有幫助的，因為**安全**這個詞可能有負向意涵或連結，特別是對嚴重受創的兒童來說。有些兒童無法回憶曾有過安全感受的經驗，因此，治療師需要找出一個能引發兒童共鳴的用語。治療 70

師可以要孩子找出一個用來表示他或她覺得舒服、舒適和／或平靜的用語。

　　治療師可能需要使用非常短次數的雙側刺激（2-4）或是完全不使用，以避免安全／平靜情境與兒童的負向記憶網絡連結。從照片或圖畫開始，接著緩慢增加雙側刺激次數，會是較容易的。治療師可以讓孩子從一次移動開始，接著最多增加到四次移動。

　　阿德勒－塔皮亞和賽圖的研究指出建立安全／平靜情境的共通困難主題，當（a）兒童對治療師的會談室不熟悉（例如，初談是由治療師以外的初談工作人員進行，因此關係尚未發展）；（b）治療師使用太多次的掃視或雙側刺激，引發了負向處理歷程；（c）兒童意識到加害者返回的真實可能性；（d）家庭環境不安全；以及（e）兒童／青少年嚴重受創，因而需要更多資源。

　　為了讓安全／平靜情境練習更順利，治療師必須做以下考量：

1. 確認孩子在處理之前，在會談室中有足夠的時間遊戲或感到自在。
2. 記得限制雙側刺激掃視的次數，一次不多於二至四趟，隨著年齡較長才做較多次數。
3. 記得在接續安全／平靜情境的下一個步驟前，只用一回合雙側刺激。讓雙側刺激（2 至 4 組）簡短，以提升安全／平靜情境，且不會使案主進入痛苦事件的處理，這點非常重要。
4. 教導家庭／寄養家長有關兒童環境的安全議題。兒童可能無法建立安全／平靜情境，因為兒童的環境並不安全。安全／平靜情境練習可以是診斷性的，治療師需要探索兒童當前情境並評估安全性。
5. 專注於駕馭感經驗，而非安全／平靜情境。
6. 引導孩子創造一個想像的安全／平靜情境。例如，治療師與一位準備在犯罪案件中作證的年幼男童工作，他無法找出一個安全／平靜情境。取而代之的是，男孩想像他的安全／平靜情境是在電玩遊戲瑪利歐兄弟裡，而他住在城堡裡，被許多人和裝置保護著。孩子每

個禮拜強固他的安全城堡，直到他作證的那一天。

7. 找出兒童／青少年有興趣的當代流行（例如，書籍、電影、電視節目、電玩遊戲）。然而，治療師必須了解兒童／青少年的興趣，以避免任何可能的負向連結。例如，一位治療師與使用《哈利波特》（*Harry Potter*）書中的霍格華茲做為安全／平靜情境的兒童工作。這個孩子選了「鄧不利多」做為安全／平靜情境的關鍵字。幸好治　71療師知道在最新一集《哈利波特》中，鄧不利多過世了，因而能夠幫助孩子選擇不同的關鍵字，以避免霍格華茲安全／平靜情境產生負向連結。

8. 請家長協助孩子在家練習安全／平靜情境。可以指導家長在孩子感覺舒服時，用提示詞練習安全／平靜情境，不要在孩子感覺不安全時練習。一旦孩子已經掌握了提示詞的安全／平靜情境，孩子就可能在感覺較有壓力的情境中練習使用安全／平靜情境。

兒童和青少年安全／平靜情境範本

給治療師的指引

　　案主被教導安全／平靜情境做為情緒管理的一項工具。當案主無法找到一個安全／平靜情境時，要做診斷。這可能表示案主在繼續創傷的歷程更新之前需要額外的資源。

　　若治療師繼續安全／平靜情境練習，治療師以慢速使用最多二到四次的雙側刺激掃視，以避免與創傷記憶做連結。如果孩子找出的安全／平靜情境變得不安全，那麼治療師詢問孩子：「我們可以讓這個安全／平靜情境再次變得安全嗎？或是我們需要選擇另一個安全／平靜情境呢？」

腳本

　　治療師可以用下列方式介紹安全／平靜情境：「**我想要做的事叫**

作安全／平靜情境。我們可以在會談尾聲或是兩次會談之間使用安全／平靜情境。我想要你學習如何使用安全／平靜情境，所以我們來練習它吧。」

步驟一——圖像（畫面）。「你能否想到一個真實的地方，或是想像的地方，這個地方使你覺得安全、平靜、放鬆或快樂？什麼地方讓你最有這種感覺？你有關於它的圖像嗎？（如果可以的話，治療師讓兒童／青少年畫出畫面的圖像或是創造出圖像的拼貼圖。）

步驟二——情緒與感受。「當你想著那個安全／舒服／放鬆的地方，你有什麼感覺？」（治療師暫停；如果兒童沒有回應，治療師提供感受的範例來教育兒童。）「你覺得放鬆、舒服、安全、快樂、興奮嗎？你在身體的哪裡感受到那種_____感覺？」（治療師暫停，如果兒童看起來困惑，治療師提供範例。）「好吧，有些孩子在他們的頭部感覺到它，有些人在他們的肚子裡感覺到它（青少年喜歡成人用語，例如胃），而有些人在他們心裡感覺到它。你在哪裡感覺到它呢？你可以把手放在那裡（以助於增強這種感覺）嗎？」

72　　　步驟三——增強。治療師接著說：「想著那個_____〔圖像〕，和那個_____〔感覺〕，以及你在身體何處感受到它，接著我們打開_____〔或是其他替代形式的雙側刺激〕幾秒鐘。」停止雙側刺激，並且說：「告訴我現在發生了什麼？」（如果兒童感覺好多了，治療師應該多做幾回合雙側刺激。如果兒童的正向情緒並未加強，治療師可以嘗試替代的雙側刺激，直到兒童回報有改善。）

步驟四——提示字（詞）。「如果我們可以找一個字來幫助我提醒你現在的感覺，這會是什麼字？好，所以當我說_____，你注意到了什麼？」（增加一回合雙側刺激。）

步驟五——自我提示。「現在我要你說出這個字_____，當你說出它時，注意你的感覺。」

步驟六——伴以紛擾的提示。「現在讓我們來練習使用你的字。我想要你想著一個讓你有點困擾的小事情，並且注意你在身體的哪裡

感受到它。」（此刻不使用雙側刺激。）

　　步驟七──伴以紛擾的自我提示。治療師接著要案主再次提出一個困擾的想法，並且練習安全／平靜情境練習，這次沒有治療師的協助，直到這練習放鬆地結束。

　　步驟八──回家作業。鼓勵案主練習安全／平靜情境，以及提示安全與快樂場所的字。

安全／平靜情境的範本指引表單

　　下方總結了安全／平靜情境練習的指引。參見表 4.1 安全／平靜情境範本作業單。

步驟一：描述畫面。

步驟二：描述情緒和正向感受（包括部位）。

步驟三：以舒緩的語調強化畫面和感受。

步驟四：說明簡短的眼動回合（2-4 次掃視，或是提供更多給青少年）。

　　　　如果結果是正向的，持續更多個簡短回合的掃視。

　　　　如果結果是較小或中性的，嘗試替代方向的眼動。

　　　　如果有侵入性或負向反應，則探索解決之道（例如：負向素材的遏制，增加更多保護功能於安全／平靜情境），或是轉換另一個安全／平靜情境或安適的資源畫面。

步驟五：找出提示字（詞）。引導兒童將提示字（詞）與安全／平靜情境放在一起，並且增加眼動回合。

步驟六：讓兒童練習自我提示，專注於畫面和提示字（詞），不使用眼動。

步驟七：讓兒童提出一個小困擾。治療師提示安全／平靜情境。

步驟八：讓兒童提出一個小困擾。兒童提示安全／平靜情境

表 4.1　兒童安全／平靜情境範本作業單

兒童：＿＿＿＿＿＿＿＿＿＿＿＿＿＿＿＿＿　　日期：＿＿＿＿＿＿＿

　圖像：＿＿＿＿＿＿＿＿＿＿＿＿＿＿＿＿＿＿＿＿＿＿＿＿＿＿＿＿＿

＿＿＿＿＿＿＿＿＿＿＿＿＿＿＿＿＿＿＿＿＿＿＿＿＿＿＿＿＿＿＿＿＿

＿＿＿＿＿＿＿＿＿＿＿＿＿＿＿＿＿＿＿＿＿＿＿＿＿＿＿＿＿＿＿＿＿

＿＿＿＿＿＿＿＿＿＿＿＿＿＿＿＿＿＿＿＿＿＿＿＿＿＿＿＿＿＿＿＿＿

　正向情緒：＿＿＿＿＿＿＿＿＿＿＿＿＿＿＿＿＿＿＿＿＿＿＿＿＿＿＿

＿＿＿＿＿＿＿＿＿＿＿＿＿＿＿＿＿＿＿＿＿＿＿＿＿＿＿＿＿＿＿＿＿

＿＿＿＿＿＿＿＿＿＿＿＿＿＿＿＿＿＿＿＿＿＿＿＿＿＿＿＿＿＿＿＿＿

　身體感受（位置和描述）：＿＿＿＿＿＿＿＿＿＿＿＿＿＿＿＿＿＿＿＿

＿＿＿＿＿＿＿＿＿＿＿＿＿＿＿＿＿＿＿＿＿＿＿＿＿＿＿＿＿＿＿＿＿

＿＿＿＿＿＿＿＿＿＿＿＿＿＿＿＿＿＿＿＿＿＿＿＿＿＿＿＿＿＿＿＿＿

　提示字（詞）：＿＿＿＿＿＿＿＿＿＿＿＿＿＿＿＿＿＿＿＿＿＿＿＿＿

＿＿＿＿＿＿＿＿＿＿＿＿＿＿＿＿＿＿＿＿＿＿＿＿＿＿＿＿＿＿＿＿＿

　用於提示／自我提示練習的輕微困擾：＿＿＿＿＿＿＿＿＿＿＿＿＿＿＿

＿＿＿＿＿＿＿＿＿＿＿＿＿＿＿＿＿＿＿＿＿＿＿＿＿＿＿＿＿＿＿＿＿

　臨床醫師簽名：＿＿＿＿＿＿＿＿＿＿＿＿＿＿＿＿　　日期：＿＿＿＿

停止信號

停止信號用於增能個案在減敏感歷程中，因為需要休息或是因過程變得難以承受而想要暫停時，向治療師發出信號。對兒童來說，這是一個相當簡單的過程，然而重要的是，強調停止信號是有目的而非只是為了好玩。治療師需要鼓勵孩子持續進行，即使歷程變得困難。當孩子藉由離開治療區和玩耍或是變得容易分心來迴避歷程中的強度時，困難就出現了。如果無法再次引導孩子完成處理歷程至較正向的結果，則需要更多的準備。在 EMDR 歷程中讓孩子再次投入的技術將在以下段落進行討論。

給治療師的指引

　　教導孩子在歷程／減敏感中停止或休息的信號，提供了孩子安全與對過程掌控的感受。

腳本

　　記得我們討論使用＿＿＿＿＿＿（雙側刺激）的時候嗎？好，我想要你知道，你可以舉起你的手，並且告訴我你需要暫停或休息。讓我們練習一下，如果你希望告訴我想休息一下時，你會怎麼做？（跟隨孩子的引導。治療師可能需要示範像停止信號一樣地舉起手。當孩子確認停止信號後，治療師將重複腳本。）「所以，如果你做／說＿＿＿＿＿＿（停止信號），我會知道你想要休息或是停止。」「休息只是表示你累了，或是需要幾分鐘來冷靜一下。」

74

EMDR 治療隱喻

　　EMDR 治療隱喻的目的，是為了提供案主與其創傷處理階段中可能經驗到的情緒強度之間的距離感。此外，隱喻有助於傳達一種通過處理歷程中強度情緒的移動感，這能幫助兒童避免被自己的情緒強度淹沒。它也有助於兒童在處理標的項時維持停留在當下。有好幾種類型的隱喻可以使用，例如火車、汽車、飛機、電視，或是電影院。治療師可以依據兒童／青少年的生活經驗和興趣來創造或發明他們自己的隱喻。

　　兒童／青少年經常迴避困難情境和強烈負向情緒，而不是面對它們。這些隱喻可以使用於技巧建立的練習，藉由提供他們方法來與令人不安或創傷的事件保持距離，以教導兒童如何處理強烈情緒。隱喻可以支持兒童／青少年在減敏感期維持在他們的處理歷程中，以達到更正向和適應性的結果。

給治療師的指引

在開始減敏感之前向兒童解釋已選擇的隱喻，以支持和鼓勵兒童繼續克服任何可能出現的強烈情緒。

腳本

治療師對孩子說：「這是個幫助你覺得你可以掌握自己想法和感受的好方法。試著只是注意路過的東西，像是在火車上，你只是看著窗外經過的東西。」

然而，火車隱喻可能不在兒童的經驗範圍內，因此可以提出其他隱喻。其他適用於兒童的隱喻包括以下內容：

1. 「想像你在飛機上，而且可以換座位，或者只是看著窗外，並看著壞事情過去。」
2. 「想像你在汽車或公車上，只是看著窗外經過的壞事。」
3. 「假裝你現在所思考和感受的是在電影或電視螢幕上，想像你是在觀眾席看著電影。」使用電影或電視螢幕隱喻有些爭議，因為治療師擔心案主出現解離症狀。然而，若案主有強烈情緒且無法因應，此種技術確實使得案主能夠在保持當下的處理歷程中獲得一些距離。
4. 隧道是向兒童描述治療過程的另一個隱喻。治療師可以問孩子，「你是否曾經進入一個黑暗的隧道，但接著你可以看到另一端有光，過了一會兒，你從隧道的另一端出來了？」隧道可以做為一個隱喻，來解釋治療過程在個案感覺好轉之前是如何感受困難的，就像是進入一個黑暗的隧道，然後從另一端出來。

這些隱喻在 EMDR 治療訓練中被稱為**減速技術**。用於減速或加速處理歷程的技巧將在第六章的減敏感期更詳細地討論。

減速技術可以幫助孩子放慢他或她的處理速度，孩子便不會因

情緒洪流而被淹沒。加速技術是指幫助孩子提取更多訊息的方法，因為他或她的處理歷程已經減慢或停止。目標是能夠幫助孩子保持在耐受窗（Window of Tolerance）內（Siegel, 1999）。耐受窗意味著案主正在提取素材而未被淹沒或解離。治療師需要教導兒童如何管理強烈情緒，並提供他們進階的資源技能。本書後面會介紹進階資源技能；然而，在此段落的以下技巧是簡而易教的。

　　使用電視和遙控器或是電影做為介入的隱喻，與使用火車隱喻是不同的，因為火車隱喻暗示了案主處在一個地方，記憶或想法和感受只是經過，然而使用電影或電視螢幕是一種距離技術，用於案主需要容忍強烈情緒時的減速。電影隱喻教導兒童「觀察者自我」。兒童需要學習站在他們情緒與身體感受之外來觀察他們自己的技能，這會產生觀點和智慧。這種觀點的能力是適應性訊息處理（AIP）模式的結果。藉由電影隱喻發展觀察者自我，有助於減少情緒洪流和／或身體感受難以負荷的經驗，這提供了兒童一種權力感和能力感。

給治療師的電影隱喻指引

　　治療師可以以幾種不同的方法使用電影院隱喻。首先，治療師可以讓孩子想像坐在電影院裡看著銀幕上的事件。治療師使用雙側刺激來幫助兒童看電影，但如果電影令人難以負荷，兒童可以讓他或她的部分自我走到電影院後方，觀察坐在電影院裡的孩子，並且想像他或她正在安慰那個沮喪的孩子。或者孩子可以從電影院的後面或電影院的門外觀看，並想像透過電影院門框看電影。

　　使用電影銀幕的另一種方法是再次讓孩子在電影銀幕上想像記憶，並進行雙側刺激。如果看電影太困難了，可以告訴孩子將電影的布簾拉上，或是將電影變成黑白，或是關掉聲音、只看電影就好。或者治療師可以向孩子建議他或她帶一個值得信賴的成人或超級英雄進入電影以獲得保護。接著治療師可以讓孩子描述故事的寓意或總結電影的內容。

給治療師的電視和遙控器隱喻指引

治療師可以教導孩子將創傷記憶放在某些頻道裡，同時將安全／平靜情境放在其他頻道，且將安全的人再放在其他頻道。然後，孩子想像拿著遙控器並能夠在頻道之間切換，以調整某些「電視台」可能激發的強烈情緒。這向兒童／青少年展示了一種健康的方法，來劃分與處理某個部分或情緒，或在必要時切換到一種較平靜的想法。

程序性考量

準備期的下個步驟是評定何時開始評估期。進行評估期的臨床決定是基於個案概念化。治療的速度則取決於個別案主和治療計畫。治療師需要確認兒童／青少年是否擁有持續下去的必要資源和技巧，或者兒童／青少年是否需要被教導更多技術。

如果孩子和孩子的家庭相當穩定，孩子通常可以很快進入評估期。對於其他孩子，治療師可能需要在準備期花費更多時間。有些孩子會帶著將繼續開展的技能接受治療，另一些孩子則需要更多資源和內在的正向鷹架。那些孩子能夠從學到的管理強烈情緒的技巧獲益，例如情緒辨識、調節能力和蒐集箱。如果治療師發現孩子需要這些額外的技能，此時正是教導那些技巧，並且給孩子練習的時機。

情緒辨識能力

情緒辨識能力是進行 EMDR 治療的必要技能之一。它被定義為 77 辨認、理解和適當表達情緒的能力。孩子也需要學習理解他們自己的內在經驗，以及領會他人的口語、肢體和非語言表達。您可以在一些線上網站讀取更多有關情緒辨識能力的內容——情緒辨識能力的概念部分源自於高曼（Goleman 1995）的《情緒智商》（*Emotional Intelligence*）一書。

我們如何教導兒童情緒辨識能力？兒童和青少年心理治療的一部分就是在教導情緒辨識能力。透過遊戲治療、書籍和指導，治療師甚

至可以教導非常年幼的孩子辨識感受，並運用這些感受來增進表達與處理感覺。對於年齡較大的兒童和青少年，治療師可能會參考喜歡的電視節目、YouTube 影片、電影、書籍或線上節目，以舉例說明情緒辨識能力或情緒失調。

有許多教導兒童／青少年情緒辨識能力的技巧，包括以下內容：

1. 教導孩子藉由照鏡子來辨識感受和面部表情。或者治療師可以用智慧型手機錄下兒童／青少年，讓他們在會談室觀看，隨後立即刪除。
2. 孩子可以和治療師一起練習做不同的表情。治療師和孩子可以輪流做出不同的面部表情，然後標記與面部表情相關的感受。
3. 有一些帶有面部表情圖片的表格，孩子可以用它來標記情緒。網路上也有人們帶有各種面部表情的照片。
4. 治療師可以讓孩子從雜誌或線上刊物中的照片來辨識感受，然後使用雜誌、電腦或智慧型手機中的照片來製作拼貼／線上日誌。
5. 治療師可以教導孩子典型的身體隱喻（例如，膝蓋發軟、肚子裡的蝴蝶、心痛），且可以讓孩子實際表現出不同的身體姿勢，來體現情緒和身體感受。
6. 如果孩子可以閱讀，治療師可以給孩子回家作業，讓孩子在字典中查詢兩個感覺詞語，然後將這些詞語帶進下一次會談中教導治療師。如果孩子無法閱讀，治療師可以請家長幫忙孩子在下一次會談前找到兩個新的感覺詞語。可以請青少年上網查詢關於兩種情緒的資料，用於討論目的。

情緒調節

在進入評估期之前所需的另一項基本技能是情緒調節。從治療師第一次見到兒童／青少年開始，治療師就在評估兒童／青少年和家人如何表達情緒，以及孩子如何管理或是不管理強烈情緒。治療師也需 78

要考慮孩子的家人如何回應孩子的高漲情緒。強烈情緒在家中是被允許的，或它是危險的呢？孩子學會如何處理強烈情緒嗎？特別是對於青少年來說，家長是否能夠處理和應對就發展性而言切合於青少年的強烈和叛逆情緒呢？

如果經驗的強度和情緒變得難以負荷，青少年和兒童可能需要資源來減緩治療歷程的步調。治療師需要了解兒童如何調節自己的情緒。情緒調節是健康依附過程的一部分，因為孩子們藉由觀察和與照顧者互動來學習如何表達情緒。有長期虐待史的兒童，更常見的是來自兒童福利系統的兒童，需要學習適當表達和管理強烈情緒的技能。有不良或創傷依附史的兒童未曾擁有一種學習如何經驗與表達強烈情緒的關係，需要額外的準備才能進行下個階段的 EMDR 治療。

兒童需要覺得自己有能力管理他們的痛苦，才能繼續參與治療歷程。如果孩子覺得無法控制強烈情緒，孩子更有可能迴避這個過程或解離，而不是投入於處理創傷記憶。當孩子覺得有能力管理深刻的情緒時，他們能夠保持歷程更新記憶所需的雙重注意力，並且有意願繼續接受治療。

由於兒童和青少年通常不會自己投入治療，讓孩子相信治療過程對他們有益是至關重要的。為了讓孩子參與過程，在 EMDR 治療的準備期中，事先加入正向技巧與自我安撫是很重要的。對 EMDR 治療有成功經驗、覺得有能力以及準備好管理強烈情緒的兒童，更可能是有意願的參與者。這必然使得治療過程對兒童和治療師來說都更為正向。

有時會有徵兆向治療師顯示，在準備期兒童需要有情緒辨識能力與情緒調節技巧，但是有時治療師並未意識到兒童需要情緒調節技巧，直到案主處在減敏感期處理歷程中，且處理停滯不前才發現。治療師可能再次考慮治療歷程應返回準備期，以便為孩子提供繼續處理與管理強烈情緒的技能。

在準備期，治療師嘗試提供案主資源與技術，以繼續處理非適應

性儲存的經驗，以及找出是什麼阻礙了案主健康地運作訊息處理。個
案概念化包括確認兒童何時需要情緒辨識能力與情緒調節技能。兒童
何時需要蒐集箱？孩子在治療過程中需要什麼才能恢復健康功能？在　79
結束另一個記憶的工作時，孩子可能需要一個「蒐集箱」，一個包含
情緒或記憶的隱喻。如果在處理過程中出現了一個新的標的項，治療
師可能會提議「這是另一件要處理的事情。讓我們保留它，然後我們
再回來處理它。」這是個臨床判斷，治療師必須決定要繼續追隨哪個
記憶網絡。

蒐集箱

　　蒐集箱是一種創造性概念，讓兒童用於未完成的會談中儲存已活
化但未處理完畢的素材，這些素材可能會在會談之間對案主造成潛在
的影響。它們也可以用於經歷著高度混亂的兒童，在會談期間或家中
或學校裡提供情感耐受力和情緒調節。使用蒐集箱有望為治療師讓孩
子回到記憶中繼續處理奠定基礎。這也提供了孩子一種對強烈情緒的
掌握感，以及在理想情況下，有繼續處理創傷經驗的意願。

　　蒐集箱也可以用於儲存孩子學到的新技能，以備將來他或她遇到
過去曾感到有困難的情境時使用。**工具箱**一詞可以指稱一種想像的蒐
集箱，用於保存兒童為了因應困難情境時能採用的新技能與技術。

　　孩子需要什麼工具才能夠涵容強烈情緒，並且能從 EMDR 治療
會談中與會談間獲益呢？孩子們在蒐集箱練習中具有難以想像的創
意，但可能會在使用較成人與抽象的工具時遭遇困難。如果治療師無
法找到奠基於現實的安全／平靜情境或蒐集箱，治療師可以使用虛構
的蒐集箱。一些蒐集箱的範例包括：（a）兒童可以畫出蒐集箱的圖
片（參見圖 4.1）；（b）在沙盤裡創造蒐集箱；以及（c）孩子們可
以創造藝術作品，例如將孩子想涵容的東西製作成盒子或繪製成圖
畫。使用治療師在工藝品商店購買的盒子，並邀請孩子裝飾盒子以容
納他們的「煩惱和困擾」，是一種很好的技巧。一旦裝飾完成，治療

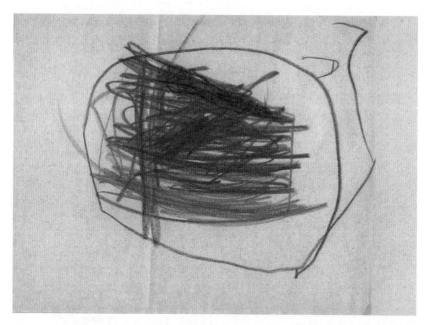

圖 4.1　3 歲席安娜的一張蒐集箱圖片。她畫了一個化妝盒來裝入她
　　　　的煩惱。

師就讓孩子寫下一個代表其煩惱的字詞，將這個字詞放在「解憂石」
上，並放在蒐集箱裡。

　　可以教導兒童將整個記憶劃分開來，並且將它放在一個或多個隔
間裡，這樣記憶就不會在會談以外的時間令人難以負荷或干擾。情感
管理的蒐集箱可以包括一個可透視的容器，孩子可以透過玻璃或塑料
看到創傷經驗，但不體驗到任何情緒或身體感受。如此只會有視覺刺
激，而不會經驗記憶的整體影響。

　　蒐集箱也可以用來教導孩子如何分割記憶，做為管理記憶強度的
一種方法。藉由將事件的不同部分放在不同的蒐集箱中，可以將事件
分割，以幫助案主更有效地管理經驗中的嚴重性。一旦處理了記憶的
各個部分，就更容易完成整個事件。可以教導兒童從蒐集箱中取出一
個部分的記憶，並且處理記憶的一個部分。隨著每個部分的處理，強

80

度隨之減少，直到整個記憶可以被合併與完成。

給治療師的蒐集箱指引

　　當有未完成的會談時，教導孩子使用蒐集箱做為處理強烈感受的工具是有幫助的；然而，蒐集箱也可以做為一種避免處理痛苦議題的方法。治療師要判斷孩子是否需要使用蒐集箱，或是孩子是否有足夠的資源繼續進行治療。有時候，治療師太擅長於教導孩子使用蒐集箱了，導致許多孩子不想再回去處理已保留妥當的標的項。如果蒐集箱已保留得很好且沒有引發問題，哪個腦袋正常的人會想要從裡頭取出東西來呢？

腳本

　　治療師說，「有時候我們在學校或家裡，會有一些想法或感覺妨礙我們。你有過像這樣的想法或感覺嗎？好吧，我想讓你知道，如果我們需要的話，我們可以把這些想法或感覺放在一個蒐集箱裡，像是一個盒子或者非常堅固的東西，因此它們無法跑出來。你認為我們可以用什麼來保存這些想法或感覺呢？」（可能需要教導孩子一些範例。）「我希望你可以把所有這些想法或感受，或是我們今天處理的事情，放在那個蒐集箱裡。有時候我們需要不同的蒐集箱來保存不同的想法或感受。有時候我喜歡畫出我的＿＿＿＿＿＿〔蒐集箱〕，並且確保它足夠堅固來容納我需要它保存的任何東西。你願意和我一起畫圖嗎？」在孩子確認了一個蒐集箱後，繼續詢問孩子，「好的，所以我們畫了一張它的圖片〔記錄孩子如何確認蒐集箱〕，那麼現在讓我們想像一下，我們今天所做的一切都放在這個蒐集箱裡，而且我們把它鎖起來，直到我們再次聚在一起，並且可以把它拿出來再次處理。如果在我們下一次會談之前，你開始想到它或是它似乎跑出來了，你可以想像將它放入蒐集箱裡，並把它交給我，或是確認我保管著它。」

81

資源和駕馭感技術

EMDR 治療的準備期包含在治療師和案主之間建立健康的工作關係，並為案主提供進入 EMDR 治療評估期所需的資源和技能。

資源和駕馭感技術也是兒童用於情感管理和自我安撫的重要工具。如前所述，兒童通常不具備管理強烈情緒的技能。用於教導兒童有效管理對 EMDR 治療反應的特定技術，包括想像、放鬆、自我安撫技術、駕馭感技術，以及一些具體的工具，將在第九章中討論。

處理會談之間強烈情緒的技巧

最後，治療師必須和案主一起回顧他或她被教導在會談之間處理強烈情緒或身體感受的技能。提醒案主使用他們的蒐集箱以及他們的放鬆和情緒管理技巧，這將支持案主，使其覺得有能力處理強烈情緒。

摘要

準備期的目標是讓孩子和孩子的家長為發生在 EMDR 治療後續的創傷處理做準備。在準備期結束時，孩子與家長應該對 EMDR 治療有所了解，且孩子應該具備了安全／平靜情境、隱喻、停止信號，以及因應強烈情緒的技能。

82 ## 準備期會談範本

EMDR 治療的機制包括停止信號、隱喻、安全／平靜情境，以及兒童對額外技能和資源的需求評估。

1. 治療師回顧第一次會談，並回答孩子和家長提出的任何問題。治療師評估自初次會談以來的一般性功能。治療師檢視在初次會談中所指認之任何症狀的當前狀態，並且探索任何新症狀。「自從我們上次會談以來，有任何變化嗎？」治療師檢視案主監控系統表格上指認的任何症狀，並記錄變化。

2. 治療師介紹 EMDR 治療的治療基本原理。

3. 治療師教導停止信號。

4. 治療師教導隱喻。

5. 治療師向孩子和家長提供安全／平靜情境練習的說明／基本原理。接著治療師完成安全／平靜情境練習。治療師完成安全／平靜情境作業單。

6. 治療師指導家長提醒孩子每天練習以連結想像的安全／平靜情境。

7. 針對程序性考量，治療師評估孩子情緒辨識能力、情緒調節，以及蒐集箱技能的需求，並針對如何繼續進行做出臨床決策。

8. 治療師與孩子和家長一起回顧會談中發生的事情，並根據需要回答問題。

9. 治療師提醒孩子和家長練習安全／平靜情境，以在會談之間增強。治療師安排下一次會談，並護送孩子和父母到等候區。

10. 下一次治療會談可能是準備期的延續，伴以額外的技能建立，或者治療師可能決定孩子已準備好進入評估期。

參考文獻

Adler-Tapia, R. L., & Settle, C. S. (2008). *EMDR and the art of psychotherapy with children*. New York, NY: Springer Publishing.

Goleman, D. (1995). *Emotional intelligence*. New York, NY: Bantam.

Jarero, I., Artigas, L., Mauer, M., Alcala, N., & Lupez, T. (1999, November). *EMDR integrative group treatment protocol and the butterfly hug*. Paper presented at the annual meeting of the International Society for Traumatic Stress Studies, Miami, FL.

Shapiro, F. (1995). *Eye movement desensitization and reprocessing: Basic principles, protocols, and procedures.* New York, NY: Guilford.

Shapiro, F. (2001). *Eye movement desensitization and reprocessing: Basic principles, protocols, and procedures* (2nd ed.). New York, NY: Guilford.

Siegel, D. J. (1999). *The developing mind: How relationships and the brain interact to shape who we are.* New York, NY: Guilford.

【第五章】EMDR 治療階段三：評估期 83

本章描述 EMDR 治療評估期的程序性步驟（Shapiro, 2001），並詳細解釋成功地引導兒童度過此階段所需的技巧和能力。如前所述，在進入評估期之前，治療師需要了解孩子與家長對於 EMDR 治療中創傷歷程更新階段的準備度。治療師也需要考量先前對解離的評估，以及對認知功能、語言的表達／接收議題，以及感覺處理議題的整體評估。

帶著在個人史、個案概念化，以及治療計畫階段中蒐集的所有訊息，以及在準備期中發展的資源與技術，治療師進入 EMDR 治療的評估期。本章詳細地解釋了治療師在評估期中提取片段所需的技能。

在評估期中，提醒案主有關他們在最初開始治療時簽署的知情同意書，也是很重要的。我們建議治療師將此做為一種教育形式，讓孩子和家人能對接下來的治療階段有所預期。

個案概念化的一個重點是，此種與孩子進行的心理治療過程不是線性的。這個過程更像是交織在一起的同心圓，需要治療師在跟隨著案主的表述時具有彈性。治療師的角色是教師、嚮導、教練、啦啦隊長、藝術家和追隨者等，全都在當下進行同步。與兒童一起工作的治療師必須對兒童心理治療何以需要獨特而流暢的體驗有一些概念，治療師運用發展理論做為基礎與孩子同步地舞蹈。治療師需要考慮心理治療的理論和模式，以及臨床經驗如何推動心理治療的實施，正如第 84 一章所述。隨著動力心理治療過程開展，治療師需要繼續與案主保持同步，持續觀察與修正個案概念化。

EMDR 治療評估期的程序性步驟

EMDR 治療的評估期包括特定的程序性步驟。這些步驟包括引導案主辨識標的項、畫面，提取核心信念基模，包括負向認知和正向認知，在 7 點量表上評定認知效度，檢測相關的情緒，測量主觀困擾指數和情緒，最後定位身體感受。**信念**或**基模**是皮亞傑（Piaget, 1952）用來描述兒童藉之理解世界的組件。基模被整合至本書的其餘部分。這些部分全都連結在一起，並開啟非適應性儲存記憶網絡的減敏感。這是針對所有案主的標準化範本。針對嬰兒、幼兒和青少年的特定改編，可參考第十一章與第十二章。

在 EMDR 治療評估期時與兒童工作的差異，在於治療師更改符合兒童發展程度的用語，仍需要遵守標準範本。本書包含了用於引發兒童 EMDR 治療程序性步驟的臨床解決方案工具。

關於程序性步驟，很重要的是，治療師要記住，孩子一般來說是處於當下的。例如，孩子可能會說：「我睡不著。有怪獸和影子在角落。」或者「其他小孩對我很壞。」或者「我害怕強盜。」讓年幼的孩子理解過去發生的事情可能會導致他或她目前的症狀，是很困難的。正因為如此，孩子們更有可能一次透過三個方向處理一個標的項——過去／現在／未來。治療師可能會對孩子說：「**你第一次看到房間角落裡的怪獸和影子是什麼時候呢？**」當治療師試圖提取這三個方向時，孩子可能會對過去／現在／未來這三個方向提供相同的答案。治療師需要繼續進行創傷處理，而不是花費太多時間來提取三叉，因為這是一種孩子可能尚未掌握的發展性技能。

除了缺乏時間意識之外，與孩子工作的另一個差別是，孩子們也可能將實際的創傷事件以隱喻、夢境或是故事來傳達。兒童經常會藉由隱喻、故事或夢境來表達他們的不安。對於 10 歲以下的兒童，治療師需要透過這些幻想或想像的敘述來追蹤記憶的展現。孩子對創傷事件的記憶並不總是藉由認知來辨識，而且孩子可能很難用語言表

達。兒童的創傷記憶如何儲存的證據可能表現在身體感受、情緒、行　85
為、奇怪的信念和非預期的症狀中，以創造性的隱喻方式表現出來。
與孩子提取特定記憶網絡的刺激，通常需要透過治療師獨特的、創造
性的以及直覺的介入。藉由適應性訊息處理（AIP）理論，治療師需
要找到一種方法，來評估和提取記憶是如何被兒童和青少年編碼、體
驗和溝通的。

　　這種探索需要治療師對個別兒童／青少年的特殊同步與理解。
這裡提供一個運用隱喻呈現標的項的例子。8 歲的諾亞低聲向治療師
傾訴，他最大的擔憂是每天晚上睡覺前都會浮現他的家人被兩個巨大
金屬夾子夾扁致死的畫面。諾亞並不知道，他的出生是非常受創的，
醫生必須使用產鉗來接生，這對諾亞的頭部和脊椎造成了永久性的傷
害。治療師讓諾亞為這個影像畫了一張圖，並對其進行歷程更新。經
過歷程更新後，諾亞變成一個更加健談和投入的孩子。甚至連諾亞的
兒科醫師也察覺並詢問了這一重大而正向的改變。

標的項的辨識與組織

　　評估期的第一個步驟是辨識標的項。標的項的辨識從 EMDR 治
療的第一階段開始，且貫穿整個治療過程，伴隨著持續的治療計畫和
個案概念化。

　　在 EMDR 治療的第一階段中，治療師完成了詳盡的個人史，並
標記了用於歷程更新的可能標的項。在第一階段蒐集的訊息是從家長
和兒童雙方獲得的。在評估期中，治療師探索已辨識的標的項，並傾
聽其他先前可能尚未辨識的標的項，目標是確認一個做為創傷歷程更
新切入點的標的項。

　　為了確定歷程更新的特定標的項，治療師從最初使案主進入治
療的當前症狀表現開始。治療師讓案主回到這些標的項和主題，以編
組歷程更新的標的項。呈現的症狀正是哪些事件被非適應性編碼的線
索。

要考慮的最重要的議題是案主現在為何尋求治療。終究，重點並非記憶，而是當前的症狀，以及是什麼影響了當前的症狀，這些才是治療的重點。標的項記憶只不過與它所影響的當前症狀一樣重要。換句話說，症狀是挖掘記憶網絡的途徑，該記憶網絡包含了非適應性編碼的記憶，從而引發了當前症狀。對孩子來說，記憶可能不如它所造成、使其前來治療的症狀來得重要。有些人在他們的生活中發生了創傷事件，在沒有介入的情況下更新歷程，並且沒有留下迫使個人尋求心理治療的殘留症狀。如果案主提出了兒童虐待的記憶，但沒有當前症狀，那麼治療師需要運用臨床判斷來確認案主發生了什麼事。如果案主沒有任何症狀，那麼治療師需要考慮，虐待的記憶已經藉由案主自己的 AIP 系統進行了歷程更新，或者案主已經與虐待史的影響解離了。

兒童的症狀是 EMDR 治療的重點；這一點怎麼強調都不為過。治療師正在尋找繼續導致症狀表現的非適應編碼記憶。孩子對於他或她生活中當前刺激的反應是需要改變的症狀。刺激是 AIP 理論所指的觸發事件；然而，當前的刺激可能並不總是容易辨識，或者當前的刺激需要用於指認試煉事件（TE）的症狀來源。治療師需要像個偵探。

個案研究：賽拉的故事

賽拉（Sierra）與她的母親一起前來治療，因為她正為拔毛症苦惱。在學年開始，當她的幼兒園新老師開始經常在班上吼叫時，賽拉就開始拔她的睫毛了。最初，治療師標記指向了賽拉對老師吼叫的害怕（參見第十三章拔毛症範本），因為它與拔睫毛（症狀）的發作同時發生。在治療師試圖歷程更新老師吼叫的標的項，而 SUD 並未下降到「0」之後，治療師知道要探尋可能的先前事件。治療師發現在賽拉的生命中有一個更早的經驗，一位

體操教練因為她表現不佳而對她吼叫，還威脅要殺死她。她的母親不曉得教練的威脅，但為了教練的吼叫，她一年前便讓賽拉離開了體操課。呈現問題和當前症狀是拔睫毛。當前的刺激或觸發事件是老師的吼叫。較早的事件，即體操教練吼叫並威脅要殺死賽拉，則是試煉事件（TE）。這個 TE 是需要解決的標的項。正是這種非適應編碼的早期記憶導致了拔睫毛，而由幼兒園老師最近的吼叫觸發。一旦這個 TE 進行歷程更新，SUD 變成「0」，症狀便緩解了。

在個案概念化中，治療師辨識當前刺激或觸發事件、症狀表現，以及非適應編碼記憶之間的關係，是很重要的。提升症狀表現的觸發事件為減敏感提供了辨識標的項的方向。反過來說，治療師有證據表明正確的標的項已被歷程更新，因為症狀會減少和／或完全解除。藉由解決標的項和相關症狀，案主將開始表現出特質改變。特質改變意味著案主的行為、知覺和態度發生了變化。而且，對兒童來說，特質的改變會帶來發展性的收穫和所需技能的掌握。

臨床上的影響

相對於狀態的改變，AIP 理論聚焦於特質的改變，而 EMDR 最終的治療目標是特質的改變。特質改變意味著案主的行為、知覺和態度改變。狀態改變指的是情緒或心情變化，然而症狀、行為、態度和知覺並未改變。案主可能在 EMDR 前兩個階段體驗了某些程度的狀態改變，使得某些標的項不再顯著或出現了新的標的項。當孩子將初始事件歷程更新而體驗了緩解時，他們可能會開始呈現出快樂，然而潛在的特質／症狀可能仍舊是個問題。案主可能會提出額外或是更廣泛的治療主題。因此，我們建議治療師在評估階段再次探索兒童的標的項，以持續進行有效的治療計畫與歷程更新。

有些孩子可能會經歷狀態的改變而選擇暫停治療，因為最初的症狀有所改善，然而當孩子新的發展議題涉及標的事件時，未來可能需要再次訪視這些潛在議題。有可能清除了標的項，但標的項後來以不同的症狀表現。這並非不良的治療，而是發展上的交織所致。標的項會隨著孩子發展新的表達和理解能力而發生變化和變異。

牢記此概念，治療中此時標的項的辨識與編組之目的是尋找可能驅動了當前症狀的 TE，以使減敏感期能最有效地進行歷程更新。選擇標的項的方法有很多種，包括簡單地詢問孩子和家長，對孩子使用回流技術，或是進行一個正式的標的項辨識過程。

程序性考量

此時需要治療師的臨床判斷，來確定是否已經辨識了一個顯著的標的項。若是如此，治療師可能只是說「跟著它」，或者治療師可能想要進行更詳細的標的項辨識程序。此決定是依據治療師蒐集的有關特定案主的訊息，以及治療師的臨床判斷。一個關鍵問題是，案主是88 否呈現單一事件的創傷、多重連鎖的創傷經驗，或僅是症狀，沒有特定事件或原因。

單一事件創傷標的項辨識

針對單一事件的創傷，治療師需要考慮處理創傷事件有好幾種選擇。治療師可以針對呈現事件標記，或是使用回流技術的某些形式來提取一個較早的畫面、情緒或身體感受；或者，如果孩子無法想起來，治療師可以與孩子探索家長曾提及事件的回憶。

首先，如果孩子因為一個特定的事件（例如被狗咬）而前來治療，治療師可以決定將被狗咬的事件做為標的項，並繼續執行程序性步驟，而不探求任何額外的標的項。單一事件的創傷可能會也可能不會觸發孩子的任何其他事件。

或者，治療師可以從被狗咬事件中設定程序性步驟，然後從 NC

或情緒中進行回流。例如，如果孩子選擇了被狗咬的畫面，然後辨識了 NC 為「我不安全」，治療師可以讓孩子回流到一個較早的、孩子第一次記得想著「我不安全」的時光。「**你記得第一次感覺不安全是什麼時候呢？**」或者，「**當你想著『我不安全』時，你還有回想起任何其他時刻嗎？**」此時，孩子可能會指認出較早的事件，並說：「我記得有一次媽媽忘記接我放學時，我感覺到不安全。」

如果孩子指認出較早的事件，那麼治療師便標記此件較早的事件。如果孩子表示沒有想起先前的不安全事件，治療師會繼續以被狗咬為標的項，而 NC 為「我不安全」。這仍然是處理當前標的項，但追蹤過往的記憶網絡，以確認是否有相關的記憶。

兒童經常停留在當前的標的項上，並回應：「不，我不記得還發生過其他次。」即使實際上有。如果他們沒有過去的相關記憶，治療師便針對當前的記憶。當案主和治療師選擇了與呈現最嚴重症狀連結的標的項時，歷程更新也可能會對其他創傷產生類化的減敏感功效。藉由將當前的觸發事件或創傷做為標的項，孩子過往被騷擾或身體虐待的事件仍可能獲得完整的歷程更新。治療師可以使用繪畫、黏土、沙盤和其他技術來引出與創傷相關的事件。這需要治療師有耐心並與孩子同步，因為標的項可能是透過非語言方式表達。

做為最後的手段，如果治療師確定孩子無法提取與當前症狀相關的記憶網絡，治療師可以要求家長提供建議的標的項。這只有對嬰兒和非常年幼的幼兒來說是必要的，但是當孩子 2 歲時，治療師便很有可能找到一種方法來幫助孩子表達發生了什麼事。這就是遊戲治療技巧對於治療兒童的無價之處。在心理治療過程中，治療師需要花費時間和精力找到引出兒童標的項的程序，因為藉由這麼做，孩子正在學習表達情緒和辨識感受，而治療師也在為情緒如何影響孩子和他或她的行為建立連結。在標的項辨識過程所投入的精力將為心理治療持續歷程更新奠定基礎。

如果標的項是單一事件創傷，那麼治療師會針對該事件，進而提

89

取 NC 和 PC 來繼續評估期範本。如果孩子的個人史較為複雜，治療師認為很可能有多重連鎖的標的項，那麼治療師必須在治療的這個時間點進行一個完整詳盡的標的項辨識。

多重且複雜性創傷與標的項辨識

當孩子的個人史較複雜時，治療師需要考慮幾個議題：

● 在評估期中，個案史和治療計畫與標的項辨識間的
　會談時間長度和次數

在治療的這個步驟中，治療師的其中一項考量是，治療師多久以前進行了 EMDR 治療的初談。如果與兒童的初次接觸在好幾週前，而治療師能夠相當快地度過準備期，那麼案主可能有較少的標的項與較多的資源。如果案主有較廣泛的創傷史和較少的資源，EMDR 治療的前兩個階段可能需要花更久時間才能開展，而治療師進行第一階段可能已經好幾個月了。治療師需要核對最初的症狀表現和標的項，並確保這些議題持續做為後續治療期間需要處理的標的項。持續的症狀評估是 EMDR 治療的一部分，並引導著治療過程。

● 因應標的項辨識的案主資源

如果治療師決定進行更詳細的標的項辨識過程，那麼便必須考慮到個案可能需要哪些資源來積極參與標的項的探索，而不失代償。例如，孩子此時是否準備好處理對性虐待史更深入地探索，以及案主是否有足夠的情緒調節能力來因應這個過程？如果治療師確定孩子正在掙扎，並且需要更多的資源和因應技巧，治療師可能會決定在繼續進行標的項探索前，先回到準備期以獲得額外的資源。與資源和標的項辨識共舞，有助於幫助案主在治療關係和過程中感受到安全。

案主僅有呈現症狀但無特定事件的標的項辨識　　90

　　在某些情況下，治療師可能無法確認特定事件，因為沒有成人能夠提供孩子的個人史，而且孩子無法報告任何事件。或者可能沒有明顯的標的項，因為家長和孩子並沒有報告事件，家長認為沒有與孩子當前症狀相關的事件或原因。那麼治療師可能會聚焦在症狀，並使用回流技術來探索做為減敏感標的項的潛在事件。在個案概念化中，治療師需要考慮到孩子和家長無法指認特定事件，可能是因為事件發生的時間太早，那是孩子對未知事件的反應，或者是孩子想不起來而家長並不知道。

個案研究：懼學症

　　例如，治療師與一個 8 歲的女孩艾倫（Ellen）一起工作，她最初是為了治療懼學症而前來。在初談過程中，孩子和她的母親都無法指出任何導致學校恐懼症的特定事件。兩人都表示孩子能夠正常上學到二年級。在標的項辨識過程中，治療師向孩子的母親詢問她對於孩子拒絕上學的想法。母親的觀點是，孩子從和母親同住一房的一趟旅行回來之後變得恐懼。母親還指出，這是紐約 911 恐怖攻擊事件發生後的第一個學年。當治療師問這個孩子時，她表示她是從在學校嘔吐之後，對於沒有母親陪同上學變得焦慮。孩子解釋說，這件事讓人更受傷是因為老師打電話給孩子的母親時，母親沒空來學校，孩子覺得很尷尬。根據孩子的說法，學校的特定事件是懼學症的根源，而因為母親開始留在學校的時間愈來愈長，狀況隨之惡化。在接受治療之前，這位母親並未察覺到艾倫在學校嘔吐的事件。在治療中，首先針對艾倫在學校嘔吐的畫面進行標的，接著治療探索她對紐約市 911 恐怖攻擊事件的感受，並對這些進行了處理。在針對艾倫和母親兩人提供的標的項進行處理後，孩子回到學校，不再需要母親留下陪伴。

91   治療師可以根據單一事件創傷或多重創傷事件來指認標的項，或者可以藉由使用回流技術來幫助案主辨識標的項。如果治療師確認臨床上表明了需在評估期進一步梳理標的項，而案主能夠容忍進一步的探索，那麼治療師便可以進行後續的標的項辨識過程。

兒童案主的標的項辨識工具

試煉事件

正如 EMDR 治療訓練所教導的，標的項辨識有許多種技術。此章節聚焦於兒童的標的項辨識技術。這些技術的範圍從基本的臨床訪談和對兒童與家長的聚焦提問，到各種藝術與遊戲治療技術。治療師可以使用不同的臨床技術，來幫助案主辨識他所能回憶起的頭一次那樣地思考、那樣地感受，或是有類似的身體感受。這就是辨識試煉事件（TE）。在 AIP 理論中，TE 是被非適應性編碼且驅動當前症狀的根源事件，也是它使得案主前來治療。藉由探究 TE，治療師試圖幫助案主處理基礎記憶，直至健康地解決。AIP 理論的結論是，這種基礎記憶是案主生活中症狀的根源。為了探索 TE，治療師可以使用多種工具，包括回流技術或是情緒橋梁。

首先，治療師可以簡單地詢問問題以確認 TE。治療師可以問孩子：「你記得之前曾經有這種感覺嗎？」或是「你以前曾經想過這個嗎？」通常，孩子聚焦於當下，因此治療師必須考慮未被孩子意識到的幾個可能的 TE。

個案研究：莎拉和風

莎拉（Sara）9 歲時，莫名地出現對風的恐懼。當亞利桑那季風在夜間來臨時，她會害怕地哭泣。莎拉的母親是一位

EMDR 治療師，她送莎拉去見另一位很棒的 EMDR 治療師。然而，經過三次的會談，行為並沒有改變。一天晚上在家裡，吹起了大風，莎拉用雙手環抱母親並且哭泣。母親認為她需要立刻進行 EMDR 治療，因為她哭得很厲害。為了尊重莎拉的空間，母親詢問莎拉她是否可以輕敲莎拉的肩膀。由於莎拉已經歷程更新了第一次、最糟糕的、以及最後一次與風有關的崩潰，一開始，母親並不知道標的項應該是什麼。

92

　　母親／治療師試圖找出這些訊息是如何被她女兒非適應性地儲存。她詢問莎拉風聲聽起來像什麼。莎拉口中發出一種不尋常的吸吮聲，對母親來說完全不像是風的聲音。然而，這位母親確實認出了這個聲音——它類似於她出生時，氧氣被抽入莎拉保溫箱的聲音。莎拉早產而在新生兒病房待了 12 天。

　　母親／治療師對莎拉說：「喔，那是妳出生時他們將氧氣抽入妳保溫箱的聲音。那是好久以前了，而妳現在安全了。」接著她輕拍莎拉的肩膀。經過幾次重複之後，莎拉放鬆了她的肩膀，並且抬頭看著母親說：「真的嗎？」母親說：「是的。」然後再重複了幾次 BLS。莎拉整個身體放鬆了。她抱著母親，並且能夠再與她的朋友一起玩耍了。

　　並沒有完美的方法可找出 TE。治療師和案主一開始辨識的 TE，稍後可能會隨著案主經歷 EMDR 治療的創傷歷程更新階段而改變。案主將前去任何他或她所需前往之處，為促成當前症狀的事件進行歷程更新。

個案研究：艾莉森

有位治療師與 4 歲的孩子艾莉森（Allison）一起工作，她因為特定恐懼被帶來治療。艾莉森的恐懼是如此地廣泛，以至於它們干擾了她上幼兒園的意願。艾莉森即將 5 歲了，正準備開始上公立幼兒園。艾莉森的個人史包括因為是微型早產兒而接受了廣泛的醫療介入。艾莉森的母親報告了一個創傷事件，3 歲的艾莉森心臟驟停並被送往附近的醫院。在進行了全面的個人史調查，並教導艾莉森一些情緒調節和自我安撫的技巧後，治療師開始歷程更新這段記憶。艾莉森的 NC 是「我總是孤單的」。在減敏感期，艾莉森開始歷程更新身體記憶，並在一個「像泡泡的東西」裡感受著孤單。治療師歷程更新了艾莉森的記憶，她接著說道：「我和家人在一起，我很好。」艾莉森的母親表示，她在 3 歲那次事件期間並未離開艾莉森，但在出生後的三個月內，她將艾莉森留在新生兒加護病房的隔離區。艾莉森的母親很驚訝艾莉森似乎已經回到了剛出生、在加護病房接受照顧時的試煉事件，即使她當時只是個新生兒。處理完這個事件和其他幾件事情後，艾莉森不再害怕樹裡的風，並且能夠上幼兒園了。治療師無法確定艾莉森是否了解她身上發生的事情，但艾莉森開始感到不那麼焦慮，也不擔心生病了。這個孩子便是一個例子，孩子的標的項辨識與歷程更新對家長和治療師來說都令人驚訝。

這是一個範例，說明了被認為是 TE 的初始標的項事實上是如何受到更早的創傷事件所影響，後者才是 TE。對所有年齡層的案主來說，TE 可能是在語言發展之前，並且被編碼於感覺運動記憶網絡中。

93

與孩子和家長面談以指認標的項

治療師與兒童和家長會談以全面探索標的項辨識時，有六個建議的步驟。這六個步驟包括：（a）詢問孩子標的項；（b）詢問孩子認為家長可能認定的潛在標的項；（c）詢問家長對可能的標的項之想法；（d）詢問家長認為孩子可能將何者視為可能標的項；（e）詢問孩子關於家長提出的可能標的項；以及（f）返回與家長分享孩子已經指認的標的項，因為家長經常未察覺到孩子所辨識出的某些標的項。這些訊息可能已經在初談中揭露了；然而，包含這些步驟是為了幫助治療師建立編組標的項的樣板。自與孩子和家長最初的會談以來，或做為理解治療過程的一部分，可能已經產生新的標的項，孩子與家長可能已經意識到需要處理某些過去被忽略的標的項。

做為與家庭初次接觸的一部分，在先前的第三章中討論過，治療師會決定何時與家長和孩子面談。做為標的項辨識過程的一部分，治療師需要考慮如何在不受家長影響的情況下詢問孩子。

詢問孩子

與兒童指認標的項的第一種方法，便是簡單地詢問他們。這一點是特別要強調的，因為 EMDR 治療社群對於如何與兒童進行標的項辨識方面意見不同。一些專業人士建議治療師問家長，而不問孩子。任何針對兒童的心理治療取向的最佳實踐，都要求治療師向家長和孩子雙方詢問減敏感的潛在標的項。通常，孩子的標的項偏向當前的。孩子所認定的創傷可能不是家長所認定的創傷。

94

個案研究：羅威納犬的故事

一個 9 歲的女孩，布萊娜（Brianna），在她六個月前被羅威納犬咬之前，曾是個快樂、有安全感的女孩。她變得黏人、會有

發牢騷的行為，而且在狗旁邊會非常害怕，甚至是他們家的老
狗。

她的母親認為治療師應該針對為布萊娜縫合的急診室進行標
的，但布萊娜表示事件中最糟糕的部分是這場真實的攻擊。布萊
娜表示使她最困擾的是，這隻狗惡毒地咬了她的腳而需要縫很多
針。

治療師讓布萊娜在一大張紙的一半上畫了一張被狗襲擊的圖
畫。NC 是「我處在危險中。我不安全。」而 PC 是「我現在是
安全的。」她畫了一張自己遛家裡的狗的圖畫（參見圖 5.1）。

當布萊娜和她的母親第三次回診時，兩人都表示布萊娜黏人
的行為已經消失了。布萊娜甚至提議去街道對面的一家寵物店，
而且在那兒，她被狗環繞時感覺很自在。最重要的是，布萊娜能
夠再度與家裡的蘇格蘭梗犬玩耍了。

大約六個月後，這位母親打電話過來，表示想帶布萊娜回
來接受治療，因為她黏人的行為又出現了。母親詢問 EMDR 治
療是否會失效，以及是否偶爾需要加強治療。治療師表示「不
會」，並且詢問母親和布萊娜是否有什麼事情發生或起了變化。
母親與布萊娜否認有任何事情發生或改變。當治療師單獨與布萊
娜在會談中時，她詢問更多有關她再次感到害怕的特定問題。布
萊娜告訴治療師，她住在兩棟都有羅威納犬的房子之間，而這兩
隻都不是襲擊她的狗。她提到在一週內，一隻羅威納犬逃脫了鄰
居的房子，並且站在車道上惡毒地向她吠叫，而必須被綁住；另
一隻通常被關在圍欄裡的狗，某次在後院沒有綁繩，在她跳上彈
跳床時，凶猛地對著她吠叫。

這些事件被設定為標的項。NC 是「我不安全。」PC 是
「我可以保護自己，並可對身邊的狗保持警戒。」在後續的會談
中，布萊娜再次感覺好多了，並且恢復了她的獨立行為。

圖 5.1　9 歲布萊娜的羅威納犬咬她腳的圖畫，顯示了孩子如何在同　95
　　　　一頁畫出 NC 和 PC 以進行減敏感歷程（見第六章）。

　　藉由向孩子提問來指認標的項和症狀，孩子會提出困擾他或她的
議題，接著治療師可以與家長諮詢，來探索兒童記憶經驗中可能的其
他片段。正如本書所強調的，重要的是標的項主要是由孩子來指認，
家長和其他照顧者則是補充輸入訊息。

詢問孩子認為家長會報告什麼

　　在要求孩子指認標的項後，治療師繼續要求孩子猜測家長可能報
告的內容。舉例來說，治療師可以對孩子說：「**你認為你的父母為什
麼把你帶到我這裡呢？**」或者，「**你的父母跟你說他們帶你來我辦公
室的原因是什麼呢？**」有時孩子已經跟他或她的家長討論過，而有時
孩子一點就透，因為他們已猜出家長是為了孩子所做的事而苦惱。其
他孩子可能完全沒有頭緒。孩子的反應讓治療師進一步地了解孩子和

他或她的家長如何互動。

96　詢問家長

第二個指認標的項的方法是詢問家長。治療師要家長進一步討論並釐清孩子所指認的內容。在這個角色中，家長提供額外的證據來幫助治療師理解孩子正在處理些什麼。即使治療師並非一定要了解孩子所指出的內容，但有時，家長可以提供額外的說明。

個案研究：席安娜的 X 光

席安娜（Sienna）的母親在她 3 歲時，帶她來接受治療。席安娜呈現的問題是與母親的對立行為、過動行為，以及睡前長時間的哭鬧。在蒐集個人史的過程中，治療師發現席安娜在她短暫的生命中經歷了許多創傷。席安娜早產，且在 1 歲時患上了嚴重的疾病，需要住院治療。她的母親在席安娜在場時流產，這讓席安娜很沮喪。由於她的母親再次懷孕期間無法舉起或抱著席安娜，席安娜感到難過和被忽略。她的母親和治療師懷疑這些創傷可能會影響她的行為。

治療師向席安娜和她的母親解釋 EMDR 治療。下一次會談，席安娜知道治療師打算詢問她想要做些什麼來歷程更新她的擔憂或煩惱。席安娜來到會談，抓起畫紙和蠟筆，並且開始畫一堆看起來像是塗鴉的東西（見圖 5.2）。

治療師疑惑地問席安娜她在畫什麼，她說：「X 光片。」「什麼 X 光片？」治療師問道。她回答：「當我摔斷手臂時的 X 光片。」母親很驚訝，接著說席安娜去年正好在這個時候摔斷了手臂。

席安娜的母親和治療師推測了先前醫療創傷的程度，然而席

安娜卻選擇了 X 光做為她自己的標的項，她知道自己想做些什麼。席安娜和治療師將 X 光設為標的項，並成功地對其進行了歷程更新。

圖 5.2　席安娜，3 歲，選擇畫出她的標的項是她斷掉手臂的 X 光片　97

　　家長提出了他或她對孩子所展現行為的觀察，而這些觀察是透過家長自身的系統所過濾。如前所述，家長自身的議題可能會影響家長為孩子指認的標的項。

詢問家長關於他們認為孩子會報告什麼內容

　　正如同治療師要求孩子猜測家長可能會報告什麼一樣，治療師也會對家長做同樣的事情。治療師需要與家長一起探索，家長認為孩子會指認什麼是 EMDR 治療的潛在標的項。舉例來說，治療師可能會

EMDR 應用於兒童心理治療之藝術：從嬰兒到青少年

問家長「你和你的兒子或女兒怎麼討論來我辦公室的事情？」有些家長會事前與孩子討論治療，而另一些則可能不會。同樣地，這是治療師可以在治療中使用的寶貴資料。一旦治療師討論了家長對孩子可能報告了什麼內容的猜測，治療師就可以繼續討論孩子實際上指認了什麼內容。

詢問家長有關孩子所報告的內容

有時家長會意識到孩子的擔憂，而有時家長會對孩子指認的標的項感到驚訝。因此，另一種可能性是孩子可能會指認出家長完全未察覺到的標的項。舉例來說，孩子可能會報告學校的經歷，而家長不知道孩子在學校發生了什麼事。

98 ## 個案研究：貝莎妮與選擇性緘默

數年前，一位治療師被要求對一名有選擇性緘默的 7 歲兒童嘗試 EMDR 治療。貝莎妮（Bethany）帶給治療師許多有關兒童和 EMDR 治療的學習。讓我們從後面開始說起。當貝莎妮經過八個月的治療，終於開始說話時，治療師問她為什麼停止說話，她回答說：「因為遊戲場上有個男孩說我講話很可笑。」要是治療師先問她，並用 EMDR 治療將那個記憶進行標的就好了！謝天謝地，貝莎妮是一個非常有耐心和寬容的小女孩。

最初，貝莎妮被一家兒童福利機構轉介來治療創傷和選擇性緘默。治療師被告知，最後一次有人曉得貝莎妮開口說話，是在她發現母親在家裡沙發上過度用藥後撥打了 911。治療師認為標的項相當明顯。治療師見到她時，貝莎妮正在寄養，她每週都會搭計程車前來辦公室。好幾次，貝莎妮被留在辦公室幾個小時，接著每次會談後都會有一位新的司機來接她。這部分對貝莎妮和

治療師雙方來說都是很痛苦的，但這不是本案例研究的重點。只有貝莎妮和治療師兩人試圖一起努力解決有關她在治療中所需要的。除了與貝莎妮的寄養母親通了幾次電話之外，貝莎妮和她的治療師幾乎沒有得到任何其他成人的協助。

在建立和諧的關係和每週一起吃午餐之後，貝莎妮開始和她的治療師在寫字版上寫東西給對方。剛開始時，貝莎妮用音標拼所有的字，其後她與治療師玩字謎，看看他們是否可以理解對方。當時貝莎妮是一年級，但顯得非常聰明且善於表達。此時，治療師聚焦於初談和準備過程。這個治療的組合探索了資源，並深植了有關貝莎妮何時覺得自己很棒的駕馭感經驗。

治療師隨後得知這個小女孩開始在她的寄養家庭接聽電話，儘管她仍然沒有在其他任何地方說話。有了這個訊息，治療師讓貝莎妮在辦公室電話上，然後去等候室將電話接上同一條線路。治療師在辦公室與等候室來回地跑，並與孩子在電話上、寫作或繪畫中進行了完整的 EMDR 治療過程。最後，治療師將 911 通話，以及前來貝莎妮家的警察和急救人員設為標的項。治療師後來得知在她撥打 911 後，沒有人知道貝莎妮在家中的衣櫃裡躲了好幾個小時。急救人員只將其他孩子們帶出家門，而貝莎妮則沒有。因此，貝莎妮決定躲在治療師辦公室的衣櫃中，歷程更新這個標的項，而治療師則坐在門外，使用門下的「觸動器」線路進行 BLS。貝莎妮在治療師停止觸動器時打開門，接著他們在每次繼續 BLS 時關上門。當治療師問她「現在發生了什麼？」時，貝莎妮甚至會在門底下滑送紙條以做出回應。

最後，貝莎妮笑著走了出來，不再將衣櫃的門關上。在寄養家庭裡，她開始藉由在餐廳點餐和搶先接聽電話來開啟較多的溝通。因此治療師將在餐廳點餐設為標的項，並且前去餐廳讓貝莎妮點午餐。治療師試圖將在餐廳點餐做為一項駕馭感經驗，並

99

恭喜貝莎妮成功了。治療師接下來與貝莎妮達成協議，他們可以去附近的一家餐廳，如果她點了餐，治療師會請客。第一次去餐廳，貝莎妮沒有點餐，於是他們回到辦公室。第二次，貝莎妮點了餐，而治療師給她買了午餐。在回到辦公室的路上，治療師問她最初為什麼停止說話——她看著治療師，彷彿這個成人問了個蠢問題。一旦他們將男孩在遊戲場上說的話設為標的項進行處理，她就不再停止說話了。

治療師不確定將所有其他事件都做為標的項來處理是否有幫助，然而一旦他們針對遊戲場上男孩的記憶做為標的項並進行處理，貝莎妮便做得相當好。她一年級的時候被耽誤了，這讓她很生氣，這是理所當然的，因為事實證明她很聰明，只是停止了說話，這後來成為了另一個標的項。

治療師從這個 7 歲孩子的身上學習到，必須總是向孩子詢問標的項，至少在一開始時是這樣。治療師應該向孩子詢問標的項，無論孩子多大——即使是很小的孩子也可以繪圖，或者設置遊戲室，或者使用玩偶或沙盤來傳達使他們困擾、擔心或害怕的畫面，而畫面可以是真實的或想像的。成人怎麼想並不重要，重要的是孩子知道什麼對他或她自己來說是真實的。

詢問孩子有關大人所報告的內容

一旦治療師從家長那裡蒐集到訊息，如果合適的話，治療師就可以探索家長所報告的關於孩子的內容。有時家長提供的訊息對孩子來說可能過於沉重，以及可能不是孩子內隱記憶的一部分。然而，與孩子一起處理家長的假設，可以潛在地幫助孩子創造其個人史的敘述。除了直接要求孩子與家長指認可能的標的項外，治療師可以使用較少指導性的技術來引出標的項，並探索什麼 TE 可能導致當前症狀表現。

100

回流技術

治療師亦需考慮一種由作者所創建、命名為**回流認知交織**（Floatback Cognitive Interweave, CI）的處理過程。作者創建了一種回流 CI，既能夠促進標的項辨識，也能夠在減敏感期快速啟動阻塞的歷程。使用回流 CI，治療師會建議孩子考慮一件治療師知道的事件。治療師可以詢問孩子：「**你媽媽告訴我你兩歲時發生了這件事，你還記得嗎？嗯，我想知道你是否認為那次事件，與現在當你感到害怕或有『我不安全』壞念頭時的想法有關。你認為這些可能有關聯嗎？**」

在標的項辨識過程中，治療師使用回流 CI 介紹有關兒童個人史的訊息，以及向兒童介紹關聯鏈的概念。治療師可能知道有關孩子未覺察或所知有限的兒童個人史訊息，因為孩子沒有將事件與當前症狀表現連結在一起。藉由回流 CI，治療師會介紹一段有關創傷的訊息，以探索可能的標的項。孩子可能會也可能不會與此訊息建立關聯。治療師會探索連結未能建立是否是因為孩子在發展上尚未能建立關聯，或是因為孩子沒有意識到關聯。治療師的臨床判斷決定了如何進行。

個案研究：傑瑞米

傑瑞米（Jeremiah）是一個 8 歲男孩，是三個手足中最小的一個，和父母住在一個中產階級社區。他在前一年的一次腳踏車事故中失去了左手食指。在事故發生之前，傑瑞米是一個快樂的、容易飢餓的、愛冒險的男孩。這裡提到傑瑞米的飢餓，是因為在每次會談中，儘管剛被餵飽，治療師注意到他總會說肚子餓。雖然他喜歡吃東西，但傑瑞米是一個纖瘦而活潑的男孩。在接受治療前的六個月裡，傑瑞米出現了依賴行為——他不會在前

院玩耍，他睡在他哥哥的房間裡，以及如果他在水上樂園時，他的手足不在附近，他會哭泣和發脾氣，此外，他在夜晚檢查房子的每道鎖。

傑瑞米和他的父母表示，當時他和他的手足騎著腳踏車快速下坡。社區在施工，有人拆除了一個井蓋，把它放在人行道上。騎在最前面的大哥迅速繞過那個井洞。騎在第二位的二哥也繞過井洞。最後的傑瑞米沒有及時看到井蓋，就撞上去了。他的手被輪輻纏住，他的食指被切斷。他的哥哥們很負責任，跑去找他們的父母。父母迅速地做出反應，趕快將傑瑞米送至醫院。傑瑞米出奇地冷靜，在急診室的經驗中，一切都如他們所能預料地那樣順利。

在治療中，治療師讓傑瑞米在他的第二次會談中完成了地圖繪製過程（地圖繪製將在本章稍後討論）。這份地圖幫助治療師開始了解傑瑞米如何儲存這個創傷。傑瑞米在他的地圖上寫著，他害怕一個人待在家裡、害怕被綁架、害怕強盜、害怕電視上的新聞，以及害怕做惡夢。傑瑞米在地圖上以拼音的方式寫下。接著，他將地圖上相關的項目以線條連接起來，例如他對被綁架的害怕與他對哥哥們會被綁架的害怕。他對強盜和歹徒的害怕讓他做了惡夢。而看新聞讓傑瑞米害怕獨處，因為怕被綁架。接著，他將每個擔憂評定一個 SUD，顯示了綁架議題並沒有那麼困擾他，但看新聞是他最大的擔憂。傑瑞米沒有在地圖上將腳踏車事故列為問題／擔憂。治療師詢問了這起事故，並特別問他這是否是個擔憂。他說「不」。

在傑瑞米的第三次會談中，他將「新聞」指認為他的標的項。治療師需要大量的時間和耐心來梳理出 NC。傑瑞米畫了一幅電視螢幕中強盜射殺警察的圖，以呈現他對新聞的害怕。傑瑞米的 NC 是「可能會發生一些不好的事情。我處在危險中。」他

要治療師幫他寫。他在 PC 上猶豫，在治療師的建議下，正面想法是「壞事發生了，好事發生了，而我仍然很好。」傑瑞米同意了那個 PC，但他的反應淡淡的。它並沒有完全引起他的共鳴，治療師記下了這一點。

在他的 PC 中，傑瑞米畫了人們快樂地走在一起，強盜們向一位警察開槍，並且在紙張上方畫了一幅自己在餐桌吃雞肉的圖。他拼音寫道：「我可以有一些隱私嗎？我正在吃東西。」這讓治療師感到驚訝。傑瑞米隨後回應了一個似乎引起他共鳴的陳述。傑瑞米說：「壞事和好事發生，而我只是繼續過著我的生活（在我自己的家裡有隱私地吃著我的雞肉）。」（傑瑞米的地圖參見圖 5.3。）

傑瑞米將 NeuroTek 觸動器使用於 BLS。當他想像著毆打強盜時，他非常地活躍。傑瑞米持續在地圖上歷程更新他的標的項，而兩週後的第四次會談時，他和治療師再評估了所有的標的項。

在這次會談中，傑瑞米歷程更新了他對新聞的害怕以及他所畏懼的強盜。再評估時，治療師與父母和傑瑞米一起核對了他的外在症狀和內在經歷，以準確了解他的進展情形。傑瑞米的大部分症狀都消失了。依賴行為消失，他在自己的房間睡覺，他可以在水上樂園玩耍，而不會黏在他哥哥們身旁或是崩潰。父母表示仍有個小症狀，傑瑞米仍然在睡前檢查鎖。治療師將傑瑞米檢查鎖設為標的項。他的 NC 仍然是「壞事會發生」，治療師告訴他：「跟著它。」接著，治療師使用回流 CI 對傑瑞米說：「想說說關於腳踏車事故嗎？」傑瑞米回答說：「壞事發生了。」治療師說：「跟著它。」接著傑瑞米自發性地說：「壞事發生了。好事發生了。這不是我的錯。」傑瑞米隨後輕輕地把觸動器放了下來。傑瑞米揭露了丟失的片段，這有助於歷程更新

102

他的責任感：「這不是我的錯。」父母很驚訝。傑瑞米從來沒有表示他認為這次事故是他的錯，但這對治療師和父母來說是可以理解的——傑瑞米的兩個哥哥都看到了井蓋，但他沒有，他認為這是他的錯。在這次會談之後，傑瑞米完成了治療，且在六個月和九個月後的追蹤，皆表示狀況良好。

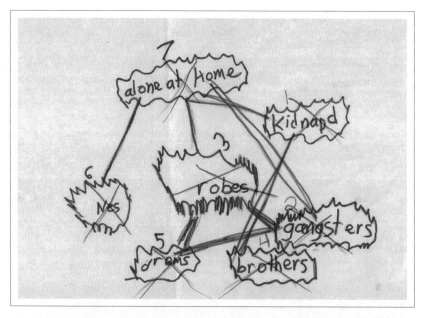

103　圖 5.3　這是傑瑞米繪製地圖的一個例子。他沒有把腳踏車事故放入他的擔憂地圖上。相反地，他將自己對於被綁架、歹徒、強盜、他哥哥們被綁架、惡夢、電視新聞和獨處的害怕，按重要性排序。接著，他用 SUD 程度對每個擔憂進行評分。然而，當他準備好在下一次會談上歷程更新時，他選擇了電視新聞做為他最大的擔憂。當他成功地歷程更新完電視新聞後，他說其他的擔憂不再困擾他，並在地圖上將它們劃掉。

　　完整的標的項辨識過程包括前述所有內容的某些組合。在家長不在會談室的情況下讓孩子先確認標的項，可以避免家長的陳述反給孩子的陳述染了色。聽取家長的意見可能會有幫助，尤其是當孩子在討論議題時沉默，或是孩子真的不曉得為什麼要帶他或她來接受諮商時。關於家長如何融入兒童治療的討論，請參閱第四章。

用於 EMDR 治療辨識歷程更新標的項的創造性技術

　　作者創造了獨特的工具用於與兒童辨識標的項。這些工具包括繪製地圖和繪製圖表、藝術治療技術，包含沙盤、培樂多黏土、在白板或平板電腦上繪圖，以及使用數位圖像來幫助治療師與兒童辨識歷程更新的標的項。這些技術中的好幾種實際上包括一個或多個程序性步驟。例如，繪製地圖技術實際上可用在評估期辨識標準步驟的所有部分，以繼續進行減敏感期。繪製地圖和繪製圖表有助於治療師與兒童一起引出範本的步驟，並且可以整合以用於 EMDR 治療中治療計畫的個案概念化。這兩種技術都教導兒童自我評估，以及提升他們的後設認知技能或思考他們的想法和感受的能力，同時擁有新的工具來解釋他們的經歷。最後，繪製地圖和繪製圖表都可以做為蒐集箱，孩子們可以將任何令人痛苦的記憶或情緒黏在紙上，直到干擾獲得解決。

繪製標的項地圖以用於 EMDR 治療過程

　　EMDR 治療的繪製標的項地圖（見附錄 E）是一種用於編組以 EMDR 治療準備處理案主議題時蒐集之訊息的技術。一開始，作者之一使用此程序來編組兒童個案的創傷史，以確認創傷歷程更新的標的項。然而，由於作者定期使用此程序，她發現繪製標的項地圖是與所有年齡層案主進行 EMDR 治療階段的一種有效工具。

　　繪製標的項地圖從獲取案主個人史和治療計畫的初始階段開始，在整個範本持續進行，包括準備、評估、減敏感、深植、身體掃描、

104

結束和再評估期。以下步驟概述了繪製標的項地圖做為在心理治療中編組 EMDR 治療的過程。儘管作者目前也將這種技術用於成人案主，但以下對繪製標的項地圖技術的描述聚焦於與兒童工作。

在 EMDR 治療中與兒童使用繪製地圖時，治療師首先向家長和孩子解釋 EMDR 治療。根據標準程序，在與任何案主開始 EMDR 治療時，治療師會篩選禁忌症，包括體能上承受壓力的限制、情緒不穩定，以及其他風險因子。與孩子合作時，包括與家長面談，家長所指認他們孩子的標的項與孩子在他或她的地圖上所確認的標的項之間，可能存在差異。因此，在與家長面談後，治療師要求孩子協助完成一張他或她的擔憂地圖，即孩子想要「縮小它、擺脫它，或讓它與治療師一起留在辦公室」。

此外，家長自身的議題經常會轉移孩子的議題。根據家長的議題和容納孩子情緒狀態的能力，治療師可能會要求家長讓孩子單獨與治療師相處（見表 4.1 有關讓家長參與會談的決定）。在進行 EMDR 治療之前，評估家長在孩子家庭環境中的情緒不穩定和風險因子是重要的。EMDR 治療的過程經常會因家庭不穩定而受阻，可能是兒童感到不安全的家，或是太有壓力的家庭環境。如果治療師知道確有其事，他或她通常會專注於安全／平靜情境、安撫技巧，以及資源開發和深植，而不急著處理創傷。如果治療師的評估表明 EMDR 治療此時是合適的，那麼他或她可以展開使用繪製標的項地圖程序的標準步驟（參見附錄 E）。

從包括蒐集箱和安全／平靜情境練習來建立 EMDR 治療資源，對每一位案主都是可行的，這將為兒童個案增能。有了這種駕馭感經驗，案主將更深地投入 EMDR 治療過程，這有時是非常困難的。一旦案主成功地使用了情緒管理資源，治療師就可以繼續進行 EMDR 治療的各個階段。

當治療師開始依據家長的意見和與孩子的討論來探索問題的範圍時，有關案主創傷史的資料將開始出現。治療師需要向案主解釋，這

些都是需要關注以幫助案主大腦解決問題的重要訊息。治療師可以提醒孩子，談論這些訊息可能會使孩子有點困擾；因此，在孩子的幫助下，治療師想創造一份治療師和孩子可以在其中放置孩子所有擔憂或害怕的地圖。治療師需要建議孩子，藉由將他或她的擔憂寫在紙上，孩子可能就不必太過於擔心。治療師需要向孩子展示，他們將使用一張紙和筆，開始製作一張困擾孩子事情的地圖，並且需要孩子的幫助，才能正確地繪製地圖。最後，治療師需要向孩子建議，孩子可以幫忙繪製地圖，或是完全由他或她自己製作。

105

　　在孩子的幫助下，治療師開始在紙的中央畫出一個大的、形狀奇特的圖形（例如一個雲狀的橢圓形）。接著，治療師詢問孩子認為什麼是他或她最大的擔憂。根據孩子對擔憂的描述，治療師隨後將一個字或詞放在第一個形狀的中心。接著，治療師要求孩子繼續選擇更多擔憂添加到地圖中。治療師可以說：「**你認為你下一個最大的擔憂是什麼？**」此過程藉由蒐集標的項而持續。治療師也可能會向孩子建議家長所指認的事情。例如，「**你媽媽認為你在學校惹了很多麻煩，是因為你很生氣你的爸爸離去。你認為這是我們應該放在你地圖上的事情嗎？**」

　　此過程持續詢問孩子是否有他或她的母親不理解或不知道，而也該放在地圖上的事情。可能需要增加額外的紙張來指認孩子的所有擔憂。有時這個過程進行得很快，然而其他時候，這個過程需要一個完整的會談。如果治療師注意到孩子在完成地圖時變得激動，提供 CI（認知交織），建議孩子練習他或她的安全／平靜情境，或是停下來並進行資源深植，以讓孩子因應地圖的標的項（見第十章關於兒童的 CI 和兒童資源深植）。在此過程的其餘部分，治療師需要嘗試與孩子同步，並使用孩子用來標記他或她任何問題或擔憂的語言。

　　完成地圖後，治療師向孩子解釋，如果忘記了什麼或有什麼變化，他或她可以隨時更改地圖。治療師鼓勵孩子自己製作地圖，並且知道地圖上發生了什麼事，是由他或她來負責的。

　　繪製地圖後，治療師要求孩子在地圖上對標的項進行排名。治療師說：「**你能幫我了解一下，這些標的項中哪一個是最大的或最困擾你的嗎？**」持續這個從最糟糕或最麻煩到最不擔心或「它根本不會困擾我」的排名過程。藉由這樣做，治療師正在創建一個標的項清單，以便透過地圖使用 EMDR 治療進行處理。

　　在對地圖上的標的項進行排名後，向孩子解釋什麼是 SUD，並讓孩子對地圖上每個標的項的 SUD 程度進行評分。針對孩子，可以簡單地透過使用雙手衡量 SUD「有多麼大？」，以雙手向孩子展示距離。使用地圖隱喻，治療師可能會要求孩子查看美國或世界地圖，

106　並詢問孩子他或她的標的項擔憂是否與城市、州、國家、整個世界一樣大，或者甚至比整個世界還要大。需要注意的一個重點是，有時孩子在地圖上對標的項進行排名時，排名第一的未必是 SUD 最高分的標的項。若真是如此，先確認孩子理解由大至小排列標的項，接著回顧 SUD 的含意是什麼。在治療師確定孩子理解排序和 SUD 測量後，再次核對標的項的 SUD。例如，「**毛拉，你告訴我地圖上的這個標的項是你所有標的項或擔憂之中第二大的。它有多麼讓你擔心或困擾呢？**」如果標的項排序和 SUD 之間的差異仍然存在，則繼續此過程，並且關注此差異。

　　為孩子的標的項蒐集完 SUD 後，讓孩子在標的項之間畫線，以呈現他或她對任何標的項與其他標的項間彼此相關的想法。孩子們經常會在標的項之間建立驚人的和意想不到的關連。

　　接著，詢問孩子地圖上標的項之間的關連有多強大。這個過程教導孩子有關記憶如何與孩子大腦中的神經網絡連結。向孩子解釋，有時某件事可能比我們所預期的更困擾我們，因為它與以前困擾我們的其他事情有關。例如，如果孩子將憤怒確認為標的項，詢問孩子是否認為他或她的憤怒與地圖上其他任何標的項有關——也許孩子一部分的憤怒來自於他或她的父親，一部分的憤怒來自於在學校遇到麻煩，而另一部分的憤怒來自於在足球訓練中批評他或她的男孩。當孩子在

地圖上圖示了標的項之間的關連時，意味著發生在孩子身上的一切都以某種方式相關，並且藉由了解發生在孩子身上的事情如何讓他或她有某種感受，治療師可以開始了解如何使孩子感覺好一些。接著，詢問孩子是否需要幫忙，以找到讓孩子感覺較好的方法，或是完成孩子確認的任何目標。這個討論導向 NC 和 PC 的蒐集。

在地圖上選擇一個標的項來進行歷程更新，然後繼續為該標的項蒐集 NC 和 PC。當試圖指認孩子的 NC 和 PC 時，治療師向孩子解釋說，治療師正在尋找的是孩子對標的項的壞想法，接著治療師要尋找好的想法。有關對兒童有效的 NC 和 PC 範例，請參閱兒童認知清單（表 5.1）。徵得孩子的同意，在地圖上寫下 NC／PC，接著讓孩子為 PC 指認 VoC（認知效度）。孩子與治療師將根據用在成人身上的標準 VoC 衡量過程來測量 VoC。治療師可以向孩子解釋在壞想法（NC）和好想法（PC）之間有一道七步的橋梁。接著，治療師可以讓孩子指認他們在橋梁上的哪個位置。

一旦治療師評估了 VoC，便是詢問孩子有關標的項相關感受的時機了。治療師可以使用兒童感受清單，或是提示他或她可能是感到糟 107 糕、傷心、生氣、高興，或是有其他孩子在與治療師互動過程中可能指出的感受。一旦治療師確認了孩子的感受，就讓孩子注意著標的項、壞的想法和感受，並且讓孩子指出他或她在身體的哪個地方感覺到這些。將地圖上的所有訊息記錄下來，以便讓孩子和治療師都能看到。向孩子解釋這張地圖很重要，可以幫助孩子達到讓自己感覺較好，並且讓問題或擔憂消失的最終目標。

治療師接著繼續說明可以幫忙將標的項變小的不同類型 BLS（雙 108 側刺激）。解釋 BLS 就像將雷射光束投在標的項上，這樣它們就可以縮小或炸毀標的項。我們也向孩子建議，藉由在地圖上握住觸動器，孩子的症狀可能會改善，或者甚至可能消失。

接著，治療師依據標準 EMDR 治療重新開啟減敏感歷程，包括深植、身體掃描、結束，以及再評估期。做為再評估的一部分，請案

表 5.1　兒童認知清單

壞的想法（NC）	好的想法（PC）
我不好	我是好的
我在迷霧中	我在明亮的地方／我在陽光下
我快要爆了	我很平靜
我快要爆炸了	我很冷靜
我很熱	我很冰涼（像黃瓜一樣）
我沒有歸屬	我有歸屬
我很笨	我很聰明
我很糊塗	我很聰明
我生病了	我一切都好
我做不到	我可以做到
我受傷了	我好多了
我不明白	我能明白
我無法得到幫助	我可以得到幫助
我搞砸了	我盡力了
我什麼都不知道	我真的知道
我快死了	我還活著
我餓了	我很滿足
我不可愛	我很可愛
我很胖	我剛剛好
我迷路了	我找到自己的路
我差點淹死，我很害怕，這讓我屏住呼吸	我告訴自己，你應該高興你能屏住呼吸那麼久
我不能從水裡浮上來	我很高興我會游泳
我沒能和爸爸一起去醫院	我可以和爸爸一起去醫院
我不舒服	我很舒服
我的皮膚感到不舒服	我的皮膚感到舒服
基本／常見認知	
我不安全	我現在是安全的
我無法保護自己	我可以保護自己
我無法控制	我可以控制
我無法信任	我可以信任

治療師可以選擇將負向認知（NCs）和正向認知（PCs）分為安全、責任和選擇三種類別；然而，兒童的認知往往很具體，很難明確分類至哪個特定類別的 NC 或 PC。（另見附錄 I。）

主重新評估先前的標的項，但也要核對地圖上的其他標的項，以確認會談期間是否有任何變化。

　　最後，詢問孩子是否想要一份他或她的地圖複本，以及詢問治療師是否可以保留一份複本，以備下次合作時使用。每次治療師和孩子見面時，提供孩子一個上面有他或她名字的文件夾或平板，存放在一個特定的抽屜裡。治療師也可以給孩子一個空文件夾、一個他或她自己的平板，或是一個信封，讓孩子保存他或她已完成之工作的複本。向孩子建議，直到下次治療師和孩子相聚時，如果有任何標的項、擔憂或其他事情困擾著孩子，可以使用他或她的蒐集箱或畫一幅畫，並將其放入文件夾中，當他們聚在一起時再向治療師展示。鼓勵孩子不要在沒有畫圖或尚未告訴別人的情況下，讓擔憂變得太大。最後，提醒孩子他或她的安全情境，以及孩子用於自我冷靜和安撫的其他工具。

　　無論家長是否參與會談，提醒家長使用 EMDR 治療很可能會在兩次會談之間持續進行，而若家長擔心或孩子似乎在掙扎，家長應當鼓勵孩子使用已經討論過的這些工具和自我冷靜技巧，倘若這不成功，家長在需要時應與辦公室聯繫。

繪製標的項地圖的指引與腳本

1. 在個案史、個案概念化以及治療計畫階段，要專注於與孩子同步，並且傾聽用於 EMDR 處理的 NC 和可能標的項。將案主的 NC 和潛在標的項記錄下來，對治療師是很有幫助的。
2. 在準備期中，治療師向家長和孩子解釋 EMDR 治療。
3. 接著治療師評估家長在陪同孩子參與 EMDR 治療過程的當前穩定度與能力。
4. 教導孩子如何進行安全／平靜情境以及蒐集箱。在此過程允許孩子體驗輕敲、打鼓、踩腳、使用觸動器等不同類型的 BLS。
5. 教導停止信號，並讓孩子展示。

　6. 與家長面談有關指認 EMDR 治療之可能的標的項。

7. 與孩子面談有關指認 EMDR 治療的標的項，並且與家長的回應做比較。

8. 向孩子解釋繪製地圖。「**我希望你能幫我製作一張地圖，我們可以把你所有的煩惱都放在上面。你知道什麼是地圖嗎？**」（如果孩子知道地圖是什麼，則繼續繪製地圖過程。如果不知道，則向孩子解釋地圖是什麼。）「**今天我們將開始繪製你的地圖，這張地圖展現了困擾你的事情或你所有的擔憂，就像在你腦袋裡想的那樣。**」（治療師可以指向他或她自己的腦袋以及孩子的腦袋）。「**今天我們開始繪製地圖，但我們可以隨時對它進行更改或添加擔憂。記住，是你的大腦可以解決你的煩惱，而我可以教你一種方法來幫助你的大腦將煩惱縮小，甚至讓煩惱消失。**」

9. 用大張的畫紙和筆或鉛筆，在紙的中間畫一個大的奇特形狀，讓孩子指認出他或她最大的擔憂來開始繪製地圖。「**在這張紙上，我想要我們從挑出你最擔心的事情或現在最困擾你的事情，來開始繪製你的地圖。**」幫助孩子在形狀裡寫下最大的擔憂或症狀，以便開始繪製地圖。讓孩子挑選一個語詞放在地圖上的圖形裡，這將有助於指認每個形狀中的擔憂是什麼。

10. 「**當我們製作這張地圖時，你可能會感到有點害怕或擔心，但請記得，你在我的辦公室是安全的，如果你太害怕，你可以像我們之前學到的那樣練習使用你的安全情境。你還記得如何使用安全情境來讓自己感覺好一些嗎？**」如果有需要，請重述安全情境或繼續指認標的項。

11. 除了安全／平靜情境，您也可以教導孩子使用地圖上的圖形做為蒐集箱。「**你在你的地圖上看到這個大大的擔憂了嗎？我們需要做些什麼，才能將那個擔憂鎖進地圖上的那個形狀中，這樣它就不會打擾你了？**」孩子們通常很有創意，會想出很多點子，但您可以根據需要來提供幫助。您可能想要向孩子建議，地圖上的那

個形狀可以有伴隨著雷射光的銅牆鐵壁，以防止任何東西從那個形狀裡逃脫。您還可以補充道，「**當我們將你的擔憂放到地圖上時，我們會將它密封在形狀裡，這樣它就不會跑出來打擾你。它會一直卡在地圖上，直到我們將它取下來縮小它。這樣你覺得好嗎？**」持續藉由邀請孩子指認更多困擾他或她的事情，以及提議孩子的家長可能也已指認的事情來蒐集標的項。例如，您可以對強尼說：「**你媽媽認為你在學校惹了很多麻煩，是因為你對爸爸的離開很生氣。你認為這是我們應該放在你地圖上的東西嗎？**」繼續詢問強尼是否有他媽媽不理解或不知道，但也應該在他地圖上的事情。繼續藉由將孩子的所有擔憂添加到圖畫中來繪製地圖。您可以根據需要添加額外的紙張，以指認孩子的所有擔憂。有時這個過程進行得非常快，您可以進入 EMDR 治療範本的下一個階段，然而其他時候，此過程需要花費一個完整的會談時段。如果您注意到孩子在完成繪製地圖時變得激動，您可以提供 CI，建議孩子練習安全／平靜情境，或停止並進行資源深植，以讓孩子因應地圖標的項。（請參閱兒童 CI 和兒童資源深植章節。）在這個過程的其餘部分，試著與孩子同步，並使用孩子的語言來說明孩子如何標記他或她遇到的任何問題或擔憂。

110

12. 接續指認其他要添加到地圖中的擔憂。讓孩子參與以幫助您創造地圖，或是讓孩子根據適合其發展程度和理解力的情況來創造地圖。

13. 向孩子說明您也會註記筆記，因為他或她所說的內容非常重要，您要確保您正確地記得。「**我正在寫下你告訴我的內容，因為這非常重要，而我已經老了，我不想忘記你告訴我的內容。這樣你覺得好嗎？**」

14. 當孩子確認了當天他或她想放在地圖上的所有擔憂時，提醒孩子他或她可以隨時在地圖上添加。「**請記住，如果我們忘記了某些事情或某些事情改變了，我們可以隨時修改地圖。**」

15. 接下來，請孩子幫忙在地圖上將標的項排序。「**現在我想要你幫我了解哪一個標的項最大或是最困擾你。你能告訴我哪個是最大或是最糟的嗎？**」繼續進行排序過程，從最糟或「最困擾我」到最不擔心或「它幾乎不困擾我」。

16. 完成排序過程後，向孩子解釋 SUD，並讓孩子為地圖上的每個標的項指認一個 SUD。「**我希望我們能夠分辨某些事情有多困擾你，所以當我要你告訴我某些事情有多困擾你時，我們可以使用數字，或者你可以像這樣用手表示給我看。**」（治療師根據治療師雙手之間的距離來展示 SUD。）治療師接著說：「**是這麼大、這麼大，還是這麼大？**」治療師也可以使用其他測量來評定 SUD。SUD 可以比整個世界或宇宙更大，或是比海洋更深，或者治療師可以請孩子說出他或她所能想像最大的東西是什麼。在那之後，治療師會問孩子他或她所能想像到的最小的東西。接著，治療師請孩子告訴他或她，地圖上的每個擔憂所代表的每個標的項有多麼大，並且在地圖上註記。「**你能想像全世界最大的東西是什麼？**」無論孩子回答什麼，治療師都解釋說：「**這是在告訴我，你的擔憂如果像＿＿＿＿＿（重複孩子的回答）一樣大的話，會讓你很困擾。**」接著，治療師問孩子：「**你能想像最小的東西是什麼？**」無論孩子回答什麼，治療師都說：「**這是在告訴我，如果你的擔憂小到像＿＿＿＿＿（重複孩子的回答）一樣小，這個擔憂就根本不會困擾你了。這樣我們便都能知道某些事情有多麼困擾你了。**」

17. 治療師可以藉由邀請孩子在地圖或地球儀上展示擔憂有多麼大來使用地圖隱喻。治療師可以說些像是「**它和整個州一樣大，或是更大呢？**」的話。如果它比州還要大，治療師可能會說：「**也許它和整個國家一樣大，或是更大？**」如果它比整個國家還要大，治療師可以繼續說「**大到像整個世界、整個宇宙，甚或是無限與超越那麼地大。**」治療師的角色要有創意，並幫助孩子確認他或

111

她的擔憂有多麼大。

18. 完成 SUD 後，將 SUD 與排序進行比較。治療師需注意，如果 SUD 和排序不相符，則視為確保孩子理解他或她對標的項痛苦程度之概念的一種方法。

19. 完成 SUD 後，治療師也使用地圖做為解釋憂慮或記憶如何在我們大腦中連結的方法。「**在我們的大腦裡，有時記憶或擔憂是相互連結的。就像你告訴我的，當你想到你爸爸時，你會很難過，當你想到你的狗死去時，你會很難過。在你的地圖上，讓我們指出你認為擔憂之間的連結有多強。**」治療師向孩子演示如何在擔憂之間畫線，接著可以根據孩子認為兩個標的項之間的連結有多強，畫出很粗或很細的線條。這有助於幫助孩子理解他或她的大腦是如何運作的，以及為何當孩子感到難過時會想起他或她的父親或狗。除了對孩子進行教育外，治療師也創造了連結，這在理想情況下有助於在進行減敏感過程時，將兩個記憶連結起來。

20. 在 SUD 之後，請孩子幫助治療師了解與記憶相關的壞想法是什麼。「**當你想到那個擔憂時，伴隨著這種擔憂的壞想法是什麼呢？**」若有需要，治療師可以提供建議，或使用「兒童認知清單」。接著，問孩子他或她希望怎麼想來取代，或「好的想法是什麼呢？」

21. 確認 NC 和 PC 後，評估 VoC。治療師可以使用 VoC 橋梁的範例，說道：「**如果我們把你的壞想法放在這裡（把壞想法放在紙的左邊），把你的好想法放在這裡（把好想法寫在紙的右邊），我們會用七個步伐，從你的壞想法到你的好想法之間創造一座橋梁**（治療師在壞想法和好想法之間的虛構橋梁上，畫出七個步伐），**你覺得你現在在哪裡呢？**」

22. 在 VoC 之後，請孩子告訴治療師與標的項有關的感受是什麼。有時治療師可能需要向孩子提供感受的字句。「**當你想到那個困擾你的事情和壞想法時，你對它有什麼感受呢？**」

122

23. 一旦治療師確認了對特定記憶的感受，治療師就需要為孩子尋找標的項之間的連結。治療師向孩子解釋說：「有時候，事情比我們所預期的更困擾我們，因為這種感受與之前困擾我們的其他事情有所連結。」例如，如果強尼將憤怒指認為與他的一個標的項相關的感受，治療師會要求強尼指認其餘他也可能感到憤怒的標的項，並詢問他是否認為它們彼此有關。最後，這也可能有助於指認其他與難過、憤怒或其餘感受有關的支線記憶。

24. 指認感受之後，治療師詢問孩子在他或她身體的何處感覺到這個感受。有時孩子可以指出，並告訴您他或她在哪裡感覺到擔憂，然而其他時候，治療師需要稍等一下，並教導正念。「當你想到困擾你的事情和_____感受時，你在身體何處有這種感覺？有些人在他們的頭腦中感覺到，有些人在他們心裡感覺到，有些人在他們肚子裡感覺到，而有些人在他們的腿和腳上感覺到。」（治療師可以指向他們身體的不同部位，以示範孩子可能在哪裡感覺到干擾。）

25. 一旦孩子確認了身體感受，治療師就可以解釋說：「這張地圖有助於告訴我們，需要做些什麼來幫助你解決_____（重複孩子的擔憂、症狀或行為問題）。每次我們一起工作時，我們都會在你的地圖上選擇一些東西來處理，直到我們可以在你的地圖上將所有的這些都劃掉。你有任何問題嗎？讓我們選擇今天或下週我們要處理的第一件事。」取決於會談剩餘多少時間。

　　在每次會談中，治療師都可以與孩子一起核對，詢問是否發生了任何變化，這意味著應該從地圖中添加或刪除某些內容。

繪製 EMDR 治療駕馭感經驗、標的項和症狀之圖表

　　繪製圖表是由其中一位作者開發的，做為一種用於闡明 EMDR 治療中各種步驟的多面向技術。繪製圖表包含了治療師教導孩子使用

簡單的長條圖來指認和評估駕馭感經驗、標的項或症狀，或是評估治療的進展，以及／或是做為蒐集箱。繪製圖表的目的是幫助孩子發展觀察者自我，並擁有一種具體的技術來理解和記錄EMDR治療的各個部分。

　　繪製駕馭感圖表的目的是指認已為孩子創造了正向經驗的資源、活動、能力和經驗。例如，萊利對於他在球賽中揮棒將球打得很遠感覺很好。萊利在他的圖表上將打棒球記錄為一種駕馭感經驗。指認和繪製駕馭感經驗圖表的運用，為孩子提供了與EMDR治療過程的正向連結，也發展了正向內在鷹架以為減敏感期預做準備。

　　繪製標的項圖表用於標的項和症狀之辨識。繪製圖表幫助孩子建立一個他或她的問題、擔憂或「煩惱」的清單，藉由繪圖，以具體、視覺化的方式幫助他或她。繪製標的項圖表的目的是幫助治療師和孩子選擇應該優先進行歷程更新的標的項。

　　做為一種評估工具，繪製圖表可以在會談結束時或是下一次會談的再評估時使用。在孩子已經指認了資源或標的項之後，孩子和治療師可以測量資源強度或是掌握標的項的能力程度，接著重新評估進度。繪製圖表不做為SUD量表使用。

　　如果孩子被令人不安的情緒淹沒，繪製圖表也可以在會談中或結束時做為蒐集箱使用。治療師可以指導孩子將擔憂或煩惱留在紙上，就像放入蒐集箱一樣。

　　治療師可以讓孩子為每種類型的繪製圖表技術製作不同的圖表，或者可以將一些圖表合併。繪製圖表是EMDR治療中治療範本的一個流暢且持續的部分。

　　兒童繪製圖表的範例，參見圖5.4。

繪製駕馭感經驗圖表的指引與腳本

1. 首先，治療師探索孩子是否理解圖表的概念。通常年僅6歲的孩子便已在學校學習了簡單的長條圖。即使是4歲的孩子，通常也能夠

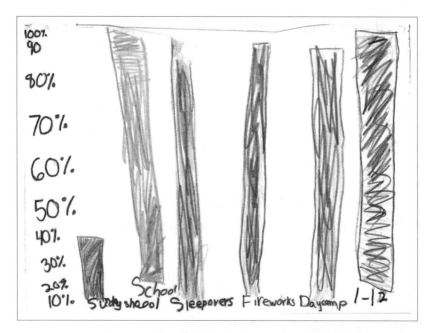

圖 5.4　波莉 9 歲時繪製此份標的項圖表。她依照以下順序列出了她
　　　　的擔憂：（a）主日學結束後，父母沒有來接她；（b）她的
　　　　母親忘記到校車接她；（c）在外過夜；（d）煙火；（e）
　　　　日間營隊；以及（f）下午一點到午夜之間，對她來說是一
　　　　天當中最可怕的時間。她在每個百分點上畫出每條線來代表
　　　　她的感受有多麼糟糕。百分之十表示她對某事感到非常糟
　　　　糕。目標是對擔憂感覺變好，直到 100%。達到 100% 意味
　　　　著她不再對這個標的項感到糟糕。

　　在治療師的幫助下畫出基本的圖表。如果孩子沒有聽過圖表，請藉
　　由說類似的話來教導他或她了解這個概念，「我要向你說明如何繪
　　製圖表。圖表是測量事物的一種方法。今天，我們要來測量你感覺
　　很好的事情，以及你認為是問題、擔憂或是困擾的事情。」
2. 治療師藉由用蠟筆在一張畫紙上畫出一個大大的 L 來表示什麼是
　　圖表。治療師將垂直線以十條均勻間隔的細線來表示百分比。在

垂直線底部，治療師寫上 0，並在每一條線上以 10 為增量，寫上 10%、20% 等等，線的頂部顯示為 100%。「這條線是我們如何用 數字測量事物的方式，其中 0 是我們對它們感覺一點都不好，而 100 是我們對某事物感覺非常好。」

3. 在水平線上的底部，治療師可以寫下或畫出孩子可能為繪製圖表指 認的駕馭感經驗／活動或是問題和擔憂的範例。

4. 針對駕馭感的部分，治療師說：「**我們要在下方列出你感覺很好的 事情，這樣我們就可以測量它們。你可以告訴我一些你真的感覺 很好的事情嗎？**」駕馭感（或好事情）圖表可以在每次會談中使 用。為了製作駕馭感圖表，治療師請孩子告訴治療師他或她覺得自 己做得很好的事情，或是讓他或她對自己感覺很好的事情，並將 這些項目在水平線下方用一個字或兩個字描述出來。「**你可以告訴 我一些讓你感覺很好的其他事情嗎？**」在蒐集駕馭感經驗後，治療 師接著會請孩子在一條垂直的線上繪圖和著色，盡可能達到或接 近 100%。「**你可以畫一條線來展現你對那件事的感覺有多好嗎？ 10% 是你感覺有一點好，50% 是你感覺滿好的，100% 是你對這件 事的感覺達到最好。**」100% 代表他們對於經驗或活動的感覺有多 麼好。例如，如果菲比對自己的畫圖和藝術感覺很好，她會從水平 線的底部畫一條線，一直到 100%，這意味著她對自己的繪圖感覺 盡己所能地好。接著，治療師讓孩子指認她感覺正向的其他幾項活 動，並在 0% 到 100% 之間畫線，表示菲比對這些正向經驗的感覺 有多好。

5. 接著，讓孩子選擇其中一種正向經驗，藉由在他或她的身體使用 BLS 強化正向感受來深植此駕馭感經驗，類似於第四章中精簡的資 源開發和深植（Development and Installation, RDI）。治療師對孩子 說：「**所以，我要你想一想，在你身體裡的那種（駕馭感體驗）感 覺有多麼好，並且握住觸動器一會兒。**」治療師可以使用孩子選擇 的任何類型 BLS 來深植此駕馭感經驗。

114

115

繪製標的項圖表的指引與腳本

1. 完成標的項圖表時，使用另一張單獨的紙，再次讓孩子製作一個以百分比為縱軸的 L 形圖表，並在底部列出孩子報告的問題、擔憂或煩惱。接著，孩子畫一個長條或是一條線，代表孩子對該標的項感覺變得多好或是更有能力，100% 表明問題已解決和／或孩子覺得有能力處理問題或議題。0 意味著孩子覺得根本無法處理這個問題。「現在，我們要來製作一個『擔憂或問題』圖表，我們會把你所有的擔憂或是困擾你的事情放在底部，這就是我們如何測量你對那個問題感覺有多好。當它達到頂端或是 100% 時，你知道你可以處理問題了。這有點像一張成績單，我們知道你可以處理那件事，它不會再打擾你或讓你擔憂了。」

2. 治療師接著可以在會談結束時參考圖表上的這些標的項，以評估這個標的項。「好的，所以我們已經處理了這個問題，那麼現在面對這個問題時，你覺得自己在哪裡呢？」孩子可以將長條圖向上畫並朝向 100%，顯示他或她對標的項的感覺改善了多少。通常，當一個標的項被解決時，孩子會自發地報告其他標的項也解決了。接著，孩子可以在圖表上畫線，呈現他或她對每個標的項的感覺變得多好。

3. 圖表對於在下一次會談再評估標的項也非常有用。治療師說：「好的，你還記得我們上次所做的嗎？讓我們拿出我們的圖表來，現在來瞧一瞧。所以，關於我們已經處理的這個問題，現在你在哪裡呢？」孩子對於處理問題的能力感可能會增強而百分比上升，或者有時孩子對於問題更為擔憂，因此治療師可以給孩子黑色蠟筆或麥克筆，以表示他或她解決問題的能力感實際上降低了。孩子經常在繪製圖表的過程中感受到增能，因為他們可以看見自己的進步。

4. 標的項圖表也可以在會談結束時用作蒐集箱，以幫助孩子在會談之間避免出現強烈的情緒或外化行為。治療師可以簡單地說：「這是你擔憂或困擾的圖表，我們今天將它們留在我辦公室的這張紙上。

116

　　如果你回家後，這些問題因為任何原因困擾了你，那麼你可以想像
將它們放回我辦公室的圖表上，並將它們留在這裡。」

　　繪製圖表有多種變化，我們鼓勵治療師們在練習基本概念後，使
用自己的構想來讓圖表適用於他們自己案主的需求。

用於兒童標的項辨識的其他技術

身體圖像

　　藉由繪製一個人的身體圖像，並在圖像上標記其內在感到不舒服
的地方，可以幫助兒童辨識與身體感受相關的標的項。也可以讓孩子
躺在一張牛皮紙上，讓家長用筆畫出孩子身體的輪廓。接著讓孩子站
起來，指認他或她在哪裡感受到痛苦、不舒服，或是任何孩子用以描
述感覺噁心的字眼。治療師可以準備幾盒 OK 繃，讓孩子將他或她在
身體裡感覺到受傷或感覺到噁心感受的部位，以 OK 繃貼在圖像上。
治療師接著向孩子解釋說，當有人受傷時，有時會流血，有時會出現
瘀傷或黑色和藍色的痕跡，但當一個人的內在受傷時，有時是很難判
斷的。治療師可能會請孩子指認出他或她內在感覺受傷的任何部位。
接著，治療師可以使用這些圖畫和／或 OK 繃標記出噁心感覺的部位
做為標的項，或是做為孩子初次有那種感覺時之記憶的潛在回流。

標的項蒐集箱

　　標的項蒐集箱和涵容練習之間可能存在混淆。就本書的目的來
說，標的項蒐集箱用於標的項辨識。建議治療師在此治療階段不要教
導將蒐集箱做為涵容練習。相反地，只有當孩子在標的項辨識過程被
過度淹沒，或需要蒐集箱練習來做為結束未完成會談的工具時，我們
才建議治療師引入涵容練習。

　　標的項蒐集箱使用於標的項辨識過程中，做為一種與孩子一起探　117

索標的項的技術。請孩子在治療中選擇或製作一個蒐集箱，用於容納標的項，以供後續的歷程更新。一個例子是使用小石頭做為解憂石，孩子們在石頭上標記一個特定的標的項或煩惱。治療師可以使用他或她放在辦公室籃子裡的小玻璃彩石。孩子可以根據需要，選擇幾個石頭來標記煩惱。治療師也可以用小貼紙讓孩子寫個字詞或一張圖來標記解憂石。接著，孩子將貼紙貼在解憂石上，並將解憂石放入孩子的蒐集箱裡。孩子們將標的項蒐集箱留在辦公室，只要出現新的標的項或煩惱，他們隨時可以存入蒐集箱中。有些孩子每週都來並且存入蒐集箱。在治療中，他或她可以提取或挑選一塊解憂石在會談中處理。

在進行正式的標的項辨識過程時，除非治療師時間不夠了，否則治療師不應嘗試遏制其他記憶——任何事情順其自然讓它發生。讓它走向任何去處。當孩子在標的項辨識過程中開始建立聯想連結時，治療師只需註記孩子的反應以供後續處理。進展就在於無論這些記憶網絡走到何處，治療師都會跟隨著案主，包括可能出現先前尚未辨識之新的重大標的項。在會談結束時，僅遏制持續令人不安的內容。使用蒐集箱做為未完成會談的涵容練習，將於第六章進行討論。

範本的下一個步驟是指認代表與特定標的項相關的畫面中最糟糕的部分。

選擇畫面／圖像

從個案史和治療計畫期間建立的創傷經驗和標的項清單開始，並在此標的項辨識步驟中進一步地擴展或澄清，治療師與孩子和家長共同合作，並決定首先要針對哪個標的項。在選擇歷程更新的標的項時，治療師應選擇與孩子正在經歷、當前活躍症狀最相關的標的項。在治療師和孩子選擇標的項後，治療師請孩子指認代表記憶中最糟糕部分的圖像或畫面。以下包括了治療師使用於兒童案主身上的特定措辭。

引出畫面或圖像的腳本

治療師詢問最令人不安的畫面或圖像：「**當你想到發生的事情時，你看到了什麼？圖像中最糟糕／最噁心的部分是什麼？**」如果沒有圖像，問道：「**當你想到那件事時，現在有什麼事發生？**」

如果孩子無法藉由口語指認畫面，還有其他技術可以幫助治療師和案主指認畫面以進行歷程更新。

與兒童一起引出畫面的技術

118

有許多技術可以幫助孩子傳達標的項的畫面。這是整合遊戲治療技術的最佳所在。孩子可以藉由藝術作品進行溝通，包括畫圖和拼貼畫、數位圖像，以及在沙盤中遊戲或玩玩偶、玩玩具或是娃娃屋。

● 畫圖

讓孩子繪圖，是從孩子身上引出標的項畫面的最簡單方法，有好幾種方法可以做到這一點。一種方法是提供孩子各種紙張和繪圖工具的選項。治療師提供紙和蠟筆、麥克筆或彩色鉛筆，孩子可以從中選擇來繪圖。一旦孩子選擇了藝術工具，便重述腳本：「**當你想到發生的事情時，你看到了什麼？**」並讓孩子畫出來。一旦孩子完成圖像後，繼續提取 NC 和 PC。

另一種技術是對畫面和歷程更新皆使用便利貼。治療師讓孩子在便利貼上從畫面開始繪圖，接著繼續讓孩子在 BLS 回合之間繪圖在各張便利貼上。接著，治療師讓孩子把便利貼黏在牆上。這對於有口語溝通困難的孩子很有效。治療師不會讓孩子重溫他或她先前畫的圖像；這有助於在兒童進行歷更新時，對資訊進行滴定測量。這對於沉迷於繪畫的兒童特別有幫助，因為他們擁有較小的空間，便無法大範圍地畫圖。

另一個建議是，治療師拿一大張紙，在中間畫一條線，並且讓孩子在左邊畫出畫面中最糟糕的部分，以及讓孩子寫下壞想法

（NC）。如果孩子無法寫字，治療師可以寫下孩子所說的內容。接著，治療師可以詢問孩子的感受，並將其寫在同一側，然後治療師可以讓孩子在圖片的這一側也評分，並寫下 SUD。而在紙張的右側，治療師可以讓孩子畫出孩子想要相信的——伴隨著好想法（PC）的好圖像，以及它感覺有多真實的 VoC 評分。在 BLS 開始之前，治療師指示孩子看著壞圖像做為起點，接著在孩子開始處理時，將圖像翻過來。當治療師認為孩子已經抵達了通道的末端時，治療師可以讓孩子畫一張新圖像，並詢問他或她現在得到了什麼。如果圖像是中性或正面的，治療師就取一個 SUD。那是治療師知道標的項已經被歷程更新的時刻，接著他們檢查好圖像上的 VoC。有關此種繪圖技術的範例，請參見圖 5.5。

● 拼貼畫

準備各種雜誌（可能是等候室的舊雜誌），治療師可以請孩子剪下一張代表標的項記憶最糟糕部分的圖片。一旦孩子剪下圖片後，孩子可以將圖片黏貼到另一張空白紙上，也可以直接使用取自雜誌的圖片。如果孩子年紀夠大，有時雜誌上的文字可以用來描述信念和／或字句，以解釋發生了什麼事。重要的是為孩子提供各種合適的雜誌，從中剪下圖片以創作拼貼畫。一旦孩子創作了拼貼畫，治療師可以問孩子：「**當你看到你創造的東西時，現在你有任何跟自己有關想說的事嗎？有任何想法或感受嗎？**」

● 數位圖像

一位治療師使用了數位圖像來幫助孩子與事件的畫面連結起來。治療師拍了幾張可能觸發孩子的特定事物的照片，接著讓孩子確認是否有一張照片代表了畫面中最糟糕的部分。

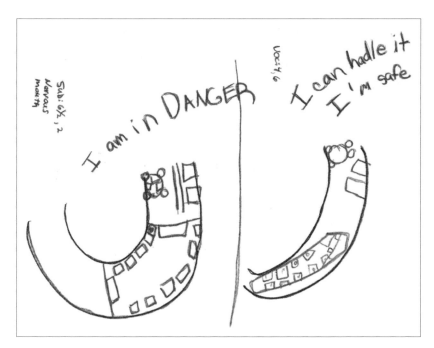

圖 5.5　波莉的圖像描繪了她擔心母親不會到公車站接她。波莉圖像　119
　　　　 的左側顯示了她坐在停在街頭的校車裡，而她母親的車則在
　　　　 道路的遠處。波莉很害怕和不安。她的 NC 是「我處在危險
　　　　 中。」圖像右側顯示校車在那裡，她母親的車還沒有到，但
　　　　 波莉感覺還好，而且可以應付這個狀況。她的 PC 是「我可
　　　　 以應付得來。我是安全的。」

個案研究：伊利亞和垃圾箱

　　4 歲的伊利亞（Elijah）被兒童保護服務機構和他的養父母轉
介前來治療與嚴重虐待史相關的創傷。伊利亞目前的症狀之一是
他對垃圾箱的恐懼。每當伊利亞看到垃圾箱或他的養母停車在垃
圾箱旁邊時，伊利亞就會崩潰。他的語言能力明顯地受限。他無
法畫出令他害怕的東西。治療師拍了幾種垃圾箱的照片，並讓伊

利亞挑選最令人不安的數位圖像。看到這張照片的景象，伊利亞變得非常不安。將這張照片設為標的項後，伊利亞說道：「那個壞人把我扔進垃圾箱，我覺得很噁心。」此後，伊利亞不再注意到垃圾箱，他的口說也有了明顯的進步。

120 ● 遊戲技術

　　這是結合遊戲治療技術的理想所在。治療師可以讓孩子在沙盤中或運用遊戲室中的其他玩具來創造畫面。有些孩子會從遊戲室中選擇玩具來重演事件。有些孩子會在娃娃屋裡塑造事件。其他孩子可能會用玩偶創造事件和／或說故事。為孩子提供可供選擇的各種遊戲工具，使得孩子能夠以最適合的方式表達畫面中最糟糕的部分。

　　一旦孩子指認了代表事件中最糟糕部分的畫面，治療師將繼續進行評估期的下個步驟。

負向與正向認知

　　EMDR 治療訓練解釋道，NC 是一種當前所抱持、做為自我參照陳述表達的非理性信念。有鑑於兒童可能處於認知發展的早期階段，如第一章所討論的，兒童的 NC 可能看起來略有不同。有關兒童可能的 NC 和 PC 範例，請參見表 5.1。

　　對於治療師和案主來說，指認 NC 最令人困惑的事情之一都是個人觀點。NC 是當案主坐在您的辦公室中回頭看著畫面時所相信的。所有年齡層的個案都會問：「你是指我當時的想法，或是我現在的想法？」治療師需要花時間幫助案主了解，NC 即是個案現在坐在您辦 121 公室回顧那些被指認為畫面的體驗時所相信的。這可能需要花一些時間來解釋，但治療師不應略過這部分的程序性步驟。

　　對於孩子來說，這個過程可能會不同，因為孩子相當定向於當

下，並且對於過去和現在之間的差異感到困惑。在治療師為兒童的發展做出調整時，盡可能保持範本中此部分的精髓是很重要的。

　　NC和PC的匹配是很重要的。一般來說，它們是截然相反的。如果NC和PC不同，治療師需要花時間找到匹配的NC和PC。例如，如果NC是「我不夠好」而PC是「我現在是安全的」，認知是顯然不同的，那麼治療師需要詢問案主哪一個更能引起特定畫面的共鳴。如果PC較能引發共鳴，那麼更改NC來匹配PC是適當的。

　　此外，確保NC對特定標的項有意義是必要的。例如，如果案主的標的項是強暴的記憶，而個案的NC是「我不夠好」，那麼治療師可能需要探索此NC是否真的適用於案主，或者案主是否對EMDR治療過程有所困惑。

與兒童指認NC和PC

　　指認NC和PC是EMDR治療過程中的一個重要部分，但由於幼兒的認知發展程度，一些治療師經常發現此步驟對幼兒特別困難。治療師可能會考慮省略此一重要步驟，因為治療師對於從孩子身上引發認知感到吃力；然而，下個章節將提供臨床工具和個案範例來幫助治療師對幼兒指認認知。

　　如果治療師簡單地詢問孩子，「**當你想著發生在你身上的事情（標的項）時，你現在對自己有什麼壞的想法？**」接著，治療師可以繼續問：「**你現在對自己有什麼好的想法？**」

　　孩子們可以藉由許多不同的方式呈現NC。他們可以用第三人稱說NC、很具體的、以隱喻表達、將其表達為一種感受、將其描述為特定的創傷，或是在遊戲中展示它。下面的個案研究是展示兒童如何以具體的方式表達他們認知的一個範例。蜜雪兒（Michelle）在一次意外中失去了她的一隻手，她用了一個具體的陳述「我想要我的手回來」來表達她的NC。

個案研究：蜜雪兒和雷迪

蜜雪兒在一場意外中失去她的一隻手，三個月後與她的母親前來治療，當時她才 3 歲。一開始，治療師讓她畫出失去手的事件，看起來像個黑色塗鴉。她的壞想法（NC）是「我想要我的手回來」。這是一個具體的創傷特定 NC，但治療師認為這代表了蜜雪兒的無助。她的 PC 是「這是上帝希望我變成的樣子」，治療師認為這代表了接受，因為蜜雪兒來自一個非常虔誠的家庭。她的感受是難過，她用手來展示她的難過在 SUD 上是 10。在每次重複 BLS 之間，她畫得更多，隨著每張接續的圖畫，她添加了愈來愈多的色彩，直到它變成了彩虹色。治療師使用一種手繪的 VoC 量表，類似於人道救援方案（Humanitarian Assistance Programs, HAP）的量表。治療師畫了一張愁眉苦臉的圖畫，並在中間接續著畫出臉孔，直到出現笑臉。這對蜜雪兒很有效。治療師和蜜雪兒進行了 15 分鐘的歷程更新，然後進行遊戲。蜜雪兒接著說她感覺「很好」，伸出雙臂說道：「這是上帝希望我變成的樣子。」（見圖 5.6）

蜜雪兒先前在廁所外小便、發脾氣，以及做惡夢的症狀，在此次會談後停止了。她又能夠徹夜安眠了。蜜雪兒再進行了兩次會談的歷程更新，以解決記憶中令人煩惱的部分。蜜雪兒快速地歷程更新，並且在每次會談結束時都很開心。她將自己的殘肢命名為雷迪（Reddy），並在物理治療師的幫助下，開始適應失去手的生活。

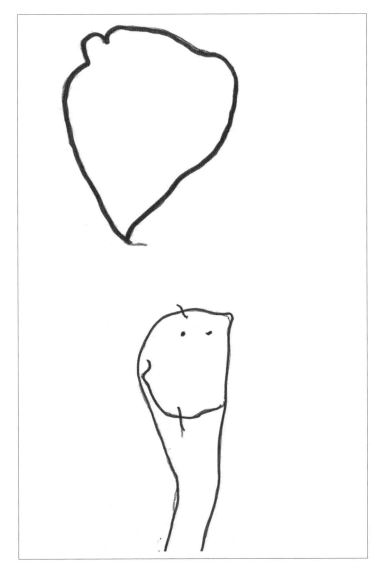

圖 5.6　3 歲的蜜雪兒根據她的 NC 所繪的一系列圖畫，「我想要我　123
　　　　的手回來。」每一張接續的圖畫都增加了細節——從只畫一
　　　　個圓圈，到一張臉，再到一張有附屬肢體的臉，最後一張圖
　　　　畫顯示蜜雪兒的整條手臂、她的殘肢，與一個大大的微笑。
　　　　她的 PC 是「這是上帝希望我變成的樣子」，表達了她的接
　　　　受。

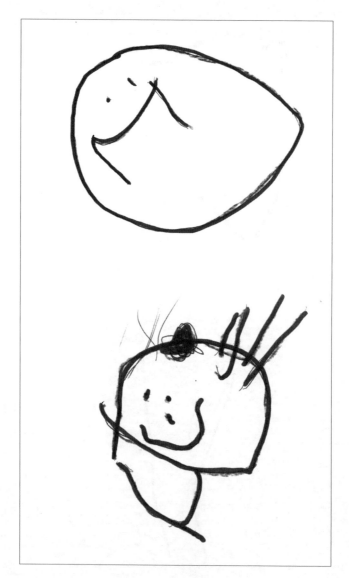

124　　　　　　　圖 5.6　延續上圖

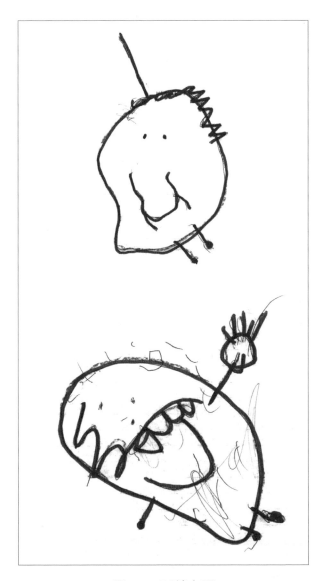

圖 5.6　延續上圖

對有些兒童來說，他們會以幻想中的事物來描述認知，例如「我是個巫婆」或是「我是個公主」。這可以傳達出兒童的經驗和自尊感。如果孩子說「我是個巫婆」，治療師可以選擇進一步地探索，藉由詢問孩子：「如果你相信『我是個巫婆』，那說明了你是個什麼樣的人？」年幼的孩子特別傾向將負向認知指認為怪獸、巨龍、吸血鬼，或是當前兒童文學中令人不安的創作角色。「我是跩哥馬份」或是「我是哈利波特」──這範例是孩子以《哈利波特》故事做為描述其經驗與感受的工具。

孩子可以在圖像和／或遊戲活動中展示 NC。例如，治療師可以讓孩子將沙盤分成兩半，一邊創造壞的想法，另一邊創造好的想法，在沙盤的兩側之間架起一座橋梁。這座橋接著會引出一個用於指認 VoC 的隱喻，這將在下一節中討論。

孩子可能會將認知標記為一種感覺，因為 NC 和 PC 可能是單一的情緒字眼，像是「難過」和「高興」。如果孩子已經藉由語言表達了一種情緒，這可以被視為認知，因為在發展上，以語言表達感覺的能力表明孩子已經超越了僅只是體驗這種感覺，而進入了以語言表達這種感覺的認知歷程。

他們經常以第三人稱表達 NC，以保護自己避免受到認知的全面衝擊。此外，年幼的孩子傾向於使用電報式語言，像是「大衛受傷」，而 PC 是「大衛感覺較好了」。治療師可以運用孩子當前生活壓力源的知識，藉由引出 NC 和 PC 來幫助孩子。例如，如果治療師知道凱蒂必須去看醫生，治療師可能會說「**醫生好可怕**」，接著提議「**醫生解決凱蒂的痛痛**」。

此外，孩子可能會提供非常具體的 NC 和 PC，例如「傑夫壞壞」和「傑夫棒棒」。這些具體的認知往往與孩子目前的認知發展程度和語言習得程度有關。儘管有些孩子以非常具體的用語呈現 NC 和 PC，其他孩子可能會使用幻想來表達他們對自己的想法。例如，6 歲的莫莉可能會說「我是女巫」，而不是「我是公主」。孩子在現今的

圖 5.7　傑瑞米的 NC 和 PC。傑瑞米選擇標的他對新聞的恐懼。他　127
　　　　的 NC 是「可能會發生不好的事情，我處在危險中。」第
　　　　一張圖畫顯示電視上一個強盜向某人開槍，這表明了他的
　　　　NC。在第二張圖畫中，他的 PC 描繪了他在一張餐桌旁吃雞
　　　　肉，當時有人在射擊某人，而其他人只是牽著手走路。他的
　　　　PC 是「我可以有一些隱私嗎？ 我正在吃我的雞肉。」這體
　　　　現了他的 PC，即「好事發生了，壞事發生了，而我仍然很
　　　　好。」

媒體曝光下，會影響到孩子表達有關他或她對自己的想法。

在指認他們的 NC 和 PC 時，孩子也傾向更具創傷特定性，例如「我害怕那隻狗」與「那隻狗再也碰不到我了」。對於梅莉莎來說，害怕狗與無法保護自己有關，同時她也可能在她目前生活的環境中感到不安全。

難以用語言表達 NC 和 PC 的孩子藉由繪畫、沙盤或其他表達技巧，通常可以找到更好表達自己的能力。例如，讓孩子在沙盤的一個區域創造他或她最糟糕的世界，而在另一側創造他或她最棒的世界，可能引發指認出認知。對於繪畫、用黏土創作，以及其他表達機會來說，這些確實比單獨以口語表達提供了更多的表達機會。

最終，重要的是要花時間從孩子身上引出 NC 和 PC，以使EMDR 治療達到最大功效。與成人一樣，NC 和 PC 應該引起孩子的共鳴。當 NC 或 PC 適配時，孩子通常會有眼神接觸、口語回饋，或是出現不同的遊戲行為。當為孩子指認了最合適的 NC 和 PC 時，EMDR 治療的下個階段往往更有價值。

有時孩子無法提出 NC，但有 PC，因此治療師可以透過先獲得正向想法來回推，接著治療師可以詢問孩子 NC。請參見圖 5.7。

128 認知主題：責任／安全／選擇

就理論上而言，NC 圍繞著三個基本主題進行編組：責任、安全和選擇。一般來說，人們在遭受創傷時，似乎通常會對創傷事件承擔責任感。對於發展上以自我為中心的兒童來說，尤其是如此。

責任

與兒童一起工作時，處理與錯誤歸因責任相關的 NC 和信念是重要的；例如，一個遭受家庭暴力的孩子說：「這是我的錯。我的爸爸和媽媽打架是因為我在學校沒有獲得好成績。」這個孩子正在為事件承擔責任，藉此感到有力量。換句話說，「如果我獲得好成績，爸

爸、媽媽就不會再打架了。」藉由針對案主對責任的錯誤歸因來做為標的項，治療師可以幫助孩子朝向適當的責任歸因。一旦孩子適當地歸因責任，孩子就可以釋放自我譴責和內在批評。這使得孩子能感受憤怒，並將情緒轉向適當的標的項，而不是將憤怒內化。

案例研究：雙胞胎

　　一位治療師與被保母性騷擾的 8 歲同卵雙胞胎女孩一起工作。儘管這對雙胞胎在被騷擾時一直在一起，但女孩們對虐待的反應卻完全不同。其中一個女孩泰勒（Taylre），為被虐待覺得有責任而飽受煎熬。保母叫女孩們脫下褲子，毫無戒心的孩子們遵循了，接著保母又叫她們拉起褲子，但還沒等女孩們拉起褲子，保母就不恰當地碰觸了她們。泰勒表示保母告訴她，她被虐待是泰勒的錯，因為她穿褲子不夠快。泰勒必須在她感受到的責任上進行歷程更新，因為保母已經說服泰勒這是她的錯，以及如果泰勒告訴任何人有關虐待的事情，泰勒就會被逮捕。

　　向遭受性虐待的兒童詢問加害者所說的話是重要的，因為加害者經常誘使孩子相信這是孩子的責任。這經常是一個被遺漏的標的項，必須歷程更新以幫助孩子處理錯誤歸因的責任。

安全

129

　　一旦孩子意識到適當的責任歸屬，孩子就會開始在幾個層面上感到更為安全。首先，孩子更安全地體驗他或她自身的強烈情緒，接著，這使得孩子此時能夠探索與當前安全相關的議題。與安全主題相關的 NC 和 PC 範例包括：「我現在不安全／我現在已經夠安全了」，以及「我處在危險中／我不再處於危險中」。如果您思考到傑

瑞米的案例，他歷程更新中最後一個缺失的部分，便是意識到這並非他的錯。當他理解了適當的責任歸屬後，他感受到安全，並且停止了在夜晚檢查門鎖。

選擇／新的選擇

孩子的選擇議題圍繞著力量和無助的議題打轉，因為許多時候孩子是沒有選擇的，尤其是沒有與成年人相同的選擇。處理孩子們的無助感是很必要的，以使他們最終感到有力量，並開始為自己做出更好的選擇。

當了解 NC 和 PC 發生的時間順序時，責任高原通常是過去的定向。安全高原則是一個較為當前的定向，而選擇／新選擇則是一個更為當前／未來的定向。這種類化有助於理解個案概念化。在責任、安全和選擇高原架構內的 NC／PC 順序有助於研擬過去／現在／未來標的項的治療計畫。考慮這三個概念之間的相互作用是很重要的。

NC、PC 和認知交織

NC、PC 和認知交織（Cognitive Interweaves，簡稱 CI）之間的關係是這些認知提供了可能使用於歷程更新中進入 CI 的洞察。如果在處理過程中卡住了，治療師需要考慮案主可能需要什麼 CI。案主在哪裡卡住？案主需要哪些訊息來與當前擁有的資源連結起來？CIs 將在第十章中更詳細地討論。

表 5.1 包含了一份兒童認知清單。在嘗試直接從孩子那裡引出 NC 和 PC 後，治療師可以提供建議，或是讓能閱讀的孩子看看這份表單。

評估 VoC

一旦治療師指認了標的項並提取了 NC／PC，接著治療師便請案主將畫面和 PC 結合在一起，並確認該認知在此刻**感覺**有多有效，藉

以評估 VoC。對於成人，治療師會詢問案主：「**當你帶出那個事件和那些話〔重複 PC〕，在 1 到 7 的量尺中，其中 1 是完全虛假，7 是完全真實，現在這些話對你來說有多真實？**」接著，治療師記錄案主 130 的反應並繼續進行。對於較年長的兒童和青少年，此份指導通常就足夠了；然而，如果案主遇到困難，可以使用以發展聚焦的技術從孩子身上引出 VoC。

　　向孩子詢問 SUD 時也是如此；因此，治療師展示一種孩子可以理解的測量工具，而不會讓孩子混淆 VoC 和 SUD 之間的差異，是至關重要的。因為 VoC 測量的是 PC 感覺的真實程度，而 SUD 測量的是事件感受的不安程度，有時孩子會感到困惑，因為 VoC 的強烈感受是正向的，而 SUD 的強烈感受是負向的。

EMDR 治療中測量的程序性考量

測量 VoC

　　治療師可以使用以下任何適合兒童的測量工具來建立 VoC。

● 有多真實？

　　治療師可以藉由比劃治療師雙手之間的距離來展示 VoC 的測量。治療師可以將他或她的雙手拉開並問道：「它是這麼真實嗎？這麼真實嗎？這麼真實嗎？」孩子要嘛模仿治療師，要嘛告訴治療師在哪裡停下他或她的雙手。

● VoC 橋梁

　　VoC 橋梁是一種非常簡單地測量 VoC 的方法，甚至可用在非常年幼的孩子身上。治療師可以讓孩子在紙上或白板上指認壞想法（NC）和好想法（PC）。接著，治療師在壞想法和好想法之間創造一座橋梁，橋上有七個步伐。這可以藉由在一張紙上畫出橋梁來完

成，或者治療師可以使用具有磁性的白板，一個用於壞想法、一個用於好想法。接著，治療師將兩個白板放在七根金屬棒的兩側。然後治療師讓孩子拿一塊磁鐵放在橋上，以展示他或她對壞想法和好想法的感受。多數孩子會先將磁鐵放在壞想法上，接著在 EMDR 治療的深植期自發性地將磁鐵移向好想法。有關 VoC 橋梁的範例，請參見圖 5.8。

131

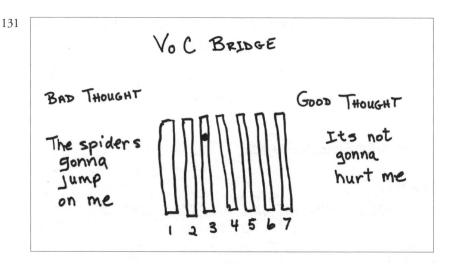

圖 5.8　認知效度或 VoC 橋梁。

● 移動

　　治療師可以讓孩子拿著一個代表 NC 的標誌，而治療師拿著一個代表 PC 的標誌，接著治療師從孩子身邊移開，並問：「**從你站的地方到我這邊，現在那種感覺有多真實呢？**」

132　　一旦治療師測得 VoC 感覺的真實程度，治療師便繼續執行程序性步驟，詢問：「**當你帶出發生的事情和這些詞〔NC〕時，現在你有什麼感覺呢？**」

指認情緒或感覺和身體感受

　　指認感覺和身體感受是經常被治療師忽略的 EMDR 治療步驟，因為治療師苦於如何教導孩子積極地參與這個過程。教導孩子情緒辨識能力和正念，對於成功地在孩子身上應用 EMDR 治療具有重大意義。治療師的角色可以是負責感覺辨識、正念以及身體感受的譯者和老師。教導孩子情緒辨識能力的一種方法是在情緒圖表上檢視情緒，從「快樂、難過或生氣」等基本情緒開始。另一種治療師可以教導情緒辨識能力的方法，是讓孩子標記治療師以他或她的臉孔和身體做出的表達，或者讓孩子照鏡子並練習不同的表情。當孩子解釋他或她在做出某種表達時的感覺時，也有助於治療師與孩子變得同步。隨著孩子學習感覺以及感覺如何影響他們的生活，可以在整個 EMDR 治療過程中教導情緒辨識能力。有許多線上活動和書籍針對各年齡層的案主教導情緒辨識能力。史坦納（Steiner, 2002）也提供了有關情緒辨識能力的寶貴訊息。

　　兒童也可能難以理解感覺和身體感受之間的差別。對較為解離的孩子來說，更是如此。如果一個孩子表示他或她沒有任何感覺，或什麼都沒有注意到，那麼探索解離的程度是重要的。（解離的評估在第三章中討論過，在第十三章中會進一步探討。）一旦確認了情緒，接著治療師會請孩子想著事件和 NC，然後確認孩子正在經驗的干擾程度。SUD 便是這樣確認的。測量 SUD 是一個相當簡單的過程，即使是對兒童，一旦他們理解了此概念就很簡單。

測量 SUD

　　測量 SUD 可以是一個非常簡單的過程，尤其是對於兒童。本節包括好幾種方法，治療師可用來教導孩子評估案主正在經歷的干擾程度。

它有多困擾你呢？

與孩子的語言同步，並選擇一個與孩子用語一致的問題來建立 SUD 是很重要的。例如，如果孩子經常談論困擾他或她的事情，那麼治療師應該讓孩子說出現在有多麼困擾他或她。或者，如果孩子使用了「噁心」這個詞，詢問孩子：「**你現在感覺有多噁心呢？**」

與兒童一起評估 SUD 需要盡可能地簡單，以使治療師能在評估期的程序性步驟中聚焦於此。

指認身體感受

當被問及他或她在身體的哪個地方有感覺時，兒童和成人都會回應說在他們頭腦感受到情緒。如果孩子指認出的感覺在他們的頭腦，治療師可能需要教導正念，以使孩子學習注意並將身體感受與感覺和記憶連結起來。

孩子可能需要有關身體感受的指示，治療師可以這樣教導孩子：，治療師示範「有時候人們在膝蓋感受到虛弱，或是在肚子裡感覺有蝴蝶，或是感到心碎」，同時治療師指出相關的身體部位。在教導正念時，治療師可能會對孩子說：「肚子裡的蝴蝶有時可能意味著人們感到緊張。」或者治療師可以解釋說，心碎之類的表達是指孩子的心因為受到傷害而破碎時。另一個例子是「我的膝蓋很虛弱」這種說法，這是人們覺得害怕、興奮或焦慮時可能會說的話。這種介入的目的是治療師將身體感受與可能的相關情緒連結起來，以教導孩子情緒辨識能力。治療師可以使用書籍或雜誌中的圖片、包含暗示著情緒之臉部表情的海報、繪圖，或是教導孩子有關身體感受的活動。

此目的在於讓治療師能與個別案主同步，以及了解案主在他或她的身體裡如何經驗。孩子並未提到任何畫面或記憶，然而卻在他們的腿部或胃裡指認出感受，此類情況並不少見。這種情況經常發生在孩子身上，所以讓孩子注意著伴隨這種感覺會發生什麼事，是有幫助的。也可以讓孩子回流到更早的時間，當他或她第一次注意到腿部、

胃部或雙手的感覺時。當案主表示沒有與身體感受相關的畫面或事件時，治療師需要考慮記憶僅編碼於感覺─運動記憶網絡中的前語言經驗。

身體感受的程序性考量

　　經歷過大量焦慮的案主通常會將感覺理性化，並在他們的頭腦裡過生活，因此他們不會注意到自己身體裡的情緒。孩子會說：「我在頭腦裡感覺到它。」這通常表明了這是個焦慮的孩子，他可能正與焦慮搏鬥，並且與自己的身體失去連結。與孩子一起探索其他可能的身體感受以教導孩子正念，以及確認孩子在他或她的身體裡進行著歷程更新，是很有幫助的。焦慮的孩子經常會報告他們頭腦中的感覺；同樣地，治療師可以進行回流，或者只是讓孩子注意著他或她頭腦中的感覺，並看看會發生什麼事。這些孩子也更有可能經歷預期性焦慮，這可以藉由未來藍圖來解決。

　　肢體語言是一個人如何擺動其身體他人可能的解讀。治療師可以向孩子解釋，當孩子將他或她的雙臂交叉在胸前時，治療師會注意到，並想知道孩子這樣做時感覺怎麼樣。這是治療師教導孩子他人如何將非語言行為解讀為一種溝通方式的機會。接著，治療師使用肢體語言做為一種方式來教導孩子，意識他們的身體伴隨著他們在治療過程中透過語言和非語言所表達的反應與情緒。這進一步向案主解釋了身體掃描期，因為治療師一開始可能必須教導孩子在非語言表達和情緒之間建立連結。

　　藉由指認畫面、NC／PC、VoC、情緒、SUD 以及身體感受，完成了 EMDR 治療評估期的設置後，治療師立刻進入減敏感期，詳見第六章。

134

摘要

　　本章描述了 EMDR 治療評估期的程序性步驟，特別側重於對年幼兒童進行治療的片段。第十一章和第十二章將解釋如何將評估期的步驟應用於嬰兒和青少年。為了進一步示範此過程，以下腳本是兒童 EMDR 治療評估期的範例。

評估期的程序性步驟

　　評估期的程序性步驟包含在一個連貫的腳本中，以便於與兒童在會談中使用。

　　檢視停止信號：「如果你在任何時候想要停止，請記得要告訴我你會做＿＿＿＿＿（之前指認的停止信號）。」

　　檢視並檢查安全／平靜情境和資源畫面。簡要地檢視在先前的會談中建立的安全／平靜情境和資源畫面。「還記得我們之前說的那個安全情境嗎？」治療師說出安全／平靜情境，並提供描述性的線索。「當我們談論你記得的事情時，如果你需要的話，我們可以使用那個

135 安全情境。我也想確認你記得你告訴我關於＿＿＿＿＿的事情。」若有需要的話，治療師描述資源畫面以及相關的感覺、品質或能力。可選擇：「是否覺得這些＿＿＿＿＿（資源）中的任何一個現在真的可以幫助我們？當我們談論發生的那件事時，你認為有任何的人、寵物，或是你想要讓他們和你在一起的東西，來幫助你感覺好一些？」

　　標的項辨識：「我們之前討論過讓你擔心或困擾的事情，請記住，我們是從你的地圖中選出的，那麼今天我們從那一個開始如何？」

　　圖像或畫面：「圖像中最糟糕／最噁心／最壞的部分是什麼？」如果沒有圖像：「當你想到那件事時，現在會發生什麼？」

負向認知：「**當你想著那件事／圖像時，伴隨它的會是什麼字詞？**」或者，您可以說：「**伴隨著那個，有什麼壞的想法？**」尤其是對於可能需要教導的年幼兒童。

正向認知：「**當你想著那件事／圖像時，你更想對自己說什麼話？**」或者您可以說：「**你想要告訴自己的好想法是什麼？**」

認知效度（VoC）：「**當你說這些字句＿＿＿＿＿＿（重複 PC）時，這些字句現在感覺有多真實？從 1 表示它根本不是真的，到 7 表示它確實是真的。**」治療師可以使用雙手之間的距離或與兒童相關的其他類型之測量，而這些測量方法在發展上適切地用來演示認知效度。

情緒／感覺：「**當你提出那張圖像（或事件）和字句＿＿＿＿＿（負面認知）時，你現在有什麼感覺？**」如果孩子需要進一步解釋，治療師可以使用情緒圖表或其他類型的教育工具，來幫助孩子指認情緒。探索孩子當下感受到的情緒。

SUD：「**從 0 到 10，0 代表它完全不會困擾你，10 代表非常困擾你，現在那件事有多麼困擾你呢？**」治療師可以使用雙手之間的距離或其他與孩子相關的測量類型。

身體感受：「**你在身體的哪裡感覺到它？**」如果孩子一開始無法回答，治療師指向身體部位，同時說：「**有時人們會在他們的頭部、肚子裡或是腳上感覺到它。你在身體的什麼地方感覺到它呢？**」藉此教導孩子注意身體感受。

在開始減敏感之前對孩子指示：「**我們接下來要做的是，我們要對那件事＿＿＿＿＿（標的項）進行＿＿＿＿＿＿（BLS），我會進行一段時間，接著我會停下來，並告訴你放空、深呼吸，然後我們稍微討論一下。有時事情會改變，有時不會。沒有正確或錯誤的答案。你所想到或感受到的，就是我想知道的，你可以告訴我任何事。**」

136 **參考文獻**

Piaget, J. (1952). *The origins of intelligence in children* [La naissance de l'intelligence chez l'enfant, 1936]. New York, NY: International University Press.

Shapiro, F. (2001). *Eye movement desensitization and reprocessing: Basic principles, protocols, and procedures* (2nd ed.). New York, NY: Guilford.

Steiner, C. (2002). *Emotional literacy: Intelligence with a heart*. Retrieved from http://www.claudesteiner.com/Training for emotional literacy. http://www .claudesteiner.com/2000_i.htm; Follow links to Steiner's book, *A Warm Fuzzy Tale*.

【第六章】EMDR 治療階段四：減敏感期　137

　　一旦治療師已經指認評估期中所有的程序性步驟，且準備好開始
進行雙側刺激（BLS）時，EMDR 的減敏感期便自此展開。治療師引
導兒童將影像與負向認知連結，並讓他／她確認身體感受的位置，接
著向案主解釋過程中可能會發生什麼事情，並開始進行雙側刺激。此
即為歷程更新標的項的起點。

　　在本章中，**歷程更新**（reprocess）的現象指的是消化以前因創傷
而被不當編碼的訊息。兒童和青少年可能會遊走在處理過程和歷程更
新之間，因為治療包括學習新資訊或處理當兒童／青少年吸收新訊息
時預期的那樣。兒童／青少年可能會同時將以前學到的以及不當編碼
引發症狀的基模進行歷程更新。這樣一來，除了處理評估期提取及喚
起非適應性編碼訊息的提問，兒童／青少年為了達到適應性結果，可
能也需要處理新資訊。換句話說，兒童、青少年甚至成人，在歷程更
新時也同時在學習。如同 EMDR 治療中火車的隱喻，兒童／青少年
需要建造和收集車軌，才能鋪好軌道讓火車行駛。最後，處理與歷程
更新很類似皮亞傑對於同化與調適的詮釋，這就是 EMDR 治療從創
傷中治癒的核心概念，減敏感期便是歷程更新進行的時候。

減敏感期的目標

　　根據適應性訊息處理（AIP）模式，治療師一開始提供說明，以
幫助案主充分地提取自身經驗。一旦這個情形發生，通常有來自案主　138
公開的證據，顯示他或她已經連結到與其當前症狀有關的非適應性儲
存的訊息。案主可能會經由表現情緒或行為，讓治療師知道標的項與
案主有所共鳴。案主可能會表現出一系列標的項共鳴的指標。有些案

主可能會表現出強烈的情緒，而有些案主可能會出現一些識別標的項正確的生理指標。除了案主的自述外，治療師只需觀察案主的呼吸、活動量、臉色蒼白、情緒、臉部表情以及整體的非口語訊息。有經驗的 EMDR 治療師依賴與標的項共鳴的案主明顯的身體跡象。

對兒童進行治療時，標的項與當事人的共鳴可能較隱微，但它們仍然是證據。因此治療師對兒童的觀察技術以及對兒童同步的理解非常重要。身為治療師，我們必須捫心自問：「我如何理解或我如何看待眼前這位兒童？」

程序性考量

一旦開始進行減敏感，影像通常會改變，且很少與初始影像相同。但有些案主偶爾會出現卡住的狀況，而且影像也沒有變化，這就是阻塞的處理（blocked processing）的指標。阻塞的處理稍後將於本章中討論。

隨著處理進行，有些案主會描述初始記憶的片段，有些案主則會跟隨以某種方式與自己連結的記憶之流。有時案主陳述的內容聽起來合乎邏輯或依時間順序陳述事件，然而也有些案主訊息的流動好似洪水一般。但有另一些案主，過程中可能會出現許多支流，有時是合邏輯的，有時則令案主與治療師都感到困惑。在減敏感期，案主敘述其反應的內容顯示案主隨著事情的變化所連結的方式是如此令人驚訝且不尋常。這就是**連結鏈**（associative chaining），是 AIP 模式中的處理重點。

兒童在減敏感期歷程更新的證據

治療師根據他或她的經驗以及對 AIP 的認識來理解兒童和青少年在歷程更新中的樣貌。一般的歷程更新會涵蓋兒童各式各樣的反應。在減敏感期，影像、認知、情緒、身體感受和信念都可能出現微妙的

改變。任何改變皆為記憶正在進行歷程更新的證明，而治療師應讓更新繼續進行，不要干擾案主。

　　例如，一位前來接受治療的青少女有嚴重的創傷歷史以及抑制型的反應性依附疾患。一旦案主確認了評估期的所有訊息之後，我們便開始以觸覺的雙側刺激進行減敏感。每一次治療師會向案主確認，並說：「**深呼吸，告訴我你得到了什麼。**」青少年會回答：「在我的胃裡。」雖然青少年傳達的口語訊息都一樣，但從生理上看來治療一直往前推進，最後她躺在辦公室的沙發上打呵欠。幾個回合之後，治療師邀請案主描述胃部狀況的變化，案主回答：「從感覺飢餓變成感覺飽足。」即使案主每次都表示在胃裡，但是實際上，身體感受在每回合的雙側刺激中都會改變。因此，治療師必須知道每位案主在進行歷程更新時的樣貌。

兒童快速的歷程更新

　　一開始治療師可能會對兒童快速地處理記憶感到驚訝，而需要與兒童確認治療是否真的有進展。下圖為神經網絡示意圖，顯示兒童的連結鏈較為單純，因為兒童的年紀小，故記憶網絡的通道和連結較少（見圖 6.1）。

　　儘管有些兒童可能在短時間內經驗大量創傷事件與痛苦，但從兒童經歷這些經驗到他們開始接受治療時，並不會經過太多歲月。

兒童在歷程更新時的情感與行為指標

　　兒童如何處理記憶會因人而異。有些兒童會表現得很焦躁不安，而需要暫停或玩一下，隨後他們可能可以回來繼續處理；有些兒童在過程中可能會感到惱怒或挫折，而需要進行不同的活動或不同形式的雙側刺激。但是也會有一些兒童在過程中可能會非常安靜，看起來什麼事都沒發生，接著卻說出或出現一個顯著的轉變，甚至讓治療師都大吃一驚。

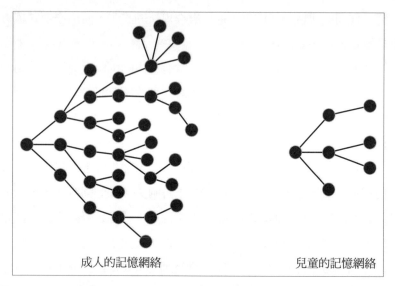

成人的記憶網絡　　　　　　　　　　兒童的記憶網絡

圖 6.1　神經網絡示意圖。兒童的記憶網絡與成人相形之下較不密
　　　　集，但也會依兒童的年齡與經驗而不同。

　　同一位兒童也可能以不同的方式處理每一個標的項。跟隨案主並
與案主建立治療關係會促進治療成效。與兒童案主工作時，治療師的
彈性與隨機應變能提升 EMDR 治療的效果。治療師對兒童的獨特性
及目前發展技巧的覺察必須融入治療過程中。使用兒童的語言和生命
經驗來詮釋此過程有助於讓兒童投入治療。

　　在第五章中討論的傑瑞米的案例，當他在處理他對強盜的恐懼
時，他主動地對著空氣踢腿與出拳，當他握著「觸動器」進行雙側刺
激時，他發出打鬥的聲音。傑瑞米的處理是非常活躍的，但其他兒童
可能是保持安靜的。

歷程更新中發展里程碑的意涵

　　因兒童正在面對其發展任務，且兒童的人格也正在發展，因此兒
童的創傷經驗尚未深深地融入兒童的人格。這正是使用 EMDR 治療
與兒童工作的重要理由之一。在兒童年紀還很小的時候，經由處理適

應不良的編碼經驗，EMDR 治療可以改變兒童的生活軌跡，並防止這些創傷經驗形成更廣泛的成人病理現象。

　　即使在每次療程之間兒童也在持續地改變，因此治療師需要很注意個別兒童在學習與發展上的收穫。當兒童能在參與 EMDR 治療與生活中有所學習時，治療歷程也會發生改變。這些覺察會在整個治療過程中持續與兒童共舞，不同階段的心理社會發展會一直與治療歷程重疊。

歷程更新時對兒童雙側刺激的運用

　　雙側刺激的形式已在第四章探討過，故不再重述，但我們會討論在減敏感期實際使用雙側刺激的細節，還會在第十一章及第十二章中討論更多種可以運用在嬰兒到青少年階段不同形式的雙側刺激。

雙側刺激的回合數

　　兒童可能不需要進行每回合 24 次或好幾回合的雙側刺激來處理記憶。一般來說，兒童處理記憶的速度較成年人快，而且可能會形成一些連自己都沒注意到的連結。再次強調，治療師必須注意兒童口語和非口語的反應。當注意到兒童情緒改變的指標，或是可以明顯地辨識出他／她形成一個連結時，治療師可以停下雙側刺激並問兒童：「發生什麼事？」或是「你現在注意到什麼？」

　　當兒童分心或玩 NeuroTek 儀器時，治療師有時候可能需要延長或縮短雙側刺激進行的時間。許多兒童會把觸動器放在臉上和耳朵上把玩，體驗看看那是什麼感覺，或是將兩個觸動器放在一起聽它們發出的聲音。不論治療師使用觸覺刺激或眼動（EM），評估兒童的投入與專注程度都是很重要的。這可能意味著，治療師需要藉由擺動手指或是在會談室中移動，以與兒童保持連結，努力讓兒童投入。

需要改變雙側刺激類型或遊戲或專注

與兒童工作時，治療師可能也需要更頻繁地改變雙側刺激的類型以維持兒童的注意力。再次強調，為了與兒童保持同步，治療師需要注意兒童什麼時候會分心或習慣哪種類型的雙側刺激。治療師可以透過改變雙側刺激的速度、強度、音量，以使兒童投入在減敏感中。

眼球移動

透過他們的眼睛，兒童可以比成人更快速地處理記憶，而治療師可能尚未察覺到兒童真的已經完成處理。4 歲大的兒童可以透過他們的眼睛進行雙側刺激，且能夠以他們的眼睛跨越中間線。治療師甚至常常不需要玩偶之類的道具。有些兒童真的比較偏好眼動。

兒童與青少年減敏感所特有的議題

在與兒童工作時，治療師注意到對減敏感的有趣且獨特的反應。這裡有些例子。

兒童和青少年可能會出現猶豫和逃避行為

治療師可能會注意到兒童／青少年對於處理標的項顯得猶豫或抗拒，這並不代表兒童／青少年在唱反調，而是顯示出兒童／青少年尚未接受治療過程的目的和功效。治療師需要考慮個別的兒童／青少年需要什麼才能更加投入。

142　　孩子可能也會出現逃避行為，這是 PTSD 的症狀之一。在個案概念化中，對治療師而言很重要的是，要同時考量兒童內在和外在需要處理的議題。如同前述，可以使用資源和駕馭感技巧來幫助兒童感覺自己在情緒調節和情緒辨認上是有能力的。第九章將詳述教導兒童和青少年這些技術。對兒童進行 EMDR 治療的循環過程必要時需回到準備階段，以提高案主的技能並繼續進行減敏感。本書詳細介紹了教導兒童保持距離、滴定技術以及蒐集箱。

　　通常幼兒和青少年沒有開啟治療過程，而是由照顧者帶來接受治療。因此與兒童／青少年討論對治療的感受是重要的，邀請兒童／青少年投入治療，可以驗證兒童／青少年的意見，並賦予兒童／青少年一種增能的感覺。不需要讓兒童／青少年有拒絕治療這個選項，但治療的過程應該納入兒童／青少年對於如何進行的想法。治療師有時候會和兒童／青少年做約定，包含讓兒童／青少年選擇進行一種玩耍活動或遊戲做為療程的結束。此事涉及設定治療架構與教導兒童／青少年可以有所期待。例如，治療師會告訴兒童／青少年：「我們需要工作 25 分鐘，然後你可以選擇一種活動玩 15 分鐘，然後我們要和你的父母談談。」

　　治療師可以讓兒童在辦公室裡確認時間，這會讓兒童在治療過程有權力感。這個做法可以建立兒童對治療的可預期性，甚至能讓兒童相信治療師承諾會尊重他們的意見。

　　有些兒童在過去的心理治療中有不舒服和／或被情緒淹沒的經驗。如果兒童過去的治療經驗是不好的，治療師可能需要以先前的治療經驗做為標的項。無論標的項為何，治療師也許可以試著請兒童從先前治療經驗中最糟糕的部分開始，指認先前治療經驗的一個負向認知或不好的想法，然後繼續評估期的程序性步驟。

　　和兒童案主一同探索先前治療經驗和對治療的反應是有幫助的，原先的治療經驗可能是導致兒童／青少年案主抗拒治療歷程或逃避特定標的項的原因。

SUD 評分波動

　　對所有案主來說，主觀困擾指數（SUD）最初會增加是常見的。在案主提取記憶網絡的效力時，這是治療過程中可預期的部分。為案主預測並規範這一點很重要，特別是為兒童。提醒兒童可使用停止信號和隱喻，以及治療師為兒童建立的其他資源，在這個時候都是有幫助的。

143

　　然而，當兒童的情緒或干擾增加時，通常治療師的不適會更突顯。治療師得先探索自己的反移情議題以及承受孩子情緒上的痛苦的能力，才能有利於兒童。為兒童「保留空間」正是治療師的責任所在，讓兒童知道治療師可以承受兒童強烈的情緒或行為反應，而且治療師可以幫助兒童處理創傷事件。這是展現關懷和關心之間的舞步，同時透過溫和而穩固的關係引導孩子，並回應他或她的活動程度，使之成為處理的基石。

　　治療師要能夠不主動干預，這樣一來，便能讓孩子了解強烈的情緒是沒有關係的，而且治療師對於孩子處理完標的項的能力有信心。與兒童互動的時機本身就是一門藝術，在進行歷程更新的時候尤其如此。為了與兒童的需求同步，治療師暫停或開始雙側刺激、遞面紙、改變雙側刺激的類型，或給簡單的鼓勵，如「就是這樣」，這些做法都必須基於孩子的需求而非治療師的需求。觀察案主非口語反應的細微之處和擁有一個臨床選擇工具箱，治療師可以從中選擇案主的需求，這就是歷程更新獨到之處。治療關係的彈性需要堅定不移與創造力，特別是在與兒童工作時。有時候治療師需要跟隨線索，直到孩子透過體驗來處理。堅持穩定處理而不慌張，就是一個優秀 EMDR 治療師的標誌。

　　治療師也需要果斷，避免被自己的感受或需求驅使而解釋孩子的反應。治療師必須對兒童自身的智慧有信心，並允許在 EMDR 治療過程中出現的真正發掘出的奇蹟。相信案主自己的 AIP 能力在減敏感期常受到檢視。治療師對兒童的敘述會感到困惑是正常的，兒童陳述的內容可能是不連貫的片段，有時候內容與現實有關，有時候很明顯是幻想，但這都是兒童自己處理的過程。兒童和青少年經常會把想像、幻想和現實的片段交織在一起，創造出一個標的項的連貫敘述。治療師不需要了解兒童／青少年正在經驗或描述的所有內容，才能知道改變正在發生而且標的項正在進行處理中。

孩子們可能在處理現實之前先在幻想中處理

面對特定的創傷事件可能會讓孩子感到難以承受，因此孩子可能需要先從遠處接近標的項。

個案研究：安荣莉亞和泰迪熊

治療師曾經治療過一個叫安荣莉亞（Andrea）的 7 歲女孩，她媽媽服藥過量時她就在旁邊。治療過程中，安荣莉亞想透過 EMDR 治療來解決她對學校朋友的擔憂。即使治療師知道安荣莉亞過去和媽媽有關的創傷經驗，但安荣莉亞是如此迴避，所以治療師決定先處理安荣莉亞所選的標的項。安荣莉亞標的了朋友的議題，並對 EMDR 治療的效果建立起信心之後，安荣莉亞便決定治療師的泰迪熊需要幫助來解決他與他媽媽的問題。治療師是她的助理，透過將觸動器放在泰迪熊的熊掌上，直到泰迪熊感覺好一點，安荣莉亞引導泰迪熊完成 EMDR 治療中評估和減敏感期。當她將觸動器放在泰迪熊的熊掌上時，安荣莉亞同時也經驗了雙側刺激，讓她得以更新標的項並獲得適應性的處理。

兒童可能會以第三人的觀點或透過幻想來陳述或創造事件的敘述。兒童對事件的體驗以及當前的發展階段會影響兒童如何呈現非適應性編碼的訊息。這不是記憶測驗，而是個體獨特經驗的表徵。兒童所描述的就是記憶如何被編碼的樣貌且別無其他。有些孩子透過遊戲、藝術、沙遊或畫畫來處理，他們選擇處理和表達經驗的媒介就跟他們關心的事情一樣重要。即使原始標的項看起來似乎是建立在現實之上，但兒童可能在幻想中進行一部分或全面的處理。有一個案例是傑瑞米，他 8 歲的時候在一場腳踏車意外中失去了手指。他選擇的標的項是「電視新聞中的壞消息」。當他處理這個標的項時，在每回合

之間他會做出痛打想像中的強盜的樣子。當治療師停止雙側刺激，問他剛剛得到什麼，傑瑞米會假裝在和強盜說話的樣子：「看招！砰！砰！」這樣一來，兒童可能就在行動與想像中確實地完成了歷程更新。

EMDR 治療中治療師的角色

對治療師而言，最困難的部分之一在於不妨礙孩子的體驗，並了解每個案主獨特的處理流程。治療師要能了解 AIP 的基本理論，作為案主不適應儲存之記憶的連結鍊是什麼樣子的，與更深入的洞察力和
145　理解相聯繫，並揭示導致案主最初接受治療之症狀的原因。這種聯繫源自案主內在的處理，而治療師則扮演與 EMDR 治療的前三階段相較，更為被動的角色。

在連結進行過程中，治療師的角色是跟隨案主所表達的內容。透過治療師使用雙側刺激使初始事件和任何連結的關聯記憶與更具適應性的訊息連結，以持續進行處理。

治療師的角色是停下雙側刺激，向案主檢視是否事況有在變化，並保證案主跨越過去和現在以及內在與外在經驗。治療師可以問案主：「你現在還好嗎？你能和我繼續堅持下去嗎？」來看看案主是否仍處在當下且沒有崩潰。

治療師在兒童和青少年治療中的技術、工具和自我運用

在標的項處理過程中，治療師需要使用所有的臨床技術以與兒童／青少年同步。在以案主為中心的治療過程中，治療師的角色仍然非常活躍。正如任何治療一樣，傾聽肢體語言、與兒童保持一致，並察知處理過程如何以及是什麼造成真正的阻塞處理或繞圈子，都是很有幫助的。在與兒童進行標的項減敏感中，治療師的本能和直覺反應增添了治療的藝術性。當兒童經由雙側刺激的幫助處理記憶時，治療師

會持續地衡量案主如何儲存訊息、判斷可能遺漏的片段為何，以及如果兒童需要更多的幫助，可以創造可供選擇的選項。

　　減敏感並非只是雙側刺激，它是對交織在兒童／青少年生活發展中非適應性儲存訊息的處理過程的展開，在治療情境下，同時試圖跟隨案主所陳述的經驗。治療師的角色也是要覺察案主何時在掙扎中需要協助，也許是放慢正在展開的過程（減速），或是在遇到阻礙時與經驗連結（加速）。

調整歷程更新速度的策略

　　處理要以案主能夠承受的速度進行。訊息、情緒或生理反應太多或太少都會妨礙減敏感期。以下將討論案主崩潰、宣洩或是提取不足時，可減速或加速處理的方法。

情緒洪流／崩潰

　　正如成人案主一般，當經驗的強度令人不堪負荷時，兒童需要資源來減速處理。在案主不堪負荷強烈的經驗且需要協助才能持續時，便是出現了**情緒洪流**（Flooding）。情緒洪流可能表現為多重和快速影像、狂飆的思緒、強烈的情感或情緒，以及令人困惑或難以忍受的身體感受。情緒洪流對每一個案主所處理的每一個標的項都是獨特的體驗。理論上，案主觸碰事發當下案主無法承受此事件致非適應性儲存且已封裝的記憶，記憶便在 EMDR 治療中被提取並進行處理。情緒洪流無法單憑情緒或情感出現而被衡量，反而可以看出案主承受減敏感以及持續處理的能力。那些無法持續的案主是因為他們無法承受自己的反應，而需要治療師的協助。

　　在治療初期，治療師會試圖評估案主掌握強烈情感的能力，並且在 EMDR 治療的準備期教導案主技巧。然而，有時候不論是治療師或是案主都無法精準地預測案主在減敏感期會有何反應。如果案主出

146

現崩潰而無法進行時，治療師可能需要教導案主保持距離和逐步調節情感的技巧。

情緒洪流發生在兒童身上的狀況與成人案主近似，但兒童可能還會出現這些情況：扔下觸動器離開、拒絕參與、一臉茫然，或開始打呵欠且看起來要睡著了。看起來要睡著的兒童可能仍在進行處理；因此，治療師持續與兒童同步是很重要的。

情緒紓減（Abreaction）是精神分析的用語，指的是案主與創傷記憶連結以釋放與記憶相關的情緒。情緒紓減可能是對案主有益的處理記憶之產物。但必須注意，要減敏感創傷事件未必需要情緒紓減。如果兒童開始宣洩，且能承受強烈的經驗並持續進行處理記憶，此時治療師的職責便是調整與引導案主，使處理記憶不會成為另一個創傷事件，而是釋放或淨化。為了讓創傷事件達到適應性更新的全面性效果，兒童可能需要具備和強烈經驗保持距離及逐步調節的技巧。這些工具在第四章中已有詳細說明，但是在減敏感期則是必備的。

與兒童工作時，記憶更新的保持距離和滴定強度之技術

處理中的保持距離與滴定強度也可以用為蒐集箱。減速的工具已在第四章中說明，但是在協助案主於 EMDR 治療的減敏感期掌握可能引發的強烈情緒，它們顯得格外重要。

147　　這很重要，有幾個原因。兒童需要感覺自己有能力掌握強烈的情感，才能繼續投入治療的過程，如果兒童覺得自己無法掌握強烈情感，那麼兒童可能會逃避治療或出現解離，而非進行創傷記憶的處理。當兒童感覺自己有能力掌握強烈情緒，兒童便能維持處理記憶時所需的雙重關注，且願意繼續投入治療。因為兒童通常不是主動提出要接受治療的人，因此讓兒童相信治療過程對他們有幫助是很關鍵的。為了讓兒童投入治療，在 EMDR 治療準備期預備技能和工具是很有用的（參見第四章）。當兒童在 EMDR 治療方面取得了成功，並覺得自己有能力且準備好掌握強烈的情感時，就比較可能願意參

與。這會讓治療經驗更為正向，對兒童和治療師都一樣。

不完整或提取不足

　　造成標的記憶不完整提取有幾個原因。有時案主分心而未能聚焦，有時案主逃避處理。有些案主可能有述情障礙（alexithymia）而無法與自己的情緒或身體感受連結，可能需要被教導額外的技巧；其他案主對要做什麼感到困惑，需要更多的說明。最後，有些案主有解離現象，需要更多的支持和技巧，這部分會在第十三章中討論。通常，案主比較可能會在減敏感初期有提取不足的現象，儘管在處理中期案主有時可能感覺非常少或麻木。

認知交織

　　認知交織（CI）是 EMDR 治療減敏感期的另一種工具，以快速啟動提取不足或阻塞處理。既然對治療師來說，使用認知交織與兒童工作會造成獨特的挑戰，在第十章將對此做深入的討論。治療師若能從第一次會談便開始思考可用的認知交織以貼近案主獨特興趣、經驗和特質，會很有成效。

程序性考量

　　治療師要能夠區分不完整的提取與實際歷程更新之間的不同。案主可能因為標的項已處理而無法提取，對於那些進展很快的孩子來說尤其如此。為了判斷案主是否正經驗不完整的提取或是案主已經處理記憶，治療師應該回到最初的標的項並詢問案主：「你現在得到什麼？」不論案主回答什麼，都要進行一回合的雙側刺激。如果治療師仍然不確定是否案主難以提取，或是已經處理記憶，治療師應進行 SUD 測量。

148

難以專注的案主

兒童可能在減敏感期開始時，難以完整地提取標的項，而需要協助以專注並重新引導到程序性步驟中的初始成分。此時治療師可能必須重述影像、負向認知、情緒和身體感受，以幫助兒童連結標的項並開始處理。另一些孩子可能一開始便能提取標的項，但隨後會出現逃避或不專注的現象。適用於嬰兒、幼兒和青少年的歷程更新及專注，將在第十三章中討論。

逃避歷程更新的案主

如果治療師認為案主在逃避處理標的事件，治療師要評估是什麼引發逃避反應，並找出何時發生。同樣重要的是要考慮它是有意識的或是無意識的逃避，不論逃避的原因為何，治療師的責任是協助案主能夠提取記憶且承受處理。治療師需要問他或她自己，案主需要些什麼才能成功地歷程更新標的事件？案主是否需要額外的資源或情感承受度，或是案主對處理的效果不具信心？兒童是累了或餓了？或兒童今天只是需要休息一下？

兒童常會改變主題或是分心，只是因為談論卡通比起談論一場車禍來得有趣。治療師的角色是幫助兒童了解標的不愉快的記憶價值所在，使用書本裡的故事和兒童／青少年的隱喻來幫助兒童／青少年投入治療，是可在這裡運用的傳統治療技術。在此階段使用駕馭感技巧和深植資源也是很恰當的，將在第九章進一步討論。

調整案主體驗的訊息之流動，應該要配合案主所能承受的步調，這也可以透過雙側刺激或改變雙側刺激的類型來掌握。

經由 BLS 的速度與掃視次數來調整歷程更新

運用雙側刺激來調節處理的速度是一門藝術。藉由雙側刺激的速度來減緩或增加訊息的流動是非常有效的。如果案主崩潰，透過使用較短回合的 BLS 來調整訊息量，可幫助案主將體驗劃分為可掌握的

部分。

　　如果案主努力地要提取完整的標的事件，較長的雙側刺激讓案主有足夠的時間提取事件。對那些非常善於分析並且傾向於留在頭腦中以維持分析立場的案主來說，進行較長的雙側刺激是很困難的。對某 149 些案主來說，這可能意味著 80 至 100 次的掃視，對於有天賦的兒童／青少年和焦慮的兒童／青少年來說尤其如此，他們可能傾向於留在他們的腦海中。較長回合的雙側刺激對於難以聚焦且煩躁不安的兒童／青少年是有幫助的。兒童／青少年可能需要較長回合的雙側刺激來玩觸動器，以進入處理記憶的體驗。了解個別兒童／青少年的反應是做出決定的關鍵。有些兒童／青少年可能會因為雙側刺激次數太多而被過度刺激。治療師與兒童／青少年之間的舞步是關鍵所在。

　　改變雙側刺激的類型也有助於調整自標的項而來的訊息流動。若兒童在身體感受和專注上有困難，治療師使用觸覺刺激也有助於治療進展。或者，如果兒童太情緒化，調整為眼動可能有效。

記憶通道的末端

　　如果治療師相信兒童正處在一個記憶通道的末端，治療師要回過頭向兒童確認初始標的項。記憶通道通常會是一段內容的主題、情緒、負向認知或是身體感受，因此當兒童敘述的內容是中性或是正向的時候，治療師會猜測兒童是否已經處在通道的末端。根據經驗法則，如果兒童描述三次同樣的正向或中性反應，這就代表兒童處在通道的末端，此時治療師應該回頭確認標的項。

　　案主可能會描述正向連結，代表案主能類化並建立正向連結至適應性處理結果，但這不一定表示案主處在通道的末端。案主可能連結正向記憶，甚至進行靈性的連結。即使是兒童也可能形成靈性的連結。有一位治療師曾對一個 8 歲女孩進行治療，她的姊姊被公車撞擊身亡。在處理過程中，小女孩看到姊姊跟她揮手道別，還說她將與上帝同在。對治療師而言，很重要的是要能判斷案主由於記憶變得更具

適應性，而需要繼續進行處理，抑或案主已確實到達通道的末端，且該回頭檢視最初的標的項。

檢核標的項

　　如果治療師評估案主已到達通道的末端，治療師便可以回到最初的標的項，並詢問案主：「你現在得到些什麼？」並進行一回合的雙側刺激。如果案主描述新的訊息，治療師便持續進行雙側刺激。如果案主持續回應正向訊息，那麼治療師可以測量 SUD 分數，如果 SUD 分數大於 0，便繼續進行歷程更新，如果 SUD 為 0，治療師便檢核 VoC 分數，並進入深植期，這部分將會在下個章節說明。在本章的最後，涵蓋了進行兒童／青少年適用的減敏感及檢核標的項的完整步驟。（讀者可參閱第七章中說明 EMDR 治療其他階段中，結束未完成會談的其他應用程序。）

未完成的會談

　　當會談結束而案主尚未完成處理記憶，即為一個未完成的會談。如果案主持續陳述干擾的訊息，這時治療師要停止雙側刺激，並按照結束一個未完成會談的程序進行。藉由幫助案主控制任何干擾，並幫助案主為會談之間做好準備，治療師就在協助案主安全地離開診療室。

摘要

　　EMDR 治療的減敏感期需要來自治療師的耐心與一致性，並使用技術對兒童和青少年的事件歷程更新。治療師需與兒童／青少年和兒童／青少年的肢體語言保持同步，並了解需求特性。當兒童意識到告訴治療師 SUD 為 0，代表他可以離開和玩耍，需求特性就會出現。治療師必須運用臨床判斷以及兒童生活周遭成人的敘述，來評估

減敏感過程的效果。一旦兒童／青少年處理了相關記憶網絡，在完成一個標的項之前，治療師可能需要引導兒童／青少年回到初始事件數次。當標的項已經被處理且 SUD 為「0」，治療師便可以繼續進入 EMDR 治療中的深植期。以下程序適用於兒童或青少年，對嬰兒及幼兒的治療師指導語請參見第十三章。

對兒童或青少年的說明以及減敏感期治療師的腳本

1. 「**我想請你想著那張圖像**〔用案主的用語標註及描述〕**以及那些字詞**〔以案主的話來重述負向認知〕，**和_____的感覺，並注意你在身體的哪個部位感受到這個感覺並且_____**〔治療師運用之前指認的雙側刺激〕。」

2. 開始進行雙側刺激。（在介紹 EMDR 治療時便建構好雙側刺激的方法和速度。）

3. 在每回合的雙側刺激中至少一次或兩次，或在有明顯改變發生時，對案主說：「**就是這樣，很好，就是這樣。**」對兒童雙側刺激的類型可能需要經常改變，以協助兒童維持注意力。

4. 如果兒童看起來太沮喪而無法繼續處理，在開始處理前，向兒童保證並提醒兒童運用之前一起確認的隱喻會很有幫助。「**當我們開始處理它時，你會有更多感覺是正常的。記住，我們說它就像是_____**〔隱喻〕，**所以只是注意它，它是舊玩意了。**」（僅在需要時，例如在孩子沮喪時。）

5. 在一回合的雙側刺激之後，治療師可以引導兒童：「**深呼吸。**」（當治療師對兒童做此陳述時，若能搭配一個誇張的呼吸做為示範通常會很有效果。）

6. 問一些問題，例如：「**現在你得到什麼？**」或是「**告訴我你得到什麼？**」或是如果兒童需要指導，也可以說：「**你現在想到和感覺到什麼？你的身體感覺如何？還是現在你在腦海裡有看到什麼**

151

205

嗎？」

7. 在兒童講述他／她的體驗後，可以說：「**跟著它。**」然後進行另一回合的雙側刺激。（不要重述兒童的字詞或陳述。）做為可選的措辭，你可以說：「**想著它。**」

8. 再詢問：「**你現在得到什麼？**」如果有新的負向題材出現，便繼續進行雙側刺激往通道前進。

9. 持續進行數回合的雙側刺激，直到兒童陳述的內容顯示兒童已到達記憶通道的末端。此時兒童可能看起來明顯比較冷靜，沒有新的困擾題材出現。接著，返回標的項。詢問：「**當你想到我們今天一開始討論的東西時，現在會發生什麼事？**」（記住，兒童可能不會表現出情感，而且可能時常處理很快。所以可能沒有困擾的題材讓兒童提取，或是敘述標的記憶。）在兒童述說他／她的體驗後（兒童可能使用語言或畫圖或經由遊戲治療來展現他們的經驗），加入一回合的雙側刺激。

10. 如果敘述正向的素材，在回到標的項之前，可進行一或兩回合的雙側刺激來強化正向連結。如果你認為兒童已到達通道的末端，也就是說，敘述的素材為中性或正向的，就問：「**當你回到我們今天一開始討論的東西時**〔治療師可以提到圖畫、沙盤，或是任何兒童用以辨識初始標的項的東西〕**，現在你會得到什麼？**」不論兒童回答什麼，治療師都加入一回合的雙側刺激。

11. 如果沒有發生變化，檢核 SUD 分數。詢問兒童：「**當你想到那件事，從 0 分到 10 分，0 指的是『一點都不會讓你感到困擾』，而 10 指的是『讓你非常困擾』，現在那件事困擾你的程度有多少呢？**」（治療師可以使用評估期所述的其中一種替代方法檢核 SUD）

152　12. 如果 SUD 大於 0，若時間允許，可繼續進行幾回合的雙側刺激。若 SUD 為 0，進行一回合的雙側刺激來確認沒有新的素材啟動，隨後便進入正向認知的深植。（返回標的項且進行一回合的雙側

刺激後，沒有出現新的素材，而 SUD 為 0，之後才繼續進入深
植。）

153 　　【第七章】EMDR 治療階段五、六、七：
　　　　　　深植期、身體掃描期和結束期

　　本章將會詳細敘述如何對兒童整合 EMDR 治療中的深植期、身體掃描期與結束期。因為與兒童工作時，這三個階段會進展得非常快速，這三個階段都放在同一章中說明。針對嬰兒、幼童和青少年的改編參見第十一和十二章。

階段五：深植期

　　完成減敏感期後，兒童自評 SUD 為 0，治療師便可接著透過深植正向認知來指導兒童。深植期的目標在於強化正向認知的效度，直到 VoC 達到 7 分，同時對任何阻礙 VoC 成為 7 的剩餘素材進行減敏感。

　　在深植期，治療師將初始事件與正向認知連結，接著跟兒童檢核VoC。當治療師進行深植正向認知時，治療師要先確認一開始選擇的正向認知是否仍然適用，或者是否有其他對兒童來說更適合的正向認知。與幼童工作時可用的特定指導語稍後會在本章述及。

　　在案主自評 VoC 之後，治療師進行雙側刺激，並且每回合都要檢核 VoC。兒童可能會覺得很煩，特別是當 VoC 一直卡在小於 7 的時候。如果幾回合的雙側刺激後 VoC 仍停留在小於 7 的分數，治療師便可以詢問兒童：「**要怎麼做才能達到 7 分呢？**」或「**怎麼做才能使正向想法更強大？**」一般來說，兒童會表達是什麼讓正向認知無法變強大。例如，有些兒童可能會非常實際，並說一些非常注重當下的
154 話，例如：「只要我吃東西它就會變得強大。」或是「我去玩之後它就會變強大了。」有一位治療師詢問有什麼會幫助 VoC 變強大，孩

子只回答：「時間。」有些兒童會說一些有趣的東西，例如：「如果我踢那個怪物的屁股，它就會變強大。」兒童是充滿活力和無法預測的。再次強調，治療師與兒童同步，將有助於對兒童強化 VoC 進展的臨床決策。

　　兒童的深植過程進行得相當快速，快到治療師可能會質疑進步的成功程度。在深植過程中，兒童只是要完成，這可能很快發生。如果治療師在最初指認負向認知和正向認知時運用 VoC 橋梁（參見第五章），有些兒童會自發性地起身走向 VoC 橋梁，拿起筆畫出他正處在 VoC 橋梁上正向想法的位置。有時治療師可以邀請兒童說說他現在處於橋梁的什麼位置，治療師可以運用一開始指認 NC、PC 及測量 VoC 的各種技術。兒童會頻繁地在 VoC 橋梁上從 VoC ＝ 1 移動至 VoC ＝ 7。若兒童描述 VoC 為 4，那就進行雙側刺激來強化兒童的正向認知。

　　雙側刺激的速度與速率應該與兒童在減敏感期一樣。若治療師在減敏感時一回合進行 24 次雙側刺激，那麼在深植期便一樣進行一回合 24 次。

　　深植正向認知不同於安全情境的程序。深植正向認知時，治療師要看看是否有任何新的且未經處理的素材出現。如果兒童描述新的干擾素材，治療師只要說：「跟著它。」如果在正向認知深植時出現新的素材，EMDR 治療的程序實際上仍可能在減敏感期，治療師便繼續進行雙側刺激。案主可能在減敏感期自評 SUD 為 0，但在深植期卻經驗到一個阻礙信念（Blocking Belief）（Knipe, 1998）或使得 VoC 無法達到 7 分的支線記憶，這是 EMDR 治療中另一個臨床決策點。透過詢問案主：「是什麼讓你無法達到 7 分？」案主就會提供臨床決策所需的資訊。在進行創傷歷程更新的這個時間點，治療師可以決定繼續往下處理直到通道清空。或是如果時間已接近會談尾聲，則治療可能需要結束一個不完整的會談，如同第六章中所述。

　　兒童通常不會提出新的素材，但是完成這個處理步驟是重要的。

一旦兒童自評 VoC 為 7，此時治療師持續深植正向認知使 VoC 超過 7，看看兒童是否可以出現更正向的連結，這麼做是有助益的，因為此時兒童會出現類化的效果。兒童可能會苦戰於類化效果，因為兒童傾向於較具體和注重當下，但兒童可能會與他或她的生活中其他情境或事件連結。

155　　例如，有位治療師曾治療一位兒童，正在歷程更新與學校朋友的一個事件，在深植期時，兒童開始與其他朋友的關係連結正向認知。這位兒童描述：「你知道的，我其實懂得如何和大衛做朋友，但是你知道，我也有更多的新朋友，比如安德魯和麥克斯。」兒童已將他和其他兒童做朋友的能力加以類化，並且注意到他對自己的新信念已經影響到他所有的友誼。

　　有時兒童會做出額外的連結，而其他時候兒童不會描述進一步的連結，但父母和學校可能會指出兒童的行為在幾個方面改變了，表示正向認知已經產生類化，且兒童對他或她自己的感覺也變好。兒童可能會開始描述更多正向記憶或甚至更多正向的近期經驗。有些兒童甚至帶著對生活更為正向的看法前來會談。深植正向認知對兒童似乎有更大的影響，使兒童覺得更有能力且足以處理生活中的艱難經驗。這是一種狀態的改變，是以適應性訊息處理（AIP）模式為基礎的 EMDR 治療的目標。幾乎就好像深植正向認知和孩子對自己的正向思考的體驗，為孩子提供了一個讓他們在治療中和生活中未來體驗的藍圖。兒童似乎體驗了成就感，以及事情會好轉且治療是有幫助的信念。

　　一旦您進行深植，事情就會進展得非常快速且自然，兒童很容易變得更正向思考，並獲得適應性的解決。

深植正向認知的腳本

　　深植正向認知是關於將所希望的正向認知與初始記憶／事件或圖像做連結：

1.「這些話＿＿＿＿＿＿〔重述正向認知〕仍然適用嗎？或者現在有其他更好的正向字詞？」

2.「當你想到我們一開始談的事件，以及你說的＿＿＿＿＿〔重述正向認知〕，這些字詞現在對你來說感覺有多真實？從1分到7分，1是『完全不真實』，而7是『完全真實』。」

3. 說：「現在想著這個事件並說出＿＿＿＿＿〔重述正向認知〕，然後跟著我的手指。」接著進行一回合的雙側刺激。

4. 然後再次檢核 VoC。「當你想到我們一開始談的事情，以及你說的＿＿＿＿＿〔重述正向認知〕，現在這些字詞對你來說有多真實？從1分到7分，1是『完全不真實』，而7是『完全真實』。」

5. 如同步驟2，持續進行數回合的雙側刺激，直到素材變得更具適應性。若兒童自評為7，再次重複步驟3加以強化，持續直到正向認知不再強化，接著便進入身體掃描。

6. 如果在幾個回合的雙側刺激後，兒童仍自評為6或小於6，確認正向認知的適切性，並施以額外的歷程更新以處理任何阻礙信念（視需要）。

與兒童工作時深植正向認知的挑戰

156

　　因為有些兒童在深植正向認知後感覺好很多，可能很難讓孩子繼續進行身體掃描。幼兒的認知、情緒和身體感受都是緊密相關的，因此在整體狀態上會同時改善。正向認知、情緒和身體感受幾乎像是一個單元一樣得到改善，而不是單獨的過程。治療師對兒童發展上駕馭感的覺察，以及在治療中原本的互動，應該都能提示治療師這種可能性。例如：如果負向認知是情緒，正向認知的深植可能同時減緩情緒干擾，而情緒則與身體感受有關。對幼童而言，想法、情緒和身體感受之間的差異較年長兒童和青少年來得小。這並不意味著治療師應該省略範本中的這些步驟，而是一種在 EMDR 治療的深植和身體掃描期中，將兒童的反應予以概念化的方式。治療師仍需要檢核 SUD 及

身體感受。

兒童經常會在這個時候感覺很好，甚至可能拒絕進行身體掃描，或可能為了去玩遊戲而說一些治療師想聽的話。因為幼童的情緒和身體感受是如此緊密相關，或者可以說，對幼童而言，情緒和身體感受根本可能是相同的東西，兒童會說他們感覺很好，不需要進行身體掃描。然而，如果可能的話，邀請孩子掃描他／她的身體確認是否有任何其他干擾是重要的。

程序性考量

在 EMDR 治療的每個步驟裡，治療師需要注意每次會談中臨床處理的時間。一旦深植了 VoC，治療師必須判斷是否有足夠的時間完成身體掃描。如果可能的話，最好不要在身體掃描期結束會談。與兒童工作時，身體掃描通常是一個非常快速的過程。兒童將如何處理身體掃描的最佳預測指標，是基於治療師以前與孩子一起工作的經驗。治療師將有與孩子相處的經驗，並了解孩子如何發揮在準備期所教導的技巧。不可能總是能準確預測兒童在身體掃描期會發生什麼事，但如果治療師能與兒童同步，這應該是 EMDR 治療中相當能夠預測的一個階段。

如果這次會談沒有足夠的時間，治療師應該進行結束一個未完成會談的步驟。如果有時間，且治療師對於繼續進行也感到相當自在，那麼下個階段便是身體掃描。

157　**階段六：身體掃描期**

一旦強化了正向信念，且 VoC 維持在 7 或更高的分數，EMDR 治療的下一個階段便是身體掃描期。身體掃描階段的目標在於清除所有與標的記憶有關的生理不適。如果兒童不想完成身體掃描，治療師可以邀請兒童進行不同類型的雙側刺激，例如從輕敲改為蝴蝶擁抱。

或者，若使用觸動器，治療師可以邀請兒童把觸動器放在他／她的頭上，然後移動到兒童的耳朵、手臂，直到兒童拿著觸動器移動到他／她的腳趾，確認所有的東西都被「清除」了。此時治療師需要發揮創意讓兒童持續進行身體掃描直到完成此過程。這並不意味著治療師要延長身體掃描的時間到不必要的程度。透過對兒童肢體語言以及情感的觀察，治療師將能理解兒童當下的感覺。

兒童可能需要被教導如何進行身體掃描，治療師一開始可以跟著腳本進行，有些兒童很容易就能進入狀況，有些兒童可能需要鼓勵才能繼續進行，這可能是因為兒童對治療過程失去興趣，或是兒童分心而需要幫忙回到身體掃描。此時可能要提醒兒童在準備期學到的專注和身體感受技巧。治療師可能要這樣提醒兒童：「**有些人感覺它在他們的頭腦裡，有些人感覺東西在他們的心裡、或肚子或雙腿。**」治療師可以示範身體掃描，與兒童工作時，深植正向認知與身體掃描可能會有很大一部分的重疊，特別是當兒童在這些階段中進展迅速時。

身體掃描需要情緒教育。當您請兒童注意著身體感受的時候，他們可能會很具體地說：「我這裡有 OK 繃。」或是「我割傷了我的膝蓋。」教導兒童注意他們的情緒以及在身體的哪個位置經驗到這些感覺，治療師可以問：「**你的身體感到放鬆還是緊繃？**」「**身體感覺強烈還是一點點？**」「**你會緊張或有其他感覺嗎？**」透過詢問兒童這類的問題，他們將學習覺察當下感覺並注意身體感受。

身體掃描的腳本

身體掃描的程序需要治療師更多的引導與示範。治療師可以用手向兒童示範，讓兒童知道是從頭頂開始掃描到腳趾。

「**閉上你的眼睛，專注在你告訴我的事情和＿＿＿＿＿〔重述當事人最後提出的正向認知〕這個字詞，注意你整個身體的感覺，從你的頭頂到你的腳底，然後告訴我你在身體何處感受到的任何感覺。**」如果兒童說出任何感受，便進行一回合的雙側刺激。如果兒童提出不

158

213

舒服的感覺，便持續進行歷程更新，直到不舒服的感覺完全消失。接著再次進行身體掃描，看看是否仍有負向感受。如果兒童提出正向或舒適的感受，便再進行幾回合的雙側刺激，以強化正向感受。若兒童注意到不舒服的感覺，可請兒童專注在不舒服的感受上，用雙側刺激來處理負向感受，直到兒童報告清晰的身體掃描為止。

程序性考量

如果兒童陳述清晰的身體掃描，而會談還有時間，治療師可處理完目前症狀，甚至往前推進未來藍圖（Future Templete, FT）。與兒童工作時，從過去到未來歷程更新一個標的項可以進行得非常快速，可能在一次會談中完成。

與成人一樣，若兒童有較複雜的創傷，可能需要花幾次的會談來處理一個過去的標的項。與兒童工作時，治療師無法預測要花多久時間處理一個標的項。有些看起來是小「t」創傷，可能需要花點時間來歷程更新；有些經驗大「T」創傷的兒童，反而進展神速。能與每個孩子保持同步且堅持不懈的治療師，較可能順利地歷程更新標的項。

如果治療師不確定標的項是否已完成歷程更新，建議可以詢問孩子正向認知是否已深植，以及身體掃描是否清晰。如果現在的信念仍是正向的，且兒童陳述身體沒有不舒服的感覺，治療師便接著進行幾回合的雙側刺激以幫助兒童消化訊息，並對未來行動發展正向藍圖。加入未來行動的藍圖便是 EMDR 治療三叉取向的第三步驟。

未來藍圖、結束一個未完成的會談，或是結束？

此刻，治療師須以臨床判斷決定要繼續處理當前的觸發事件和未來藍圖、進行結束一個未完成的會談，或是判斷療程已經完成可以進入結束。有時候治療師沒有足夠的時間在一次會談中完成未來藍圖，如果時間有限，治療師應該省略未來藍圖，並進行結束一個未完成的

會談，來結束這次的治療。如果省略了未來藍圖，治療師應在下次會談完成再評估之後，立刻回頭進行未來藍圖。然而，如果會談還有時間，過去事件已完成歷程更新，且案主也自述與標的項相關的症狀在此時已被清除，治療師接下來就可以協助兒童發展未來藍圖。

未來藍圖

　　EMDR 治療的未來藍圖是對未來的預演。治療師幫助兒童想像任何未來可能會阻礙他／她成功的挑戰。未來藍圖可在想像中／現場演練，或者如果適合的話，在治療中當場進行練習為未來做準備。治療師可以幫助案主在支持和引導之下於安全的會談室裡練習，這麼一來，案主回到現實世界時，案主會感覺自己已做好準備且有能力應對。　159

　　值得注意的是，未來藍圖並不是關於令人不安的事故或事件，而是與兒童前來接受治療的症狀和行為有關，以及吸收了正向認知後產生的新感覺和行為可運用在未來的行為和經驗。舉例來說，如果兒童因搭車感到焦慮而前來治療，試煉事件是車禍，未來藍圖不是讓兒童想像身處另一起車禍意外，而是讓兒童想像搭車，並體驗當他／她想／感受著正向認知時，可以冷靜且輕鬆地待在車上，例如「我可以應付搭車。」如果兒童無法完全搭配正向認知想像正向的未來經驗，治療師可以嘗試教導兒童其他的新技巧，例如深呼吸或是聽點放鬆的音樂。這可能就是未來藍圖中兒童想學習的特定技巧。舉例如圖 7.1。

　　未來藍圖可以建構為一般模式或是對未來事件的具體預演：「**當你想到我們之前一起做的事情，你處理所有以前困擾你的事情，你做得非常好。所以我們來看看這些可能如何在現在和以後幫助你。你會想做什麼？**」有時候治療師會得到「我想要冰淇淋」這種不切實際又不相干的答案，所以治療師要提供一些引導。例如，當治療師開始和兒童進行治療時，可能會注意到兒童的症狀之一是害怕在朋友家中過

160　圖 7.1　這是傑瑞米畫的未來藍圖（FT），顯示他渴望能夠看新聞。
　　　　　　他畫的圖是電視新聞正在報導一場車禍，車子翻過來上下顛
　　　　　　倒。他請治療師寫下：「車子翻過來，我可以看新聞。」

夜。治療師可能會說：「*之前你告訴我你希望能夠在外頭過夜，但你
實在太害怕了。我們可以來想像未來你可以做些什麼嗎？*」接著治療
師便引導案主想像睡在朋友家以及其他相關的適應性反應。

　　在未來藍圖中，治療師要找出案主想要的反應和正向認知、負
向認知，然後按照步驟對所有與未來藍圖有關的困擾或焦慮進行減敏

感。在進行未來藍圖的時候，每回合進行雙側刺激的次數要和對過去和當前觸發事件減敏感時相同，這是為了看看是否會有負向素材出現。未來藍圖中用次數較少的雙側刺激來深植資源／駕馭感經驗，有時令人感到困惑。進行較短的回合是不正確的，因為回合時間較長的目的在於將標的項進行歷程更新，而未來藍圖就是標的項，並非深植駕馭感經驗。未來藍圖是聚焦於預期性的焦慮或是一系列缺乏的技巧。如果兒童缺乏一個特定技巧，治療師可能需要停下來並教導兒童新技巧，例如放鬆或深呼吸，或只是提醒兒童未來可用的技巧。有些兒童可能只要被教導自信或如何表達意見。治療師可能需要運用認知交織（CI）幫助兒童建立起未來想要的行為，以及成功表現出這個行為所需的技巧這兩者之間的連結。例如，兒童想要處理未來和家人一起搭車旅行，但兒童仍然對旅行感到焦慮或害怕。治療師可以說：「嗯，你告訴過我你可以藉由聽『冰雪奇緣』的歌以及搭配深呼吸讓自己放鬆。我在想你是否可以在搭車的時候試試看這麼做？」這不是意味著治療師暫停未來藍圖來教導當事人深呼吸，而是運用認知交織幫助兒童連結他們已經會的技巧。這個技巧是兒童已經學會的，而且在其他情境中有效，因此兒童可能可以在未來的情境中使用。

161

　　若在進行未來藍圖的過程中出現新的負向素材，要將之視為另一個新的標的項。這時候需要臨床判斷來決定兒童是在處理同一個標的項，或是一個全然新的標的項。如果這是一個新的標的項，那麼治療師可以引導案主先把這個新的標的項裝到蒐集箱中，之後再進行歷程更新。

　　與兒童工作時，立即深植一個未來藍圖會使EMDR治療達到最好的效果。不需要等到處理完所有過去事件和目前症狀才進到未來，我們建議治療師在每個歷程更新的標的項之後接著處理未來會出現的焦慮。因為兒童比較活在當下，兒童需要立即想像和預演當前的正向行動和行為，這會讓兒童感覺被增能。藉由學習新技巧，讓兒童在治療和生活中都覺得自己更有能力，兒童通常會對治療過程經驗到正向

連結。

未來藍圖腳本

標的項：「你想要做到什麼？」（正向行為，例如「在自己的床上睡覺。」）

負向認知／正向認知／VoC：「當你想到你想要做到的事情，會出現什麼不好的想法嗎？」（治療師找出關於未來行動新的負向認知）**治療師接著問兒童：「你有什麼不同的想法要對自己說嗎？」或治療師可以解釋：「有什麼好的想法嗎？」**治療師經由詢問對新的正向認知得到 VoC：**「當你想到你想要做到的事，以及＿＿＿＿＿＿這些字詞〔治療師重述正向認知〕，現在對你來說有多真實？從 1 分到 7 分，1 是完全不真實，7 是完全真實。」**

情緒：治療師繼續找出情緒，可以這樣對兒童說：**「當你想到你希望能做到的事情時，會伴隨著出現什麼感覺？」**

SUD：治療師繼續檢核 SUD，可以這樣對兒童說：**「那感覺有多困擾你？」**

身體感受：治療師接著辨識身體感受，可以這樣問：**「你在身體的哪個部位感覺到它？」**（治療師可以依照之前所討論的，運用身體感受的例子。）

一旦治療師引導出未來標的項，對未來渴望出現的行為／行動／感覺的正向認知／負向認知、VoC、情緒、SUD 和身體感受，治療師便可以接著說：**「在某天的某個時刻，我要你想著＿＿＿＿＿〔想要的正向行為；例如：獨自在自己的床上睡覺、以適當的方式處理生氣〕以及這些字詞＿＿＿＿＿〔說出新的正向認知〕和＿＿＿＿＿〔引導正向視覺線索〕、＿＿＿＿＿〔正向的聲音〕和＿＿＿＿＿〔正向的動態感受〕。」**治療師以雙側刺激來處理未來藍圖，如果出現負向素材，便把所有伴隨標的項出現的負向素材處理

162

完。如果適應性解決持續往正向方向發展，便可依照下列步驟繼續進行：

　　「現在，我要你想像（或假裝）三天後，你做了＿＿＿＿＿〔當事人想要的正向行為〕。」

　　進行雙側刺激。

　　「現在，是一週後……〔相同的字詞和情節〕。」

　　進行雙側刺激。

　　「現在，是一個月後……〔相同的字詞和情節〕。」

　　進行雙側刺激。

　　「現在，讓我們假想我們正看著長大的你，某個時間點當你需要＿＿＿＿〔當事人想要的行為〕。想像＿＿＿＿〔正向行為〕和＿＿＿＿〔正向認知〕。」

　　進行雙側刺激。

　　治療師可以在任何時候讓兒童畫圖、運用沙盤或創造黏土雕塑，治療師必須同步評估任何可能出現的負向連結或扭曲。兒童應該對預期事件在情緒、生理和認知上感到自在。

　　當未來藍圖完成時，治療師可以開始歷程更新另一個標的項。同樣地，會談中的時間管理決定是否開始進行另一個標的項的歷程更新，或是結束這次會談，下次會談再開始處理另一個標的項。結束階段包含回顧當事人的經驗，並將治療中的經驗正常化，同時也協助案主做好準備面對每次會談之間可能會發生的事情。預留時間讓案主在離開會談室前能處在舒適的狀態下是重要的，也要向兒童和父母解釋在每次會談之間可能會發生什麼事。

　　當 SUD 為 0、VoC 為 7，以及案主陳述清晰的身體掃描時，標的項便處理完成。結束階段可應用在標的項完成時該次會談的尾聲。（可參閱第六章中結束一個未完成會談的說明。）

階段七：結束期

EMDR 治療的結束階段，可在治療師需要結束會談的任何時間點上發生，無論標的項的歷程更新是未完成或已完成。結束期的目標在於選擇適當的時刻結束會談，此時協助案主回顧與整理治療經驗，並關閉任何在療程中喚起的干擾。一旦治療師幫助兒童轉換到更舒適的狀態，結束期的最後目標便是幫助兒童與父母做好準備面對每次會談之間可能會發生的事。

163 本章節也會談到可運用在未完成會談的其他工具、教導兒童和父母在每次會談之間可用的技巧，以及如何使用兒童／青少年症狀監控紀錄表（參見附錄 C），以協助兒童和父母追蹤治療進展。

選擇會談結束的時間點

如同我們先前討論的，治療師控制會談可用的時間是重要的，讓兒童有時間回顧整理治療經驗，並協助兒童調整到在較舒適的狀態下離開診療室。如果案主在減敏感期正進行歷程更新標的項，治療師可以參考附錄 H 做為在減敏感期結束一個未完成會談的腳本。如果治療師已經進入深植期或身體掃描期，本章會提供參考腳本。如果案主已經完成標的項的歷程更新，且 SUD 為 0、正向認知深植後的 VoC 為 7，治療師可以留一些時間完成身體掃描，或在完成深植期後結束這次的會談。在 EMDR 治療的每個步驟裡，治療師要預估案主需要些什麼以結束會談，並讓案主在平靜的狀態下離開。盡可能不要在案主處於極度激動或煩心的狀態下結束會談，學習如何調整治療歷程在所有治療中都是一項重要的技巧。

會談尾聲協助兒童回顧和重組的工具

有許多有創意與好玩的工具可以幫助兒童在會談的尾聲進行回顧和重整。本章節中談了一些技巧可用於結束未完成的會談，還有一些

工具（例如蒐集箱）可以在任何時候用來結束治療。關於蒐集箱的使用技巧已經在第四章中介紹，這裡進一步說明如何在會談尾聲為兒童使用蒐集箱以及家庭作業、放鬆和可視化技巧。

結束未完成會談的程序

　　一個未完成的會談指的是這次會談中兒童還有未處理完的素材，或是兒童顯然還很沮喪，或是 SUD 大於 1 且 VoC 小於 6。以下是結束一個未完成會談的建議程序，其目的在於讓兒童理解他／她已經完成了什麼，並讓他／她在一個良好的狀態下離開辦公室。結束一個未完成會談的工具可能也需要運用在減敏感期、深植期或是身體掃描期。

1. 說明必須停止的原因，並確認兒童的狀態：「我們現在需要先停在這邊並整理一下，因為時間差不多了。在我們今天談了這些事情之後，你現在感覺如何？」

2. 為所做的努力給予鼓勵和支持：「我們今天很努力，而且你做得很 164 棒。你現在感覺如何？」

3. 治療師可以對兒童提取蒐集箱和安全／平靜情境的歷程來結束減敏感歷程：「讓我們停在這邊，並且在我們前進以前再進行一次我們的蒐集箱和我們的安全情境。還記得你的安全情境嗎？我要請你想著那個地方。你看到了什麼？你聞到了什麼？在那邊有什麼感覺？你在身體的哪個位置注意到這個感覺？」

蒐集箱

　　在本書的許多章節中，都有討論蒐集箱技巧在 EMDR 治療中的運用。第四章談的是在準備期使用蒐集箱技巧，第六章則是說明在減敏感期如何運用蒐集箱技巧來結束一個未完成的會談。蒐集箱可以用在每次會談之間，也可以做為處理強烈情感和結束會談的重要工具，

也是未來藍圖的一部分，這些運用都很有幫助。蒐集箱可以用來結束一個未完的會談或是處理強烈的情感。可以教導兒童使用蒐集箱儲存對他們而言難以承受的不好想法或是害怕的感覺，直到這些素材一一完成歷程更新。各種樣式的小盒子、塑膠容器、可以上鎖的盒子或其他在治療過程中製作的收納盒，或是從手工藝品店買來的收納盒，都可以當作蒐集箱使用。兒童是非常有創意的，治療師甚至可以在兒童感覺他／她需要處理強烈情緒或創傷經驗的情境重現時，讓兒童畫出蒐集箱的樣子。兒童可以視自己的需要使用多個蒐集箱，以維持在家和在學校的功能。

將蒐集箱置於未來

當兒童使用蒐集箱幫助他或她處理強烈情感時，請兒童將蒐集箱置於未來是很有效的做法，可以問兒童：「**你覺得你在將來的某一天會需要什麼，好讓你可以處理蒐集箱裡的東西？你覺得那會在什麼時候發生？**」將蒐集箱置於未來就好似時光膠囊，治療師在暗示兒童，他／她將會回頭歷程更新任何放置在蒐集箱中的議題，且治療師預期兒童某天將會具備成功處理任何困擾他或她的事之技能。

每次會談之間出現額外訊息的處理工具及因應策略

要教導兒童使用他們的蒐集箱來處理任何可能出現在每次會談之間的強烈情感，並使用各種治療師在會談中教導兒童的因應技巧。當兒童學到因應策略時，對於自己處理強烈情感的能力會更有信心。

165 家庭作業

EMDR 治療並不要求家庭作業，但是鼓勵兒童和父母練習任何兒童在治療中學到的放鬆技巧，並讓父母練習任何他／她所習得的新的親職技巧，是有幫助的。兒童練習使用他／她的安全／平靜情境，或在每次會談之間當兒童感到痛苦的時候，試著使用安全／平靜情境

也很有幫助。要鼓勵父母和兒童在每次會談之間一起練習技巧，以改善親子關係並促進情緒管控。

兒童的放鬆及可視化技巧

兒童也可從學習深呼吸活動、可視化和想像技巧獲益。教導兒童放鬆及可視化技巧的其他方法請參見第九章。

結束／經驗統整的腳本

可以對兒童說：「好，我們今天做了很多事，而且你很了不起。在我下次見到你之前，你可能會想到一些東西，所以如果有任何你想記下來告訴我或是你覺得讓我知道比較好的想法、夢境或感覺，你能不能畫圖給我，或是寫下來，或是告訴你的媽媽和爸爸？」

摘要

在本章節中，EMDR 治療的三個階段已整合如下：深植、身體掃描和結束期。這三個階段整合在一起有下列幾個理由。首先，從深植正向認知到身體掃描的流程非常簡單，接下來移向結束階段便很自然地發生了。此外，由深植正向認知到清晰的身體掃描，在兒童身上經常相當快速，且接下來兒童就完成了，而治療師便要做好準備以積極面結束會談，以幫助兒童投入治療中。治療師需要理解深植與身體掃描兩階段之間的關係，才能以流暢且富創意的方式與兒童共舞。兒童在這幾個階段中進展非常快速，即使經驗豐富的治療師也會在會談中遺漏兒童發生的事情。兒童可能以肢體語言表示清晰的身體掃描，許多兒童對治療師要反覆討論他們的反應一點都不感激。如您所見，孩子就是完成了。兒童可能會很有自信地站起來，挺直身體並伸展雙臂，然後說：「我可以做到。」或是「我不再害怕了。」

一旦深植正向認知、身體掃描已清晰了，且治療師已結束會談，

166 個案概念化便進入再評估特定標的項的進展，接著再評估整體治療方向。針對嬰兒、幼童和青少年的修正版，請參見第十一章、第十二章的說明。

參考文獻

Knipe, J. (1998). Blocking belief questionnaire. *EMDRIA Newsletter*, Winter, 5–6.

【第八章】EMDR 治療階段八：再評估期　

　　EMDR 治療的第八階段是再評估期。**再評估**（reevaluation）一詞使用於 EMDR 治療好幾個階段，再評估指的是治療師對處理特定標的項的評估，不論其完成與否，也評估案主的治療計畫的進展，以及整體治療過程。

　　當治療師評估案主生活中發生的事情時，再評估在每次心理治療開始時就產生了。接下來再評估會出現在第一次完成的評估期，且治療前進到減敏感。在減敏感期，當記憶看來似乎處理完成時，治療師會讓當事人回過頭再評估初始的標的記憶。藉由再評估標的項，治療師也在進行確認主觀困擾指數（SUD）為零。這就代表這個記憶已經處理完畢，不再有干擾。治療包括藉由減敏感、深植正向認知和持續進行清晰的身體掃描的創傷歷程更新階段，對特定標的項進行再評估進展的持續過程。對標的計畫的再評估會持續進行至每個標的項都被清除，在每一個完成的標的項之後，治療師會引導案主回到標的計畫，依發生時間序選擇一個仍有干擾的事件為下一個標的項，並完成新標的項評估期的程序性步驟。

　　在整個個案概念化過程中也會進行再評估，此時似乎所有標的項都已處理，症狀已解除，且現在治療計畫的重點是結案。當治療師和案主認為他們已經進入治療歷程的尾聲時，他們會進行治療計畫目
標的再評估，包含運用標準三叉取向處理標的項，以及為每一個標的項進行未來藍圖（FT）做為結尾。案主進行治療的初始症狀已經消除，因此案主可以擬定一個在未來可以健康運作的計畫。

　　理想上，結束治療時，案主會將在治療中學習到的所有事物融入未來計畫中。有些案主認為自己在此被照顧的片段時刻中有明顯的進步，因此治療師可以隨時準備好讓案主回來進行調整會談（tune-up sessions）。治療師需要讓案主確實了解，再次回到治療中不代表失敗，而是持續個人成長與療癒的一部分。治療結案後，再評估顯現在較個人的層面上，因為案主已能夠評估治療對其日常生活的持續影響。

要澄清一下，在整體治療過程尾聲中進行的再評估被稱為**治療評估**（treatment evaluation）。EMDR 治療八階段中進行再評估的目的是評估治療的進展，不論是在會談之間或是治療的尾聲。

與兒童和青少年進行心理治療時，再評估格外重要。因為評估兒童／青少年在治療中的進展是比較困難的，無論是因為事件的狀態改變，兒童只表示感覺好一點，或是因為兒童和青少年不擅表達情緒。不論理由為何，必須在治療中花時間再評估症狀與標的項。兒童可能因為處理快速而表示感覺好多了，但是如果父母注意到持續或額外的症狀或行為時，則可能在通道存有殘餘物。

169

個案研究：傑瑞米

第五章曾討論過傑瑞米的案例，傑瑞米歷程更新了他對電視報導負面新聞的害怕——在後續的會談中，陳述地圖中他的標的項不再有干擾了。他明顯感覺好很多，他的父母也注意到孩子的症狀減少許多，但他仍會在大家睡覺前檢查門鎖。

傑瑞米的案例顯示為何邀請父母一起再評估兒童的症狀是重要的——要確認標的項已全面處理。有時兒童沒有指認父母所指認的症狀。

有一個針對兒童復原力的研究（Zaghrout- Hodali et al., 2008），受試者為接受 EMDR 治療處理創傷事件後再次經歷類似創傷事件的兒童。初步研究發現，第二次創傷事件的症狀不像最初的創傷事件那

麼嚴重。治療進展的再評估是重要的，即使症狀看起來已減輕，但如果兒童經驗新的壓力以及／或創傷事件，類似的症狀在未來仍可能再現。

再評估期

再評估有三個部分，一個是評估創傷歷程更新時的特定標的項，其二是檢視在會談之間臨床樣貌的變化，最後則是評估治療進展。同樣地，讀者們也可以參閱第三章，關於訪談兒童和家長有關兒童目前的生活處境以及對治療的反應。不論標的項在先前的會談已完成，或是一個未完成的會談，治療師在每次會談開始時都要進行以下步驟。

檢視兒童近期生活發生了什麼事

在每次會談開始時，治療師應該檢視兒童近期狀態與生活處境，特別是要考慮到治療過程。要特別注意在會談之間兒童的生活是否有任何變化。有搬家嗎？學校是否在會談期間開學？在上次會談之後，兒童是否從庇護所搬到寄養家庭？治療師要非常注意近期環境改變的影響，這可能是治療歷程的中介變項。

臨床上的影響

170

如果兒童／青少年或家長指認兒童生活中一個緊急的議題，依據之前的治療歷程來評估狀況是很重要的，治療師總是需要在兒童／青少年生活中的現況脈絡中再評估標的項。

此處的建議是治療師在每次會談開場時可參照的一系列問題。每次都要邀請父母和兒童一起參與治療，尤其在再評估過程中，以幫助治療師對治療有更全面的觀點。我們先對父母和兒童提出一個較一般性的問題：「你這個禮拜過得如何？或是從我們上次碰面後，一切都還好嗎？」在得到回應之後，接著問：「學校還好嗎？和你的朋友

處得如何？家裡還好嗎？」如果回應很局限或訊息太少，我們也許可以再說：「**從我們上次碰面之後到現在，跟我分享一件發生的好事吧！**」再接著說：「**跟我分享一件讓你困擾的壞事吧！**」在這系列的問題之後，探索上一次會談對兒童和家庭的後續影響。

檢視之前會談中兒童的反應

　　檢視兒童或青少年在之前會談中的反應也很有幫助。治療師可以同時從兒童和父母雙方的觀點評估兒童／青少年的反應，然後治療師要簡要探索任何兒童／青少年內、外在的行為改變。兒童／青少年已開始或停止尿床了嗎？兒童／青少年在學校有惹麻煩嗎？兒童／青少年呈現的症狀是增加或減少了呢？從上次會談後，兒童／青少年有進步嗎？與初始標的項相關的症狀有任何變化嗎？兒童通常會報告內在的變化，而父母則會描述外在的改變。

　　兒童和父母通常對彼此的回應會感到驚訝。父母通常關注在指認症狀，而沒有注意到治療中的進步，但兒童可能會因為正向的內在經驗，而低估持續存在的症狀。這就是為什麼要同時對兒童和父母進行訪談，這樣才能對兒童在治療中的進展取得更全面的評估，進而獲得較正確的評估。討論兒童／青少年症狀監控紀錄表（參見附錄Ｃ）也很有幫助，因為能讓父母思考可能被他們忽略且已消失的症狀。

再評估特定標的項

　　在檢視兒童／青少年於會談之間發生的事情後，治療師接下來就要探索所有在會談之間出現的新的觸發事件或記憶連結。治療師應以一般的口氣問兒童：「**你還記得上次你在這兒的時候，我們做了些什麼嗎？**」然而，兒童是非常活在當下的，他們可能不記得上次會談的內容。所以治療師可以溫和地提示，例如：「**你知道我們上週處理了關於睡眠的事情。**」試著使用關鍵字或是更一般的提示來與上週的療程連結，也許要對兒童更具體，才能幫助他們想起來。

171

　　一旦兒童表現出已經想到上次的治療內容，接著問：「**你現在有什麼想法？那件事現在如何干擾你？**」治療師接著繼續進行再評估的步驟。

再評估的腳本

　　在介紹 EMDR 治療後，每次會談一開始，治療師評估治療進展以及先前被喚起的創傷記憶：

1. 「**記得我們上次做了什麼嗎？你有想起那件事嗎？從我們上次碰面後，你有什麼想讓我知道的事嗎？**」

2. 詢問父母從上次會談後，是否有任何改變（例如：症狀變化、新的行為）。

3. 治療師再評估先前標的項的進展程度，以判斷標的項是否已被處理（例如 SUD ＝ 0，VoC ＝ 7）。SUD 大於 0 或 VoC 小於 7 只有在符合生活情境效度（ecologically valid）下才能接受。治療師在兒童專注於前次會談中處理的標的項時再評估 SUD。如果 SUD 大於 0，請案主專注地想著那個標的項（影像、認知、情緒、感受），治療師接著問：「**當你想到我們上次處理的事情，你現在會想到什麼？**」等兒童回答之後，治療師回應：「**當你想到＿＿＿＿＿〔案主的答案〕時，它現在有多困擾你？**」（治療師取得 SUD）治療師繼續問兒童：「**當你想到我們處理的事情和＿＿＿＿＿這個想法〔治療師重述案主在之前會談中提出的正向認知〕，你現在感覺有多真實？從 1 分到 7 分，1 是『完全不真實』，而 7 是『完全真實』。**」（治療師可以用手的距離或案主先前使用的其他測量方式進行。）

4. 治療師持續對與目前症狀有關的所有標的項進行歷程更新，直到所有必要的標的項完成歷程更新為止。

程序性考量

在個案概念化中，治療師必須考慮前次會談中發生的事情，始終關注著治療計畫。前次的會談是一個未完成的會談嗎？或是標的項已被處理完成？如果標的項已處理完成，SUD 為 0、VoC 為 7，而且案主有一個清晰的身體掃描，治療師已完成先前的標的記憶？還是在上次會談中也一併完成了未來藍圖？依據上次會談的結果、兒童生活中任何的變化，以及兒童對先前標的項的反應，治療師需要思考EMDR 治療中各種臨床決策。

未完成會談後的再評估

若前次會談結束於一個未完成的標的項，治療師必須重新評估標的項，以判斷標的項是否已於兩次會談之間處理完成。理論上來說，會談可以從追蹤未完成的會談開始，SUD 大於 0，VoC 小於 7，或是尚未完成的身體掃描。

主觀困擾指數（SUD）大於 0

治療師評估標的項以 SUD 大於 0 為依據，藉此判斷與標的項有關的干擾仍然存在，治療師便要繼續進行減敏感。讀者可參閱第六章中在一個未完成的會談後繼續進行減敏感的範例。

正向認知效度（VoC）小於 7

若兒童自陳 SUD 為 0，治療師要接著檢核正向認知的深植。如果 VoC 小於 7，如同在第七章中所述，治療師要繼續進行深植階段。一旦正向認知已經深植，且 VoC 等於或大於 7，會談持續進入身體掃描期。

未完成的身體掃描

若前次的會談結束於 SUD 為 0 且 VoC 為 7，但尚未進行身體掃

描或是身體掃描時仍有殘餘的干擾，則繼續進行身體掃描期，這部分也已經在第七章述及。

　　如同在本書前面幾個章節討論過的，若標的項在前一次的會談中已經處理完畢，且 SUD 為 0，VoC 為 7，有清晰的身體掃描，接下來的會談便結束於一個完成的標的項。這可能會發生在過去的標的項、現在的議題或是未來藍圖。

前次會談中完成標的項的再評估

　　如果標的項在前一次會談中已完成，必須檢核標的項與現在的症狀，然後進入未來藍圖。進行未來藍圖的腳本載於附錄 H。

治療師進行再評估的指導語

　　治療師可運用下列指導語進行再評估：

1. 治療師評估自上次會談後的一般功能。治療師檢視前次會談中指認 173 出來的所有症狀的目前狀態，並探索任何新的症狀：「**從我們上次會談後到現在，有發生什麼改變嗎？**」治療師查看任何父母在兒童／青少年症狀監控紀錄表上勾選的資料，治療師也要詢問兒童自從上次會談後所產生的症狀或行為的變化。

2. 為了進行再評估，治療師要取得自上次會談之後兒童自身經驗的回饋／父母的觀察。邀請兒童回到上次會談的標的項或事件，每個腳本檢核先前標的項的 SUD 和 VoC，檢核上次會談中所有未處理的題材，以及各種可能浮現的新素材。

3. 如果兒童顯得穩定，治療師便進行 EMDR 治療的標準程序。如果兒童表現出不穩定的狀態，治療師便繼續進行建立資源的工作。治療師必須能分辨困擾是源自於情境／創傷，還是因內在不穩定所引起。若是前者，應進行處理；若是後者，則透過強化資源來改善。

4. 重新安排會談室內的擺設，以提供兒童在進行 EMDR 治療創傷歷

程更新時的舒適。檢視在安全／平靜情境和資源開發練習中使用的雙側刺激。

5. 如果上週標的項 SUD 大於 0，持續歷程更新此標的項。如果上週標的項的 VoC 小於 7（且未顯示出符合生活情境效度），持續歷程更新此標的項。若上週的標的項看似處理完畢（SUD＝0，VoC＝7）且有清晰的身體掃描，那麼便可以進入治療計畫中標的項清單裡的下一個標的項，或是進入與之前會談中處理的記憶有關的當前觸發事件。

6. 建立 EMDR 治療的標的項並開始創傷歷程更新（評估、減敏感、深植、身體掃描以及結束期）。如果可能的話，首先標的被喚起的過往記憶或題材，務必在完全處理好一個被喚起的特定過往記憶後，再進行目前／近期觸發事件以及最後的未來藍圖。

7. 在時間與環境許可的情況下盡可能地完成工作，為結束和經驗統整預留足夠的時間。

8. 治療師安排下次會談，並陪同兒童與父母到等候室／出口。

治療尾聲的再評估

　　治療尾聲的再評估或治療再評估的目的是考核治療計畫、評估治療過程，並判斷在案主結案前需要做什麼。

174　　對治療結果的期待和成效依族群而不同。治療師常觀察到兒童非常快速地更新標的項，特別是對單一事件創傷的兒童來說更是如此，例如被狗咬或車禍意外。很多時候，兒童可以在短短三次會談後就結案了，經過再評估之後，症狀都已解除且完成治療。相反地，治療師與來自兒童福利系統的孩子或有長期嚴重創傷史的兒童工作，可能就需要較長期的治療。這些孩子在治療中也顯現出明顯的進步，但很可能因為遷移、經費問題，或是因為兒童已經有很大的進步而決定中斷治療休息一下，因而過早結束治療。治療師要考量兒童在未來可能需

要再度回來接受治療。雖然有嚴重和長期創傷史的兒童可能在未來仍需要尋求治療，但是 EMDR 治療對兒童在這段時期的照顧是非常成功的，並能做為兒童未來治療中一個強大的基礎。

單一事件創傷的治療再評估

當計畫對單一創傷事件的兒童結案時，治療師應該要對兒童在生活中所有面向的目前功能進行評估，接著評估兒童對先前療程的反應，如同我們稍早在本章所討論的內容。隨後經由問一些問題來對標的項進行再評估：「*記得我們上次做的事情嗎？嗯，當你現在想到那件事情時，有發生什麼嗎？*」檢核 SUD、VoC 以及清晰的身體掃描，如果一切仍是原樣，接著拿出地圖或治療計畫。如果有任何干擾是源於地圖上或治療計畫的標的項，持續進行歷程更新。若兒童表示地圖上或治療計畫中的所有事物都不會帶來干擾，便檢核最初的症狀和治療目標。我們建議讓兒童就他們未來想要的行為來練習未來藍圖，並報告他／她的成功。例如：兒童現在能在自己的床上睡覺了嗎？

如果所有的症狀都已經解除，便接著確認兒童在治療中的進展，並鼓勵兒童持續使用所有他／她在治療中獲得的技巧和資源，並提醒兒童和父母未來隨時可以回來尋求幫助。

長期創傷的治療再評估

對有長期創傷史的兒童進行治療再評估時，顯然更加複雜，且當治療師與有兒虐或家庭暴力的兒童、在兒童福利系統中（包括寄養照顧和領養）的孩子，以及經歷天災或人為災害，包括災後影響的兒童工作時，可能也需要提供照護的部分。例如，有治療師曾參與美國卡崔娜颶風侵襲墨西哥灣沿岸的救災工作，發現許多年後有些仍居無定所、可能永遠無法回到他們的家或學校或社區的兒童，可能需要較長期的 EMDR 治療。卡崔娜颶風的餘波對許多居住在墨西哥灣沿岸的

233

兒童造成持續且長期的創傷。

任何類型的心理治療療程都會受許多變數影響，包括經費、來自法院系統和照顧者的法律議題，以及兒童治療團隊內的變化。由於個案管理員、寄養安置、團體家屋的員工、律師、法官以及其他為兒童生活做決策的專業人員之改變，使得兒童福利系統中的兒童治療團隊有時可能每天都在變化，使得對這群兒童進行再評估變成一個更加複雜的過程。

當與處在不穩定和無法預期的環境中的兒童工作時，治療師在每次會談都必須評估兒童的進展並提供涵容技術（containment skills），因為每次會談都有可能是最後一次。在與這個族群處理標的項時，治療的療程步調可能也會比較緩慢和難以預期。治療師與無家可歸的兒童工作時，可能永遠都不會進行到減敏感期，但是要能聚焦在駕馭感和資源發展。關於資源發展和駕馭感練習的細節可以參見第九章。教導兒童因應技巧和涵容技術幫助他們生存，並希望他／她在未來的某個時刻能處在較穩定的生活環境中。這個目標在於提供技巧、與治療創造正向連結，並獲得另一個被呵護的管道。在兒童福利系統中的孩子，很可能在成年後回來開始接受治療。

身為這種心理健康系統型態中的治療師，治療目標可能是讓兒童在會談室的任何時候都有正向的治療經驗。希望這樣的治療經驗在過程中能夠支持兒童並給他／她信心，讓兒童在未來願意尋求治療。在每次會談中，再評估一定要強調對兒童的努力與投入治療予以增強，同時，也要對兒童在他／她身處的環境中所做的各種努力給予鼓勵和支持。這就是為什麼要要求父母或照顧者或其他可能相關的人提供至少一項兒童在前一週做得很好的事例。將這樣的正向經驗深植為駕馭感或資源體驗，在每次會談中都是至關重要。每次會談尾聲，治療師可以植入一項駕馭感經驗，也是一種未來的駕馭感經驗，以預期兒童未來在家裡、在學校或在社區可以順利地完成任務。例如，詢問兒童即將到來的事件或活動，並與兒童討論如何能看見他／她自己在未來

經驗中成功的樣子，並進行一回合慢速的雙側刺激。

個案研究：有苦難史的兒童　176

　　有位治療師曾與一個有苦難史和拒學行為的 5 歲女孩工作。每次會談時他們都會處理已指認的標的項，但每次會談的尾聲，治療師都會留一些時間，讓兒童看看她在未來幾天能在某些事情上獲得成功。治療師每個禮拜對這位 5 歲的孩子進行深植，植入她可以一步一步進到幼兒園上課，從和媽媽一起到學校註冊開始，接著是在「與老師相見歡」那一晚的活動時參觀她的班級，最後是真的第一天上學。到要開學的前一週，治療師詢問她對上學有沒有任何害怕的感覺，小女孩看著治療師，她那樣子彷彿她從來沒說過那些害怕。當治療師提醒她，他們是如何開始一起工作，以處理她對學校的害怕，她看著治療師說：「我不記得了，現在已經沒關係了。」隨後，她對治療師微笑，並要求要玩遊戲，隔週，她便開始與其他同齡的孩子一起上幼兒園。

　　與生活在團體家屋的青少年工作時，治療師可以請青少年思考在兩年內或五年內或十年內，他們想住在哪裡。討論選擇的議題很有意義，青少年在未來可以選擇很多不同的道路，不過他／她現在的行為和努力會影響其未來。與青少年討論他或她的過去未必左右其未來；包含積極參與治療等任何行為，都是選擇不再重蹈覆徹或複製家庭成員的過去。治療師可以邀請兒童或青少年選擇他／她未來想成為的英雄或女英雄，讓他或她想著這個形象，並進行一回合慢速的雙側刺激。

　　與有長期創傷史的兒童工作時，需要持續地進行再評估、建立資源與駕馭感經驗，這個框架為情緒調節和能力創造了鷹架，以便能夠

處理他們當前的生活，也開啟了較為健康的未來之希望。兒童和青少年活在當下，因此為兒童預期一個較光明的未來，並尋求資源以因應現在，這個過程能讓兒童投入治療，且應該貫穿整個 EMDR 治療。

摘要

　　本章節強調持續再評估以評估進展並幫助案主感覺治療成功的重要性。不若 EMDR 治療的其他七個階段，再評估在所有其他階段都177 會進行。在身體掃描期，治療師可能才發現原來案主的手臂曾動過手術，但案主在蒐集個案史、擬定治療計畫以及個案概念化期都沒有告知。治療師必須評估這段受傷的記憶以及後續醫療照顧的重要性，接著治療師要評估案主可能需要什麼技巧以為因應，而且如果這個事件是一個要處理的新標的項，那麼就需要將它納入治療計畫中。

　　一旦加入治療計畫，個案概念化就表明治療師從對此記憶的評估期開始。當治療師思考治療目標時，在會談中、會談之間以及治療的尾聲均有再評估。治療評估是結案計畫的一部分，並且在治療結束時發生。對 EMDR 治療師而言重要的是，要了解雖然再評估是 EMDR 治療中的第八階段，但再評估並不是治療的最後一個階段。再評估是一個持續的過程，是所有其他治療階段中的一部分。

　　在蒐集個案史、擬定治療計畫以及個案概念化期，再評估包括例行性地從兒童過去經驗中確認可能的訊息，而在治療師正式進行初談時，這些訊息看起來可能不太重要。治療師探索兒童目前生活中正在發生並可能對治療造成影響的事情，任何這些變項都可能導致需要對治療計畫進行再評估，以及修訂和／或增加治療計畫的目標。

　　在準備期，治療師例行性地評估兒童現有的資源，以及兒童在 EMDR 治療中進行歷程更新時會需要什麼資源。也許導致兒童不願意持續歷程更新標的項最常見的原因之一，就是兒童覺得自己還沒有準備好面對在歷程更新過程中被喚起的訊息，且兒童可能需要學習額

外的方法或技巧以持續歷程更新標的項。

　　在評估期，當進行歷程更新時，治療師可能需要評估和調整正向認知和負向認知，SUD 和 VoC 是測量和評估進展的基準，也是再評估期不可分割的一部分。在減敏感期，治療師正在再評估在標的項取得的進展。支線記憶、阻礙信念或其他影響步調的議題都需要在處理一段記憶時進行再評估，當這些議題出現時，也需要予以處理以供歷程更新。

　　在深植期，當治療師檢核 VoC 以確認正向認知的 VoC 正在強化與維持，就會產生一種再評估。在此過程中，如果 VoC 沒有強化或呈現阻滯的狀態，治療師便要與案主檢核，以探索是什麼阻礙 VoC 不能達到 7。在身體掃描期，透過請案主在想著事件的各個面向時，注意自己身體是否有任何緊繃的感覺，治療師據此評估正向認知及初始記憶。身體掃描期是用來檢核並了解身體是否對正向認知產生任何抗拒，如果有，就對這些緊繃或抗拒進行歷程更新。

　　如同之前所述，再評估也是結束期的一部分，特別是當治療師評 178 估標的項的進展時。當標的項已處理完成，SUD 為 0、VoC 為 7，以及清晰的身體掃描，或是標的項未完成時，再評估就產生了。如果療程已經完成，這時治療師會回到個案概念化來確認治療計畫的下一個步驟，以及接下來要處理的標的項。如果是一個未完成的標的項，治療師可以進行再評估的範本繼續歷程更新。

參考文獻

Zaghrout-Hodali, M., Alissa, F., & Dodgson, P. W. (2008). Building resilience and dismantling fear: EMDR group protocol with children in an area of ongoing trauma. *Journal of EMDR Practice and Research, 2,* 106–113.

179 　　　　　　**【第九章】兒童的進階情感管理技巧**

　　本章提供治療師教導兒童進階情感管理技巧的工具。兒童需要額外的技術來處理強烈的情緒，以及因應從生活中壓力和創傷經驗喚起的記憶。本章的目標在於增加治療師與兒童進行心理治療時的技巧工具箱。其他進階的資源技術可參見《兒童心理治療：整合發展理論與臨床實踐》（*Child Psychotherapy: Integrating Developmental Theory into Clinical Practice*, Adler-Tapia, 2012）。

資源、因應和駕馭感的目標

　　教導兒童建立資源、因應技巧和提升駕馭感經驗的目標，是為了協助兒童創造他／她自己的技巧工具箱，用於治療與在日常生活中能更好地因應。治療師需要注意兒童的次文化，包含遊戲、書籍、電影、電視節目、運動以及兒童生活中的文化活動。詢問兒童喜歡什麼，以及如果他們可以選擇的話，空閒時想做什麼，會很有幫助。

　　與兒童案主工作時，治療師要在每次會談中檢視兒童的資源，並提醒他或她在家和在學校時使用這些資源。最後，治療成效在於兒童能執行在治療師辦公室中習得的技巧，並將之應用在辦公室以外的生活中。

　　資源建立、因應和駕馭感技巧也提供增能（empowerment）、心智化（mentalizing）、積極基礎（positive foundation）、情緒調節（emotional regulation），以及孩子們在生活中學習、改進和實踐的界限和限制。每一種能力都能協助兒童處理生命中的壓力源，並在EMDR 治療的過程中對任何被不適應編碼的訊息進行歷程更新。就

180 本書而言，**增能**被定義為感覺有能力做選擇，並能維護自身的能力。

心智化指的是有能力了解自身意圖和自己對他人的影響，以及你能夠假設他人的意圖並認識到他人的意圖如何影響你。**積極基礎**被定義為資源和駕馭感的目的是創造一個積極的基礎，兒童可以利用它來應對日常情況，以應對歷程更新創傷的挑戰。如同第三章所述，**情緒調節**是兒童調節自身強烈情緒的能力。經由教導兒童一系列的技巧，心理治療對兒童是有益又有趣的。兒童甚至會樂於教授父母、手足和朋友他們習得的新技巧。要鼓勵治療師教導兒童放鬆技巧、呼吸、正念（mindfulness）、引導式想像法、漸進式肌肉放鬆法，以及其他冷靜與自我安撫的技巧與技術。

情緒資源、因應與駕馭感技巧

本章概述治療師可以在治療中教給兒童，以及兒童和家長在每次會談之間可運用的技巧。

放鬆技巧

治療師可以從教導放鬆技巧開始，然後與兒童探索現在已經使用的放鬆方法。邀請兒童列出一張他／她最喜歡又能放鬆的十項事物清單。接著探索在比較有壓力的情境下，例如學校或安親班，兒童可以放鬆的方法。

個案研究：數學課時塗鴉

有位治療師曾和一個 8 歲大的男孩工作，每當老師開始上數學課的時候，他就變得焦慮和肚子不舒服。治療師在排除兒童學習數學的能力問題之後，發現塗鴉可以幫助他放鬆且集中注意力。在徵詢老師的同意之後，上數學課時小男孩可以拿出一個小

239

> 平板來塗鴉。這個駕馭感經驗被深植成他任何時候感到焦慮且無
> 法專心時的資源。

呼吸技巧

呼吸是教導兒童最簡單也最重要的技術之一。治療師可以讓兒童
躺在地板上，放一本書在他們的胃部，如此一來他們可以學習從胃的
底部呼吸。這個方式可用於較年長的兒童，但與年幼的兒童工作，治
療師可以讓兒童誇張地吹氣球，並練習大口地深呼吸與吐氣。與較年
長的兒童工作，也可以經由簡單的數數，接著在吸氣和吐氣時逐漸增
加數字，來教導他們學習較長且較深的呼吸。

引導式想像法

用引導式想像法時，我們會請兒童在會談室中找一個舒適的位
置，並讓他們選擇一個真實或想像中感覺最舒服的地方。接著治療師
引導兒童進入他／她最喜歡的地方，並問一些問題來引出兒童對該情
境的所有感受。治療師也可以請兒童找出一些真的讓他／她感覺很放
鬆的事物，並把它畫下來。有個孩子想到漂浮在游泳池中的感覺非常
放鬆，另一個孩子則是想到走過一個想像中的城堡。

蒐集箱

在前幾個章節中曾討論過蒐集箱的使用。治療師可以跟兒童說明
蒐集箱也可以用來存放強烈的情感。當他／她在學校經驗到強烈情緒
但當時沒有機會表達時，兒童也可以使用蒐集箱。蒐集箱可以幫忙把
強烈情緒收起來一會兒。

存放資源和駕馭感經驗的蒐集箱

蒐集箱也可以積極地用於含括所有兒童用來因應其生活的資源和

技巧。治療師可以協助兒童創造一個蒐集箱，放進所有他／她需要時可用的資源。有時是在一張紙上寫下所有資源，並將它放入蒐集箱或工具箱中，讓兒童隨時可以取用。可以鼓勵兒童繪圖或創造一些人物或象徵來代表他們的安全情境、資源或可以幫助兒童冷靜和自我安撫的人物。

對兒童而言，蒐集箱是有趣且有創意的活動。有治療師拿小盒子讓兒童隨身帶著，在治療和日常生活中可以裝入任何他們覺得需要收起來的東西。兒童可能需要一些外帶盒讓他們在家可以使用。有些兒童會把盒子留在會談室中一個安全的地方，在每次會談時對他們的蒐集箱存入和取出。當兒童需要盛裝一些他們還沒準備好要處理的事物時，兒童會將事物存入一個真實的蒐集箱，之後會談時再從蒐集箱中取出事物進行處理。特別重要的是，要讓兒童知道不論他／她投入了什麼負向的事物，例如夢境、情緒、怪物、害怕或一段記憶，之後都必須取出來歷程更新，否則蒐集箱會因為過度裝載而對他們的生活造成干擾。　182

解憂娃娃和解憂石

解憂娃娃用來幫助兒童盛裝他們的擔心也非常有效。解憂娃娃是裝在一個小木製盒裡的小陶偶。兒童可以把娃娃從蒐集箱中取出，告訴每個娃娃一個自己的擔心，然後把娃娃放回盒內。兒童需要多少個解憂娃娃就使用多少個。這也可以用解憂石來進行。兒童可以從辦公室中的一籃石頭中挑選，並用小貼紙在石頭上寫下他們的擔心，然後把他們的擔心放進他們的蒐集箱裡。這些兒童想到的擔心也可以做為EMDR 治療中的標的項。

「控制情緒」

「控制情緒」（"Get a grip"）是用來做為兒童自主的暫停技術。不是由父母對兒童喊暫停，而是教導兒童當他們感覺自己愈來愈不對

勁且可能會失控時，可以自己提出暫停。治療師可以向兒童解釋，「控制情緒」的意思是控制你自己、你自己的身體和你的感覺。如果兒童不懂得控制的意思，治療師可以解釋：控制就像緊緊抓好棒球，讓自己可以把球投得更好。兒童可以自行決定或是在父母的提醒下回到他或她的房間，去做任何可以讓自己冷靜下來的活動，在兒童覺得自己比較平靜時就可以從房間出來了。對幼童工作時，治療師也許可以建議他們回到他們的房間，看看他可以說出幾個農場的動物，或是唱一首歌。有些兒童可能需要釋放精力，他們可以畫出生氣的圖、彈他們的手指或是在房間裡跳躍以釋放精力。在兒童感覺較平靜之後，兒童可以選擇從自己的房間出來。

　　經常苦於自己強烈情緒的資優兒童，可以用「控制情緒」技術來學習自我安撫或情緒調節。還沒發展出語言技巧來表達感受或挫折而經常發脾氣的幼童，能從「控制情緒」的練習中得到幫助。舉例來說，資優兒童可能會在生日派對上過度刺激需要休息一下，並且到其他房間「控制情緒」。一旦孩子想到一些他／她想做的活動好讓自己平靜下來，這個活動可以未來藍圖（FT）的形式進行雙側刺激（BLS）予以深植。治療師可以說：「*想像你進到另一個房間，然後在腦海裡數著所有你知道的農莊動物。注意著當你較冷靜的時候，你的身體有什麼感覺。*」

「控制情緒」的腳本

　　首先，治療師向兒童解釋控制情緒的概念，可以這麼說：「『*控*
183 *制情緒』是在我們真的覺得很挫折或是我們正處於生氣中的時候使用的一種方法。*」治療師可以向兒童解釋，當他們太挫折、疲憊或飢餓時，可能都會發生這種情況。治療師進一步解釋：「*你要做的就是回到自己的房間，或是你媽媽會提醒你可能要回到你的房間。回到你的房間後，做一些讓你擺脫挫折感或生氣能量的事情。*」然後邀請兒童想一個可能可以幫助他／她控制情緒的活動：「*你覺得你可以在房間*

裡做些什麼事情幫助自己冷靜下來？」讓兒童想一些活動，當他／她需要「控制情緒」時可以從中選擇，這會很有幫助。讓兒童想像未來進行「控制情緒」的過程是很重要的：「**想像你因某件事沮喪，然後進到你自己的房間控制情緒。**」最後，進行雙側刺激深植此技術。

正向藍圖的「控制情緒」

治療師可以在整個評估期的程序性步驟中引導兒童完成「控制情緒」做為未來藍圖。治療師邀請兒童指認一個他／她可以想像自己會需要「控制情緒」的情境，然後找出不好的想法（負向認知），例如「我無法處理」或是「我要爆炸了」，以及好的想法（正向認知），例如「我知道如何『控制情緒』」，接著完成範本。兒童隨後可以想像所有可能會干擾他／她「控制情緒」的障礙，或是治療師可以提出過程中可能會出現的小阻礙，然後處理那些阻礙，直到成功的結果。

「控制情緒」練習的目標在於學習監控自己的情緒，以達到自我安撫與平靜。對兒童來說這個過程是有創意且有趣的，而且讓兒童感覺自己有能力，且善於處理自己的情緒。

釋放強烈情緒的技術

有許多有效的技術可以教導兒童釋放強烈的情緒以及有關的身體能量。像是繪製生氣圖片、注意不舒服的感覺、進行雙側刺激時踢腿或踩腳、放掉氣球裡的空氣、跳躍、繞圈跑、游泳，以及其他適於釋放能量讓自己平靜的身體活動。兒童在創傷歷程更新的過程中，可能需要動態的方式才能釋放以創傷編碼的感覺運動記憶網絡。兒童喜歡坐在瑜伽球上彈來彈去，或是坐在搖椅上，這樣他們的身體可以在釋放強烈情緒時跟著擺動。藉由釋放身體能量，兒童可以更投入治療，父母也可以學到幫助兒童釋放能量以改善行為並降低焦慮和壓力的症狀，對幼童來說尤其如此。

184 **平靜和安撫技巧與技術**

除了呼吸、引導式想像法和漸進式肌肉放鬆法以外，還有一些其他方法可以教導兒童幫助他們自己平靜下來。

像黃瓜一樣冰涼

有一種平靜技術叫作「像黃瓜一樣冰涼」。治療師用冰鎮過的黃瓜切片和身體乳液教兒童自我安撫。治療師或兒童把黃瓜切片放在兒童的眼睛上，然後治療師或父母用冰涼的乳液按摩兒童的手，在引導兒童深呼吸時，注意他／她的身體對冰涼的觸感感覺如何。接著進行幾回合短短的、慢速的雙側刺激──每回合不超過 2 至 4 趟來回掃視，來深植這個平靜、冰涼的感覺。在兒童表示感覺平靜之後，治療師便使用「像黃瓜一樣冰涼」的技術做為未來藍圖的一部分。治療師讓兒童想像一個預期中會令他／她生氣的情境，並運用「像黃瓜一樣冰涼」的活動，或是就想像對這個活動的記憶，讓自己平靜下來。

身體乳液

有香味的身體乳液也可以用來幫助兒童自我安撫。使用乳液不只是提供身體感受，也提供了嗅覺的經驗。治療師可以讓兒童選擇一種乳液，然後讓他／她倒一點在瓶子裡帶回家。治療師可以指導父母用乳液按摩孩子的手或腳。這不僅讓孩子有舒適的經驗，也讓兒童和父母之間有連結的經驗。最後，治療師可以用幾回合短短的、慢速的雙側刺激深植這個平靜的經驗和連結的經驗。這個活動將會在第十三章與有依附創傷的兒童進行 EMDR 療法的段落中有更深入的討論。

過渡性客體

兒童可以創作出他們的資源圖像，或是從雜誌上剪下使人平靜的東西做成拼貼畫，然後製作一張海報掛在他們家裡的房間。這在兒童回到他們的房間「控制情緒」時會有幫助。小毯子是另一種重要的過

渡性客體，治療師可以從平價商店中買一些便宜的小毯子放在診療室中，除了提供舒適的環境之外，可用於各年齡層的依附議題和資源。

另一個有趣的活動是讓兒童用夜光顏料裝飾枕頭套、抱枕或小毯子等，讓兒童晚上可以放在床上。任何兒童想到能讓自己感到舒適的資源，都可以畫在海報上、枕頭套、枕頭或小毯子上。兒童可以畫人物、寵物、動物、象徵物、英雄或是任何其他兒童覺得有幫助的資源。

除了裝飾不同的東西以外，可在如枕頭等物滴一滴精油，讓嗅覺 185 幫助兒童冷靜也是很有幫助的。這些在診療室中指認的資源，可以在學校和家中製作，以提醒兒童他／她的資源。

有位治療師曾和一個 5 歲的男孩工作，他以蜘蛛人做為資源，幫助他感覺強壯。他的養父母為他的房間買了蜘蛛人的寢具和海報，他還有夜燈和手電筒，讓他在需要的時候隨時可以看見蜘蛛人。治療師跟他說去想像打開蜘蛛人的拉鍊，當他需要蜘蛛人的技能時，他可以隨時進到蜘蛛人的服裝裡。在診療室時，當他需要感覺像蜘蛛人一樣強壯時，他還會展現肌肉。

捕夢網

兒童也可以用捕夢網幫忙處理恐怖的想法、記憶和／或惡夢。捕夢網是一個兒童可以做的懸掛式美術作品，它是一個圓形的編織物，用毛線或線製成，可以掛在兒童的床上方。兒童可以用很簡單的美術材料做出一個形體，然後用線或毛線編織或纏繞它。兒童也可以做一個融合資源的捕夢網，捕夢網可以放上兒童先前畫的資源圖，或是從雜誌剪下來的拼貼畫。可以運用夜光膠水或其他形式讓孩子在晚上也能看見捕夢網。

「橡膠／膠水」童謠

橡膠／膠水童謠是當兒童抱怨霸凌或手足欺負他們的時候可以用

的資源。治療師可以唱這首老歌：「我是橡膠，你是膠水。任何東西碰到我都會彈開，碰到你會黏住。」當治療師向 9 歲的格蘭達解釋這首歌時，她咯咯地笑說：「我可以看見，當我在遊戲場的時候，自己周圍有一個橡膠圓頂屋。」治療師便讓兒童想像在圓頂屋裡，施以幾回合短短的、慢速的雙側刺激來深植這個影像做為資源。治療師接著繼續深植這個影像成為未來資源，同時讓格蘭達想像明天她自己在遊戲場遇到其他小孩嘲笑她時，她不會被其他兒童的言語刺傷。

童謠

用兒童風格的不同韻腳、隱喻或說法，以幫助創造和深植資源，特別是如果治療師用幽默、動作和帶點傻樣來與兒童互動。用童謠幫助兒童記住資源相當有用。治療師用一首叫作「媽媽回來了」的歌，幫助完整家庭中出現拒學或是分離焦慮的小孩。治療師和兒童一起唱這首歌，歌曲大致上的意思就是「媽媽一定會回來」，然後治療師進行雙側刺激。接下來讓兒童想像媽媽要去別的地方但沒有帶他／她一起，然後治療師讓兒童做雙側刺激並對自己唱這首歌。

治療師也可以從兒童的文化中選擇一些受歡迎的角色和歌曲，為兒童創造想像的資源。治療師可以從卡通、電視節目、電影中，或是任何適合兒童的角色和歌曲選擇角色。

正向肯定

另一個為兒童建立正向資源的有趣活動是深植正向肯定。這是一個簡單的過程，兒童和他們的父母在紙上寫下正向肯定，然後選擇幾個來進行深植。治療師進行幾回合短短的、慢速的雙側刺激。正向肯定包含簡單的敘述，例如：「我的需求是重要的」或是「我是可愛的」，這些正向肯定顯然也是潛在的正向認知。治療師可以提醒兒童和父母在診療室以外的地方重述這些正向肯定。治療師可以建議父母將這些正向肯定寫在便利貼上，並將它們貼在家裡重要的地方。深植

正向肯定對寄養家庭和領養家庭的小孩也很有幫助。

　　治療師需要整合各式的遊戲治療和藝術治療技術，幫助兒童增進因應與自我安撫。本書中談到的許多技術取材自標準遊戲治療訓練，並將原來的形式加以調整以及／或變化。透過本書處處可見我們對於這些兒童治療技術的創造者表達的敬意與讚揚。

兒童的駕馭感技巧

　　兒童最常因為父母對他們情緒和行為的擔心，而被安排接受心理治療。父母很快就能指認孩子的議題或症狀，但較難看見孩子具備的強度或成就。由於強調立基強度模式（strength-based model），這個治療模式會聚焦在提升兒童和家庭的強度，本書會以教導兒童和家庭立基強度取向為前提。立基強度模式的方法會融合在每次的會談中，包括詢問兒童和父母自從上次會談後孩子表現良好的事情。父母提供的正向經驗可透過增加幾回合短短的、慢速的雙側刺激，為孩子深植駕馭感經驗以強化此記憶。這個段落中所述的想法由孔恩和里茲（Korn and Leeds, 2002）所提供，他們將之命名為**資源發展與深植** 187 （Development and Installation, RDI）。RDI 範本很有用，但對兒童和青少年來說太繁瑣與冗長，本節擷取了一些 RDI 的想法，轉換成有助於兒童發展進階資源策略的技巧，這些技巧包含以駕馭感經驗、人物（真實或想像的）做為資源，和以隱喻或象徵做為資源。

　　駕馭感技巧（Mastery skills）可以是讓孩子覺得自己有能力的一段記憶、經驗或是成就，可以透過雙側刺激予以深植。駕馭感經驗可能是兒童學會騎腳踏車的時刻，或是他或她第一天上學或是考試拿到好成績，或甚至是運動方面的正向經驗。駕馭感活動的目標之一在於找出已經編碼在正向記憶網絡中的經驗，並以幾回合短短的、慢速的雙側刺激強化此記憶。這麼做有幾個目的，包含為兒童創造正向的基礎和感覺，並以雙側刺激幫助兒童連結正向情感。聚焦在駕馭感經驗

將幫助兒童在試圖處理創傷之前變得對自己和治療過程更有信心。若有必要，治療師可以提醒兒童用他／她的駕馭感經驗幫助自己更有信心。當兒童抗拒處理標的項或是探索目前的症狀時，深植駕馭感經驗相當有幫助。治療師也可以教導兒童使用駕馭感技巧做為資源。本章後續有更多延伸的資源範本，包含用兒童的語言找出駕馭感經驗。

可能需要運用駕馭感技巧來因應即將來臨的壓力事件，例如幫兒童做好準備上法庭作證。在這類型的情境中，治療師可能邀請兒童想一個他或她的生命中最初會很害怕去做某件事的時刻，雖然兒童會焦慮或害怕，但他／她還是做了，並且事後他／她對自己完成這件事感到自豪。治療師也許就可以對兒童說：「**跟我分享一個時刻，當時你真的很害怕去做那件事，但不管怎樣你還是做了，然後你很高興你做了那件事。**」

駕馭感技巧的程序性考量

如果兒童被情感淹沒，兒童可能會將不舒服的感覺歸因於 EMDR 治療及其治療過程。和成人一樣，兒童需要時間整合在治療中發生的事情，而不會不知所措。教導蒐集箱技巧、情感管理、資源和駕馭感技巧都是調整過程中很重要的部分。然而，也會發生治療師對於標的嚴重創傷產生遲疑，而延遲了創傷的歷程更新。有時候兒童並不需要建立那麼多技巧，但治療師卻過度倚賴資源。有些治療師對於標的兒童案主最可怕的創傷感到不安，這可能是治療師的問題。治療師需要思考是兒童尚未準備好更新標的記憶，或是治療師反移情的議題。很多時候是治療師還沒準備好要處理兒童的創傷，治療師常因兒童嚴重的經驗而有替代性創傷。治療師與兒童工作時必須關注自己反移情的議題，這點很重要。

駕馭感經驗和影像

「想一個當你感覺＿＿＿＿＿〔例如：強壯、安全、有信心、

被撫慰並且能夠承受你的這些感覺〕的時刻。**想一個當你可以表現
_____〔例如：更聰明、更強壯、更冷靜、更友善等〕的時刻。
告訴我一個你記得自己像那樣感覺或是像那樣表現的時刻。你可以看
見你自己在明天或下週表現出_____〔例如：較強烈的感覺、某
種不同的行為〕嗎？」**

關係資源和以隱喻或象徵做為資源

　　除了深植駕馭感經驗做為資源，兒童可能從找出關係資源和隱喻
或象徵獲益。

關係資源（楷模和提供支持的人）

　　「想一些人或東西，他們可以幫助你擁有你想要的感覺。你可以
想到那樣的人嗎？可以是真實生活中的人，像是你的媽媽或爸爸或祖
父母〔找出兒童生命中重要的成人／朋友〕，也可以是書中或電視上
可以幫助你感覺好一點的人物。你有想到任何動物或寵物可以幫助你
嗎？」

隱喻和象徵資源

　　「你可以想到一些能讓你感覺_____〔不管是什麼資源〕
的東西嗎？像是魔法羽毛、劍、魔杖、仙女或是很酷的樹屋？從你的
畫、白日夢、想法、你玩的遊戲、你喜歡的書或你看過的電影中找出
來？」

對兒童進行進階資源技巧的程序性考量

　　一旦治療師已從上述資源中選擇其一，如果治療師決定找出資源
並進行幾回合短短的雙側刺激深植，對兒童而言便已足夠，那麼對兒
童的過程就到這裡結束。如果治療師認為兒童需要進一步發展資源，
那麼治療師可以多花點時間使用下列範本來開發特殊資源。

189　**資源發展：提取更多訊息**

　　當一次處理一項資源影像或連結時，治療師說：「當你想到_____〔例如：經驗、人物、象徵〕時，你看到什麼？你聽到什麼？你聞到什麼？當你想到它時，你在你的身體裡有注意到什麼嗎？」（用例子和身體動作為兒童示範。）「當你專注在這個畫面或記憶時，你注意到自己有什麼感覺嗎？」對這些敘述做逐字的紀錄，以便於下列步驟中使用。治療師可以選擇請兒童畫下來或是創作一幅拼貼畫來代表這個資源，對兒童來說更為具象。

檢視資源

　　「當你想到那個畫面_____〔重述對影像的描述〕和_____〔重述感覺、感受、氣味、聲音等〕時，那會讓你感覺如何呢？」然後經由詢問，確認所選擇的資源能幫助兒童因應挑戰的情境：「當你想到_____〔標的情境〕時，現在你感覺_____〔重述影像和感覺的描述〕**有多真實或多有幫助？**」

反映資源

　　「繼續讓自己想著_____〔重述對圖像的描述〕，並注意_____〔重述對感覺、感受和聲音的逐字描述，並檢視事實上連結是否正向〕。」確認兒童是否能夠參與並承受與資源的連結，而且沒有出現負向的連結或情感。如果兒童對此資源的陳述出現負向連結，則不再繼續，並考慮使用其他資源。

資源深植

　　「現在，想著_____〔重述兒童對影像以及連結的情緒和感受的逐字描述〕並跟著我的手指〔或聲音、『觸動器』、燈光、輕敲等等〕。」然後治療師進行數回合 2 至 3 次來回短短的雙側刺激。在每回合的雙側刺激之後，治療師做一般性的詢問：「你現在得到什

麼？」（如果案主回應的是負向連結或情感，則不再進行雙側刺激。
在繼續處理之前，可以想像把負向素材收納起來，也就是放進盒子、
儲藏室等等，或是換一個資源連結重新開始處理。）

強化資源：和語言或感官提示連結

　　「記得＿＿＿＿＿〔駕馭感資源〕嗎？你現在可以對自己說些什　190
麼？想像那個人〔以關係資源為例〕就站在你旁邊，並給你你所需要
的東西。想像他／她完全知道該對你說些什麼，而那些正是你需要聽
到的。想像你轉變成那個人，或是進入他／她的身體裡。」或者說：
「想像你手中握著這個＿＿＿＿＿〔隱喻資源〕，想像這個畫面或感
覺圍繞著你。深呼吸，然後讓它完全進入你的身體，注意你在身體的
哪個地方感受到好的感覺。你可以摸到它嗎？你可以聞到它嗎？你可
以嚐到它嗎？」暗示兒童從所有的感官提取感受（只要處理看起來有
效，便持續進行幾回合短短的雙側刺激。）

提示字或詞

　　「有任何字詞或物品可以用來幫助你記住那個東西嗎？幫助你記
住它的最佳字詞或畫面或物品是什麼？」（寫下來並檢視該字詞的確
適合。）「所以如果我說＿＿＿＿＿，會讓你想到那個東西嗎？」

將資源與提示字或詞連結起來

　　「想著＿＿＿＿＿〔重述兒童對影像以及連結的情緒和感受的
逐字描述〕以及這個字詞＿＿＿＿＿，並跟著我的手指〔或聲音、振
動器、燈光、輕敲等等〕。」然後治療師進行數回合2至3次來回短
短的雙側刺激。在每回合的雙側刺激之後，治療師做一般性的詢問：
「你現在得到什麼？」

在伴以紛擾的情境下練習提示字

「你能想想上週發生讓你有一點煩惱的一些小事，你會想改用那個想法或感覺嗎？讓我們假想一下你可以用那個想法或感覺和那個字詞＿＿＿＿＿＿，讓這件小事現在停止困擾你。」治療師進行數回合2至3次來回短短的雙側刺激。在每回合的雙側刺激之後，治療師做一般性的詢問：「你現在得到什麼？」

建立未來藍圖

「如果明天、後天或下星期會發生一些事情，讓你想要使用這個工具或資源，那會是什麼樣子？假想你正在使用所有和那個資源有關的氣味、聲音、感覺和那個字詞＿＿＿＿＿＿，想像你有著你需要的感覺。現在跟著我的手指〔輕敲或觸動器〕。」治療師進行數回合2至3次來回短短的雙側刺激。在每回合的雙側刺激之後，治療師做一般性的詢問：「你現在得到什麼？」（只要處理有提升資源，便持續進行幾回合短短的雙側刺激。）兒童想要強化的每一項能力都可以重複
191　進行此過程。在未來的會談中，治療師應該檢視資源已經如同兒童所回饋的一樣被深植了。當兒童準備好聚焦於處理創傷，治療師首先可以從帶入和強化（透過雙側刺激）裝著處理創傷素材所需的資源工具箱開始會談。在針對創傷進行 EMDR 治療的歷程更新時，治療師可能會使用稍早植入的資源進行交織（Shapiro, 1995-2007）以處理對治療的停滯反應；然而，任何交織的使用只考慮一個通道，直到已提取未被扭曲的標的項，且相關通道毫無扭曲地隨之解決，歷程更新才算完成。

一旦兒童已經成功找出足夠所需的資源，以進入標的記憶的歷程更新，治療師可以回到評估期開始處理一個記憶。有時候兒童可能已經可以處理一段記憶，但其他記憶可能會過於沉重而使兒童需要額外的資源。

治療師在每次會談中都要記得提醒兒童在療程中和家裡都可以

使用他／她的資源和駕馭感技巧。如果兒童有畫出任何的資源圖像或創造出其他資源的象徵物，治療師可以讓兒童看著圖畫或是拿著象徵物，以幫助兒童錨定資源。

摘要

本章聚焦於教導兒童情緒資源、因應與駕馭感技巧。如前所述，發展新的資源、因應技巧以及駕馭感經驗，可以幫助兒童創造正向基礎，以應對創傷事件的歷程更新。這些技巧對於經歷嚴重、長期創傷，和／或抗拒處理症狀和創傷記憶的兒童而言特別重要。在個案概念化中，治療師必須經常評估兒童擁有什麼技巧，以及兒童何時需要額外的技巧以因應治療和生活中的挑戰。

適用於兒童的精簡版資源範本

此精簡範本已在本章中詳細解釋，治療師可按照腳本中的每個步驟，依據兒童的發展年齡和情緒功能加以調整。可以鼓勵兒童把找出來的資源畫成圖像，然後治療師將圖像放在兒童的資料夾中以供未來需要的時候使用。

步驟 1：找出需要的資源（案主指認的才能、能力、強度、需求、感覺、信念等）。

步驟 2：發展資源：探索各種不同類型的資源。　　　　　　　192
　　　　駕馭感經驗與影像
　　　　關係資源
　　　　隱喻和象徵

步驟 3：發展資源：提取更多訊息（一次處理一個資源）——你看到、聽到、聞到、感覺到什麼（情緒和感受）？

步驟 4：檢視資源：治療師詢問案主當他／她專注在資源影像時，注意到有什麼感覺，以檢視資源。反應必須是正向的，如果不是，則需要重新評估所選擇的資源。

步驟 5：反映資源。

步驟 6：深植資源：用幾回合短短的雙側刺激來深植資源，每回合進行 2 至 4 次的來回掃視。詢問案主他／她現在感覺或注意到什麼。

步驟 7：強化資源：藉由與字詞的連結來強化資源（例如，正向提示字或來自支持者鼓勵的話）或是感官知覺提示（例如，感覺支持你的人將手放在你的肩膀上、吸入那股能量）。

步驟 8：確認提示字或詞。

連結資源的提示字或詞。

練習在伴以紛擾時使用提示字或詞。

步驟 9：建立未來藍圖。

參考文獻

Adler-Tapia, R. L. (2012). *Child psychotherapy: Integrating theories of developmental psychology into clinical practice*. New York, NY: Springer Publishing.

Korn, D. L., & Leeds, A. M. (2002). Preliminary evidence of efficacy for EMDR resource development and installation in the stabilization phase of treatment of complex posttraumatic stress disorder. *Journal of Clinical Psychology, 58*(12), 1465–1487.

Shapiro, F. (1995–2007). *EMDR part 1 training manual*. Watsonville, CA: EMDR Institute.

【第十章】阻塞處理與認知交織的工具　193

　　兒童和青少年的 EMDR 治療可能具有挑戰性。這是兒童心理治療和 EMDR 治療融合的藝術。正是當挑戰發生時，一些治療師才會放棄 EMDR 治療，回復到他們以前的心理治療模式。這與 EMDR 治療的有效性無關，而是與治療師對自己的技能的信心有關。對自己的技能有信心的治療師比較可能在他們的實務中使用 EMDR 治療。

　　在本章中，有一些實務工具和臨床介入方式，目的是解決治療師在 EMDR 治療中可能遇到的苦戰。當兒童／青少年遇到阻塞處理時，也有對認知交織法做詳細的解釋和例子來幫助治療師。我們強烈鼓勵治療師嘗試夏琵珞（2001）書中的技術以及本章中提供的與兒童一起工作的新思維和調整。

阻塞處理

　　阻塞處理意味著主觀困擾指數（SUD）沒有下降，或兒童／青少年被強烈的情緒淹沒而停止處理。對兒童和青少年來說，阻塞處理可能會以編輯、循環、麻木、迴避或解離出現。兒童在減敏感期時可能因多種不同的因素而出現阻塞處理，例如過低或過高提取情緒、宣洩、阻礙信念或支線記憶。

編輯　194

　　編輯發生在兒童／青少年於雙側刺激（BLS）時，在心理上評估他或她所想或所感的內容，因此限制他或她對治療師說的內容。有時這是由於不理解治療師的指引，但有時這可能是因為兒童／青少年不放心吐露他或她正在經歷的事情。治療師可能需要向兒童解釋孩子只

需要觀察和報告，在告訴治療師他或她在雙側刺激期間的想法或感受之前不要編輯。如果兒童／青少年在雙側刺激過程中感到不舒服或太尷尬而無法說出正在發生的事情，治療師可能需要提醒兒童沒有必要詳細描述正在發生的事情，以繼續進行歷程更新。

當兒童／青少年用「一樣」或「什麼都沒有」或「我麻木了」之類的籠統詞語報告他或她的經歷時，也可能發生編輯。兒童會說「我什麼都感覺不到」，而不是「麻木」。以尊重的方式請兒童具體描述他或她想到、感受到或體驗到的一切，或者請兒童描述「沒有」是什麼樣子，治療師還可以請兒童描述麻木或虛無，並詢問兒童這些感覺在他或她的身體中的什麼地方感覺到。

有時當兒童試圖記住發生的一切以便告訴治療師時，也會發生編輯。這可能需要額外的指引，治療師對兒童說：「**只要注意並讓任何事情自然發生，並且只在我問你的時候告訴我你注意到什麼就可以。你現在注意到什麼？**」

循環

循環是指當兒童／青少年以相同的方式（例如，認知、情緒、圖像、身體感受）說同樣的事情至少兩到三遍，例如「我很糟糕」（說出幾個與「我很糟糕」相同的認知）、「我很驚恐」（表達類似的情緒，例如「我覺得很害怕／恐怖」）、「我看到我媽媽站在樓梯上」（報告確切的圖像三次），或「我的胃痛」（說同樣的身體感受，例如「我的肚子疼」或者「它仍然疼」三遍）。循環是在處理停止。循環不是案主報告創傷的順序，而是當兒童／青少年被卡住，而且沒有新的訊息或關聯出現時。

如果治療師認為兒童出現循環，治療師應該首先嘗試改變雙側刺激的速度、方向或類型。或者，治療師可以要求兒童注意他或她的身體或注意身體感受最明顯的地方。治療師還可以詢問兒童他或她在自己身體中哪裡感覺到負向認知。例如，如果負向認知是「我很

糟糕」，治療師會問兒童：「**在你身體的哪裡有這種感覺？**」兒童可能需要說而未說出口的話是什麼？讓兒童做出簡單的陳述，例如「不！」會很有力量。兒童需要做哪些動作？兒童是否僵住了，他或她是否需要移動、站起來並感覺強壯、踢腿等等？治療師也可以讓兒童按壓他或她的身體有感受的部位，來提取一個圖像、一個想法或一個記憶。所有這些操作目的都在試著提取標的項的不同層面。

195

麻木

　　麻木可能會出現在當兒童或青少年報告沒有任何感覺或開始打哈欠時。兒童的麻木是喪失自我感的一個例子，雖然兒童仍然與診療室和治療師在一起，但與他們自己歷程更新記憶的經驗失去連結。如果治療師懷疑兒童正處於麻木，治療師可將其視為另一層情緒來處理（Shapiro, 2001）。當他正處於麻木時，兒童可能會變得想睡、打哈欠或報告沒有任何感覺。假如兒童報告說他或她感覺麻木或什麼感覺都沒有，治療師可以指導兒童只注意麻木這一點，或者請兒童注意在身體的哪裡感受到麻木或什麼也沒有的感覺。

　　當兒童／青少年不想報告他或她實際注意到的事，因為兒童／青少年認為它不重要或不相關時，感覺麻木或什麼都沒有也可能是一種編輯形態。如果治療師懷疑兒童／青少年遺漏、隱瞞訊息或需要重新定向到標的記憶，治療師可以詢問兒童／青少年：「**告訴我你在想的最後一件事。**」無論兒童給出什麼反應，治療師都會說：「**跟著它。**」然後再繼續歷程更新。但是，如果兒童似乎離題太遠，則可能需要透過治療師的指引來提醒兒童標的記憶。治療師可能需要建議：「**好吧，我只想快速檢查一下。你還記得我們開始的那件事嗎？**」如果兒童說記得，治療師會說「跟著它」。如果兒童不記得標的記憶是什麼，治療師可以給一個提示。

　　對於一些兒童來說，雙側刺激會產生一種放鬆的反應。兒童既不是處於麻木也不是處於編輯，而是正在放鬆。EMDR 療法的優點之

一是兒童可以放鬆並處於平靜狀態，而促使新的想法或關連出現。

迴避／抗拒

　　當兒童和青少年表現出他們正在做所有事情，但卻沒有專注於
EMDR 治療過程時，他們正出現迴避。大多數與兒童和青少年一起
工作的治療師都會發現當兒童／青少年不想做某事時，他們會四處走
動或改變主題，或做一些事情來分散治療過程的注意力。兒童和青少
年可以成為逃避治療工作的大師，因為大多數兒童／青少年只是不想
思考或談論困擾他們的事情。重要的是要記住，迴避是創傷後壓力症
候群（PTSD）的標誌。與治療師一起玩而不去想會引起痛苦的事情
196 會更有趣。治療師需要堅持不懈、富有創造力，並令人信服地解釋為
什麼兒童／青少年要參與歷程更新標的項。

　　有才華和創造力的兒童治療師可以設計遊戲和活動，或使用遊戲
治療技術讓兒童和青少年參與心理治療工作。他們發現方法去幫助兒
童在不知道發生了什麼的情況下參與治療。治療師可以利用說服的力
量，而不是欺騙兒童，並將 EMDR 治療融入遊戲活動中。由於許多
兒童喜歡在沙盤中工作，治療師可以指導兒童在沙盤中完成 EMDR
治療各個階段。兒童可以在沙盤中創造出潛在標的項的場景，表達困
擾他們的事情。然後，治療師可以將沙盤創作拍下照片，或者只是將
兒童的沙盤場景複製到治療進度的紀錄上。讓兒童識別沙盤中的標的
項通常比僅僅透過交談更具吸引力。治療師可以使用多種遊戲治療技
術讓兒童參與治療，並將 EMDR 治療轉化為適合兒童發展階段的語
言。

　　兒童和青少年可能出於各種原因不願參與治療，而兒童／青少年
的猶豫實際上可以成為 EMDR 治療的標的項。一種技術是讓治療師
進行未來排練，讓兒童可以看到他或她自己參與 EMDR 治療並取得
成功。

　　難以讓兒童參與 EMDR 治療的治療師通常需要更多與兒童合作

的技能，或是從諮詢中受益。有時，只需將兒童的病例安排給同事，就可以幫助治療師更清楚地了解治療師在會談中需要做什麼。持續的同儕諮詢為治療師提供支持、新的學習機會、檢核反移情議題，並幫助處理與兒童一起工作時可能發生的替代性創傷。

　　讓兒童和青少年參與心理治療的能力是與兒童和青少年一起工作的基礎。區分臨床技能與 EMDR 治療方法很重要。如第一章所述，具有兒童／青少年工作經驗和兒童發展知識的治療師在使用 EMDR 治療方面更容易上手。單憑培訓不足以使治療師能夠對兒童或青少年使用 EMDR 療法。治療師受益於兒童治療技能培訓和對兒童和青少年使用 EMDR 治療的高階培訓。這也適用於處理解離的治療師，針對解離的額外培訓對於成功處理兒童和青少年的解離是必要的。

解離

　　當兒童／青少年不僅對過程麻木，而且與治療師和診療室失去聯結，且本質上與他們的身體分離時，就是發生**解離**。兒童／青少年可能會出現困倦、退縮、僵硬或發展出另一種人格。當這種情況發生時，兒童／青少年不再能參與治療中。

　　重要的是要注意，解離不僅會阻斷處理，而且很可能會完全中止處理，並且可能會讓兒童／青少年對返回治療體驗感到猶豫。一旦治療師評估兒童／青少年已經解離，重要的是停止雙側刺激，並在會談室內讓兒童接地。有許多技巧可以讓兒童接地，並與解離的兒童和青少年工作；這些將在第十三章中討論。

197

　　治療師不應該逃避與會解離的兒童／青少年工作，而應意識到大多數從事創傷治療的治療師經常與某些程度的解離一同工作。治療師與解離的兒童／青少年一起工作時，有一些技巧和舒適感是有幫助的。

強烈的情緒反應與宣洩

強烈的情緒反應——有時也被稱為**宣洩**——但實際上是兩種不同的東西。強烈情緒反應是兒童／青少年感受到並報告強烈情緒。宣洩是表達和釋放先前被壓抑的情緒，透過重溫導致被壓抑的經驗來完成宣洩。當兒童開始重溫創傷事件，感受到原始經驗中所有思想、情感和身體感受時，就會發生宣洩反應。透過宣洩，案主可能會在沒有與治療師和會談室保持聯結的情況下重溫過去創傷事件。

為了成功地歷程更新創傷事件，兒童／青少年必須「一隻腳在現在，一隻腳在過去」。當個案正在宣洩時，他或她會陷入過去。治療的目的不是引起宣洩，但宣洩可能在歷程更新標的項過程中發生。幫助案主保持在他或她的耐受窗內是治療師的責任。透過將案主保持在他或她的耐受窗內，治療過程可以繼續進行，並防止兒童／青少年卡住——也就是反覆重溫創傷記憶。最佳練習是幫助案主在當下感到安全和接地。

有些治療師可能逃避，或因強烈的情緒和宣洩而受到替代性創傷。這很可能是治療師的問題，包括個人對情緒的不適和／或缺乏訓練。治療師需要明白，宣洩並不是一件壞事，而是在進行治療時可能發生的事情。

宣洩或強烈的情緒是個指標，以表明治療師已經辨識出正確的標的項，而且此標的項引起了兒童的共鳴。兒童可能有宣洩，但不一定會解離。治療師需要知道宣洩（兒童因為不堪負荷而解離）和強烈的情緒反應（兒童能夠處理強烈的體驗並解決此記憶）之間的差異。前者是卡住的處理，後者是有效的處理。

治療師可以藉由為兒童提供枕頭或毯子，來支持和鼓勵正在經歷宣洩的兒童。或者，他們會說一些鼓勵的話，例如「只是注意就好」、「你正在會談室，現在沒有任何事情發生」、「你能和我待在一起嗎？」、「讓我們繼續前進，從隧道的另一邊出來，」或「繼續前進……做得好！」。治療師必須繼續主動地監測兒童的進展，有時

198

可能會問兒童：「你需要什麼才能繼續處理這個記憶呢？」有時提醒兒童這就像穿過一條黑暗的隧道是有幫助的，可以說：「**如果我們在中間停下來，我們會被困在黑暗中，但如果我們繼續前進，我們就會從另一邊出來。**」

這就是遊戲治療技術非常有用的地方。治療師可以使用玩具、圖畫或沙盤來幫助兒童或青少年制定或表現他或她正在重新體驗的標的事件，以達到歷程更新的目的。當兒童或青少年透過遊戲或繪畫來表現創傷事件時，他們正在發展一個觀察者的自我，這在歷程更新和體驗情緒的同時給個案提供了空間。

當治療師讓兒童為可能的情緒反應做好準備並解釋這可能是過程的一部分時，強烈的情緒會更容易管理，並且可以常態化。治療師需要向兒童解釋他或她可能會經歷強烈的情緒或身體感受，或「讓你想起發生過的事情」。如果發生這種情況，則該過程正在發揮作用，治療師和兒童可以一起處理。治療師向兒童解釋說：「**你已經從發生在你身上的事情中倖存下來，而且你很勇敢，所以現在我們只需要清理掉之前遺留下來的其他感受。**」或者對兒童說：「**有時當我們做 EMDR 治療時，強烈的感覺在我們處理記憶之前就出現了，但在處理之後我們會感覺好多了。**」這解釋了會發生強烈的情緒反應的可能性，並且治療師知道如何幫助兒童克服情緒以使感覺更好。

如果兒童／青少年在治療期間重溫創傷經歷並同時解離，宣洩可能會讓兒童或青少年再次受創。治療師對兒童／青少年的同步是確保兒童／青少年在歷程更新時仍與治療師保持聯繫。如果兒童／青少年經歷了宣洩和解離，治療師可以使用技巧與兒童／青少年重新建立聯繫。治療師需要使用自我安撫和平靜技巧，幫助兒童重新定位到現在的時間和地點。如果治療師教會了兒童用香味來自我安撫和接地，治療師可以使用香味來讓兒童接地。即使有人解離，他或她仍會繼續呼吸，因此治療師可以說：「**我會用你喜歡的氣味來幫助你回來。當你呼吸時，你會開始聞到它，並記住你在這個房間裡是安全的。**」

一旦兒童／青少年接地，治療師就可以解釋大腦如何保護兒童／青少年避開難以招架的事務。我們的目標是揭開這種經歷的神祕面紗，這樣兒童就不會一直心煩意亂。治療師可能會說：「**有時感覺就**
199　**像回到了過去，但你其實在這裡。如果發生這種情況，我會說一些話**
來幫助你記住，你仍然安全地跟我在這個房間裡。」了解宣洩並對自己的臨床技能充滿信心的治療師，往往能成功地幫助兒童克服和應對宣洩。

　　經歷強烈情緒反應的兒童或青少年可能會拒絕繼續治療。治療師需要同步，並考慮兒童／青少年拒絕參與治療的抗拒可能是由於不可預測和／或未預料到的強烈情緒反應。兒童和青少年在憂慮未來事件時，也會體驗到強烈的情緒反應，這時治療師可以使用未來藍圖（FT）來標的出與預期情緒事件相關的強烈情緒反應。

阻塞處理對治療師的臨床意涵

　　讓兒童為處理做好充分的準備，同時創造一個符合兒童需求的安全環境，對治療師來說很重要。與兒童同步，意識到兒童何時可能需要休息，並使用蒐集箱以繼續後續的治療，是治療師的重要臨床決定。這些決定必須基於兒童的需求和治療節奏，而不是治療師的不適。一旦兒童的需求有被照顧到，治療師可以檢核以決定兒童從哪裡進行處理。

治療師對強烈情緒和宣洩反應的回應

　　來自偏向認知或行為為基礎的學派的治療師可能會發現，在治療中更難以對強烈的情緒做出反應。目睹兒童和青少年表達情緒和記憶的強度可能會很驚訝。治療師有責任探索自己對於強烈的情緒、行為和身體反應的舒適度。治療中可能會遇到兒童／青少年有極度憤怒、悲傷，甚至嘔吐或小便等生理反應。治療師需要考慮並問自己：「**在治療過程中會發生什麼是我無法處理的或還沒準備好去處理的情**

況？」如果治療師為此而苦惱，尋求同儕諮詢會有所幫助。

處理阻塞處理的工具

　　治療師有多種途徑可以幫助兒童或青少年面對阻塞處理。最初，治療師需要使用最少的介入，以便兒童可以繼續進行歷程更新。這些技巧包括改變雙側刺激的方向和模式（第六章）、使用技巧處理過低或過高的提取情緒、解決阻礙信念、標的支線記憶，若以上都無效時，使用認知交織（CI）來因應阻塞處理。如本章所述的調整和改變語言，這類用於成人的標準技術也可用於兒童／青少年。如果所有這些技巧都不起作用，治療師可能需要重回準備期，因為兒童／青少年需要額外的資源來持續創傷的歷程更新。

200

解決過低或過高提取情緒的工具

　　如第四章所述，當出現過低或過度提取情緒時，治療師可以使用許多資源來支持案主。在準備期，治療師將教兒童／青少年如何透過放鬆和接地練習來管理他或她的情緒，以便在減敏感期需要時提供讓自己平靜下來的方法。治療師還透過教導安全情境練習和蒐集箱，以便在歷程更新中過於強烈需要暫停時，或單次療程即將結束時使用。

　　此外，治療師可以使用前面在第四章中討論過的距離隱喻。治療師可以讓兒童想像創傷事件在電影或電視螢幕上，或者讓兒童想像乘坐火車、汽車或飛機，對創傷事件保持距離，避免在歷程更新中過度存取材料。這個技巧也可以用在當案主過低提取情緒時，可以讓案主把創傷事件影像想像在電影或電視螢幕上放大，或聚焦在他或她的身體或感受上。

支線記憶

支線記憶是還沒有被標的且需要被歷程更新的較早的記憶。來自早期記憶的創傷阻礙了當前標的項的處理。如果在處理過程中 SUD 沒有下降，治療師需要與案主一起探索是否存在干擾處理的早期記憶。治療師可以詢問是否還有其他更早的記憶，完成對該標的項的評估期，並開始歷程更新。

阻礙信念

阻礙信念是可能干擾處理的潛在信念。阻礙信念往往不明顯，治療師可能需要回來探索為什麼記憶沒有被歷程更新。例如，有些兒童認為「大男孩不哭」。如果兒童在他或她的狗死時試圖處理與記憶相關的情緒，那麼記憶可能會開始循環，因為要完全重新處理記憶，兒童必須解決「大男孩不哭」的信念。治療師可以問：「**你從哪裡得知大男孩不哭的？**」然後繼續處理，如果 SUD 沒有向下移動且處理被中斷，治療師可直接標的阻礙信念來處理。青少年也可能有阻礙信念的例子，有時他們正在接受治療這一事實對他們來說就是一個問題。青少年的信念可能是「這是愚蠢的」或「接受治療的人都是怪胎」。治療師可以找出他或她記得聽到這些詞的最早時間，並標的該記憶。

認知交織

認知交織（CI）是當先前的方法對阻礙歷程不起作用時的另一種快速啟動的工具（Shapiro, 2001）。使用認知交織時，治療師可以激發兒童或青少年已儲存卻無法使用的訊息，或者治療師無需依賴兒童或青少年提供即可刺激新的材料。從兒童或青少年的神經網絡中引出某些訊息是輕而易舉的事。治療師藉由提問或指示來啟動 CI，帶出

201

想法、行動或意象，以**繼續歷程更新**。CI 應該被選擇性地使用，以允許兒童或青少年自己的適應性訊息處理系統（AIP）可以運作，如此可允許完整的訊息整合並賦權給兒童或青少年（Shapiro, 2001）。有幾種針對兒童和青少年略有不同的交織類型可提供給治療師參考。

運動交織

當治療師評估兒童／青少年有運動的需要時，可以使用**運動交織**（Motor Interweaves, MI）來促進歷程更新。這與認知交織（CI）不同之處在於治療師推測兒童可能想要實際進行運動或採取行動。由於兒童的記憶通常儲存在感覺運動記憶中，完成一個受阻或凍結的動作可以幫助歷程更新記憶，直至適應性結果。例如，一個小男孩記得被一個年長的青少年猥褻，他需要站起來，並感覺自己把年長的孩子推開，然後說：「不，你不能那樣碰我。」

感官交織

當治療師評估需要將身體感受和記憶編織一起時，就可以使用**感官交織**（Sensory Interweaves, SI）。一位治療師為一位年輕女孩手臂骨折的記憶進行歷程更新。女孩想起了她父親扭轉她手臂的畫面，然後被她手臂的感覺卡住了。由於她的年齡和發展程度，她無法在圖像和感覺之間建立聯結。在這種情況下，治療師提供 SI 來幫助兒童建立聯繫。例如，如果兒童報告身體感受似乎沒有變化，治療師可以問：**「我想知道你的手臂是否會痛，因為你在回想你的父親扭傷你的手臂時的感覺，以及你需要打石膏在上面？」**對治療師來說，重要的是在尚未討論以前，不要提供詮釋或建議，而是提供交織法來幫助兒童將兩條訊息聯繫在一起，以使兒童重回歷程更新。

教育性交織

教育性交織（Educational Interweaves）用來幫助提供資訊給兒童

202

和青少年，由於他們的不成熟、發展程度或缺乏生活經驗而沒有此類資訊。這種類型的交織有助於兒童／青少年處理當因為兒童／青少年需要理解的訊息丟失而沒有任何意義時。有時是因為兒童經歷的事情遠遠超出了正常經驗的範圍，以至於兒童和／或父母無法建立聯繫。這經常發生在寄養和收養的孩子身上。

個案研究：萊妮和發光的火腿

一位作者與一位名叫萊妮（Lainey）的女孩一起工作，她在 4 歲之前一直與生母在一起，之後被寄養到 7 歲，然後被收養。這個兒童受困於不尋常的飲食習慣，並且對某些食物有恐懼症，尤其是火腿。當治療師探索萊妮對火腿的恐懼時，女孩描述了當她看到「發光的火腿」時所經驗到的焦慮。這對萊妮和她的養父母來說似乎很奇怪。

治療師提出了一個假設。由於火腿是裝在食物盒裡送給窮困的家庭，而且根據紀錄，萊妮的生母親職功能不足，經常給孩子吃餿掉的食物，所以萊妮有可能吃到了變質的火腿。萊妮述及她每次吃火腿前是如何檢查火腿的，包括火腿的顏色、氣味和感覺。萊妮和她的養母認為這可能是解釋對發光的火腿感到焦慮的一種可能性。兩人都不知道火腿經常被放在食品盒裡，但他們確實認為發光的火腿通常表明火腿已經變質，並認為這是對萊妮擔憂的合理解釋。

一旦治療師標的萊妮的發光火腿影像，並歷程更新相關的感覺，她似乎創造一個連貫的故事來解釋她的擔憂。萊妮現在能夠做出正確的選擇來吃新鮮的食物，而對發光火腿的焦慮也減輕了。

當無法驗證當前症狀與試煉事件（TE）的相關性時，尤其是對　203
於被寄養和／或收養的兒童，治療師可能需要對兒童的症狀創造出一
個合理的解釋。這些兒童很可能沒有人來創建連貫的故事，治療師需
要提供兒童確實擁有的資訊做為模板，來理解和處理經驗。治療師要
注意不要就過去可能發生的事情提供結論，例如「**你有這種經歷是
因為你小時候受到過性虐待**」。相反地，我們建議治療師使用有關
兒童的可用訊息和一般的訊息說出一個可能的解釋，例如「可能有
關……」。最後，治療師幫助兒童連結不同的點，但不是創造新的
點。

敘事交織

　　如果兒童或青少年因為他或她在處理過程中存取的訊息沒有
意義，而經歷到阻礙歷程，治療師可能會使用**敘事交織**（Narrative
Interweaves, NI）。NI 介紹了第三個可能性，以解釋兒童／青少年有
此種經驗的原因。這種類型的交織也可用於寄養和收養兒童／青少
年，當兒童／青少年的發展史是未知的或有間斷時。

案例研究：艾蜜麗和她從中國被收養的經驗

　　一位治療師與一位名叫艾蜜麗（Emily）的女孩一起工作，
她是從中國被收養來的，除了孤兒院的工作人員告訴她的養母的
訊息之外，她對生命中前九個月一無所知。治療師和艾蜜麗想知
道一個來自中國的嬰兒離開她所知道的一切會是什麼樣子。「一
切都是新的，會是怎麼樣？語言、食物、氣味和人？」一個嬰兒
和一個陌生人一起搭飛機十四個小時，去一個她不懂語言的地方
是什麼感覺？在那裡有她不熟悉的氣味或味道的食物，在那裡第
一次給她一個瓶子，當她在孤兒院時只給過杯子。治療師想知道

> 這些對那個嬰兒會有什麼感覺。艾蜜麗回答說：「那個可憐的嬰兒，她一定很困惑。」治療師說：「跟著它。」並增加雙側刺激進行歷程更新。

　　NI 的目標是結合所有事實，並想知道兒童的經歷是什麼樣的。這對所有年齡層的案主都有用，但對於對他們過去的資訊所知甚少或甚至沒有的兒童，通常很有幫助。

204　與兒童進行認知交織

給治療師的指示

　　當歷程更新受阻時，當兒童／青少年進入循環，或時間不多，有必要加快治療來使兒童／青少年不會停留在高度激活狀態時，CI 是治療師提供的適應性觀點的引信。CI 還可以用來幫助兒童類化與原始標的項的正向連結，這對兒童來說可能是不容易的。

　　與成人一樣，兒童／青少年的 CI 屬於安全、責任和選擇／賦權類別之下。通常，CI 像是「你現在安全嗎？」（安全），「嗯，這曾是誰的工作？」（責任），或者「你現在做出更好的選擇了嗎？」（選擇／賦權）之類的問題。

　　在使用 CI 時，重要的是要確保所選的 CI 能引起兒童的共鳴，並激發兒童自己的內部資源。使用 CI 時，治療師使用最少的訊息和最少的問題來幫助引導兒童，從兒童自己的內在智慧中找到答案。

　　治療師可以使用問句來提取兒童／青少年自身的邏輯，以恢復兒童／青少年的自然處理；例如，「如果你的朋友也曾有同樣的感受，你會告訴你的朋友什麼？」如果兒童有回應，治療師會繼續說：「跟著它。」CI 的目標是提供最少的治療師干預，以推動兒童繼續進行處理。

對兒童進行認知交織的示範腳本

當兒童或青少年的 SUD 卡在 3 或更低時，治療師可以對兒童／青少年說：「**要怎樣才能讓它為零？**」（或使用替代詞句來表示兒童／青少年已指定用於測量 SUD 的測量類型）。因此，如果兒童／青少年說：「我需要感到安全。」治療師會說：「**你需要什麼才能感到安全？**」如果兒童以一個現實的陳述做為回應，治療師會指導兒童「**跟著它**」進行更多回合的雙側刺激。如果兒童的反應是不合理或不切實際的陳述，治療師可以透過一系列問題來引導兒童做出適應性反應。例如，一個兒童可能會回答：「我可以飛走。」治療師可能需要說：「**如果你能飛走，你會有什麼感覺或想法？**」來提供幫助。治療師要試圖了解兒童對他或她自己的潛在信念。

一旦從兒童身上引發了適應性反應，治療師就會說「跟著它」，繼續進行更多回合雙側刺激。再次說明，治療師干預的目標是幫助恢復歷程更新，然後靜觀其變。

用認知交織重新啟動兒童處理的範例

以下部分詳細介紹了 CI 的類型以及如何在適當時機使用它們的範例。

新訊息

當兒童的訊息不足時，例如受教育程度低、在某個領域經驗不足，或發展的能力不足以為兒童提供足夠的訊息來處理，那麼治療師會提供以下內容幫助兒童進行處理：

兒童：我做了壞事。

治療師：兒童必須被教導如何以正確的方式生氣。教兒童這一點並告訴他們如何做是成年人的工作。沒有人天生就知道如何做到這一點。有人教你嗎？

兒童：沒有。

治療師：想著它。〔**雙側刺激**〕

「我感到疑惑。」

　　兒童有訊息，但治療師使用另一種獲取訊息的方式。

兒童：我本可以阻止他的。

治療師：我很困惑。你是說一個小男孩可以阻止一個非常大的成年人
　　　　打另一個成年人嗎？〔**雙側刺激**〕

「如果它是你最好的朋友呢？」

　　治療師可以使用任何兒童感到可愛並想保護的人，這個人可做為
事件中合適的替代者。

治療師：如果這事發生在你最好的朋友身上，你會告訴她什麼？

兒童：我會告訴她：「這不是妳的錯。妳媽媽應該照顧妳的。」
　　　〔**雙側刺激**〕

詢問兒童

　　SUD 沒有下降或 VoC 沒有上升，治療師會嘗試其他方法促進處
理。治療師不確定哪種交織可能會有幫助。治療師可以直接要求兒童
進行交織。

206　治療師：要怎樣才能使這令人沮喪的狀況改變（用手或其他合適的方
　　　　　式表達）？或者，SUD 從 3 變為 0 需要什麼？或者，怎樣
　　　　　才能讓這＿＿＿＿＿＿（PC）更強大？〔**雙側刺激**〕

改變圖片、視角和個人參照物

　　這種類型的 CI 的目的是給予兒童空間，以不同視角或用兒童沒有想到的方法施予賦權感。例如，

治療師：當你想到對你刻薄的兒童時，想著黑白電影銀幕上的兒童。或者，當那個老師對你大吼大叫時，想著她在一個長長的走廊盡頭。她現在的聲音有多大聲？

　兒童：安靜而遙遠。

治療師：想著它。

治療師：當時和現在有什麼區別？〔**雙側刺激**〕

　兒童：我長大了。

治療師：想著它。〔**雙側刺激**〕

隱喻／類比

　　透過故事、歌曲、詩歌、電影、電視節目或其他兒童苦戰的故事所安排的治療課程來賦予兒童權力。

治療師：哈利波特沒有他的父母。在霍格華茲，他是如何應對他的孤獨？

　兒童：他和他的朋友聊天，看著他父母的照片。

治療師：想著它。〔**雙側刺激**〕

　　當一個兒童不知道如何處理另一個兒童對自己的侮辱時，另一種方法是使用故事或古老押韻的詩歌：「我是橡膠，你是膠水。無論你說什麼都會從我身上反彈並黏在你身上。」

治療師：想著它。〔**雙側刺激**〕

271

蘇格拉底式問句

使用 CIs 的蘇格拉底方法是問兒童一系列問題，這些問題可以塑
207 造兒童的視角和／或引導兒童得出新的結論。下面的例子描述了一個
兒童非理性地擔心他的房子被燒毀：

治療師：你現在幾歲？

　兒童：十歲。

治療師：那已經很大了。

　兒童：是的。

治療師：你的房子以前曾燒毀過嗎？〔確保你知道答案是否定的〕

　兒童：沒有。

治療師：你媽媽現在多大了？

　兒童：我不知道。很老，也許三十多歲。

治療師：她的房子曾經被燒毀過嗎？〔**再次提醒，確保你知道答案是**
　　　　否定的〕

　兒童：沒有。

治療師：想著它。〔**雙側刺激**〕

很多時候，有天賦的兒童會擔心核戰爭或生病。

治療師：只有不到 1% 的兒童患上致命的癌症。你知道嗎？

　兒童：不知道。

治療師：如果天氣預報員告訴你今天降雨量不到 1%，你會帶傘嗎？

　兒童：不，我想不會。

治療師：跟著它。〔**雙側刺激**〕

分配適當的責任

這種類型的 CI 解決責任分配不當的問題。夏琵珞（2001）談到

在一個人感到安全之前，通常需要解決責任的錯誤分配問題。這種交織的目的是讓兒童從「這是我的錯」的循環，轉變為讓兒童開始適當地分配責任。

治療師：誰應該照顧兒童，是大人還是兒童？

　兒童：大人。

治療師：想著它。〔**雙側刺激**〕

讓我們假設一下　　　　　　　　　　　　　　　　　　　　　208

　　使用這種類型的 CI 可以幫助兒童思考積極的選擇並減少恐懼。

治療師：假設你可以說任何你想說的話，而不用擔心會發生什麼。你
　　　　打算說什麼？

　兒童：我恨你。

治療師：想像一下這樣說。〔**雙側刺激**〕

　　考慮另一個 CI 腳本：

治療師：假設你有三公尺高。你會怎麼做？

　兒童：我會踹他並跑掉。

治療師：想像一下這樣做。〔**雙側刺激**〕

　　還有另一種可能性：

治療師：無論是真實的還是想像的，你認識哪一個人，他或她的父母
　　　　不在場的情況下可以處理事情嗎？

　兒童：也許就像哈利波特一樣？

治療師：想著它。〔**雙側刺激**〕

　　CI 啟動後，恢復等量的雙側刺激掃視，並快速檢查以確定 CI 是否有用，並確認 CI 是否重啟處理。如果兒童拒絕 CI，請保持開放態度嘗試其他種方法。

使用認知交織在當前或未來的議題

　　在遇到處理當前或未來議題卡住時，也可以使用認知交織。

同化

　　同化有助於減少強烈的情緒並提供新的訊息來發展正向的未來行為。例如，即使肇事者入獄，兒童仍然很害怕：

治療師：他現在能傷害你嗎？
　兒童：不行。
　治療師：想著它。〔**雙側刺激**〕

209　言語和動作

　　治療師可以促進兒童用語言或動作表達或練習未來的行為。

治療師：你想對他說什麼？
　兒童：我要告發你。
治療師：想像一下。〔**雙側刺激**〕
治療師：現在大聲說出來。〔**雙側刺激**〕

摘要

　　本章為嘗試對受困於宣洩、強烈情緒反應、阻礙處理或感覺卡住的兒童或青少年使用 EMDR 治療的治療師提供支持和指導。由於治療師不知道如何處理這些挑戰以進行歷程更新，使治療師放棄對兒童

或青少年的 EMDR 治療，這樣很可惜。本章詳述的內容為治療師提供了指導、資訊和鼓勵，以便在遇到各種年齡層的兒童出現阻礙處理時得以繼續前進。

　　治療師必須了解兒童／青少年的阻礙處理是什麼樣子，以及是什麼導致歷程更新的挑戰。阻礙處理包括編輯、循環、麻木、迴避、解離和宣洩。處理阻礙處理的治療工具包括改變雙側刺激的方向和方式、運用技巧處理過低或過高的情緒存取、處理阻礙信念、標的支線記憶，以及使用認知交織做阻礙處理。這些技巧與用於成人的標準EMDR 治療中使用的技巧相同，但對兒童進行了一些修改和語言調整，如本章所述。治療師需要有工具和技術來處理阻礙處理，以幫助兒童擺脫困境並繼續歷程更新。

參考文獻

Shapiro, F. (2001). *Eye movement desensitization and reprocessing: Basic principles, protocols, and procedures* (2nd ed.). New York, NY: Guilford.

211

【第十一章】對嬰兒、幼兒和學齡前兒童 實施 EMDR 治療的調整

本章是新增的內容，並未出現在第一版的《EMDR 和兒童心理治療藝術》中。增加這一章是因為作者收到了許多關於與嬰兒、幼兒和學齡前兒童一起工作時如何調整 EMDR 治療的問題。由於兒童在不斷變化和成長，因此治療師必須考慮發展任務如何影響 EMDR 治療的實施（Adler-Tapia, 2012）。本章探討隨著兒童經歷發展階段，EMDR 治療如何階段性地展開。

童年充滿動態的過程，很少有兒童在所有領域都表現出均勻的發展——生理、運動技能、語言技能、智力、社交、情感的和關係上的。由於動態發展過程的不同步性，兒童和父母都可能會感到沮喪，甚至將發展問題標記為病態。與兒童一起工作的治療師必須了解兒童發展的不同步性，並在轉向病理性解釋之前先尋找對兒童「症狀」的發展性解釋。以這個理論基礎為背景，治療師可以設計一個治療計畫來解決兒童和家庭的需求。觀察和持續評估會用在治療計畫中，且是對所有年齡的兒童實施治療過程中持續使用的臨床技能。持續的發展觀察和評估會影響整個治療過程，因為兒童在一次會談中表現出的情況可能和下一次會談中完全不同。嬰兒、幼兒和學齡前兒童可能僅僅因為發展過程和成果而表現出顯著的變化。當治療師聚焦於兒童症狀的源頭時，可根據 EMDR 治療的各個階段，來制定一個以發展為基礎的治療計畫。

212 ## 虐待與忽視對幼兒神經系統的影響

由於兒童發育是一個快速成長的動態過程，因此兒童需要早期干

預和治療，以解決兒童虐待對大腦發育、學習和整體健康的影響。貝賽爾・凡・德・寇克（Bessel van der Kolk）博士撰寫了關於「發展性創傷疾患」（2005）的文章，描述兒童虐待和創傷對發育中大腦的影響。儘管發展性創傷疾患尚未被列入《精神疾病診斷和統計手冊第五版》（DSM-5）或《國際疾病診斷分類第十版精神和行為疾患分類：臨床描述與診斷指南》（ICD-10，2016；世界衛生組織，2016），但其對幼兒發生情況的解釋是個基礎。費里提和安達（Felitti and Anda, 1997; www.ACESTUDY.org）在童年逆境經驗（Adverse Childhood Experiences, ACE）研究中描述的發展性創傷障礙和童年逆境事件之長期後果，提供了嬰兒、幼兒和學齡前兒童需要早期進行創傷治療的明確證據。這就是為什麼與嬰兒、幼兒和學齡前兒童使用的 EMDR 治療提供了一種全面性和整合性的治療，可以解決兒童早期創傷的根源，防止長期的痛苦。

治療期、年齡和發展階段

　　本章總結了當案主和治療師同時經歷 EMDR 治療階段時，可能要考量兒童發展的每個階段的適應性調整。治療師面臨著考慮年齡層、發展階段和 EMDR 治療階段的挑戰。每個發展階段都建立在前一個階段的基礎上，並擴大到兒童各類發展的完成。本章包括下列發展類型：自我調節／情緒控制／行為、學習和記憶／認知發展、社交和行為技能、生理發展／獨立，以及溝通／語言發展。每個發展階段和兒童發展里程碑的進展都會影響 EMDR 治療階段的實施。

　　表 11.1 總結了基於兒童年齡和兒童所處發展階段對 EMDR 治療階段的考量。

213

表 11.1　治療階段、年齡和發展階段

年齡／發展 階段／治療	階段 1	階段 2	階段 3	階段 4	階段 5	階段 6	階段 7	階段 8
嬰兒 （0-12 個月） 嬰兒需要相信 這個世界、知 道他或她的需 要是重要的， 建立一個連 結，探索他或 她的身體與世 界，開始爬行 和溝通／牙牙 學語／指東 西。	與父母檢視出 生狀況、確認 症狀，並建立 治療計畫。	與父母和孩子 一起準備資 源，了解他們 對創傷的歷程 更新有什麼期 待。什麼能讓 孩子舒緩和平 靜下來？ 解 釋 EMDR 治療。	父母可以使用 孩子的溝通 風格，訴說 孩子的故事。 家長可以抱著 孩子並提供 BLAST。	階段 4-7 經常 重疊並快速發 生。嬰兒 可能會在創傷 披露時有抗 拒表現。即 使孩子睡著 了，也繼續做 BLAST。	在父母提供正 向的回饋下， 植入好感覺而 不是正向信 念。	協助用感官動 作網絡編碼記 憶的嬰兒專注 地做身體掃 描，並從頭到 腳 做 BLAST 「把痛痛敲 掉」。	為嬰兒和父母 做結束，以幫 助父母準備好 兩次治療中間 可能會發生的 狀況。	再評估症狀、 檢視治療進 展。評估發展 進展以及親子 關係。計畫從 治療中畢業。

（接續下一頁）

278

表 11.1　治療階段、年齡和發展階段（續）

年齡／發展階段／治療	階段 1	階段 2	階段 3	階段 4	階段 5	階段 6	階段 7	階段 8
幼兒（12-36個月）開始探索世界、變得獨立、參與在平行遊戲、走路、說話、並開始識別感覺。	從父母和孩子那裡蒐集資料，以形成治療計畫。	什麼能安撫孩子？什麼能使得孩子感覺好多了？了解 EMDR 治療。平靜／快樂的情境。找出幼兒覺得自在的 BLS 的類型。	父母和／或孩子可以說出有可怕的東西、不好的想法和噁心感覺的故事。用遊戲來表達。透過 TICES。遊戲或藝術創作，許多幼兒可以交流他們自己的故事。	父母可以提供 BLASTS；使用 BLS 技術，用積極和有創意的 BLS 來使孩子維持興趣和投入。	孩子對他或她自己有什麼好的想法？用 BLAST 來深植好的想法。	身體掃描經常快速發生。無論哪裡可以用感覺噁心，治療師可以用 BLS 幫孩子從頭到腳趾輕敲。治療師可能要解釋關於身體的反應。	為幼兒和父母做結束，以幫父母準備好兩次治療中間可能會發生的狀況，並提醒幼兒他們的安全／平靜情境。	同嬰兒期階段 8。詢問孩子他或她的感覺。

（接續下一頁）

215

表 11.1　治療階段、年齡和發展階段（續）

年齡／發展 階段／治療	階段 1	階段 2	階段 3	階段 4	階段 5	階段 6	階段 7	階段 8
學齡前兒童（37-60 個月）在遊戲中使用語言，嘗試互動性的遊戲。學習課程和社交的技能，變得更加獨立和願意冒險進入沒有父母的世界	詢問兒童什麼讓他們煩惱或感到不舒服。如同第三章中所述，父母提供的資訊會增加孩子的資料。與孩子和父母一起形成治療計畫。	解釋 EMDR 治療，並詢問孩子當他害怕或感到噁心時，如何幫忙增加或改變他或她感覺好一些。找出孩子喜歡的 BLS 的類型。建立安全／平靜情境。	整合遊戲治療、沙盤和藝術創作技巧。學齡前兒童有能力且可以以勝任表達出 TICES。	在創傷歷程更新階段，學齡前兒童常常快速地處理完成，並可以準備好以遊戲。歷程更新常常發生在感覺動作經驗中。	詢問孩子關於他或她自己好的想法，並用 BLAST 植入。	身體掃描通常迅速地發生。治療師可以幫學齡前兒童在任何受傷的地方輕敲或使用動器處理。	結束包括為家長準備好兩次治療期間可能發生的狀況，以及提醒學齡前幼兒練習資源。	同嬰兒期階段 8。
小學（6-10 歲）是具體的思考家，開始尋找同性別的支伴、同性別的同性別關係，他們會發展自己喜歡的行業和人格，綻放出獨特的個性。	詢問兒童什麼讓他們煩惱或感到不舒服。如同第三章中所述，父母提供的支持增加孩子的資料。與孩子和父母一起形成治療計畫。	什麼讓兒童感覺好一些？了解一些。解釋 EMDR 治療，安全／快樂的情境。找出孩子覺得自己出來的在的 BLS 的類型。	藉由談話治療、遊戲治療、沙盤或藝術創作技巧，找國小兒童有能力且可以以勝任表達出 TICES。	在創傷歷程更新階段，國小兒童常常非常快速地處理項目，可以繼續前進。歷程更新開始結合語言和說明。	詢問孩子關於他或她的想法，並用 BLS 植入。深植期通常非常快速。	身體掃描通常迅速地發生。治療師可以幫國小兒童在任何受傷的地方輕敲或使用動器處理。	結束期回顧兒童已辛苦完成的工作，以及參與過程中發生的事情。	和孩子與父母一起再評估治療進展狀況和治療計畫。兒童從治療中畢業。

（接續下一頁）

表 11.1　治療階段、年齡和發展階段（續）

年齡／發展階段／治療	階段 1	階段 2	階段 3	階段 4	階段 5	階段 6	階段 7	階段 8
青春期前（10-12歲）對同性別的朋友特別有興趣。青春期開始，需要隱私。他們具體且開始測試父母的價值觀。	詢問青春期前的孩子什麼讓他們煩惱或感到不舒服。如同第十二章中所述，父母提供的資訊增加青春期前的資料。與青春期前的孩子和父母一起形成治療計畫。	詢問青春期前的孩子有什麼讓他們對自己感覺良好，也詢問他們的興趣。解釋 EMDR 治療。探索 BLS。討論家庭問題和青春期前期孩子需要的資源。偵測（荷爾蒙對於情緒失控力的影響）。	青春期前的孩子能夠像成人一樣表達 TICES。可能會想用圖片或繪畫。NC 可能更關注在青春期孩子的社交生活和與同齡人的相處上。	青春期前孩子的歷程類似於成人，但可能需要較少來回次數的 BLS 且處理速度較快。治療師需要注意逃避反應，並詢問他們需要什麼幫助以繼續進行。	檢查 PC 並採用與成人相似的 BLS 深植。	身體掃描通常發生迅速且如同成人。除非青春期前的孩子學會忽略身體感受。治療師需要教導正念。	結束期如同兒童和成人。	與青春期前的孩子和父母一起再評估症狀和治療進展。要注意到青春期前的孩子情緒表現的範圍，從沒有情緒到非常興奮。治療師需要警覺非預期要看見的反應。

（接續下一頁）

表 11.1 治療階段、年齡和發展階段（續）

年齡／發展階段／治療	階段 1	階段 2	階段 3	階段 4	階段 5	階段 6	階段 7	階段 8
青春期初期（13-15 歲）較多抽象思考、開始浪漫的關係。對父母發展出矛盾行為——「我想靠近你但請你遠離我」。從父母身邊獨立的思考和興趣。	給青少年獨處的時間。詢問青春期初期的孩子想讓他們傾聽或感覺到不舒服。如同第十二章中所述，父母提供的資料。與青春期初期的孩子和父母一起形成治療計畫。	如同成人，除了青春期初期的孩子想要權力和控制權，但仍依賴著父母。評估資源和如何對成人和青少年表達需求。監測荷爾蒙對情緒的影響力。	青春期初期的孩子能夠像成人一樣使用 TICES。一些青春期初期的孩子可能想要用圖片或繪畫來表達 TICES、NCs 可能更關注在自我接納、自我中心和社會化上。	青春期可能處理較多的隱喻和注意逃避反應。阻塞處理可能會發生，因為渴望獨立且伴以害怕自力更生	檢查 PC 並採用與成人相似的 BLS 深植。	身體掃描通常發生迅速且如同成人，除非青春期初期的孩子學會忽略身體感受。治療師需要教導正念。	結束期結合青少子發生的事情，如同成人。	與青春期的孩子和父母一起再評估症狀和治療進展。

（接續下一頁）

217

表 11.1　治療階段、年齡和發展階段（續）

年齡/發展階段/治療	階段 1	階段 2	階段 3	階段 4	階段 5	階段 6	階段 7	階段 8
青春期（16-19 歲）對同性和異性的朋友都感到興趣。隨著年齡增長發展出更多的抽象思考，可能更自我中心，且把比較理想主義的或無所知的。	給青春期孩子獨處的時間。詢問青春期的孩子什麼都感到興趣。隨著年齡增長發展出更多的抽象思考，可能更自我中心，且把父母推測。可能會有初戀，思考他們的未來。是比較理想主義的或無所知的。	如同成人，除了青春期常想要獨立、有權力和控制權但又無法從父母身上獨立。如同第十二章中所述，家長提供的資訊增加孩子的資料。與青春期孩子一起形成治療計畫。	青春期的孩子可以像成人般使用 TICES。NCs 可能更關注在生活選擇、關係和獨立上。	如同成人。阻塞處理可能會發生，因為缺乏生活經驗。	檢查 PC 並用與成人相似的 BLS 深植。	身體掃描如同成人，除非青春期孩子學會忽略身體感受。治療師需要教導正念。	結束期結合孩子發生的事情，如同成人。	再評估過程如同成人。

每個年齡層都包含發展階段，包括：
自我調節/情緒控制/認知發展
學習和記憶/認知發展
社交技能和行為
生理發育/獨立
溝通/語言發展

BLASTS、雙邊（BL）、交替（A）、一組（S）、觸覺（T）、刺激（S）；BLS、雙側刺激；NC、負向認知；PC、正向認知；TICES、觸發（T）、圖像（I）、認知（C）、情感（E）、感覺（S）。

參與 EMDR 治療的嬰兒、幼兒和學齡前兒童的父母

父母積極參與治療，成為孩子的共同治療師，是與嬰兒、幼兒和學齡前兒童一起工作的關鍵部分。透過治療師對成人參與的指導，在治療過程讓父母融入治療療程中。

219　　治療師需要與照顧者建立同盟，照顧者實際上是治療過程中的共同治療師。父母的議題、風格和技能以及共同養育者的關係在任何兒童的症狀中都扮演重要角色。透過參與孩子的治療，父母有機會更深入地了解孩子的問題，並為會談室外的生活學習技能。

除了家長培訓外，治療師還使用互動和觀察技巧來評估家長與孩子的關係，並考慮任何需要解決的依附問題。本書前面包含了有關與依附問題兒童一起工作的其他資訊。通常父母不知道如何玩，因此治療師在會談室提供遊戲活動，以示範和指導父母如何與孩子一起玩。很多父母只在指導或教學時才與孩子互動，只是放鬆和玩耍時就不會與孩子互動。建議父母每天給孩子 15 分鐘的特定時間，讓孩子選擇活動，父母必須做孩子想做的任何事情，這會很有幫助。

父母可能會為他們造成孩子的問題感到掙扎。有些父母可能對孩子的問題有所洞察，但需要治療師的確認。其他父母可能不知道如何回應兒童，則需要訓練和指導。治療師可以教導父母處理兒童問題的行為干預技巧，而其他父母則將從育兒課程和教育資料中受益。

對父母有用的資料包括《再次長大》（*Growing up Again*, Clarke & Dawson, 1998）和布列茲頓（T. Berry Brazelton）醫生的書籍，例如《接觸點的基本參考》（*Touchpoints: The Essential Reference*, 1992），《接觸點：出生至三歲》（*Touchpoints: Birth to Three*, 1992），第二版，修訂版（Brazelton & Sparrow, 2006），和《最早的關係》（*The Earliest Relaitonship*, Brazelton & Cramer, 1990），以及《由內而外的育兒》（*Parenting From the Inside Out*, Siegel & Hartzell, 2003）。圖書館和網路為家長提供了廣泛的資源，有助於探索。培利（Bruce Perry）博士的

網站（www.childtrauma.org）和〇到三歲網站（www.zerotothree.com）可獲取有關育兒的更多訊息。

　　育兒還包括設定適當的限制和界限以及紀律。治療師可以利用治療中的機會來教導和示範正增強，以及使用自然和邏輯結果的技能。治療師和父母可以透過書籍和線上影片來學習更多關於正向管教和有效養育。治療師可以舉例說明對兒童健康的再定向和正增強的方法，同時也為父母提供滋養和鼓勵。

　　父母也應該觀察、學習並適應孩子的需求和溝通。本書通篇討論了父母的參與，但父母參與年幼孩子的治療明顯提升了臨床歷程。本章在討論各個階段如何進展時，也提供家長如何參與的建議。

　　治療師可以透過教授基本的育兒技巧來引導父母參與。首先，治療師和父母可能需要坐在地板上並積極地與年幼的孩子一起活動，以提高孩子對會談室和治療師的安全感。鼓勵父母抱著他們的孩子，以便為孩子提供一個讓孩子在新環境中感到舒適的大本營。其次，治療師可以教父母如何提供孩子「**安全照護模式**」（SAFE CARE MODEL）（Adler-Tapia，2016 年未發表的文件）。安全（SAFE）包括使用舒緩的聲音（Soothing voice）、和兒童同步（Attunement）以及用臉部表情（Facial Expression）向兒童說明他或她在會談室中沒事且安全。父母被教導提供照護（CARE），包括父母與兒童的連結（Connected）、為兒童的主動性和活動拍手鼓掌（Applause）、對兒童在診療室的行為負責（Responsibility），以及對兒童的適當行為和成功給予鼓勵（Encouragement）。MODEL 是透過考慮兒童的經歷來進行心智化（Mentalizing），從客觀的（Objective）立場出發，採用教育和愛的紀律（Discipline with Education and Love）。安全照護模式可以在會談室中，透過 EMDR 治療的各個階段來教授和練習，目標是讓父母學會在診療室外使用這些技巧。形塑這些技巧和增進父母的進展是在 EMDR 治療階段中互動的關鍵部分。

220

心智化和 EMDR 治療

親子關係中的心智化（Allen & Fonagy, 2006）是一種同時存於理論和臨床的介入，並且貫穿於 EMDR 治療的所有階段。父母將孩子的行為意圖歸因於什麼？有些父母能夠準確地評估孩子試圖傳達的需求，而另一些父母則將年幼孩子的行為解釋為故意試圖對父母造成某種負面影響。例如，父母報告說：「當她不睡覺時，她只是想讓我生氣。」父母將高水平的認知和意圖歸因於一個六個月大的嬰兒。因此，溫柔地教育父母，並為嬰兒的睡眠問題提供替代解釋，可幫助疲憊和沮喪的母親能夠與嬰兒建立聯繫，並更好地了解她的嬰兒。心智化理論教導父母考慮兒童的意圖或兒童行為的原因，以及這些行為如何影響父母，以幫助父母更好地了解兒童的發展以及兒童如何表達需求。

嬰兒和父母需要合作協調和同步他們的互動和情緒。父母可能需要學習他們的嬰兒是如何感受以及他們的嬰兒想溝通什麼。父母還需要學習他們自己的行為是如何影響兒童。評估親子氣質和氣質的差異是很有幫助的（Adler-Tapia, 2012）。

此外，患有心理健康問題但尚未治療和有藥物濫用問題的焦慮父母將需要額外的支持和治療，以改善家庭系統的運作。轉介給支持團體、育兒班，為父母提供其他類型的治療，通常是兒童治療計畫的一部分。

221　　幼兒 EMDR 治療的階段還結合了各種遊戲治療技巧和技術、沙盤和藝術治療的使用，以及改編自親子互動治療（PCIT; Eyberg）和格林斯潘（Greenspan）的地板時間（Floortime, 1999）的技巧。更多有關整合 EMDR 治療和遊戲治療的資訊，請參閱阿德勒－塔皮亞（Adler-Tapia, 2012）。發展理論、育兒技能訓練和指導家長在治療中的角色，都為 EMDR 治療階段的臨床工作奠定了基礎。同時，治療師會調整每個階段的目標和主題，以適應兒童的發展。

EMDR 治療階段一：對嬰兒、幼兒和學齡前兒童之蒐集個案史、個案概念化和治療計畫

正如在第三章關於蒐集個案史、個案概念化和治療計畫階段的討論，治療師開始從發展的角度建立關於兒童所經歷的以及是什麼促成當前症狀表現的假設。治療師總是想知道：兒童試圖溝通什麼？兒童在這個世界上經歷到什麼？出了什麼問題？將嬰兒、幼兒和學齡前兒童的個案史、個案概念化和治療計畫與準備期的目標相結合。治療師經由治療來評估，逐漸轉變為與兒童及其家庭系統、互動和教育同步。

嬰兒、幼兒和學齡前兒童的評估

大多數治療師不會對兒童案主進行標準評估；然而，要與嬰兒、幼兒和學齡前兒童達成有效的心理治療，考慮其發展歷程是必要的。根據格林斯潘和密瑟爾斯（Greenspan Meisels, 1996）的說法，「發展的評估旨在加深對兒童能力和資源的了解，以及最有可能幫助兒童充分利用其發展潛力的照顧方式及學習環境之認識。」（p. 11）心理治療的目標是透過 EMDR 治療各個階段，使兒童恢復他或她的發展潛力。

發展的評估

幼兒經常被擔心臨床、情緒、行為、管理和情境問題的父母帶到治療中。在兒科醫生排除了對兒童症狀的醫學解釋後，有些父母可能已被兒科醫生轉介治療。如果尚未諮詢兒科醫生，治療師需要考慮建議轉診給兒科醫生進行進一步評估，以排除任何同時發生或促成的醫療條件。

治療師可能會選擇先單獨與兒童的照顧者會面，然後再將兒童納入其中。一旦兒童被納入治療過程，治療師就會評估兒童的發展和親

222

子互動。作為 EMDR 治療初始階段的一部分，治療師整合了早期啟蒙計畫推薦的標準化嬰幼兒評估過程。從第四號技術支援文件中，以下的建議總結了嬰兒、幼兒和學齡前兒童的第一階段 EMDR 治療的過程。

該過程的步驟如下：

1. 與父母／照顧者建立聯盟，討論家庭的問題和顧慮。
2. 獲得發展史和目前的家庭經歷。
3. 觀察兒童在與父母和／或熟悉的照顧者同在的情況下，自發性玩耍的情形。
4. 如果合適，觀察兒童和評估者／臨床醫生之間的互動。
5. 根據需要對各個功能進行具體評估。
6. 使用發展模型做為框架來整合所有資料，以創建兒童的整體圖像。在與家庭結盟的情況下傳達評估結果。（www.zerotothree.org/child-development/mental-health-screening-assessment/thepowerofplay-1.pdf）

當治療師穿梭於這些步驟，治療師也傾聽可能的問題，這些問題促成兒童和家庭轉介治療的症狀。

對於童年的問題，重要的是還要在發展的架構內評估出現症狀的原因。此外，任何對兒童的治療都包括教育父母什麼是可預測和正常的，以及什麼可能是一個需要關注的地方。〇到三歲網站為父母和照顧者提供了了解嬰兒、幼兒和學齡前兒童的寶貴資訊。該網站還包括〇到三歲的診斷分類—修訂版（DC 0-3R, 2005）。

對於每種類型呈現的問題，臨床醫生需要考慮兒童的實際年齡來評估預期發展的範圍。如果兒童的發展處於兒童實際年齡的預期範圍內，而父母有不切實際的期望，則治療將專注在父母的教育和訓練。一旦排除了育兒問題和發展問題，並且治療師確定心理健康問題是兒童症狀的根源，那麼治療師可以繼續進行 EMDR 治療。

嬰兒、幼兒和學齡前兒童的創傷評估　　　　　　　　　　　223

　　嬰兒、幼兒和年幼兒童的其他創傷症狀包括以下內容。（本章末尾包含一個評估工具。）

　　任何年齡層兒童的創傷和痛苦症狀可能包括：

1. 重新體驗痛苦／創傷事件：
   - 以暗示痛苦為主題的重複性創傷後遊戲
   - 因提醒喚起困難經歷而苦惱
   - 解離發作—無法餵養／無法茁壯成長
2. 麻木反應或干擾發展動力：
   - 鑒於兒童的發展水平下，出現新的或未預期的社交退縮
   - 情感受限
   - 技能喪失—退化
3. 增加喚醒
   - 睡眠障礙
   - 注意力廣度窄
   - 高度警覺
   - 驚嚇反應—高度警覺
   - 難以安定
4. 新的恐懼和攻擊性
   - 攻擊性行為
   - 執著的行為
   - 害怕上廁所和／或其他生理照護，如洗澡和換衣服
   - 易怒
   - 對陌生人、熟悉的人、成人和兒童有身體上的攻擊性
   - 反覆對人吐口水
   - 間歇性拒絕上幼兒園且伴隨分離焦慮
   - 受限的遊戲和退縮行為

- 食欲下降

- 負面的情緒

- 難以入睡和頻繁醒來且伴隨無法安撫的哭泣

- 嚴重限制性的遊戲或減少遊戲行為

- 廣泛性的憤怒

- 黏人和焦慮

- 對父母和／或照顧者的黏人和／或攻擊性行為

224　　　對嬰兒、幼兒和學齡前兒童進行 EMDR 治療的目標是幫助兒童和他或她的家人解決導致兒童症狀的問題。最終目標是讓兒童回到與生俱來的健康軌跡，並預防未來的心理健康問題。治療師和父母需要意識到，嬰兒、幼兒和學齡前兒童透過感覺－運動體驗與世界互動，並依賴人際關係生存。EMDR 治療會將嬰兒的主要照顧者列入治療過程中。主要照顧者評估和適應兒童需求的能力可能是治療目標。使用第三章中討論的佛葛西的「情緒轉盤」，治療師可以同時觀察和評估親子協調程度。此外，如前所述，若治療師能夠具有觀察和評估照顧者「心智化」兒童行為的能力是有幫助的。

EMDR 治療個案概念化：嬰兒（0-12 個月）

　　　人類生命開始的頭十二個月是充滿變化和令人興奮的。很難想像這些年幼的兒童的心理健康問題和創傷，然而許多嬰兒由於各種原因而遭受心理健康問題，包括在子宮內和生產時的創傷、醫學／遺傳問題、育兒問題、母親的健康和心理健康以及其他可能發生在兒童生活中的事件。許多患有慢性焦慮症的成年人報告有生產創傷，包括臍帶纏繞在新生兒脖子上或臀位出生。這些生產併發症經常被忽視或低估，然而發育中的大腦剛來到這世界卻在呼吸和存活之間奮戰。

EMDR 治療個案概念化：幼兒（13-24 個月）

除了嬰兒期的挑戰之外，幼兒需探索世界並培養可獨立於照顧者的技能。幼兒的任務是說話、走路、餵食、社交和其他人際交往技能，如與兄弟姐妹和朋友的關係。父母需要了解幼兒正在學習如何互動，但通常是平行參與而不是互動遊戲，幼兒很少參與輪流玩的遊戲。

EMDR 治療個案概念化：學齡前兒童（25-60 個月）

除了之前討論的任務外，學齡前兒童正在學習管理世界並與更多人互動。學齡前兒童非常有能力使用遊戲治療和其他表達技巧來完成 EMDR 治療法的各個階段。這些年幼的兒童正在探索他們的世界，使用語言進行交流，並在學習管理世界時積極表達感受和偏好。

EMDR 治療準備期

225

在 EMDR 治療的準備期，兒童可能需要培養技能和資源來應對特定症狀和診斷。例如，大多數案主將受益於學習放鬆和呼吸技巧。可以教導父母使用自己的身體和呼吸來幫助嬰兒或幼兒進行深呼吸。還可以教兒童吹泡泡來幫助自己吸氣和呼氣來放鬆。兒童也可以學習吹氣球，然後將空氣從氣球中排出，以幫助教導兒童做深呼吸。

挫折耐受能力差的兒童可能會從學習年輕版的「控制情緒技術」練習中受益。這可以透過玩一個遊戲來實現，先給兒童一個玩具，並讓兒練習放下玩具，讓父母或治療師能撿起來。治療師也可以讓父母抱著兒童玩交易遊戲，治療師首先給兒童一些可以拿的東西，然後提出用治療師拿著的東西交換。這教會兒童信任治療師，並從坐在父母腿上的安全基礎上進行互動。治療師也可以給兒童一顆小軟球扔擲，然後治療師可以取回球，並將球交給兒童，或輕輕地將球扔到兒童的腿上。透過遊戲獲得資源可以是很有趣的，並在會談室和治療師那裡

創造安全，同時讓父母學習如何讓兒童平靜下來。當兒童被教導資源和掌握技能，如情緒辨識、情感調節、處理強烈情感的技能時，對兒童的心理治療是最有效的。這些技能在第九章中有詳細討論。

親子關係是嬰兒和幼兒的主要資源，同時確保滿足兒童的基本需求。兒童的日常安排包括進食和打盹之評估，會影響治療過程。與嬰兒和幼兒一起工作的治療師知道當兒童疲倦和／或飢餓時，很難與他們一起工作。治療師應與父母協商，在兒童醒著的時候安排治療。

EMDR 治療的機制

EMDR 治療的**座位**通常包括治療師、父母和兒童坐在地板上，以讓兒童在會談室中感到安全，並用安全的方式進行互動。兒童在會談室和與父母在一起感到安全，需要治療師在與兒童互動時緩慢移動並使用柔和／平靜的聲音。治療師和父母是兒童治療的主動參與者。

交替的雙側刺激可藉由玩具用很多種方式教導。當治療師用玩具或兒童有興趣且吸引他／她眼睛的物品，非常年幼的兒童可以用他們的眼睛跟隨它 8 到 10 次。作者曾記錄了 5 個月大的兒童，在成人使用瓶子或熟悉的玩具時能夠跟隨眼球運動。兒童還喜歡交替的雙側觸覺刺激，父母輕拍或輕輕擠壓兒童的腳、腿或手臂。年幼的兒童也喜歡使用交替雙側刺激的 NeuroTek 設備。當使用雙邊、交替的觸覺刺激或 BLASTS（瑟林〔Serrin〕，個人交流，2016 年 1 月 2 日）時，許多兒童會放鬆和想睡。有些兒童甚至會睡著，父母可以繼續拍打和／或搖晃兒童，讓兒童放鬆並感到安全。這種互動促進兒童和父母之間獲得同步和依附體驗。

治療師還可以使用香氣來幫助父母教兒童放鬆並感到安全。簡單的氣味，如嬰兒乳液、薄荷、香草、父母的乳液／古龍水，以及其他簡單的香味，可以教會父母和兒童一起放鬆。

搖擺也是一種很有幫助的交替式的雙側刺激，讓父母和孩子相互同步，也讓孩子放鬆。父母在搖晃孩子時可以邊說讓兒童擔心的故

事，並告訴孩子他或她現在是安全的。如果父母坐在地板上，兒童坐在父母腿上，父母可以左右搖擺，提供交替刺激。此外，治療師可以輕拍兒童的腳或腿，或與父母有節奏地輕輕擠壓兒童的腳。當治療師教父母安撫兒童的同時，也促進依附關係。

有很多方法可以教父母如何幫助嬰兒或幼兒放鬆。詢問父母兒童做了哪些自我安撫可以為 EMDR 治療準備期的工作提供方向。這個階段的目標是讓父母和兒童從創傷工作中做好準備。即便如此，到目前為止討論的過程可能已經幫助嬰兒、幼兒或學齡前兒童歷程更新了創傷。對於非常年幼的兒童，這些階段通常是交織在一起的，且在創傷歷程更新階段正式開始之前，症狀已有改善。

個案概念化持續協助治療師和父母假設資訊是如何被非適應性編碼並驅動兒童症狀的表現。治療師持續概念化發展問題在治療過程中的角色，同時還考慮「發展性創傷疾患」的影響。最後，治療師需要在評估解離的同時，也要意識到兒童經歷的任何醫療干預和／或創傷的影響。考慮到這些問題時，治療師必須思考還需要做什麼，來讓兒童和父母為創傷的歷程更新做好準備。

嬰兒、幼兒和學齡前兒童和他們的照顧者
如何做好創傷歷程更新的準備？

父母和照顧者需要了解創傷如何影響大腦發育以及「發展性創傷疾患」的概念（van der Kolk, 2005）。父母需要能夠透過在治療和自然環境中為孩子提供情感和身體的支持來協助孩子。治療師需要向家長解釋，在創傷歷程更新之後，孩子可能會在歷程更新後立即出現發脾氣和更嚴重的失調，但後來會表現出顯著發展上的進步。

227

案例研究：拉翠絲

　　拉翠絲（Latrice）八個月大時，她的母親在開車時被槍殺。拉翠絲一直與她的外公、外婆住在一起，並與她母親的家人一起參加 EMDR 治療課程；然而，當她 2 歲時，她變得非常黏人。

　　拉翠絲會瀏覽外婆手機上的照片，不斷地詢問她的外公、外婆、舅舅和其他家庭成員在哪。外婆問 EMDR 療法是否對拉翠絲有幫助。治療師和外婆讓拉翠絲在白板上畫了嚇壞小女孩的猴子和蟲子。拉翠絲會握著觸動器，當她用紙巾從兩側擦掉白板上的猴子和蟲子時，她就以她手上的觸動器進行雙側刺激。最初，拉翠絲說：「猴子很可怕。」每次外婆和拉翠絲畫猴子的時候，她都會說「嚇人」，然後用兩側的筆觸把畫擦掉。緊接著，拉翠絲咧嘴笑道：「猴子真有趣。」拉翠絲會抓住觸覺雙側刺激的觸動器，按住猴子圖片上的觸動器，指示治療師將它們「打開」，然後「關閉」。當她放鬆時，治療師按照這個幼兒的指示和外婆一起畫更多的猴子。拉翠絲能夠自己識別消極和積極的想法——「猴子嚇人」和「猴子很有趣」。然後治療師問是否還有什麼讓她害怕的東西，外婆問拉翠絲關於蟲子的事情。外婆在白板上一遍又一遍地畫著蟲子的圖形，拉翠絲會把觸動器放在蟲子上。她甚至會用紙巾擦掉白板上的蟲子，用手來回移動，眼睛跟著它。每次拉翠絲都會說「噁心」。有一次，拉翠絲將食指放在蟲子上，然後伸出手指說「咬」，然後將觸動器放在她的手指上。最終，拉翠絲站了起來，踩白板上的蟲子，這表明她已經掌握了對蟲子的恐懼，現在可以踩蟲子，然後用紙巾把它從鞋子上擦掉。然後，拉翠絲將觸動器放在胸前，看著她的外婆。她凝視著外婆，開始把觸動器放在外婆的心上。外婆多次告訴拉翠絲她的心碎了，所以她一直哭。治療師意識到，當拉翠絲問起她外婆手機

228

上的所有人時，當她看到她的照片時，她從來沒有問過她的生母在哪裡。拉翠絲會在照片中認出她的親生母親，但從不問她在哪裡。當治療師問拉翠絲：「媽媽席德妮在哪裡呢？」拉翠絲說：「都沒有了。」治療師幫助拉翠絲和外婆處理關於「媽媽席德妮」的悲傷。

在下一次治療中，外婆報告說，最初孩子在治療後兩天發脾氣，然後孩子表現出在發展技能方面的顯著進步。外婆估計孩子從前一次會談後用了 100 個生字，孩子也不再尋找每個人，並毫不猶豫地在會談室玩玩具蟲。

在 2 歲時，拉翠絲能夠歷程更新她母親被謀殺後出現的症狀，然後發展有顯著的進步。拉翠絲不再表現出對蟲子或猴子的恐懼，並停止尋找家人。她不再黏人，開始更加獨立於她的外婆。在這次創傷歷程更新的過程中，外婆是積極的參與者，支持拉翠絲，而沒有為孩子詮釋或翻譯。治療師向外婆示範可以如何跟隨孩子的帶領和結合安全照護模式的技能。外婆和治療師與拉翠絲坐在地板上，拉翠絲帶領著大人表達她的恐懼，並以 EMDR 治療歷程更新她的症狀。

嬰兒、幼兒和學齡前兒童的 EMDR 治療之創傷歷程更新階段

正如在拉翠絲的案例中所描述的，與嬰兒、幼兒和學齡前兒童的創傷歷程更新階段通常是一個持續的階段。對於嬰兒，父母可能能夠向治療師描述孩子發生了什麼，孩子表現出什麼樣的情緒，以及父母觀察到的任何身體問題。兒童可能會表現出餵養、自我調節和缺乏發展動力的問題。年幼的兒童可能不會在發展上取得進步，而幼兒和學齡前兒童可能會在先前已掌握的技能上出現退化。在沒有醫學理由的

229

情況下，無法餵養和／或無法茁壯成長的兒童可能會表現出解離的症狀（Adler-Tapia, 2014）。

評估、減敏、深植、身體掃描和結束期

　　與未滿 14 個月大的嬰兒進行創傷歷程更新階段，最有可能需要父母做為助手來表達孩子可能的創傷事件、情緒和身體感受。治療師可以引導親子團隊關注孩子的反應來完成各個階段。如前所述，嬰兒不透過文字或圖像，而是藉由感覺運動記憶網絡來表達症狀。治療師和父母專注於讓孩子在安全的環境中度過創傷並治癒。在 EMDR 治療的各個階段中結合遊戲治療、親子互動治療（PCIT）和地板時間（Floortime），是治療嬰兒、幼兒和學齡前兒童痛苦和創傷的整合性方法。

　　身體掃描可以與嬰兒、幼兒和學齡前兒童一起完成，讓父母透過上下輕拍兒童的身體，輕輕地交替提供雙側刺激。輕拍的替代方法可包含加強的交替雙側施力，包括擠壓兒童的腳、小腿、手、前臂和／或甚至兒童鬢角的兩側。身體乳液和／或氣味（精油）可用於增強交替雙側施力身體掃描過程的效果，以幫助兒童放鬆。可以教導父母在家中提供這種舒緩的活動，以幫助兒童放鬆和平靜。這項活動為親子依附關係提供了機會，甚至可以幫助父母放鬆身心，與孩子都有個平靜的身體。

案例研究：傑里米

　　一位作者與養母史蒂芬妮（Stephanie）和她 14 個月大的養子傑里米（Jeremy）一起工作。史蒂芬妮是一位經驗豐富且有效能的母親。她曾和其他收養的兒童一起參加 EMDR 治療。她曾問過治療師，由於傑里米的症狀，使用 EMDR 治療是否可以幫

助這個小傢伙。第一次見面時，在診療室裡，傑里米坐在史蒂芬妮的腿上一動也不動，呈現出解離。他的腿垂著，既沒有踢也沒有動，也沒有試圖從養母身邊扭開。史蒂芬妮講述傑里米是如何進入她家的故事時，她解釋說，在他 5 個月大時住院，他有 28 根骨折處於不同的癒合階段。當她描述他的病情和症狀時，治療師用手偶插在短棍上，讓小男孩用他的眼睛追蹤手偶。在必須更換玩具以保持小男孩的興趣之前，治療師能夠進行 8 到 10 次來回過程。治療師和養母使用諸如「痛痛」和「可怕的」之類的詞來幫助兒童度過這個經驗。當養母描述兒童的所有受傷情況時，治療師用一個柔軟的手偶敲他的腳趾並說「那一定很痛」。治療師一直用手偶敲他的膝蓋，然後是手臂，最後是肩膀，因為在他來醫院之前，有人折斷了他所有的腳趾、腿和手臂。隨著這個過程的展開，傑里米變得憤怒。治療師建議他們結束當天的創傷處理，讓史蒂芬妮只抱著傑里米搖晃。在下一次的治療中，史蒂芬妮報告在第一次會談之後，傑里米立即發脾氣，她以前從沒見過他這樣。史蒂芬妮解釋說，一連三天傑里米都非常激動，但隨後他開始笑得更多，也會爬行和咿呀學語。傑里米同時也開始接受發展性服務，因為醫生預計他需要手術來修復他腿上的所有損傷。不到兩週，傑里米就可以爬行並用腳趾站立行走，但他的養母擔心他感覺不到任何疼痛。治療師和養母繼續使用遊戲治療活動，並同時結合對傑里米描述發生的事情。養母在六週內連續講了三次傑里米的故事。史蒂芬妮會描述傑里米的所有受傷情況，以及他在被安置在養母家之前送去醫院一個禮拜的經歷。史蒂芬妮描述傑里米在換尿布時非常拘謹和高度警覺，以及她如何告訴傑里米他很安全。當家裡的其他兒童大聲喧嘩時，傑里米也很容易被嚇到。

　　儘管傑里米在所有領域都被評估為發展遲緩，但他開始快

速地發展。在四次 EMDR 治療結束時，他邊走邊咿呀學語，跟著媽媽穿過會談室。傑里米被他的寄養家庭收養，在 4 歲時似乎在所有領域都處於預期內的發展階段。他是一個快樂而受人喜愛的 4 歲兒童，從未因任何傷病接受過手術。治療師和父母與傑里米合作，試圖幫助激活和歷程更新感覺運動網絡中的記憶。沒有人確切地知道傑里米生命的前 4 個月發生了什麼，但無論在他身上發生什麼都是可怕的，且沒有人被追究責任。傑里米找到了一個美好的永遠的家，在那裡他茁壯成長，並和他的哥哥一起被收養。幸運的是，傑里米的養母非常了解 EMDR 療法，並與治療師一起解決傑里米的創傷症狀。傑里米似乎在會談結束後「醒來」，並獲得快速的發展。

不可能完全理解拉翠絲和傑里米在嬰兒期的經歷，但可以從他們的症狀中推斷出他們的經歷。兩個兒童都遭受了嚴重的創傷，但很快就被安置在高度協調和有養育能力的父母和家庭中照顧。然而，每個幼兒已經和他或她各自的新家庭待了將近一年，仍然表現出讓他或她接受治療的症狀。他們的感覺運動記憶網絡中編碼了什麼？他們的症狀與嬰兒期創傷之間有什麼聯繫？

摘要

本章以前幾章為基礎，討論 EMDR 治療在與嬰兒、幼兒和學齡前兒童工作各階段的調整。當治療階段以適合發展的方式呈現時，EMDR 療法對所有年齡層的案主都是一種有效的治療方法。與嬰兒、幼兒和學齡前兒童一起使用 EMDR 療法可以讓治療師提取、激活和歷程更新導致兒童症狀的感覺運動記憶網絡。對於非常年幼的兒童，父母是主動參與者和共同治療者。治療師對父母進行有關發展階

段和兒童症狀的教育，以確保是由發展的角度引導個案概念化，而不是從病理學的角度。ACE 研究表明，這些童年逆境經驗可能是終生醫療和心理健康症狀的根源。也許如 EMDR 治療的創傷治療在內的早期介入，可以改變 ACE 研究對許多嬰兒、幼兒和學齡前兒童預測的軌跡。

232

嬰兒、幼兒和學齡前兒童的創傷性壓力症狀檢查表
羅比・阿德勒－塔皮亞博士（Robbie Adler-Tapia, PhD）

日期＿＿＿＿＿＿＿＿＿＿　案主姓名＿＿＿＿＿＿＿＿＿＿＿

生日＿＿＿＿＿＿＿＿＿＿＿

父母／照顧者姓名＿＿＿＿＿＿＿＿＿＿＿＿＿＿＿＿＿＿＿＿＿

請列出所有照顧您的孩子的人＿＿＿＿＿＿＿＿＿＿＿＿＿＿＿＿＿

請考慮下列症狀。選擇您留意到孩子最近的任何改變程度，而且這些改變不是孩子這個年齡預期會有的變化。

沒有改變	輕微改變	最低改變	中等改變	顯著改變
1	2	3	4	5

飲食

1. 吃飯、餵奶、喝水的時間長度	1	2	3	4	5
2. 專注／注意力	1	2	3	4	5
3. 對食物／配方的挑剔	1	2	3	4	5
4. 食物／配方食品的攝取量	1	2	3	4	5
5. 進食的頻率	1	2	3	4	5

睡眠

6. 有入睡問題／抗議行為	1	2	3	4	5
7. 在沒有父母長時間互動的情況下入睡	1	2	3	4	5
8. 對噪音的反應	1	2	3	4	5
9. 醒來的頻率	1	2	3	4	5
10. 睡眠時間長度	1	2	3	4	5
11. 比過去早醒來	1	2	3	4	5
12. 飯後重新入睡（夜間）	1	2	3	4	5
13. 睡眠障礙（惡夢等）	1	2	3	4	5

過渡

14. 從一項活動更改為另一項活動的痛苦	1	2	3	4	5
15. 換衣服或換尿布的痛苦	1	2	3	4	5
16. 離開家的痛苦	1	2	3	4	5

17. 進入汽車座椅的痛苦	1	2	3	4	5
18. 難以與父母／照顧者分開	1	2	3	4	5

情緒

19. 自我冷靜的能力	1	2	3	4	5
20. 可被父母或照顧者安撫的能力	1	2	3	4	5
21. 發牢騷、煩躁易怒	1	2	3	4	5
22. 焦慮／痛苦的證據／不安	1	2	3	4	5
23. 發脾氣或表達憤怒	1	2	3	4	5
24. 黏人行為	1	2	3	4	5
25. 驚嚇反應	1	2	3	4	5
26. 避免與父母凝視／目光接觸	1	2	3	4	5
27. 發聲／喋喋不休／說話的頻率	1	2	3	4	5
28. 攻擊性行為（打、拍等）	1	2	3	4	5
29. 能量水平（透過遊戲、飲食等證明）	1	2	3	4	5
30. 想像力遊戲	1	2	3	4	5
31. 新的和／或不同的創傷遊戲主題	1	2	3	4	5
32. 新的和／或不同的恐懼	1	2	3	4	5
33. 兄弟姐妹和／或同伴關係／互動	1	2	3	4	5
34. 發展技能（語言／運動等）退化	1	2	3	4	5
35. 生病的頻率（感冒、耳朵感染等）	1	2	3	4	5
36. 與排便／排尿有關的行為	1	2	3	4	5

請列出您對您孩子的任何其他擔憂：＿＿＿＿＿＿＿＿＿

＿＿＿＿＿＿＿＿＿＿＿＿＿＿＿＿＿＿＿＿＿＿＿＿＿

請列出您曾為幫助您的孩子採取的任何步驟：＿＿＿＿＿＿

請列出任何您的孩子目前正在服用的藥物：＿＿＿＿＿＿＿

請列出您孩子的特殊需求：＿＿＿＿＿＿＿＿＿＿＿＿＿＿

＿＿＿＿＿＿＿＿＿＿＿＿＿＿＿＿＿＿＿＿＿＿＿＿＿

您的孩子是否曾遭受過創傷（車禍、家庭暴力、火災等）？＿＿＿＿＿

如果是，請解釋：＿＿＿＿＿＿＿＿＿＿＿＿＿＿＿＿＿

您的兒童是否接受過任何其他醫療或心理健康專家的評估？

如果是，請說明：＿＿＿＿＿＿＿＿＿＿＿＿＿＿＿＿＿

參考文獻

Adler-Tapia, R. L. (2012). *Child psychotherapy: Integrating theories of developmental psychology into clinical practice.* New York, NY: Springer Publishing.

Adler-Tapia, R. L. (2014). Integrating developmental theory into clinical practice with young children demonstrating symptoms of trauma and dissociation. Presentation at the Infant Toddler Mental Health Coalition of Arizona (ITMHCA) Annual Conference.

Adler-Tapia, R. L. (2016). Safe care model. [PowerPoint] Keynote presented at the Trauma Informed Care Conference, Des Moines, Iowa.

Allen, J. G., & Fonagy, P., (Eds.). (2006). *Handbook of mentalization-based treatment.* Chichester, UK: John Wiley.

Brazelton, T. B. (1992). *Touchpoints the essential reference: Your child's emotional and behavioral development.* Reading, MA: Perseus Books.

Brazelton, T. B., & Cramer, B. G. (1990). *The earliest relationship: Parents, infants, and the drama of early attachment.* New York, NY: Addison Wesley.

Brazelton, T. B., & Sparrow, J. D. (2006). *Touchpoints: Birth to 3: Your child's emotional and behavioral development* (2nd ed., rev.). Cambridge, MA: Perseus.

Clarke, J. I., & Dawson, C. (1998). *Growing up again.* Center City, MN: Hazelton.

Felitti, V. J., & Anda, R. F. (1997). The Adverse Childhood Experiences (ACE) Study. Centers for Disease Control and Prevention. Retrieved from http://www.cdc.gov/ace/index.htm

Greenspan, S. (with Lewis, N. B.). (1999). *Building healthy minds: The six experiences that create intelligence and emotional growth in babies and young children.* New York, NY: Perseus Books.

Greenspan, S., & Meisels, S. (1996). *Toward a new vision for the developmental assessment of infants and young children.* Washington, DC: Zero to Three, National Center for Infants, Toddlers, and Families.

Siegel, D., & Hartzell, M. (2003). *Parenting from the inside out.* New York, NY: Penguin.

van der Kolk, B. (2005). Developmental trauma disorder. *Psychiatric Annals, 35*(5), 401–408.

World Health Organization. (2016). *ICD-10 Classification of Mental and Behavioural Disorders: Clinical Descriptions and Diagnostic Guidelines* (*ICD-10 Version: 2016*). Geneva, Switzerland: Author. Retrieved from http://apps.who.int/classifications/icd10/browse/2016/en#

235

【第十二章】為青春期前兒童和青少年修訂之 EMDR 治療

　　運用 EMDR 治療與青春期前兒童及青少年工作，基本上和與成人工作的程序性步驟是一樣的。然而，治療師可以對 EMDR 治療階段做一些調整，使其更加適合這些年齡群體的特殊發展需求。

　　本章節討論與青春期前兒童和青少年工作時，在堅守八階段的情況下調整 EMDR 治療的運用。就本書的目的而言，將「青春期前兒童」定義為年齡 10 至 12 歲之間，而「青春期或青少年」則是意指 13 至 18 歲之間。為了幫助治療師更好地了解青少年與其發展階段，將此年齡層劃分為三個範疇：青少年前期、青少年中期、青少年晚期。每個年齡層有各自的特殊需求、議題和挑戰，皆會在本章中討論。和與成年人工作一樣，與青春期前兒童和青少年工作時遵從 EMDR 治療的八階段，可以預期會有成功的治療結果。

　　對成年人與對青春期前兒童和青少年使用 EMDR 治療，主要的差異在於個案史蒐集、準備、階段轉換間速度、治療師與案主的協調，以及治療關係。青春期前兒童與青少年在發展、家庭、社會和情境議題上展現出特殊的樣態會衝擊治療，即使最好的治療師也會遭受挫敗。上述所有層面都是重要的，會影響案主的參與和治療結果。與青春期前兒童和青少年工作，很多臨床決定與程序性的考量會發生於最初的兩個階段：個案史蒐集、個案概念化與擬定治療計畫期和準備236 期。後續的階段與成人範本類似，僅在語言及機制方面微調。我們會在本章中處理和結合依附與協調的概念。此外，既然將 EMDR 療法運用於青少年的步調與時機是至關重要的，本章會提供創意的方法，以處理阻塞的處理、情緒洪流、時機和認知交織（CI）。

階段一：個案史蒐集、個案概念化與擬定治療計畫

　　為了指引 EMDR 治療歷程，從案主與照顧者兩方蒐集完整的個案史是必要的。青春期前兒童和青少年可能只會提供部分的訊息，而淡化或刪除對個案概念化與擬定治療計畫的必要資訊。青少年可能會扭曲資訊，或是在感覺不信任、羞愧和逃避時，表現出正向的樣貌。此外，青少年可能會藉由否認許多他們的症狀和行為，做為一種因應方式，也會忽略那些症狀和行為如何負向地衝擊他們的生活。這就是何以從父母或照顧者處獲得訊息如此重要。

　　相反地，父母或照顧者對於青春期前兒童／青少年的經歷可能沒有完整的訊息，而且不理解青春期前兒童／青少年內在的想法和感覺。要找出青春期前兒童／青少年的外在和內在知覺與經驗，以判斷記憶如何以非適應性的形式編碼，並進入評估期。適應性訊息處理（AIP）模式聚焦於案主在其記憶網絡中如何編碼這些資料，以及引導治療師優先考量案主對自身經驗的描述。了解青少年的內在想法與感覺是必要的，以決定如何標的和歷程更新干擾事件。

　　個案史蒐集是個反覆的歷程，新的訊息常會在某次會談中浮現，會影響個案概念化以及擬定治療計畫的歷程，對青少年而言尤其如此。隨著青少年感覺更加舒適與信任治療師時，他們可能會分享新的資訊（例如：約會強暴、物質濫用、割自己的行為）。此外，當青春期前兒童／青少年在 EMDR 治療歷程中發展出更多自我覺察時，更為私人的訊息可能會曝光（例如：性別與性向認同議題）。其他訊息可能會在療程中逐漸演變，可包含但不僅限於醫療創傷、其他創傷事件以及性和／或身體虐待。這些新訊息可能是當事人最近記起的訊息，或者是因為逃避或害怕而拒絕提供的訊息，但在擬定治療計畫時需要被考量。

評估發展階段與技巧

238 評估和理解青春期前兒童／青少年的發展階段、技巧與能力，對治療而言是必要的，這樣的理解能幫助治療師將 EMDR 治療的語言翻譯成能引起青春期前兒童／青少年共鳴的語言。它也能幫助治療師知道哪些發展任務尚未達成，以及在準備期中，應該教導青春期前兒童／青少年什麼工具和技巧。本節探討青春期前兒童／青少年發展階段的各個層面，這些階段會對個案概念化、識別標的項、負向認知／正向認知選擇和歷程更新造成影響。

就發展而言，青春期前兒童和青少年前期在思考方面傾向於更具體，也更聚焦在同性別的群體，他們開始測試父母的價值觀／規則，並開始有別於他們的父母之個體化歷程。此年齡層的可能標的項也許會聚焦在不被他或她的朋友喜歡，或者是認為父母侵犯了案主的隱私或選擇。舉個負向認知的例子，它常是特定而具體的創傷，通常和友誼議題有關，「我沒有朋友，我不能融入。」對此可能的正向認知是「我確實有一個朋友，我可以融入和我相似的人。」提到父母限制電動遊戲時間的負向認知，它造成案主暴怒，可以是「我不可以玩我的遊戲，我沒有選擇。」而可能的正向認知是「一旦我完成我的作業，我就可以玩我的遊戲，到時候我就有選擇。」這些具體的正、負向認知類型可能會需要治療師透過詢問問題來引導，但最終正向認知仍需要來自於案主。正向認知和負向認知的選擇會在本章節後續詳細說明。

個案研究：塔比莎和她最好的朋友

一位名叫塔比莎（Tabitha）的 13 歲女孩在她最好的朋友夏綠蒂（Charlotte）不跟她說話之後，變得憂鬱且開始捏自己。塔比莎朋友的疏遠，使得塔比莎的自尊和自我價值感受到很大的影

響，夏綠蒂已經找到新的朋友圈，而且開始忽視塔比莎，因為塔比莎不酷且不喜歡「新方向」樂團。治療師標的第一次夏綠蒂在午餐時間忽視塔比莎的經驗，塔比莎選擇「我不酷，我不夠好」做為負向認知，她的正向認知是「喜歡我所喜歡的沒有關係，我喜歡的事物是夠好的，所以我是夠好的。」治療師得以歷程更新此事件，而塔比莎停止捏自己，憂鬱感降低，也找到其他可以一起午餐的朋友。

　　一般來說，青少年中期的青少年（如 15 至 16 歲）發展出矛盾的思考方式，他們有抽象推理能力，但過度關注非黑即白的具體結果。為了達到情感協調、標的項辨識和正、負向認知選擇的目的，治療師理解案主處於青少年中期是重要的，他們開始喜歡兩種性別的群體，常是自我中心的，對於與父母親近感到矛盾。如果青少年經驗到與這些主題有關的負向事件，這全都是可能的標的項。　　238

　　舉個負向認知的例子以代表某位青少年對於待在學校的困難和其自我中心傾向，那便是「我討厭我班上那個惱人的亞斯伯格症小孩，我沒辦法處理。」他的正向認知為「他無法控制，我可以停止如此批判他，我可以處理。」另一個負向認知例子是關於某位青少年對她母親的矛盾，那便是「她令我感到噁心，在她身旁我無法做我自己。」正向認知則是「她是我的媽媽，我覺得在任何地方，我都還是可以做我自己。」如同上述內容呈現的正、負向認知，大部分青少年非常活在當下，他們通常看不到自己想法或行為的後果，這就是為何在治療計畫中含括未來藍圖是有幫助的。以下這個未來藍圖的例子是由一個被亞斯伯格症的青少年惹惱的案主發展出來的。這位案主希望當亞斯伯格症的青少年出現惱人的行為時，他想要自己看起來冷靜且專注在學校課業上。治療師讓案主想像未來在學校遇到此情境時，他以冷靜而專注的方式處理。在療程中與青春期前兒童／青少年工作時，未來

藍圖的應用會進一步於本章後續說明。

> ## 個案研究：賈許和他非黑即白的思考方式
>
> 16 歲的賈許（Josh）是個孤單憂鬱的青少年，他苦於注意力不足過動症的困擾。他只有一個網友，雖然他聰明，但卻因為糟糕的學業表現而被幾間學校退學。賈許的父母感到很挫敗，但賈許不認為沒有朋友以及學業表現失敗是個問題。
>
> 賈許確實辨識出一個問題，即是他身為不可知論者猶太人所感受到的疏離感。他強烈譴責美國對猶太人的歧視。治療師同意賈許所言，歧視確實常在美國發生，而那是個大問題。然而賈許在他非黑即白的思考方式中，只看到所有人和同儕都與他對抗，但他無法看到並非所有人都喜歡這樣，而且有些與他同校的同儕已向他表達善意。賈許的負向認知為「我是個怪胎，我跟別人不一樣」，他的正向認知為「我很好」。治療師問賈許，他印象中第一次這麼想或感覺自己是怪胎且跟別人不一樣是在什麼時候，賈許說：「在我四年級的時候，有個孩子因為我是猶太人而問我我的角在哪。」治療師與案主聚焦在此標的項。在歷程更新過程中，賈許表示他在四年級時感覺想死、憂鬱和疏離，當時也正是他父母離婚之際。
>
> 當賈許處理完這個事件後，他能夠了解到那個說這些仇恨字眼的孩子有他自己的問題。賈許開始看到，父母離異對他的影響遠超出他的理解，也記起這些年中，他所喜歡的某些朋友也喜歡他。然後他開始看到，在新學校裡一個坐在他旁邊的同學一直試著跟他聊足球，但賈許忽視他。
>
> 當初始事件之主觀困擾指數處理降至 0，賈許說：「那個四年級的孩子是個有問題的混蛋，我真的很好。」接著治療師深植

239

這些字句。然後治療師讓賈許想像明天帶著「我很好」的正向想法去上學。他看見自己開始和旁邊的同學聊天，並說：「或許我可以這麼做。」在治療師歷程更新那個標的項不久之後，賈許在學校交了兩個朋友，並感覺較不憂鬱。

　　如果治療師標的父母希望先處理的議題（學業失敗與沒有朋友），那麼治療師不會處理到讓賈許有疏離感和造成憂鬱的記憶。

　　年紀較長的青少年通常已經發展出比較好的抽象思考能力，但他們對生活有理想主義的觀點。此外，這個年齡層更聚焦於形成個人關係，變得更加他人導向和獨立。此年齡層發展的所有面向都會告知治療師可能的標的項，以及正、負向認知可能需要如何翻譯。

　　戀愛關係和失去初戀可能會是個標的項。對此舉個負向認知的例子，可能會是：「我將永遠不會再次找到愛，我不討人喜愛。」而正向認知為「我是討人喜愛的。」青少年將去其他州讀大學的情況理想化，當他們了解學費超出家庭收入時，他們可能會變得憂鬱且出現不當行為，這可能會是一個標的項。可能的負向認知是「我不能得到我想要的。」而正向認知是「我有可接受的選擇。」

　　治療師可能在治療中會與年長青少年的強烈自主性奮鬥，某位治療師與一位 18 歲罹患雙極性疾患的女孩工作，她拒絕依照精神科醫師的要求，停止服用大麻。這位青少年堅持她最懂自己的身體，而面對她的焦慮，大麻是唯一可以幫助她的東西，內科醫師相信大麻實際上正干擾這位案主的藥物治療。因為治療師與這位案主間有正向的關係，治療師可以巧妙地運用策略讓這個議題成為標的項，且聚焦在與醫生的衝突上。負向認知是「我最懂我的身體，我可以掌控。」而正向認知是「我可以思考醫生怎麼說，放開控制會讓我更加有掌控感（對雙極情緒的擺盪）。」

240

　　除了了解青春期前兒童／青少年處於他／她心理發展階段的什麼位置，評估青少年在青春期中的生理狀態是必要的，並不是所有的青春期前兒童／青少年會同時在生理上度過青春期。治療師必須記得青春期前兒童／青少年可能看起來像成人，但在智力上與情緒上都還不是成人。

　　此外，荷爾蒙會衝擊青春期前兒童／青少年對情緒的調節。治療師可能需要教育案主那些改變，並且建立資源以及情緒調節，以協助案主了解和調適他或她的情緒。情緒調節會在本章稍後討論。

　　青春期開始得早或晚會影響生理發展且會影響身體形象，並成為被其他青少年嘲弄／霸凌的原因。某位青少年了解她對於去學校的焦慮，是從她初經來潮且經期十分辛苦開始的。另一位青少年發現所有的男孩因為他發育較慢而在更衣室裡嘲笑他的那個當下，就是他社交焦慮的開始。此類型的議題都是歷程更新的可能標的項。

評估依附

　　治療師需要向青春期前兒童／青少年和他或她的主要照顧者蒐集跟依附議題有關的資料，依附議題已在第三章中詳細討論。我們提醒治療師，訊息應透過面談向父母與青春期前兒童／青少年搜集，且透過留意他們之間的互動和肢體語言來觀察他們的關係。父母與案主間的溝通與同步如何？他們的氣質相似或各異？如果青少年是叛逆的，是在個體的正常限度範圍之內，還是有害的不當行為？青少年如何測試家庭規範？父母使用什麼約束方式？父母是否設定健康的規範，顯示父母了解青春期前兒童／青少年的發展，或父母是否有不合理、僵化的規範？父母如何處理青少年的矛盾行為？青少年一下子想要與父母親近，一下子又想要推開父母。父母處理這些青少年令人感到困惑的行為時，可能會誘發出父母自己的議題，導致對依附關係的破壞。這些對依附關係的挑戰是 EMDR 治療的可能標的項。某位青少年的標的項聚焦於依附關係的破壞，緣於母親不贊同他對動漫（一種日本

的卡通類型）的熱愛。這位青少年的負向認知是「真實的我是不可愛的。」在標的與歷程更新此議題後，案主的憂鬱改善了。

　　青春期間個體對自主性的正常奮鬥與必要的叛逆，偶爾會造成青少年與父母之間高度痛苦的相處動力，有時對雙方來說都很受創。視　241父母的約束方式、理解與情感同步，這可能會對青春期前兒童／青少年的自尊與認同造成極大的影響。父母可能對青春期前兒童／青少年高度批判，期待他／她成為另一個不是他／她自己的人。此時的青少年針對他們做為一個人的部分需要無條件的愛、針對他們的行為部分他們需要有所規範，而他們的父母卻無法愛他們。這些關係議題是個挑戰，治療師需要在個案史蒐集過程中傾聽，做為 EMDR 治療可能的標的項。

情緒發展

　　治療師需要評估青春期前兒童／青少年是否可以調節自己的情緒。當父母或青春期前兒童／青少年解釋要在治療中處理的議題時，治療師傾聽與觀察案主表達與在療程中承受情緒的能力。治療師詢問案主的情緒發展，以及案主在家和在學校及社交上如何處理情緒與衝突。

　　評估對立行為也很重要。青春期前兒童／青少年的憤怒和反對是正常的青春期個體化，或是有越界的對立行為？他們的行為是否變得虐待、自殘，或是在家庭或學校中引起混亂？憤怒管理教育應該要多密集？所有這些資訊會指引治療師完成個案概念化歷程與找到 EMDR 治療的步調。治療師可能會需要提供關於情緒辨識、平靜的資源發展與控制情緒的教育。或者治療師可以直接標的憤怒和對立行為以進行 EMDR 治療。

社會發展

　　評估青春期前兒童／青少年的社交技巧與關係，有助於治療師理

解青春期前兒童／青少年的能力、資源和不足之處。治療師可能會探
索過去的創傷社交情境或現在正在發生的事件做為標的項。青春期前
兒童／青少年是否有朋友？他們是否曾被霸凌或性騷擾？他們是否曾
霸凌或騷擾別人？他們是否有歸屬感？他們知道如何交朋友嗎？他們
可以處理衝突或是保有自信嗎？這些議題會協助治療師判斷需要被標
的的議題，並在 EMDR 治療中歷程更新。

　　治療師可以詢問青春期前兒童／青少年的興趣、嗜好與活動等具
體的問題。誰是青春期前兒童／青少年的朋友？他／她喜歡做什麼活
動？他／她最喜歡的音樂、電影、運動或電視節目是什麼？這些問題
可以幫助治療師更加了解青春期前兒童／青少年的文化，以與案主建
242　立一條情緒協調的路徑。探索案主的正向關係，包含最喜歡的老師、
教練，和最喜愛的家庭成員，可以在 EMDR 治療中做為資源和認知
交織使用。

性別與戀愛關係

　　兒童在很小的時候便開始了解他們的性別與性別認同的歷程，對
性與性別的了解從童年持續發展至青少年晚期與成年早期。

　　在個案史蒐集與個案概念化期間，治療師聆聽創傷事件與／或那
些和案主的性別與性相關經驗之負向信念。為了潛在處理的目標，治
療師可以有禮貌地詢問或巧妙地聽取與案主的性別、性傾向、性經驗
有關的訊息。

　　當然，如果有任何性虐待或性騷擾的情事，治療師首先需要關
注案主的身體安全，和／或向兒童保護服務單位（Child Protective
Services, CPS）報告。一旦處理了安全議題，那麼治療師可以標的與
歷程更新創傷事件。青少年通常對於揭露或討論性虐待或性創傷，會
感到猶豫不決、害怕和／或羞恥，直到他們對治療師與治療歷程有信
任感。專業人員向主管單位報告虐待事件，對案主、他／她的家庭和
朋友可能造成的後果，可能會影響信任感，且可能會令人感到受創，

這些信任議題需要在標的與歷程更新性虐待事件之前處理。

　　EMDR 治療其中一個好處是，青春期前兒童／青少年會因為他／她害怕某人向兒童福利單位通報虐待事件而逃避治療，但他們仍然可以在 EMDR 治療中歷程更新創傷事件，而不需要跟治療師討論虐待事件。這對於案主的安全而言，顯然不是最好的設想，但這是治療師可以在情緒上幫助案主的一種方式，可能得以讓他／她逐漸信任治療師，開始告訴別人虐待事件。這將會在本章稍後減敏感期的部分詳細討論。

　　戀愛關係在青春期前兒童和青春期年齡族群中開始發展。這些經驗雖然令人振奮，但也可能充滿了負面遭遇、拒絕、疏遠、騷擾和心痛。這些事件會影響自尊，並導致青春期前兒童／青少年對自己有負面信念。治療師可以在案主個案史搜集過程中搜集有關戀愛關係的訊息，並發展可能的負向認知，以便運用 EMDR 治療來標的這些事件。

物質使用與濫用

　　治療師應該詢問所有的青春期前兒童和青少年是否使用任何酒精或藥物，並評估物質濫用的情況。許多青少年會取得藥用大麻許可證，有些青少年會合法使用大麻，有些則是非法使用大麻。治療師需要查明青少年是否適當地使用藥用大麻，還是在濫用它。了解案主的物質使用／濫用，讓治療師能擬定治療計畫，並決定哪個議題要先處理。243

　　治療師必須確定青少年的狀態是穩定的，且在處理之前沒有積極地使用藥物或酒精。然而，不可能讓案主同意戒掉所有的物質，治療師可能需要運用 EMDR 治療中成癮的範本，以處理物質濫用。有些成癮的範本已被 EMDR 治療社群廣泛地認可，包含帕基（Popky）的減敏引爆點和衝動模式（Desensitization of Triggers and Urges, DeTUR）。優先聚焦在物質濫用是必要的，因為當案主積極地使用或受損，歷程更新會被改變。

社群媒體與青春期前兒童／青少年

視青春期前兒童／青少年住在哪裡，社群媒體對青春期前兒童／青少年而言可能是社交生活中的一個重要部分。治療師需要跟上科技和社群媒體快速發展的潮流，以與青春期前兒童／青少年工作時維持關聯性。社群媒體不只影響青春期前兒童／青少年如何溝通、娛樂自己和社交，它也是創傷和霸凌的來源。

傳訊息是許多青春期前兒童／青少年用來進行正向和有趣溝通的主要方式之一，但它也可以是種騷擾的模式。治療師需要詢問有關可能來自他人的騷擾、霸凌、性簡訊（在訊息中，一方或雙方明確地傳跟性相關的訊息或圖片），和／或他人掠奪性的行為。如果青春期前兒童／青少年被抓到參與其中，可能會有法律上的後果。不論青少年是騷擾的承受者或參與非法的社群媒體活動，兩者對青少年都可以造成受創的影響，可以在 EMDR 治療中做為標的項處理。

Facebook、Instagram、Snapchat 和 Twitter 在不同程度上可能是和同儕及歡樂連結的資源，然而它也可以是忌妒和孤立感的來源。治療師可以傾聽潛在的負向信念，例如：「除了我以外的每個人都玩得很開心，我是個失敗者。」此外，社群媒體和網路可以是網路霸凌的來源，也可能是讓青少年不知不覺地被成年性加害者追蹤的地方，這類型的追蹤結果通常會讓青少年進入治療。

一位 17 歲的女孩被帶來做心理治療，因為她在 Facebook 上和某個她以為是 17 歲的男孩交流，結果發現所謂的青少年實際上是一個中年卡車司機。她一發現此事後便告訴父母，其後父母帶她來治療。女孩告訴治療師該名男子對她說的所有不恰當且與性有關的事情，以及他對女孩的威脅和帶有性騷擾意味的評論。女孩的父母已經報警，所以她是安全的；然而和警察做筆錄與後來進入司法系統的經驗都令案主感到沮喪，而需要以 EMDR 治療處理。

244 　網站和線上娛樂，例如 Youtube 或電視與電影串流，可能也有不妥之處。青春期前兒童／青少年可能會毫無戒心且沒有準備地看到不

適宜的性或暴力影片，可能會對其心理造成負向的衝擊。這是治療師在個案史蒐集過程中應該直接詢問或注意及聽取的訊息。

個案概念化

　　個案概念化是治療師在與青春期前兒童／青少年工作時，會遭受到的挑戰之一。下列問題是治療師普遍會問的：治療師應該在處理青春期前兒童／青少年的目標和標的項之前，先聚焦在父母的目標和標的項嗎？如果治療師只有短暫的時間可以工作，但青春期前兒童／青少年卻有複雜性創傷，治療師該怎麼做？如果青春期前兒童／青少年有自殺意念或自傷行為時，治療師是否要進行 EMDR 的歷程更新？儘管青少年積極地濫用物質，治療師是否仍要處理創傷？這些問題的答案將會在下列內容中討論。

　　既然 AIP 模式指引個案概念化，治療師總是尋找引爆點、症狀或行為如何以非適應性的模式編碼在青春期前兒童／青少年的記憶網絡中。就 EMDR 來說，父母的治療目標與標的項是重要的，然而當要選擇什麼記憶進行歷程更新時，治療師應該選擇青春期前兒童／青少年指認的事項。青春期前兒童／青少年對標的項的選擇，即是訊息如何被編碼。在第五章中繪製標的項地圖活動，在與青春期前兒童／青少年工作時能夠很好地發揮作用，幫助他們對 EMDR 治療感興趣，因為治療師聚焦在青春期前兒童／青少年關心的議題，而非父母關心的議題。青春期前兒童／青少年可能偶爾會選擇一個治療師明知是分心或逃避的標的項，這只是意味著治療師需要溫柔地引導案主，並需要更多的準備以建立信任感。

　　個案概念化的另一面向是時間軸、治療步調與進行治療的場地。如果治療師取得同意，在門診架構中進行每週或隔月的短期治療（3 至 4 次療程），治療師將聚焦在減少症狀、資源和／或控制。減少症狀意指歷程更新一個現在的引爆點而不處理過去的記憶。治療師或許會植入資源／駕馭感經驗，或運用蒐集箱練習（如同第四章所述內

容），以提供案主正向經驗及可以區隔創傷經驗的方法，直到有個適當的時機來處理創傷。

如果治療師在每週門診的架構下可以與案主工作多個療程，或青春期前兒童／青少年進入密集門診方案（Intensive Outpatient Program, IOP）或住宿治療中心（Residential Treatment Center, RTC），那麼治療師可以建立更全面的治療計畫。治療師可以更聚焦和積極地處理和歷程更新標的項，因為有更多時間與工作人員的資源。許多 IOPs 和 RTCs 現在將密集的 EMDR 治療含括於他們的治療中，案主在此處可以每週有數次歷程更新療程。

EMDR 治療師偶爾會被要求只提供治療中創傷歷程更新處理的部分，而轉介案主的治療師會持續進行更多傳統的談話治療。未接受 EMDR 訓練的治療師常為自己青春期前兒童／青少年的案主尋找 EMDR 治療師，以歷程更新他們近期的創傷。未接受 EMDR 訓練的治療師了解需要立即歷程更新的特定事件，但是他們自己還未接受 EMDR 的訓練。或者有時 EMDR 治療師受雇於 IOP 機構或 RTC，成為機構委派的 EMDR 治療師，他們只提供創傷歷程更新。

如果治療師之間會溝通，讓治療歷程得以整合，那便能運作良好。然而，如果案主有情緒宣洩和／或情緒洪流出現時，而治療師尚未發展出足夠穩固的治療關係支持案主度過此歷程，那便會是個問題。如果是這種治療方式，那麼 EMDR 治療師要能意識到可能的難處，並在整個過程中與案主和／或原來的治療師溝通。

另一個 EMDR 治療師會有的常見問題是，如果案主在生理上和／或情緒上感到不安全和不穩定時，如何繼續進行 EMDR 治療。如果青春期前兒童／青少年的狀態不穩定，不論是割自己的行為、自殺意念或物質濫用，治療師要優先聚焦在穩定層面。如同在準備期討論的內容，治療師進行情緒調節、資源、控制與安全約定。治療師可以詢問案主他／她第一次割自己的時間，案主是在解離與割自己「幫助自己感覺」嗎？有些案主會用割自己的方式，逃避其他強烈的情緒，

然而另一些案主用割自己的方式來控制環境。在安全的環境中，標的和割自己有關的正向連結，可以有助於減少或緩和此行為。在標的第一次發生割自己行為的經驗之前，需要先與家庭成員和其他治療專業人員建立一個安全計畫。

　　治療師應認知這可能會破壞案主的穩定性，然而有時候直接標的破壞性行為，會令人驚訝地減少自我虐待行為。治療師要向案主取得安全約定，以及來自家庭、朋友和治療環境等外在支持以為安全網。當標的自我破壞行為時，負向認知通常圍繞著自我厭惡和缺陷，例如：「我是爛人」或「我活該感到痛苦」。負向認知或許偏重在以自我破壞行為如何幫助案主因應，例如：「痛苦讓我比較好受」；正向認知會是「我可以用較健康的方式讓自己好過一點」。

　　此外，在個案概念化時，治療師要決定是否對案主或其父母在多項領域進行教育。案主是否需要憤怒處理技巧、情緒調節工具或社交技巧的資訊？父母是否需要教養工具和溝通技巧，以處理青少年的行為？此時治療師需要決定是否需要取得進行家族治療的許可，個案概念化是治療師查明是否需要教案主與父母額外技巧的時候。

擬定治療計畫

　　擬定治療計畫始於實施個案概念化，治療師獲取臨床資訊且發展治療計畫，應包含過去事件、現在的引爆點和未來藍圖，這與為成人設計的標準 EMDR 治療範本類似。與青春期前兒童／青少年工作時，在過去標的項和未來標的項這兩個區塊會有挑戰，因為青少年對自己的議題是具體且現在導向的，然而治療師嘗試取得這些資訊仍是重要的。

　　治療師必須詢問早期事件以確保歷程更新基礎記憶，此將有助於促進現在引爆點的歷程更新。向青春期前兒童／青少年解釋聚焦在過去議題的原因，會幫助青春期前兒童／青少年理解整個過程並更有耐心。此外，未來藍圖對青春期前兒童／青少年來說很重要，這是為了

幫助他／她發展出對未來的想像，且創造對自身行為後果的現實感。
一旦建立了治療計畫，治療師接著可以往準備期邁進。

階段二：準備期

　　一般而言，準備期對於和青春期前兒童／青少年工作，以及和成人工作來說一樣，只需要進行微調。治療師需要思考的調整是關於對 EMDR 治療的解釋、雙側刺激（BLS）的類別與速度、評估內／外在資源和情緒調節。

向青春期前兒童和青少年解釋 EMDR 治療

　　青春期前兒童和青少年會感謝認識 EMDR 治療，他們會比兒童想獲得更多資訊，因為他們對先進科學與周遭世界感到好奇。EMDR 治療的資訊帶給他們效能感、選擇與賦權，並讓他們參與其中。徹底向青春期前兒童／青少年解釋 EMDR 治療，向他們保證 EMDR 治療不是奇怪的東西，讓他們知道他們會參與歷程。在解釋後，通常青春期前兒童／青少年會喜歡 EMDR 這個主意。他們喜歡新穎的事物，因為有些小道具，看起來不一樣，因此這對他們來說很酷。以故事、比喻和隱喻交織一點科學資訊來解釋 EMDR 治療，青春期前兒童／青少年對這樣的方式反應良好。

247　　　以下為一個向青少年解釋 EMDR 治療的例子。

向青春期前兒童和青少年解釋 EMDR 治療的腳本

　　「大約 28 年以前一位叫作法蘭芯・夏琵珞（Francine Shapiro）的女性要為了要成為心理學家而去上學，她會回去上學是因為她有意弄清楚『心理／身體的連結』。意指發生在我們大腦的東西可以如何影響我們的身體，以及我們的身體如何影響我們的大腦。

　　所以，有一天夏琵珞博士在公園裡散步時，想著某件讓她煩惱的

事情，她發現她感覺好多了，這不只是散步而已。她分析她做了什麼不一樣的事，然後她發現她剛才來回移動她的雙眼，夏琵珞博士和她的同學們試了一下。她要他們想一件不好的事情，然後來回移動他們的眼睛。〔此時青少年通常會自發性地嘗試移動眼睛〕她第一個注意到的事情是，大部分的人來回移動自己的眼睛有困難，於是她讓他們看著她的手指頭，然後她來回移動手指頭。她會停下來問他們剛才想到或感覺到什麼。她注意到人們的想法會自然地從那件令人擔憂的事情，轉為對於發生的事情有比較正向的想法。

　　夏琵珞博士想要跟其他人試試看這個方法，所以她決定做研究。她的論文是第一篇對 EMDR 的論文研究，現在全世界有超過 300 篇論文研究 EMDR。夏琵珞博士使用 EMDR 的其中一類對象是退役軍人，很多退役軍人仍會做惡夢或是越戰的情境重現。你知道什麼是情境重現嗎？〔此時如果案主不知道，治療師可以向他們解釋情境重現。〕

　　夏琵珞博士將眼睛移動與問題結合，協助退役軍人聚焦在令他們感到痛苦的記憶上，幫助他們擺脫情境重現。有個夏琵珞博士會問退役軍人的簡短版問題類型，治療師會問退役軍人：『有什麼事情困擾著你？』我還是對於我沒有拯救我的同袍有罪惡感。『當你想到這件事的時候，什麼畫面會浮現出來？』我看到他被炸飛。『你對自己有什麼負向的想法？』是我的錯。『你會希望怎麼想？』我盡力了；那是戰爭。『這個想法你感覺起來有多真實？在 0 到 7 之間，0 是不真實，7 是非常真實。』0，不真實。『當你想到那個畫面和字句時，是我的錯，你的情緒是什麼？』罪惡感。『在 0 到 10 之間，情緒有多困擾你？0 是完全不困擾，10 是最糟糕的程度。』10 以上。『你在身體哪個部位感受到它？』在我的肚子。『好，想著那個畫面，還有那些字，是我的錯，以及在你肚子裡的感覺，然後跟著我的手指頭移動。』

　　然後夏琵珞博士讓退役軍人用他們的眼睛跟著她的手指頭移動約

30 秒，沒有人講話。〔治療師來回移動自己的手指頭向青春期前兒童／青少年示範。〕退役軍人只是想著、感受著，或者不論在腦海中出現什麼都好。夏琵珞博士停下來並問：『**你得到什麼？**』〔意思是你想到或感受到什麼。〕我記得就在我的同袍被擊中之前有場爆炸。『**跟著它。**』〔意思是繼續想或感受。〕然後夏琵珞博士繼續移動手指讓退役軍人的眼睛可以追蹤她的手指。她停下來並問：『**現在你得到什麼？**』我因為那場爆炸昏過去了，我沒辦法幫他。『**跟著它。**』更多眼睛移動〔示範〕。『**現在呢？**』如果是我被炸死，我會希望我的同袍快樂。所以，這就是 EMDR 簡短版的樣貌。

現在我們真的還不知道 EMDR 為什麼有用，但我們也還不知道百憂解如何作用。EMDR 像 REM〔快速眼動睡眠〕，每天晚上當你睡著的時候，你會做夢，而你的眼睛會來回移動約 4 小時，我們知道在 REM 期間我們的大腦會製造好的腦部化學物質，我們認為夢是一種自然的方法，可以幫助我們處理白天讓我們感到困擾的事情。但是夢是隨機的，當清醒的時候用 EMDR，你會選擇我們要聚焦在哪，然後我們會刺激好的腦部化學物質。

當糟糕的事情發生在我們身上時，它會卡在我們的大腦中，會影響我們的睡眠。我們不知道為什麼會這樣，但我們認為這跟我們的戰鬥、逃跑或僵住反應有關。就像是當穴居人看到恐龍一樣，他的身體在想要戰鬥還是逃跑，腎上腺素為了求生存在他的身體裡分泌，而在他的大腦中卡住。每次穴居人看到一隻恐龍，他跑得像見鬼或是戰鬥。但當他的身體認為某個東西看起來像恐龍，就認為它是恐龍，但其實那不是恐龍，那是沒有功能的。所以，如果穴居人看到一塊大石頭，它看起來像恐龍，但其實不是恐龍，穴居人的身體說逃跑或戰鬥，那是沒有幫助的。EMDR 似乎可以解開這個連結，讓身體回到正常的狀態。穴居人看到一塊大石頭，而不會感覺他們必須要逃跑或戰鬥。

然後治療師想要對盲人進行 EMDR，要怎麼進行呢？所以治療

師發現你可以用輕拍〔示範輕拍膝蓋〕或者聲音〔示範在兩側耳朵輪流彈指〕的方式進行 EMDR。看起來回移動的動作會解開大腦中卡住的東西，幫助我們用一般的方式反應，例如『那沒什麼。』

現在我們知道 EMDR 可以幫很多忙，不只是來自戰爭的創傷，我們知道它可以對於我們所稱的小『t』創傷有幫助。舉個小『t』事件讓你感到困擾的例子，可能是有小朋友很刻薄、跟老師有關的壞事，或是讓你感到緊張或憂鬱的事。大多數時候 EMDR 都有很好的效果，偶爾它會沒有效，我們不知道為什麼，但它也不會傷到你，所以我認為值得一試。你有什麼問題嗎？

下次我們見面的時候，我們會想想我們要如何聚焦在 EMDR 上，有件事情我很確定，我愈是好好地瞄準 EMDR，它的效果愈好。〔治療師可以將他／她的雙手合在一起，然後指向一個特定的方向，示範瞄準標的項。〕我們會一起想想什麼事情會讓你擔心或讓你困擾，我們可以怎麼用 EMDR 讓你感覺比較好。接著我會給你看我的小道具〔或是手部版本的雙側刺激〕，你可以選一個〔或一種方式〕你喜歡的。接著我們會做一個叫作平靜／安全情境的練習，那是個很好而且愉快的練習，可以幫你看見一點點 EMDR 像什麼樣子，而我可以對於你的大腦怎麼運作有一點了解。有任何問題嗎？〔治療師可以給他們講義或宣傳手冊來解釋 EMDR 治療。〕」

評估青春期前兒童和青少年內在與外在的資源

評估內在資源的方法包含觀察、直接提問和互動活動。注意青春期前兒童／青少年的肢體語言、在等待區的互動，以及與治療師初始的問候，提供治療師對於案主的資源與限制的第一個線索。觀察案主對治療師、治療師辦公室怎麼適應，以及案主如何與他／她的父母互動，讓治療師知道案主的自我覺知、撫慰他人、自尊和轉換能力。以上所有會幫助治療師建構關於治療焦點的假設，且與案主發展融洽的關係，這對治療歷程是必要的。

　　直接詢問是個快速、有效取得案主相關訊息的方式，對父母及青春期前兒童／青少年的問題應該包含情緒狀態、焦慮、社交技巧、自信、憤怒和衝突處理技巧。

　　其他對青春期前兒童／青少年的問題被設計成尋找案主的興趣、活動和嗜好，可能包含以下內容：

- 誰是你的朋友？
- 你最喜歡的活動是什麼？
- 你最喜歡的運動是什麼？
- 你喜歡藝術嗎？
- 你喜歡讀什麼？
- 你最喜歡的音樂是什麼？
- 你最喜歡的電影是什麼？
- 你最喜歡的電視節目是什麼？
- 你有寵物嗎？
- 你覺得 Facebook 怎麼樣？
- 你覺得 Instagram 怎麼樣？
- 你覺得 Twitter 怎麼樣？
- 你覺得 YouTube 怎麼樣？
- 你最喜歡的課是什麼？
- 你最不喜歡的課是什麼？
- 誰是你最喜歡的老師？
- 誰是你最喜歡的教練？
- 有什麼事情會讓你高興？
- 有什麼事情會讓你難過？
- 有什麼事情會讓你生氣？
- 有什麼事情會讓你大笑？

　　注意青春期前兒童／青少年對這些問題的情緒反應和舒適程度，　250
給予治療師關於案主外在資源和情緒調節能力的資訊。

　　治療師在辦公室裡擁有互動式遊戲、操作物、解謎遊戲、球等
諸如此類的物品是有幫助的，有青春期前兒童／青少年的玩具讓治療
師有機會與案主互動、觀察和評估。談話時讓青春期前兒童或青少年
有東西可以把玩，讓他／她感覺比較放鬆。此外，如果是具有挑戰
性的解謎遊戲，例如魔術方塊或堆疊磁鐵，治療師可以開始看出案
主的挫折承受力、專注力與轉換能力。所有這些活動／互動可以提供
EMDR 治療師豐富的資訊，以評估案主的內在與外在資源。一旦治
療師知道內在與外在資源後，他／她可以決定要教什麼技巧，以及假
使處理出現問題時，治療師知道可以使用什麼資源。

雙側刺激

　　青春期前兒童和青少年使用不同的雙側刺激是有幫助的。稍早
在本書中提到，NeuroTek 裝置很有趣，且可以運用在所有年齡層族
群。青少特別享受 NeuroTek 的聲音設備，他們可以插上自己的科技
裝置，然後從設備中雙側地輪流從雙耳聽自己的音樂。此外，使用像
是轉輪玩具〔一個手持式的金屬棍，上面有一個裝有磁鐵的輪子可
以來回移動〕、光劍〔來自《星際大戰》電影〕、彈簧狗〔彈簧玩
具〕，或任何可以來回移動的玩具或物品，皆可被用於雙側刺激，詳
見第四章。

　　如同稍早提到的，治療師可能需要改變雙側刺激的類型，使其多
樣化，避免慣性，讓當事人持續參與。此外，青春期前兒童和青少年
對 NeuroTek 提供電流形式的雙側刺激反應良好，他們享受新奇的小
道具，且與青春期前兒童／青少年現今的科技文化呼應。

　　當案主經驗情緒洪流、宣洩或解離時，治療師可能需要使用不
同且更能平靜的雙側刺激類型。三個平靜的雙側刺激類型為無限運
動、預先錄製好的音樂或大自然的聲音，以及用 NeuroTek 的「觸動

器」持續且慢速的雙側刺激，這三種方式使用時的速度都是緩慢的。EMDR 治療師被教導使用快速的雙側刺激來歷程更新記憶，使用慢的雙側刺激來使當事人平靜且控制。一般來說，快的雙側刺激在與案主工作時，是最好歷程更新記憶的方式。治療師偶爾會遇到案主經驗情緒洪流或解離，這會阻礙記憶歷程更新，此時替換雙側刺激的方式是有助益的。

　　無限運動是讓案主以視線追蹤治療師的手，此時治療師慢慢地以無限符號的形狀或是水平的數字 8 形狀來回移動他／她的手。當使用這個類型的雙側刺激時，治療師進行次數短的回合，介於 6 至 8 次——就像他們用快速類型的雙側刺激。

251　　預先錄製好的雙側音樂或大自然的聲音，像下雨或海洋的聲音，由格蘭德（David Grand, www.biolateral.com）提供，在第四章討論過。音樂或大自然的聲音緩慢地來回輪流播放，可以成功地用來幫助情緒過於強烈或解離的案主歷程更新記憶，而不會出現情緒洪流或解離的情況。

　　治療師可以使用 NeuroTek 的「觸動器」持續的、慢速的雙側刺激，來協助案主以較冷靜和更為控制的狀態來歷程更新記憶。在減敏感期，治療師說一樣的話「你得到了什麼？」和「跟著它」，然而觸動器在評估與歷程更新時，仍慢速且持續地運作。

　　上述三種雙側刺激皆可對情緒和感受的滴定有幫助。治療師需要測試這些變項，要留意案主出現相反的反應和過度讀取素材之可能性。一如既往，治療師需要與案主各自和獨特的處理同步，這些雙側刺激的方法與應用將會進一步地在情緒洪流部分的內容中解釋。

安全／平靜情境、蒐集箱、建立資源和情緒調節

　　安全／平靜情境、建立資源和蒐集箱練習可以用於青春期前兒童和青少年，如同用於兒童和成人一般。然而，情緒調節則需要為青春期前兒童／青少年做些調整。既然青春期前兒童和青少年（年輕與年

長的青少年皆是）正經歷荷爾蒙、情緒、身體的改變，他們可以更深刻地感受事物。當他／她更為深刻地感受事物時，對他／她而言要辨識情緒並調適它們會更加困難。

　　教導情緒辨識（如同第四章所述）且幫助青春期前兒童／青少年處理這些情緒是必要的。對青少年來說最有價值的事物之一，就是他們的父母對他們情緒的同步。父母和治療師的同步能幫助案主調節他或她的情緒。當父母或治療師以接納肯定的態度而非過度情緒化來回應青春期前兒童／青少年的情緒時，青春期前兒童／青少年會學習到如何適當地處理他或她的情緒，這是向青春期前兒童／青少年示範別人如何調節他們的情緒。

　　另一個治療師可以協助案主調節情緒的方式是透過辨識情緒並用眼動減敏（EMD）來減敏它。EMD 是夏琵珞博士的前導研究，那啟動了 EMDR 治療。EMD 包含想一個令人感到困擾的事件，在每次雙側刺激之後回到標的項。停止雙側刺激後，治療師問案主：「**你現在注意到什麼？**」或「**現在發生了什麼事？**」接著治療師讓案主評量主觀困擾指數（SUD），並繼續歷程更新。這與 EMDR 治療是不同的指令，EMDR 治療師會指引案主「**跟著它。**」

　　使用 EMD 來情緒調節，治療師指引案主選擇各種困擾的議題，由小到大排列，並且辨識與每個議題連結的情緒。治療師在圖畫紙上畫一條線，寫下所有議題及與之相連結的情緒，按照最不困擾到最困擾的程度在線上排列。治療師確認與情緒相關的正向認知／負向認知，並運用雙側刺激。接著治療師以 EMD 減敏每個議題中與之連結的每個情緒，在每回雙側刺激後，治療師回到議題及情緒。青春期前兒童／青少年變得較少回應時，治療師可以增加雙側刺激，讓青少年辨識脫離和冷靜下來的感覺為何。治療師可以從青春期前兒童／青少年選擇的任何小的議題和情緒開始，然後漸漸地處理較大、較困難的情緒。

　　舉個例子，有位叫作索菲亞（Sophia）的青少女，她選擇褲子裡

252

有沙的議題來代表她煩惱的感覺。她的負向認知是：**這讓我很煩，我不能忍受**。她的 SUD 是 2。在處理後 SUD 變為 0，而正向認知是：**沒什麼大不了的，我可以處理**。治療師問這位青少女，當她說「**我可以處理**」的時候，她的身體感受為何，當索菲亞說她的身體感到平靜時，加入雙側刺激。接下來，索菲亞選擇和她的兄弟為了電腦吵架的議題，是生氣的情緒。負向認知是：**我不能處理**。此 SUD 為 5，處理後 SUD 降至 0。正向認知為：**我可以處理**。在雙側刺激後，索菲亞回報她的身體感覺警覺但更放鬆，深植此正向認知。索菲亞選擇的最後且最困擾的議題是當她知道她的朋友在她背後談論她時，她感到受傷。負向認知為：**我被背叛，我不討人喜歡**。治療師使用雙側刺激，且持續地回到受傷的情緒，使得 SUD 從 8 降至 1。索菲亞的正向認知進化為：**我比這個強大**。EMD 只用來標的情緒，並用雙側刺激來減敏，教導案主當他／她的身體調節此情緒時，感覺起來會是如何。

階段三：評估期

視認知能力而定，年長的兒童、青春期前兒童和青少年可以輕易地理解評估期的問題，用語可能需要稍微依案主調整，或問題的順序不總是如此排序，但大體而言，評估期的腳本是一樣的。這裡有部分評估期的腳本可能需要調整：

影像：「**有什麼畫面代表那個事件中最糟糕的部分？**」〔案主可能用聲音、身體感受、氣味或情緒編碼此事件。〕

通常青春期前兒童／青少年可以輕易地說出影像。

負向認知：「**想到那個畫面〔或聲音、身體感受、氣味或情緒〕，什麼字最能代表現在你對自己的負向信念？**」

正向認知：「**當你想到那個畫面〔或聲音、身體感受、氣味或情**

緒〕時，你現在會希望怎麼想你自己？」

　　治療師可以將「負向信念」或「正向信念」改為「壞想法」或
「好想法」，或是某些比較容易理解的同義轉譯詞。此外，治療師應　　253
該要記住原先五個範疇的負向認知，這五個範疇為（a）負向的、非
理性的自我參照信念；（b）當聚焦在畫面或事件時，浮現出來的信
念；（c）精確地聚焦在案主的主述議題上；（d）類化至其他相關的
事件或關注領域；及（e）與案主的情感共鳴。記住這些範疇能幫助
治療師轉譯正向認知／負向認知問題的精髓，以備不時之需。當回應
正向認知／負向認知問題時，青春期前兒童／青少年是具體、特定創
傷和自我中心的，並會用隱喻表示。治療師可能要為此年齡層接受其
他形式的認知表達方式，每當他們考量到五個範疇中的負向認知時。

　　負向認知可能會因為青春期前兒童／青少年的發展階段或議題不
同而異。青春期前兒童和青少年可能不只是具體的，也是只關心自己
的，可能在取得自我參照的負向認知時會有困難。這是使用萬用問題
的時機，「**做為一個人，你對此（意指你）有什麼看法？**」可以幫上
忙。

　　正向認知有相似的範疇：（a）正向的自我參照信念；（b）理
性和可信的；（c）類化至其他議題；（d）與負向信念相反領域；
（e）案主能與之共鳴。正向認知可能需要和負向認知一起引導出
來。這裡有個例子，一位名叫諾亞的青少年如何琢磨自我參照的正向
認知／負向認知。諾亞苦澀地抱怨其他青少年如何對待他，而不承認
自己挑釁其他青少年的部分，以及他所做的糟糕選擇。當詢問他想到
此事件時他對自己的負向信念，他說：「我？這跟我無關！這是其他
人的錯，他們對我很刻薄！」治療師耐心地問：「**其他人對你刻薄，
這對你來說的意義是什麼？**」這位青少年遲疑並感到困惑。治療師提
示：「**我是受害者？**」這位青少年停頓並猶豫地說：「是。」治療師
問：「**你寧可希望怎麼想？**」這位青少年驚訝地看著治療師。治療師

再次提示：「我是賦權的，或我有選擇？」這位青少年坐起來堅定地說：「對！」這與此位青少年產生共鳴。這個經由引導這位青少年說出來的負向認知，可做為具有教育意義的認知交織。它提供了一個資訊，那便是青少年還沒有發展性地整合，這引導青少年找到他抱怨的基礎，即是「感覺被害」。這一連串問題引導案主覺察他有力量、選擇和責任，這是某些青春期前兒童／青少年在發展上缺乏的東西。

VoC：「當你想到這個畫面〔或聲音、身體感受、氣味或情緒〕時，那些字〔重續上述的正向認知〕你現在感覺起來有多真實？從 1 到 7，1 是感覺完全不真實，7 是感覺非常真實？」

青春期前兒童和青少年通常可以輕易地回答此問題。然而有時就像成人一樣，他們會問：「你指的是我現在的感覺還是我當時的感覺？」治療師需要向他們澄清，是指青春期前兒童／青少年對於過去發生的事情現在感覺如何。此外，治療師可能會想要讓青春期前兒童／青少年使用他／她的雙手、畫圖、圖片、HAP 量表，或在第 5 章提到的 VoC 橋梁，以提供更具體的測量量尺。

情緒：「當你想到這個畫面〔或聲音、身體感受、氣味或情緒〕和那些字〔稍早已提出的負向認知〕時，你現在感受到什麼情緒？」

如果治療師在準備期有正確地評估和處理案主的情緒辨識，此刻引導情緒應該相當直截了當。

SUDs：「在 0 到 10 之間，0 是沒有困擾或中性的感覺，10 是你可以想像最高的困擾程度，這個事件你現在感覺起來有多困擾？」

如同 VoC 一般，治療師可能需要用更具體的方法，例如用他或她的手或畫圖做為量尺，但通常青春期前兒童／青少年可以回答那個問題。「你現在感覺起來如何？」案主同樣地可能會需要這部分問題的澄清。有時需要向青春期前兒童／青少年澄清「困擾」這個字，治療師可以用「令人苦惱的」替換。青春期前兒童／青少年偶爾會說：「它不會令我感到困擾。」並說：「它只會讓我生氣。」治療師可以為案主詮釋，說：「嗯，那便是個困擾，所以在 0 到 10 的量尺中，

你的憤怒有多強烈？」

身體感受的位置：「**你在身體的哪個部位感受到它？**」

青春期前兒童／青少年通常可以輕易地回答這個問題。如果治療師在準備期適當地評估和教育案主，一般來說不需要花太多時間解釋這個問題。如果案主不懂這個問題，那麼治療師需要花時間解釋身體感受，這在第五章中曾討論過。

階段四：減敏感期

減敏感期只需要為青春期前兒童／青少年做極少的調整，如果有的話。青春期前兒童／青少年處理的過程和成人十分類似。如果有任何需要調整的地方，通常包含減敏感過程中的操作方法、步調或追蹤。

青春期前兒童／青少年相較於成人，可能會需要稍微縮短雙側刺激的回合次數，治療師在處理時保持專心，就會知道青春期前兒童／青少年什麼時候在處理，以及如何調整眼球快速移動，以確保進展順利。完美主義者和／或受焦慮所苦的青春期前兒童及青少年可能會需要幾個雙側刺激回合，讓他們得以對「**順其自然**」的概念感到自在。他或她可能難以信任自己和 EMDR 治療過程，以及說出他或她想到的任何東西這樣的概念。當一個焦慮的青春期前兒童／青少年說像是 255 「對不起，我離題了。」或「我做得對嗎？」的話，治療師要向他或她保證，並平靜地進行數回合的雙側刺激，直到青春期前兒童／青少年感到放鬆，並開始信任自己的歷程。

在青春期前兒童／青少年歷程更新時，在雙側刺激的回合之間，用言詞表達隱喻或類比並非不尋常。有時青少年用想像的、隱喻的方式處理，或會經驗睏倦。這可能是輕微的解離狀態，或是案主處理的一種方式（詳見第十三章）。

某位青少年，艾麗莎（Elyssa）處理時說：「我看見漢賽爾與葛

麗特（譯註：出自《糖果屋》）手牽手。」下個回合後她說：「他們正苦於對未來的擔憂，但是他們足以擺脫女巫。」艾麗莎沒有意識到她用隱喻的方式述說自己將要 16 歲的恐懼，但對於知道青少年會面對什麼議題的治療師而言，這完全說得通。雖然艾麗莎沒有意識到隱喻和她生命的關聯性，但她持續處理這個想像的情境，而她的 SUD 降至 0。

在下一次的會談中，治療師詢問艾麗莎的症狀，發現症狀大幅地減少。案主不須明確地知道他或她隱喻的意義，只要症狀和行為往正面的方向改變。治療師只要確認案主可以回應治療師並留在當下。如果案主想睡覺，治療師可以繼續進行歷程更新，確認 SUD 是確定案主是否真的在處理的最快方式。

階段五、六和七：深植期、身體掃描期和結束期

這些階段不需要為青春期前兒童／青少年做調整，治療師可以使用成人版本的 EMDR 治療腳本。如果治療師要更多具體的用語，可以使用第七章對兒童的解釋之內容。

階段八：再評估期

青春期前兒童／青少年的治療師從後續的會談中，自案主與父母雙方獲得訊息會很有幫助。如同稍早提到的，青春期前兒童／青少年通常會說他／她的內在經驗，但父母會注意到案主的外在症狀和行為，治療師可以從案主及父母雙方取得資訊，以獲得更完整的圖像。

標準的再評估形式與成人相同，但有個重要的不同之處：治療師除了評估青春期前兒童／青少年的症狀、行為，和確認 SUD 之外，治療師需要注意案主的神態。他或她是否在處理時過度亢奮？青春期前兒童／青少年在陳述時是否顯得安靜和疏遠？這是治療師可能低估

青春期前兒童／青少年處理時對其造成的衝擊，以及對症狀回報不足
的情況。

案主可能甚至未能完全覺察 EMDR 治療如何影響他或她，治療 256
師要評估青春期前兒童／青少年可能開始覺察到自己並不是真的想要
去面對，例如：他們想起早年的記憶，或意識到男朋友或父母實際上
是對其施虐的。青春期前兒童／青少年可能發現自己是同謀，或要對
他或她生命中發生的某些事負責，治療師應該要對青春期前兒童／青
少年的新理解保持敏感度。所有這些層面甚至更多其他層面都會讓
EMDR 治療變得更複雜，造成案主逃避、過度反應、行為不當，並
導致在不合適的時機提早中斷 EMDR 治療。因此，治療師對案主有
所覺知且調整 EMDR 治療的步調是至關重要的。

調整步調與掌握時機

調整步調意指要掌握何時應用 EMDR 治療的不同階段之時機。
治療師何時進入減敏感與歷程更新？案主何時需要單純的談話？治療
師何時需要為案主提供教育（例如：社交技巧、衝突技巧、憤怒處
理）？治療師何時需要獲取不自傷契約？治療師何時需要帶入父母，
以進行家族治療？治療師什麼時候需要聚焦在過去、現在或未來標的
項？上述這些問題甚至更多其他問題是 EMDR 治療師在和青春期前
兒童／青少年工作時，在調整步調上要面對的挑戰。

這些問題沒有標準答案，除了治療師要留意觀察、覺察，並與青
春期前兒童／青少年及其家庭同步。當實務上整合 EMDR 治療時，
此時治療師要運用他或她所有的治療技巧。當案主進行治療時，治療
師要確保案主是安全和穩定的，這一點很重要。而擁有良好的治療關
係是首要的，能為這些議題指引方向。

和所有的療法一樣，心理治療一般而言可以觸動情緒和行為。當
案主被觸動而表現不當行為時，治療師要詢問並記錄。治療師需要定

期評估青春期前兒童／青少年的行為，包含醫囑、自殺意念、自我傷害、物質濫用和不當的性行為。如果治療師感覺案主不穩定，他或她需要回到準備期（例如：自我傷害契約、聚焦於醫囑、採用教育和控制技巧，以提供內在的鷹架）。

　　如果案主出現情緒洪流或不穩定情況，治療師可能會從正在進行的歷程更新回到準備期。或者當新的素材出現時，治療師可能會回到擬定治療計畫。在一個歷程更新的療程後，接續一或二個會談療程以處理之前提到的議題，這並不少見。然而，即便治療師需要回到另一個階段，治療師總是必須在後續的療程中，再次評估案主對於原始的標的項的當前所處位置（亦即現在的症狀為何，以及 SUD 是多少）。這讓治療師知道案主正處於 EMDR 治療中的哪個位置。

257　　　調整步調的另一個部分是評估教養和家庭議題。有時當青春期前兒童／青少年的狀況好轉（例如：變得更加堅定自信）時，家庭成員可能會破壞或損害歷程。定期讓父母參與家庭療程，有助於進行 EMDR 治療。調整 EMDR 治療步調時，在歷程更新療程中穿插技巧建立、資源和家族治療，以提供全面的治療是常見的。

三叉取向

　　如同稍早所提，既然青春期兒童和青少年是如此地現在導向，他們可能會苦於早年或未來的標的項。然而，治療師無論如何都要詢問過去的標的項，這是很重要的。當探究時，青少年通常會想到其他早年的事件。

　　未來藍圖非常值得治療師與青春期前兒童／青少年一起探索。既然青少年並非總是能夠看到自身行為的後果，讓他們在腦海中自己想一部與其想要的行為有關的電影，是有用的。治療師建議青春期兒童／青少年想像他或她未來 2 至 5 年的生活，以具象化並預測他或她當前的選擇和行為的影響（Greenwald, 1999）。如果青春期兒童／青少年不能看見自身行為的結果，治療師可以運用完整的評估期標的未

來的負向行為。當標的未來的負向行為時，治療師可以用正向認知翻轉負向認知。有個例子是負向認知為「我會沒事的，這沒什麼。」正向認知為「不可以這樣，這會嚴重影響我。」以正向認知替換負向認知的重點，在於幫助青少年對於生命中的選擇和後果有務實的評估（Knipe, 1998）。

阻礙的處理、提取不足、情緒洪流和認知交織

　　青春期兒童和青少年對於標準的 EMDR 治療技術反應良好，它們用於阻礙的處理、提取不足和情緒洪流。成人的認知交織技術對青少年來說，也有好的效果，只要治療師運用朋友或青春期兒童／青少年感興趣的風格。青春期兒童／青少年的治療師可能需要這些額外的工具來幫助處理。使用慢速的雙側刺激加上無限動作、音樂的雙側刺激或持續性的雙側刺激，可能對控制情緒洪流有幫助。或者其他創造想像資源的技巧，可以為青春期前兒童提供情緒上的距離，以進行處理。給這類的保持距離技巧舉個例子，治療師提出一個點子，讓案主在處理時，想像從一棵樹上俯瞰自己。此外，治療師可以建議案主，以一個平靜和其信任的朋友做為例子，案主可以想像化身為這位朋友，然後從朋友的制高點觀看歷程更新。在成功地從想像中的距離處理標的項後，接著治療師讓案主在當前體驗中從他或她自己的身體回到歷程更新，以完成減敏感。

　　以下個案研究的範例，是調整步調、掌握時機、使用三叉取向、資源，同時穿插家族治療的例子。　　258

個案研究：盧卡和摳皮症

　　一個聰明且有藝術天賦的 16 歲女孩，她叫作盧卡

（Luka），她來見治療師以處理她的摳皮症（Derm）。盧卡因為 ADHD、憂鬱症和摳皮症，已在數年間看了幾個治療師並有一些效果。當盧卡第一次來見治療師時，她的摳皮症特別嚴重，盧卡的臉、胸和手臂上布滿新傷。盧卡告訴治療師，當她覺得無聊或有壓力的時候，她最有可能會摳自己。這位青少年在學校中感到痛苦，且她感覺她的父母經常批判她。治療師記錄父母的批判行為，因為她知道治療摳皮症的一個重要元素是處理案主內在批判的聲音，那通常來自於照顧者的負向評論。雖然雙親已在盧卡 10 歲時離婚，雙親仍皆參與她的生活，積極地共同教養且參與治療。

治療師詢問案主她何時第一次注意到摳自己的行為，盧卡表示那是在五年級時，在一個同學說她胖之後，她打了同學的手臂。盧卡對於打同學有罪惡感，藉由用自己的指甲挖手臂來懲罰自己。這段期間她的父母正在辦理離婚，對盧卡來說這是一段很艱困的時期，盧卡提早進入青春期，她的胸部發育且開始有月經，而她的憂鬱症讓她意圖自殺。負向認知是「我應該懲罰自己。」治療師意識到這是盧卡的內在批判聲音，正向認知是「我可以原諒自己並克服它。」

當盧卡處理這個標的項時，她使用耳機和觸動器，她口語上的表達全都使用隱喻，或用身體感受來代表她的感覺。在進行雙側刺激時，她非常想睡覺，但她能夠留在當下並說：「我看到在湖中有一個在烏龜殼中的女孩。」及「我在我胸口（她指著此部位）感覺到壓力，像是個綠色結晶的手。」儘管治療師認為這個口語表達不清楚，但 SUD 降至 0，VoC 則為 7，而治療師深植正向認知。在每次療程最後，治療師會以正向認知「我可以意識到，我可以對我的身體有控制感」深植未來藍圖。當治療師在下一次療程中評估摳皮行為，症狀改善了。

治療師下一個關注的標的項是盧卡認為最糟糕的事件，是她在 11 歲參加夏令營時嘗試自殺。她的負向認知是「我活該去死。」正向認知是「是時候去開啟我的人生新篇章。」她的情緒是自滿，而她在上手臂感受到此情緒（即為她打同學的部位）。盧卡再次以身體感受和隱喻的方式處理，她會說像是「我看到一陣大霧。有一個受傷和被疏遠的女孩。」和「有一個有根的男子在幫我。」她處理了這個標的項且治療師可以深植正向認知。摳皮行為在此療程後改善，但未完全消失。

治療師接下來處理現在會引發盧卡摳皮行為的事件，即是她的父親會在她玩電視遊樂器時批判她說：「妳為什麼要玩那個小孩子的玩意兒？」負向認知是「我傷害你是因為我愛你。」盧卡和治療師都認出這個負向信念描繪了她內在的自我批判和父親的外在批判。盧卡再次以隱喻和身體感受處理，且在整個過程中都很想睡覺。當她在處理時，她說：「我的父母一生都在這樣做。」在成功地處理標的項之後，治療師可以深植正向認知，而摳皮行為大幅度地減少。摳皮行為的減少同時發生在案主轉學和停止服用 ADHD 的藥物（會加劇摳皮行為）後，因此治療師對於要將這個改變完全歸功於 EMDR 感到猶豫。

漸漸地，摳皮行為會隨著有壓力或感到無聊時復發，但絕對沒有像過去一樣嚴重，治療師知道還有一些素材需要被處理。所以治療師讓父母參與某次療程，來討論盧卡的進展。治療師建議善意的父母減少對盧卡的批判，且不要逼迫她參加課外活動。盧卡說：「我感覺像是個科學實驗。」父母傾聽，他們仍然持續引導他們的孩子，但嘗試克制過度教養。

和父母會談時，治療師得知更多關於盧卡開始摳自己時的詳細資訊。在父母離婚時，緊密連結的家庭分裂，而依附的裂口對盧卡造成很大的影響。治療師和盧卡討論此事，盧卡表示那是真

的，她的負向認知是「我被拋棄，而且我可以被取代。」父母也分享離婚當時，盧卡正經歷提早發育且開始摳她的乳房，因為她痛恨它們。盧卡證實這個訊息，並稱負向認知是「我很噁心」。

這個新資訊和更有效的 ADHD 藥物結合，促使盧卡以有創意的方式解釋她如何看待自己、她的人格，以及其如何與摳皮症配合。盧卡受到皮克斯的電影《腦筋急轉彎》（*Rivera, Docter & Carmen*, 2015；電影中討論一位名叫萊利（Riley）的孩子的情緒核心信念和人格特質，詳見圖 12.1）的啟發，畫了一個圖表。盧卡畫了一個和電影中類似、她的人格島嶼的圖，並標註正向人格小島對她來說是「藝術和幽默」，而負向的人格小島是「虛無主義」、「拋棄」、「被取代的恐懼」和「摳皮症」。在整個療程中，盧卡機警、健談且不會想睡（治療師知道那是盧卡的防衛機制）。在療程結束時，案主興高采烈，但治療師則很謹慎。確實，在下一次的療程中，盧卡說這麼久以來，她經歷了最糟糕的摳皮日之一。盧卡和治療師都認為在上個療程後，摳皮是情緒洪流，然後治療師和盧卡同意，在進入歷程更新人格島嶼上的標的項之前，先聚焦在情感調節技術和控制練習（雖然他們以前做過）。

260

摘要

261

青春期前兒童和青少年對 EMDR 治療反應良好，治療師使用標準八階段會發現它對青春期前兒童／青少年有用。本章聚焦在 EMDR 治療中所有八個階段的調整，以符合青春期前兒童和青少年的特殊需求和發展挑戰。主要的重點在個案史蒐集、個案概念化和擬定治療計畫期、準備期，和這些階段如何影響案主的穩定性，以及

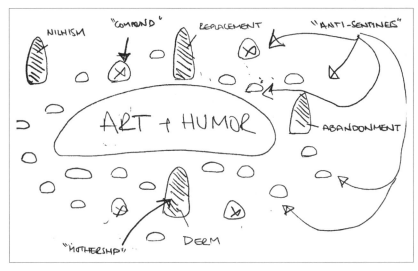

圖 12.1　這是盧卡自發地創作的圖畫，代表她的「人格島嶼」，以
　　　　此描繪兒童的情緒，其受到最近皮克斯的電影《腦筋急轉
　　　　彎》的啟發。讀者可以看見她的資源之「島」是藝術和幽
　　　　默感，她的負向之「島」是虛無主義、摳皮症和聚合物。
　　　　盧卡阻礙的信念以她的反抗堡壘呈現，它不讓任何好的事
　　　　物進來。治療師用這些「人格島嶼」做為個案概念化，並
　　　　將每個「島」視為一群創傷事件來對待。例如：盧卡說她
　　　　最初對虛無主義記憶的標的項，是她 4 歲時，祖母沒有表
　　　　情地說，她去世的祖父「在地下」。這是她的負向認知
　　　　「沒什麼大不了的」的基礎。

EMDR 治療中調整步調和掌握時機。本章為青春期前兒童／青少年
的治療師提供具體且創意的點子，說明程序性的考量，和跟 EMDR
治療有關的臨床決定。更重要的是，本章經由真實案例，闡明和青春
期前兒童和青少年工作時，個案概念化的歷程。

參考文獻

Greenwald, R. (1999). *Eye movement desensitization and reprocessing (EMDR) in child and adolescent psychotherapy*. Northvale, NJ: Aronson.

Knipe, J. (1998). Treating narcissistic vulnerability. In P. Manfield (Ed.), *Extending EMDR: A casebook of innovative applications* (pp. 232–255). New York, NY: W. W. Norton.

Rivera, J. (Producer), Docter, P., & Carmen, D. (Writers and Directors). (2015). *Inside out* (Motion Picture). United States. Walt Disney Pictures and Pixar Animation Studios.

【第十三章】EMDR 治療的個案概念化： DSM-5 和 ICD-10 對嬰兒至青少年的診斷

263

　　經由特別針對嬰兒至青少年的診斷來組織個案概念化，本章會進一步探索 EMDR 治療在其他臨床、情緒、發展和行為議題上的應用。由於 EMDR 治療經常與創傷連結，很多專業人員沒有想到可以將之應用在好發於兒童期中的一系列臨床議題上。本章內容架構由特定的兒童期診斷、對程序性考量的建議，以及調整 EMDR 治療階段為標題。此外，本章內容設計為啟發治療師保持創意，當治療師和兒童與青少年工作時仍持續遵守 EMDR 治療的階段。本章使用真實案例來描繪 EMDR 治療對特定診斷的治療效果，除非另有說明，否則八個階段遵循第三章至第八章中已經討論過的內容，並添加或修改與診斷問題和／或症狀相關的內容。對兩位作者而言，顯然不可能涵括所有的診斷；因此，本章聚焦在治療師與兒童工作時較常遇到的診斷。

個案概念化

　　一旦排除教養議題和發展議題，而治療師評估心理健康議題是兒童症狀的根本，那麼治療師可以繼續進行 EMDR 治療。如同第四章所述，在準備期間兒童可能需要建立技能和資源來因應特定的症狀和診斷。例如：大多數的案主能從學習放鬆和呼吸技巧獲益，但挫折忍受力低的兒童能從「控制情緒的技術」練習中獲益。當兒童學會使用資源以及情緒辨識和情感調節的駕馭感技巧以處理強烈的情緒，對兒童的心理治療會有很大的進展，許多這類技術已在第九章中詳述。

　　當為兒童做準備以開始進行心理治療工作時，每一個兒童議題可

264

能需要對不同階段做微調或補充，而其他部分則需要更顯著的修改。為了增進 EMDR 治療師對於和兒童與青少年工作的教育訓練，對此年齡層和所有年齡層案主的其他領域都有進階的訓練。特殊議題的講師和受訓機會的訊息列表，可在 EMDR 國際學會網站（www.emdria. org）上找到。這個網站有法蘭芯·夏琵珞圖書館的連結，可查詢出版品以及對廣泛特殊主題的訓練。治療師可能會因為初步的考量而聚焦在症狀導向的治療，而沒想到特定的診斷，但在其他案例中，兒童可能已經有特定的診斷且已在進行治療。

　　下列一般類別概括特定的診斷，是兒童為何會被帶來做治療的根源，雖然很多兒童呈現出來的症狀符合一個以上的診斷類別。在其他時候，他們有症狀但沒有達到特定診斷的標準，或者可能是在家庭系統中對情境議題的反應。對特定領域相關的不同診斷，請參見《精神疾病診斷與統計手冊第五版》（DSM-5; American Psychiatric Association〔APA〕, 2013）、《ICD-10 心理和行為疾患：臨床描述與診斷準則》（ICD-10, 2016；世界衛生組織，2016）、和《嬰幼兒心理健康與發展障礙診斷分類修訂版》（DC: 0-3R: Zero to Three, 2005）。就本章而言，診斷的類別會採用 ICD-10 的分類。

童年和青春期的一般類別

　　在 ICD-10 中，F7x.0 至 F7x.9 疾患意指「心智未完全發展，特別是具有在發展時表現技能的損傷特徵，其會影響整體的智力，例如：認知、語言、動作和社交能力。」（世界衛生組織，2016）

　　ICD-10 中編碼 F80 至 F89（心理發展的疾患）與 F90 至 F98（通常在兒童期和青春期爆發的行為與情緒疾患），包含那些特定於兒童期與青春期發展階段的疾患。其他類別中的一些疾患幾乎可以發生在任何年齡的人身上。在適當的情況下並得到特定症狀學的支持，這些疾患應該用於兒童和青少年，與此同時要記得在以病理的角度標籤

265

一個孩子時，要先排除發展的病因。舉例來說，其他可能會涉及任
何年齡案主的疾患，包含飲食（F50.-）、睡眠（F51.-）和性別認同
（F64.-）議題。將某些疾患應用於兒童時會出現問題，包括兒童與
成人不同的症狀，包含懼怕症（F93.1：兒童期的懼怕焦慮疾患）和
創傷後壓力症候群（PTSD；F43.10；世界衛生組織，2016）

神經質的、與壓力相關的，以及身心症（ICD-10）

兒童可能會經歷有壓力的生活情境或事件，此時臨床議題便會
浮現，包含：適應障礙症、急性壓力症候群，以及極端情況下會出現
PTSD 和解離。兒童一開始表現的症狀可能會讓人想到適應障礙症，
兒童掙扎著適應特定的生活情境或事件。有急性壓力症候群的兒童對
極大的壓力源做出反應，這些症狀具有急性的本質且出現於創傷事件
發生之後的四週內。如果兒童在過去三個月內經歷了一個近期創傷
事件，重要的是治療師可以考慮是否使用眼動減敏（EMD；詳見圖
13.1）、近期事件範本，或者參照 EMDR 治療的八階段，治療師依
據兒童如何編碼此事件的記憶來做出決定。因為大部分的兒童是現在

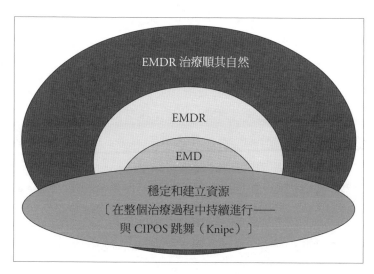

圖 13.1　EMDR 治療之歷程演變

導向，創傷歷程更新通常聚焦在單一事件、情緒或身體感受。

266　　使用近期事件範本對於與兒童工作來說並非總是必要的，因為兒童是如此地現在導向。時間推移和記憶間的合併對兒童產生的衝擊有別於成人。通常只要標的事件或因事件出現的症狀對兒童案主就很有效。然而如果無效，使用夏琵珞的近期事件範本會有幫助。要用對兒童友善／發展性的適用語言所展現之近期事件範本，詳見附錄 G。

個案研究：艾琳娜和她的近期事件

　　一位治療師在 2001 年 9 月 11 日紐約世貿大樓被炸毀的事件發生後一個月，和 5 歲的女孩艾琳娜（Elena）工作。當她應該要搭上校車時會出現上學焦慮，艾琳娜會尖叫大哭且緊緊攀附在她的母親身上。當治療師和艾琳娜會談時，她說她看到新聞中兩架飛機一次又一次地撞上雙塔時，她感到很難過，這讓她擔憂去上學以及與母親分開。治療師讓艾琳娜描述她在電視上看到了什麼，這孩子說最糟糕的部分是第一架飛機撞上一座塔的時候，然後她畫了一張事件的圖畫。她的負向認知是「我處在危險中。」她的正向認知是「我是安全的。」歷程更新此事件之後，艾琳娜感覺好多了。

　　然後治療師讓艾琳娜說她在電視上從頭到尾看見的所有東西，讓她畫出所有東西的圖畫。治療師接著幫助艾琳娜歷程更新從開始到結束的每一個圖畫，直到 SUD 為 0，只花了 25 分鐘。治療師接著處理現在的刺激，那便是艾琳娜擔心沒有跟母親在一起。進一步探索後，很清楚的是艾琳娜的母親正從她自身的憂鬱症中復原。治療師和艾琳娜討論憂鬱症，並為艾琳娜做了一些修復依附關係的工作，讓她感覺與母親連結與感到安全。

艾琳娜的症狀很快地減輕；然而，如果兒童的症狀持續超過四週以上，兒童可能最終會符合 PTSD 的診斷標準。雖然急性壓力症候群和 PTSD 的診斷標準需要有一件創傷事件，不過兒童可能會對一件創傷事件有很大的反應，而這個創傷事件的嚴重程度遠不及在 DSM-5 和 ICD-10 中描述的內容，但兒童可能會出現嚴重的症狀。

　　當兒童經歷醫療程序時，出現急性壓力症候群、創傷後壓力症狀或 PTSD 是常見的。兒童在動一場把管子放入他們的耳朵中的手術之後，可能會出現符合 PTSD 診斷標準的症狀，重要的是不要太過強調情境或事件，而是有件事情發生的事實，而且兒童在此事件之後出現急性壓力／PTSD 的症狀。在某些案例中，兒童經歷了一個創傷事件，但是父母和兒童都無法指認出任何事件。 267

個案研究：伊恩和校車事故

　　一位治療師與一位名叫伊恩（Ean）的 7 歲男孩會面，他出現典型的 PTSD 症狀，但父母和治療師都沒辦法指認出任何創傷事件或生活中的壓力源。治療師請孩子畫一張圖來呈現什麼令他感到困擾，伊恩畫了一個正方形，和有個人被砍頭流了很多血的圖。伊恩說他可以從校車的窗外看到這個圖，父母從學校得知伊恩的校車之前經過一場嚴重的交通意外，伊恩從校車的窗戶目睹了交通意外中血淋淋的受害者。伊恩沒辦法傳達他看到了什麼，校車司機因專心開車通過現場，而沒有看到在校車一側的孩子們目睹的場景。伊恩沒有將做惡夢、過度警覺、害怕搭車、聽到警笛時會感到焦慮等和目擊意外聯想在一起。在仔細檢視伊恩的經驗，並與跟其他在校車上的孩子們確認後，父母取得足夠的訊息向這位小男孩揭露此事，然後伊恩提及他透過校車的窗戶看見外面血淋淋的人們。考量兒童可能沒辦法描述事件是重要的，因為

> 兒童可能不理解或缺乏能描述事件的語言，這經常發生在兒童身
> 上，特別是經歷虐待或忽視的兒童。也有些時候，年長的兒童或
> 成人可能不會將嚴重的事件詮釋為創傷，那便需要一些調查來確
> 定兒童實際上經歷了什麼。

　　敏銳的治療師會察覺兒童常會目睹事件，但父母並不知道。例
如：兒童常會目擊其他的孩子在教室裡癲癇發作，急救人員到教室或
遊戲場協助這個孩子，或者兒童可能會目睹學校工作人員在校園中或
遊戲場上制止出現肢體暴力行為的同學。雖然兒童沒有涉入這個事
268　件，是事件的目擊者，但仍會感覺壓力很大和／或受創。不幸的是，
很多學校沒有為目睹這類事件的兒童提供介入和／或事後解釋。
　　不論診斷是什麼，治療師應該使用 EMDR 治療的標準階段來思
考個案概念化，聚焦在歷程更新引發臨床症狀的情境或事件上。如
創傷事件發生在 90 天以內，治療師可能要決定使用標準範本是否合
適，或者治療師需要考慮使用近期事件範本（說明與範本可以在此
網站上取得：emdrresearchfoundation.org/images/ toolkit-with-appendices.
pdf）

抽動綜合症

　　抽動綜合症是神經疾病，可以因為感染、疾病、創傷或藥物的副
作用造成。首先，帶兒童去看兒科醫師評估抽搐的可能原因，有必要
排除任何嚴重的醫療議題。一旦完成這一步驟，EMDR 治療可以標
的與抽搐有關的焦慮，藉由教導案主習得情感調適技術和標的焦慮，
抽搐的頻率和強度可能可以降低。

個案研究：山姆和臉部抽搐

作者之一與一位快樂的 9 歲男孩工作，他的名字叫作山姆
（Sam），他有臉部抽搐的情況，他的抽搐頻率和強度會在有壓
力的社交情境中雪上加霜。治療師標的第一次其他的孩子注意到
他的抽搐以及他的感受如何，處理這個事件後，治療師標的最近
幾次他人注意到他的抽搐情況的經驗。接著治療師讓這個孩子思
索，未來別人注意到他的抽搐情況，以及他對於別人注意到這情
況的回應。山姆的負向認知是「我不能控制自己。」他的正向認
知是：「我可以處理人們說什麼。」此舉驚人地減緩了抽搐，之
後山姆能夠更好地在有壓力的社交情境中處理他的抽搐。

焦慮症／強迫症／廣泛性焦慮症／懼怕症

與有焦慮症或焦慮相關疾患的案主工作的治療師，我們鼓勵各
位去參加專門的訓練，學習使用 EMDR 治療來處理焦慮症。夏琵珞
（2001）也記述了懼怕症的範本，有焦慮相關疾患的兒童最可能有試
煉事件（TE）導致焦慮。對治療師來說，有時難以確認兒童失落的
片段是什麼，但重要的是治療師問兒童第一次他或她記得的想到或感
覺到焦慮的經驗，有時會出現相關事件，但其他時候，此事件看似與
現在的焦慮表現無關。

269

個案研究：史黛拉和針

作者之一曾經和一位小女孩工作，她會來做治療是因為懼針
症，當她要打針時，史黛拉（Stella）會頭暈目眩並暈倒，即使
她躺著。雖然治療師標的第一次發生此狀況以及最糟糕的一次經

> 驗，SUD 沒有下降。對史黛拉來說，有必要追溯她感覺起源的思考歷程，那最終造成她第一次暈倒。結果發現史黛拉第一次暈倒是在上科學課時，她的老師在解釋病菌如何進入人體。史黛拉在全班面前暈倒後，她對此感到很尷尬，然後史黛拉開始將恐懼類化至任何會進入她身體的東西，包含針頭。一旦治療師標的史黛拉在科學課時暈倒的記憶，史黛拉的懼針症便改善了。療程繼續進行，標的史黛拉其他的引爆點，直至她的焦慮感降低。

　　用 EMDR 治療處理懼怕症或焦慮發作的差別，在於治療師需要標的兒童或青少年出現真實的焦慮發作且有相關的身體症狀的實際情況。八階段標準範本的其他部分要應用在治療任何有焦慮疾患的兒童，包含將焦慮症的表現做為標的項。我們建議治療師仔細閱讀夏琵珞（2001）所著的**懼怕症範本**。

　　需要教育兒童關於焦慮，以及身體對真實或想像威脅的反應是什麼。兒童也需要了解並被教導在恐慌即將發作時，要如何處理任何預期的焦慮，EMDR 治療包含這部分的技巧學習。治療師在任何時候可能要決定兒童需要學習額外的技巧，便回到 EMDR 治療的準備期，為案主的技巧清單上增加更多選擇。

　　處理任何 EMDR 治療中的標的項時，重要的是讓兒童回流至他或她第一次這麼想或感覺的經驗，以及當他或她幾乎要有同樣感覺的時刻（參見第三章中回流技術的討論）。兒童需要描述最糟糕的一次和最近發生的一次經驗。讓兒童歷程更新任何焦慮發作造成的次級創傷也很重要，包含：昏倒、嘔吐或被嘲笑。兒童可能會因為焦慮發作而感到羞愧，在想到以前的記憶時會感到更加痛苦。兒童因為恐慌發作，會讓兒童經驗到羞愧，以及來自老師、父母、教練或其他個體的貶低。

270

個案研究：卡梅倫和表演焦慮

　　一位叫作卡梅倫（Cameron）的青少女，她是個水準很高的運動員，卻在比賽時僵住。她開始經驗表演焦慮，而卡梅倫的教練告訴她，他從來沒有看過任何人「像妳一樣在比賽時怯場，讓自己看起來像個蠢蛋。」相較於真實的焦慮發作讓她在運動比賽時僵在場上的痛苦，教練的反應對卡梅倫來說更痛苦。治療師幫助卡梅倫歷程更新她的教練「憤怒的臉和聲音」的記憶，讓卡梅倫可以回到比賽上。治療師也建議這位青少女和其父母教育這位教練，如果教練不能支持卡梅倫，那麼他們要考慮更換教練。

　　治療師應該標的當兒童感到焦慮時，身體發生了什麼的記憶，兒童的心跳是否加速，兒童的手是否流汗，和／或他或她是否感到頭暈目眩？且治療師需要教育兒童對恐懼的恐懼，而後標的對於變得焦慮的恐懼。對一些案主來說，對恐懼的恐懼是阻礙信念，兒童可能會相信「我不能承受。」

　　一旦所有的過去事件和現在症狀都被標的，進行兒童感到焦慮的未來藍圖是很重要的。治療師讓兒童想像自己開始感到焦慮，其後成功地運用資源來使自己平靜下來，避免焦慮發作。一旦兒童完成未來藍圖，監控兒童在會談室外的進展並尋找成功經驗是有幫助的。這些成功經驗可以在後續做為駕馭感資源植入，讓兒童記得「我可以做到」。

表現焦慮和考試焦慮

　　在排除學習障礙、注意力不足過動症（ADHD）或藥物影響後，治療師應該蒐集在學校和在家會誘發其焦慮的情境，進而找到與考試焦慮有關的訊息。接著治療師可以列出現在會引發焦慮的引爆點清

單。

271 　　繪製地圖（第五章）對於確保治療師標的了所有與考試焦慮有關的層面特別有幫助。治療師需要特別注意老師、導師、父母或兒童怎麼跟兒童說他或她的學習障礙。治療師可以用駕馭感技術、發展資源和深植期（第九章）來強化兒童在學校感到成功的時候。如果兒童無法記起任何與學校有關的正向經驗，兒童可以選擇能讓他或她感覺正向的其他情境。再次歷程更新第一次和最糟糕的一次經驗，然後播放兒童未來考試的影像。

　　處理考試焦慮的一種方式是讓父母參與歷程，治療師可以要父母帶來兒童已經完成但表現不好的拼字測驗，然後治療師要兒童在療程中重測，並要兒童在感到緊張時回報。當此情況發生時，治療師這時運用某些形式的雙側刺激來歷程更新當下的考試焦慮，兒童可以練習考試時把觸覺刺激裝置放在襪子裡，對焦慮提供競爭的刺激。考試時不感到焦慮會讓兒童感到自信，並將此技巧應用在課堂中。

解離疾患

　　與有解離症狀的兒童工作的治療師要留意最近對於和此類兒童工作指引的研究。推薦《兒童與青少年的解離症狀之評估與治療的指導方針》（ *Guidelines for the Evaluaiton and Treatment of Dissociative Symptoms in Children and Adolescents* ）（創傷與解離研究的國際組織，ISSTD，對兒童與青少年的專案，2004）上有額外的資訊。對解離更加了解後，治療師需要察知兒童通常會呈現出解離的特質，特別是當兒童在生命中經驗了任何類型的痛苦或創傷事件時。

　　因為兒童天生想像力豐富且有很多幻想，兒童是否正在解離對治療師來說可能不是很明確。重要的是治療師不要將兒童的表現病理化，而是考量兒童逐漸演變的正常發展現象，並將之與解離有關的議題／症狀演變做比較。兒童與青少年可能會解離以應對創傷事件，包含嚴重且長期的虐待。治療師應要對學習解離有動機，對解離在兒童

和青少年身上看起來應該像是怎樣的有所了解。大部分有創傷歷史的兒童及青少年有某種程度上的解離是顯而易見的，但在 EMDR 治療中，不建議直接標的解離。

　　解離是在兒童與青少年生命中創傷的症狀，是種聰明的生存反應，以應對任何對案主的生存產生威脅的事物。治療師應該要註記兒童或青少年出現的任何解離症狀，例如：表現得想睡或呆滯無神，彷彿兒童在發呆。兒童和青少年可能會看起來像是在做白日夢，或當治療師對他們說話或移動時受到驚嚇，這暗示了發呆或喪失現實感的經驗。有些兒童對解離會表現得像某個動物或人物。根據 ISSTD 的兒童和青少年專案（2004），「心理治療重要的目標是讓兒童漸漸地學習以適應性的和彈性的方式來處理情緒，並且整合過去、現在和新的經驗，讓發展不打折扣。」（p. 134）

272

個案研究：麥莉與鹿

　　治療師和一位 9 歲名叫麥莉（Mylie）的女孩工作，她經歷了嚴重的虐待，當她難以承受時，她表現出像鹿一樣的行為。治療師很快地了解這個孩子的表現不只是在玩，麥莉會警戒且過度警覺地環顧房間，她走路時會四肢著地，當她受到驚嚇時便會在房間裡到處跳。在麥莉表現得像鹿的時候，治療師沒辦法處理和蒐集創傷史。

　　治療師使用情緒協調、和睦的關係和創造力（在處理解離時是必要的）來為麥莉發展資源。麥莉與治療師接著創造一則放鬆的鹿的故事，且以短而慢的雙側刺激植入成為鹿的正向經驗，這些資源幫助麥莉擁有情感調節的技巧，幫助探索麥莉的過去創傷和現在的引爆點。

　　接著治療師讓麥莉說說一隻鹿會需要什麼來幫助牠放鬆或睡

覺，麥莉知道什麼嚇到了這隻鹿以及什麼會讓這隻鹿感到擔憂，接著她決定建構一個安全區，讓這隻鹿可以記得虐待事件卻不會受傷。治療師知道「安全區」對麥莉來說是有適應性的、有彈性的處理情緒方式，治療師使用慢速且次數少的雙側刺激為麥莉深植安全感。

麥莉開始可以更快地進入並離開鹿的狀態，這顯示麥莉在兒童與鹿的狀態上皆感覺更有力量，直到她不再需要經常成為鹿。因為鹿是沉默的，所以治療師鼓勵麥莉成為鹿的聲音，因為只有她能聽見鹿說了什麼。

一旦麥莉的養父母可以接受她需要成為鹿來處理她的情緒，他們對她說：「看起來有什麼嚇人的事情正在發生，因為這裡有隻鹿。你可以跟我們解釋發生了什麼事嗎？」麥莉開始更為開放地和養父母對話，向他們解釋她的經驗和感受。最初麥莉完全解離，以至於當她因為舉止像隻鹿而有麻煩時，她感到很驚訝，之後會為此而說謊。當養父母開始理解麥莉不是在說謊而是解離時，養父母變得更能與麥莉情感協調，且向麥莉學習當鹿出現的時候他們應該做些什麼。

當養父母開始為鹿創造安全區時，麥莉對養父母的依附感增加，而麥莉和鹿之間的阻隔開始軟化和分解。麥莉開始覺察到鹿，而鹿也了解麥莉。最終鹿變成麥莉的一部分，她在新家人的幫助之下保護鹿不受到傷害。當麥莉在內在和外在皆感覺更有安全感時，麥莉的聰慧與創意變得更加顯而易見，她在學校變得更加成功，且與她的新父母建立依附關係。

治療師能為所有年齡層的兒童評估解離是極為重要的，因為創傷和解離會衝擊發展上的進程。特別是在當前的情況下，治療師需要思考兒童使用解離做為因應機制的程度為何。兒童可能呈現出冷漠、

273

麻木，甚至睏倦。睡覺可以是一種解離的形式，特別會發生於兒童身上。當經驗極度強烈的痛苦和情緒時，兒童會睡著或打呵欠，這是戰鬥－逃跑－僵住反應的一部分。培利（Perry 2006）寫到，兒童解離的演變包含休息、逃避、保護和服從，兒童經驗情感疏離和去人格化的感覺而後解離，此歷程包含案主出現腦袋空白和不願溝通的反應，案主也會出現僵住或者出現像是在母親肚子裡蜷縮的姿勢搖晃和／或睡著的行為。

　　當對解離的兒童使用 EMDR 治療時，治療師在進行任何標的項的減敏感之前，需要先在準備期花大量時間教授前端加載技能和技巧。最佳實踐是教導孩子和父母有關解離以及情緒調節和管理強烈情緒的工具，以使兒童在治療期間能夠保持連結。

　　一旦開始歷程更新創傷，兒童可能會變得非常痛苦，因此治療師可以提醒兒童經由再次與治療師和診療室連結來穩定自己，這會很有幫助。接地技巧可包含治療師使用一種香氣幫助兒童找到返回診療室的路，或者治療師可以輕輕地對兒童投擲一個抱枕，讓兒童再次與自己的身體連結並對診療室有安全感。如果兒童出現解離時，治療師都應該嘗試使用在開始創傷歷程更新前為兒童植入的任何資源（參見 ISSTD 對於治療有解離現象的兒童的指引）。

　　當兒童停止處理創傷並睡著時，許多治療師會停止創傷歷程更 274 新，然而我們鼓勵治療師繼續創傷歷程更新，看看兒童最後是否會醒過來。有些兒童會放鬆地睡著幾分鐘，其後慢慢地開始再次確認自己的位置。當兒童醒過來時，有些兒童會感到困惑，但有些兒童可能會顯得比較平靜。有父母的支持和滋養，許多兒童會感覺更加舒適，並向令其感到安全的親方尋求肢體接觸。治療師可以幫助兒童在診療室中創造一個肢體安全的情境，運用抱枕、毯子或甚至是有門的大紙箱，讓兒童可以進到大紙箱裡並感到安全。治療師可以要父母找一個大紙箱放在家裡，而兒童可以把自己的資源擺在此處。

個案研究：潔西卡和她的焦慮

　　4 歲的潔西卡（Jessica）總是感到焦慮且表現得像是隻不安而警覺的小兔子，在 EMDR 治療中的準備期時，治療師告訴潔西卡一隻害怕的小兔子的故事，每次小兔子感到害怕時，她就會跑回她的洞穴裡。治療師用一個大紙箱幫助潔西卡創造一個可以躲在裡面的安全洞穴，潔西卡在箱子裡面畫可以安撫她的圖畫以及寫下令她感到平靜的字句。她也把自我安撫活動的工具箱放進這個箱子裡，其中包含一種可以讓潔西卡感到平靜的香味。然後潔西卡把箱子帶回家，她可以躲藏在箱子裡或運用工具讓自己平靜。治療師接著讓潔西卡在會談室中保留一個安全情境，讓潔西卡在創傷歷程更新的時候可以躲藏在裡面。當潔西卡處理記憶中會嚇到她的東西時，治療師會坐在箱子外面，將觸覺刺激工具從門下面遞給潔西卡，讓她握著，潔西卡會畫下嚇人記憶的圖畫，並將觸動器放在圖畫上。當潔西卡完成了以後，她會開門，提示治療師停止雙側刺激。在潔西卡開始能讓門開著，且在處理她的標的項或「擔心」時會看著治療師之前，此程序會持續進行幾個回合。潔西卡的症狀開始改善，她學會在家使用她的安全／平靜情境，當她不能真的進入箱子裡時，她也可以用想像的方式。潔西卡處理因為跨國收養造成的依附創傷，她的安全／平靜情境可以幫助她處理嚇人的感覺，也可以向養父母解釋她身上發生了什麼事。潔西卡的養父母學會幫助她記得使用真實或想像的安全／平靜情境，來自我安撫和讓自己平靜。

275　EMDR 治療用於有依附疾患的兒童

　　創傷與依附創傷間有交互作用，其與兒童解離的發展有關。理論上來說，解離是正常發展的一部分，但當解離改變了正常發展的軌

跡並造成兒童生活的困難時，便會是個問題。在與主要照顧者的關係中經驗痛苦與虐待的兒童，常會發現在生存與依附之間的矛盾而對兒童造成痛苦，兒童常會為了因應與生存而解離。兒童可能會經驗去人格化、失去現實感、精神上的麻木，而未出現人格分裂。解離持續發展的極端結果，研究指出聰明且有創意的兒童經歷依附創傷，會導致嚴重的解離類型，並可能會有解離性身分障礙（Dissociative Identity Disorder）。治療的目標在於增進兒童情感調節的能力，其中一部分是處理依附創傷和在環境中創造新的健康的依附關係。

在個案概念化中，當與有依附創傷的兒童工作時，我們鼓勵治療師依循 EMDR 治療的八個步驟，因其簡潔且全面。在蒐集個案史和擬定治療計畫時，治療師需要注意到即便是嬰兒都有「病態性哀悼」的能力（Bowlby, 1999）。因此治療師需要依循第三章討論的步驟，並做一些額外的調整。

與任何案主工作時，治療師都需要評估共病，包含 PTSD、焦慮症和憂鬱症。此外，治療師需要考量兒童過往的經歷，包含：產前藥物暴露、遭受家庭暴力、多位照顧者、多次搬遷、醫療介入和兒童生命中的關係破壞。治療師可以使用評估工具來全面地蒐集資訊，因為照顧者可能沒有想到要告訴治療師。我們鼓勵治療師不只是詢問兒童和父母，如果可以的話，也要從病歷和醫院的出生紀錄上蒐集訊息。

依附和解離

個案概念化包含考量兒童的依附創傷，這幾乎永遠是解離的要素。此外，通常會有性暴露或某種形式的界限侵犯，展現出帶有性意涵的不適當行為，包含自慰過度（要評估並教育父母對兒童來說典型和健康的自慰為何，什麼行為需要關注）。治療師需要評估兒童性的不當行為到達什麼程度，並考量風險因素和安全需求。在本章後續內容中，會對於和有性反應或創傷反應行為的兒童工作提供更多資訊。

276 **父母／照顧者依附史**

父母的依附史在兒童的依附關係中扮演重大的角色，因此治療師需要評估父母的依附史或任何照顧者的依附史。治療師可以運用家庭圖來探索兒童家庭裡的關係，如果沒有父母能提供資料，可以詢問養父母或讓兒童探索她或他所聽到的家庭歷史。在探索兒童生命中的關係的過程中，標記依附創傷和其他的創傷，例如：手術過程，有幾位照顧者等，是重要的。治療師可以使用繪製地圖技術（第五章）聚焦在照顧和滋養的關係，以悲傷和失落的角度來看待關係創傷，以此概念化依附議題。與有依附疾患的兒童進行 EMDR 治療時，聚焦在將依附疾患視為關係創傷，把父母或養父母涵蓋在內做為協同治療師來處理兒童的關係創傷，EMDR 治療教導同步、滋養、覺察兒童的需求，以及養父母在養育有依附症狀的兒童時所需要的技巧。在 EMDR 治療準備期可以教導父母和兒童這些技巧。

在準備期時，對兒童就像對任何其他的案主一樣，要考量兒童擁有什麼資源以及他或她需要什麼，這點很重要。在現實與想像中誰是可能的依附對象？從早年的關係中，兒童可能有什麼潛在的創傷，以及現在在兒童的生命中是否有接納的依附環境？與有依附創傷的兒童工作時，如果可以的話，有必要考慮將兒童生命中最健康的依附對象涵括進來。即便照顧者是團體家屋員工，這位照顧者都可以成為孩子資源的一部分。

為兒童植入駕馭感技巧和幾個安全／平靜情境也很有用，縱使治療師的會談室是在兒童生活中唯一的安全情境，治療師可以要兒童留意他或她在會談室中的感受如何。如果合適的話，治療師可能會提供兒童過渡性客體，例如：可以用來書寫的筆記本或提供滋養的毯子。治療師可以向兒童解釋，當他或她感到難過時，兒童可以把毯子披在肩上給自己一個想像的擁抱。治療師也可以建議兒童把一個填充動物或兒童擁有的其他物件當作過渡性客體。任何類型的過渡性客體目的在於和治療師一起創造物體恆存的感覺。對於待在兒童福利系統中的

兒童來說這可能會很困難，他們可能會經常搬遷或更換治療師，但兒童需要感受到在生命中彷彿有人讓他們感到安全和關愛，理解這部分是很重要的，即使治療師在孩子生命中只是短期逗留。本章後續會進一步討論何時對在兒童福利系統中的兒童解釋「照顧情節」。

教導兒童正念、情緒調節、情緒辨識和身體覺察也很重要，以幫助兒童在治療過程中保持穩定。在第四章中，有在準備期中可以教兒童使用的技巧和資源範例。也可以教兒童用現在的自我來滋養較年幼的自我，這可視為創造一致性敘說的一部分，或在 EMDR 治療後續的階段中做為認知交織使用。治療師可以問兒童：「**如果你可以照顧難過或受傷的那個部分的你，你覺得那個部分的你會需要什麼讓他覺得好過一點？**」

> ## 個案研究：斯托米和她年幼的自我
>
> 治療師與 12 歲的女孩斯托米（Stormy）工作，她從 10 歲開始和收養家庭生活。斯托米與虐待她的原生家庭生活到 6 歲，其後在寄養家庭和原生家庭間來回居住長達 4 年。斯托米從未感到安全，因為她總是在搬遷，所以她無法允許自己和新的收養家庭建立依附關係。她的負向認知為「我不安全」。在歷程更新期間，斯托米決定讓養母和 12 歲的自己回到過去拯救 6 歲的自己，斯托米決定打包 6 歲的自己並帶著 6 歲的自己回到現在，共享她現在的房間和新的家人。一旦青春期前兒童的斯托米感覺 6 歲受創的自我加入後，她感覺被賦權而可以做出感到安全的新決定，且和她的新家庭建立依附關係。

與有依附議題的兒童工作時，治療師必須處理兒童依附創傷的記憶，並聚焦在 EMDR 治療中的身體掃描期。既然依附創傷經常發

生於早年的關係中，但記憶常會被儲存在身體中，治療師需要協助兒童完成完全清除的身體掃描。清除情緒和身體感受幫助兒童處理從嬰兒至兒童早期便儲存在身體中的記憶，對未來藍圖來說也是如此。與兒童和父母處理兒童被教養的感覺是重要的：「**當你的媽媽在照顧你的時候，你的身體的感受是什麼？只要注意它就好。**」其後治療師增加慢速且回合數短的雙側刺激，以 EMDR 治療植入來自於滋養父母的正向身體感受，用以取代教養產生以腦幹為基礎的害怕感覺特別有幫助。治療師可以提供簡單的食物，例如：麥片，讓父母餵食兒童。當兒童被父母餵食時，治療師讓兒童注意被餵食的正向經驗，並使用慢速且回合數短的雙側刺激。在 EMDR 治療中，這是可以增強做為一種資源的駕馭感經驗。也可以讓父母替兒童的手或腳擦身體乳液，治療師可以在會談室放一瓶乳液，讓父母幫兒童擦乳液做為滋養的經驗，並以雙側刺激植入此經驗做為一種資源。乳液的味道和感覺伴隨肢體接觸，治療師可以指示父母在為兒童擦乳液時，輪流輕捏兒童的雙手，這會創造出深層組織的觸覺振動，很多兒童覺得這樣很放鬆。

278

幫助兒童和寄養和／或養父母創造一致性的敘說是可以植入的額外資源，作者之一幫助收養家庭對可能發生在兒童身上的事情創造一致性的敘說，並為兒童標的此敘說中最糟糕的部分，以此哀悼和歷程更新記憶。治療師不會告訴兒童要想什麼，而是問兒童問題，例如：「**對於住在羅馬尼亞孤兒院中的一個嬰兒來說，裡面有很多嬰兒，但卻只有一點點錢來照顧他們，他的生活會是怎麼樣？**」不管兒童說什麼，治療師以此創造一個一致性的敘說。治療師也可以詢問父母對於孤兒院或寄養家庭所知道的實際訊息，然後治療師讓父母表達當帶著兒童回到新家時，父母的感受為何。接著治療師讓父母假想對兒童來說那會是怎麼樣的經驗。治療師將父母知道的、兒童回報的和治療師從過往與收養家庭工作的多年經驗中獲得的可能訊息揉合並編寫成一個故事，且是兒童相信最接近他或她的早年經驗的版本。然後治療師詢問兒童標的這段兒童所創造的故事的程序性步驟問題，一旦兒童處

理了這段歷史，治療師讓兒童和父母創造一個新的故事做為資源，且植入兒童如何找到一個愛他或她、想要他或她的家庭。這個新故事變成一個資源，允許兒童依附和創造一段新的歷史。

　　有依附議題且正在經歷收養程序的兒童需要歷程更新源自於早年關係的創傷，和哀悼為了和新家庭依附而會失去的東西。有時治療師可能會真的問兒童：「**你可以放棄什麼和你需要緊緊抓住什麼？**」兒童可能會說：「我可以知道我媽媽愛我，但是她不能照顧我。」「**注意它。**」治療師接著加上慢速且回合數少的雙側刺激。當運用 EMDR 治療來處理依附和收養議題時，治療師必須歷程更新兒童受創的失落和悲傷，然後植入認領新的家庭。治療師讓兒童聚焦在成為家庭的成員，讓兒童自己認領收養家庭。認領是與合法的收養程序有關的心理歷程，兒童相信「這是我的家庭而我屬於這裡。」這是 EMDR 治療可以聚焦的正向陳述。並非所有的兒童要處理的依附創傷都與收養歷程有關，但對於被收養的兒童來說，即使是最年幼的兒童，為了成功的收養，治療依附創傷通常是必要的。

　　治療師必須注意到依附創傷可能會被隱藏在很多情緒和行為議題 279 下，兒童通常因此而進入治療。治療師必須總是能考慮到兒童生命中健康的依附關係的影響。

處理性反應和創傷反應議題的 EMDR 治療階段

　　兒童因為有性相關的不當行為而被轉介接受治療，治療師需要考量特殊的個案概念化。治療師使用 EMDR 標準步驟做為治療模板，並穿插心理教育訊息、放鬆、情緒調節工作和減少衝動，便可以成功地與有這類議題的兒童工作。這絕不是容易或短期的臨床工作，但是透過使用 EMDR 治療的八個階段做為治療框架，心理治療可以有效果，結果在治療初始就會顯現。由於這個治療議題的複雜性，本章對每個 EMDR 治療的階段調整與增加的內容進行編寫。在治療師遇到要對有性反應和創傷反應的兒童進行個案概念化時，這個治療模板能

提供協助。

● 蒐集個案史、個案概念化和擬定治療計畫

　　在治療的這個階段，治療師操作第三章提到的相同程序，有幾個補充。治療師很有可能會需要花時間探索任何早年的悲傷和失落議題、與主要照顧者分開、文件中載明兒童從出生以來被幾位照顧者照顧過，包含保母、親戚和其他可能的對象。

　　治療師應該詢問父母他們第一次注意到這些行為是什麼時候，以及父母已經試過什麼方法來處理兒童的行為。什麼方法有用和什麼方法沒有用？例如：父親是否在發現 5 歲的女兒和 6 歲的表姊在孩子的房間裡面「扮演醫生」時，就揍了兩個女孩的屁股？如果發生過這樣的事情，治療師可能會想到這對兒童來說有可能會是個創傷，且兒童會感到困惑。

　　明智的治療師會記得當兒童試著理解像性虐待這類事情時，會一直說和沉迷於議題中，一次又一次地重現這個情境，努力地試著理解發生了什麼事。這是重現行為嗎？重現行為會因為它感覺很好而被強化，然後成為一個兒童感覺停不下來的衝動議題。性的行為對兒童來說是正常的，治療師和父母都需要了解什麼對兒童來說是正常的發展，什麼則超出正常發展的範疇。治療師應該也要考量文化和家庭的宗教信念。此外，任何兒童意外地看到性暴露的訊息、媒體、睡覺時的安排、年長手足、宗教議題、電影、父母等可能性，都值得探索。

個案研究：愛蓮娜和小鹿斑比的電影

280

　　作者之一與一位名叫愛蓮娜（Eleanor）的 4 歲女孩工作，她開始對自己的娃娃出現性方面的不適當行為，當成人在換衣服時，她會在臥室偷窺，在公共廁所時會從廁所隔間下面看。她的

父母已離婚，她的母親指控父親對愛蓮娜性虐待。在與愛蓮娜和她的父母會談後，治療師發現父親之前曾經放一部電影讓愛蓮娜在父親淋浴的時候看。這部電影貼著「斑比」的標籤，父親便離開去淋浴，父親回來的時候發現這部電影跟鹿無關，而是赤裸裸地記錄成人性行為的限制級電影。不幸的是，父親的室友把這部電影擺在電視櫃上，而父親在為4歲的愛蓮娜播放這部電影時沒有先檢查內容。雖然父母沒有傷害愛蓮娜的意圖，但愛蓮娜無意間被暴露於露骨的性媒體前。

探索家人在家裡的衛生狀況、裸露程度和性界限現況是很重要的。浴室門會關著嗎？人們在進浴室之前會敲門嗎？家庭是否有以兒童為中心的教養計畫，是否知道兒童和青少年的適齡行為而不至於太過僵化？父母可能沒有注意到兒童從很早的年紀就會對性關注且感到好奇。兒童也會無意間透過觀察年長手足的行為而學習，尤其是當年長的手足沒有檢查年幼手足是否在附近的時候。

兒童可能經由隱晦的方式接觸到性，這可能是性反應行為的根源，即便兒童沒有明顯地受到性虐待。一位7歲的男孩與他14歲的哥哥趁父母不在家的時候，一起觀看一部性暴露的電影。父母不知道發生什麼事，而少年兄弟沒有提供這個訊息。對7歲的男孩來說這是個受創的經驗，一旦治療師發現這個經驗是兒童不當行為表現的核心時，便需要在療程中標的這個經驗。不論不適當行為的根源為何，治療師可以使用EMDR治療來處理兒童的衝動並植入替代行為。

● 準備期

在此治療階段期間，治療師與兒童工作，以檢視讓兒童學習使用停止思考、放鬆和替代行為讓自己分心，對兒童來說是否有益處。在家裡對於這個性反應行為的規矩是什麼？家裡的安全計畫是什麼？

281　治療師需要提供一個安全計畫的範例，接著治療師需要在家族會談中引導家庭（包含家庭中所有的成人和兒童）為對不適當性暴露而有反應的兒童建立起健康的界限和安全感。當兒童有性的不當行為且有傷害其他兒童的可能性時，對家庭成員來說持續地實施安全計畫非常重要。

　　有些兒童可能會對愛和性感到困惑，這可能明顯地或隱晦地發生。如果治療師評估兒童不能區分愛和性，治療師可能必須提供有關兩者差異、界限和適當行為的心理教育資訊。有年長手足的兒童可能會接觸這些行為，進而模仿，年長的手足需要理解年幼的手足不知道什麼是適當的及什麼是不適當的。家庭對界限的訓練和引導是本階段重要的部分。

● 創傷的歷程更新階段：評估、減敏感、深植和身體掃描

　　當和有性反應的兒童一起辨識出要歷程更新的標的項時，治療師和兒童討論當兒童想要做出性的不當行為之前發生了什麼事。一旦兒童形容發生了什麼事，治療師讓兒童回溯其所記得第一次有這個感覺的時刻，這便是在 EMDR 治療中可被歷程更新的試煉事件。

　　讓兒童注意身體感受也是必要的。治療師需要討論身體感受以及兒童對那些感受的一般反應，治療師應該在歷程更新之前評估和教育兒童有關不適當的衝動和行為。對某些兒童來說，標的一個記憶可能會有困難，因為他們感到尷尬，需要被鼓勵來討論這個記憶。因為許多記憶可能令兒童感到難堪，所以治療師可能會讓兒童辨識某個事件，但無須描述所有的經過。治療師可能只是讓兒童想著那個代表事件中最糟糕部分的影像，然後繼續進行 EMDR 治療階段。治療師要考慮一個可能的標的項是，當兒童被抓到撫摸自己或和其他兒童玩醫生遊戲後而開始出現性的不當行為。這類事件可能是創傷的，而現在可能以非適應性的形式編碼於兒童的記憶中。

　　兒童將會頻繁地想到「我很壞」或「我有那些感覺很糟糕」等

負向認知，與有性反應的兒童處理標的項時，治療師可能會需要運用認知交織來教育兒童生理反應和正常的身體感受。可能會需要治療師協助兒童區分有感覺或身體感受與根據感覺行事的差別。父母和照顧者需要參與心理教育的過程，讓此部分得以在家裡持續地進行。重要的是要讓兒童明白感覺或身體感受沒有錯，但那個行為有時是不適當的。治療師必須讓兒童想一個可以植入的其他可選擇的行為或替代的行為，而非性的不當行為。例如：「**告訴我當在你的身體裡有那個奇怪的感覺，而你沒有做出會讓你有麻煩的行為的時候。**」一個兒童說：「你的意思是在我的隱私部位有那個感覺，我沒有去我姊姊的房間，而是去彈鋼琴？」治療師說：「**是的！雖然你在隱私部位有那個有趣的感覺，但你做出了一個很棒的選擇的時刻。**」幫助兒童辨識駕馭感經驗，並且植入做為資源，以提醒兒童他或她曾成功地掌握這個感覺，這對於幫助兒童學習掌握性反應／創傷反應的回應是有助益的。

282

● 未來藍圖

　　歷程更新過去事件與現在的引爆點之後，治療師接著讓兒童想像未來的某個時間點，兒童可能會經驗到想要表現出不當行為的衝動，接著看到自己做出健康且適當的決定。再次運用未來藍圖的範本，植入對兒童來說可以促進發展與適合其年齡的新的健康的行為。這將幫助兒童在體驗到性的不當行為的衝動時，做出新的選擇。

個案研究：瑪蒂和她成功地減少性反應行為

　　有名叫瑪蒂（Maddie）的 10 歲女孩被親生母親帶來做心理治療，瑪蒂出現亂發脾氣、對立反抗、嚴重情緒不穩、學業表現不佳、性化行為，以及疑似在 2 歲以前被祖父性虐待的歷史。瑪

283

蒂在過去 7 年間已被不同的心理健康專家治療，且進行了一系列的藥物治療，皆無法改善她的症狀。最後一位治療師認為瑪蒂有和依附疾患相關的症狀，建議她去見專長處理兒童依附議題的心理健康專家。依附治療師很快地知道瑪蒂是家庭裡四個孩子中最年長的，家庭成員包含她的母親、繼父、同母異父的手足和兩位繼親手足。在執行全面的個案史搜集與擬定治療計畫後，治療師開始替瑪蒂發展當她感覺快被淹沒時可以運用的技巧，在學習放鬆技巧、停止思考和控制情緒技術後，瑪蒂開始辨識會引發她的創傷的情境。瑪蒂在公車上被一個男孩羞辱，治療師後來得知一個鄰居女孩主動對瑪蒂發起性行為。治療師替瑪蒂使用未來藍圖，想像自己成功地忽視公車上的男孩，並且減敏當男孩嘲弄她時她對自己的感覺。負向想法是「我無法處理。」而正向想法是「他只是個蠢男孩，他是有問題的那個人，我可以處理。」瑪蒂想像自己使用想像的魔杖在周圍變出泡泡圍繞著她，當被男孩嘲笑的時候，瑪蒂聽不到對方講話。瑪蒂對於來自其他兒童的嘲笑特別敏感，治療師開始標的過去被嘲笑的事件，並且植入當她成功地忽視其他兒童的駕馭感經驗。瑪蒂想要聚焦在她惹麻煩的時候，而不是她能夠忽略其他孩子並走開的時候。因此在每次療程開始時，治療師會要瑪蒂舉一個她能成功地讓自己保持平靜而不會被引發情緒的例子。在瑪蒂經驗到成功地讓自己保持平靜之後，她更有意願標的更大的議題。接著瑪蒂和治療師開始標的她的性化行為，並且探索什麼會引發那些感覺。在學習界限與閱讀有關隱私部位的書之後，瑪蒂開始解釋她身體裡的奇怪感受會讓她想要做出性的不當行為，雖然她知道那是不對的。瑪蒂想到在工具箱裡可以用來停止她的想法並讓她分心的東西，直到身體的感受消失為止，治療師接著聚焦在植入當瑪蒂可以看到自己成功的未來藍圖和駕馭感經驗。治療仍持續進行標的瑪蒂不適且「奇

怪的」身體感受，一次療程中瑪蒂正在歷程更新隱私部位的奇怪
感受時，她開始說：「我可以去彈鋼琴。」治療師回應：「跟著
它。」在下個回合的雙側刺激中，她說：「我在彈鋼琴的時候
感覺不到那個感受。」治療師再次回應：「跟著它。」瑪蒂開始
提出許多成功的例子，包含畫圖、讀書或離開情境，而避開了性
的不當行為。然後瑪蒂記起有幾次她感覺她對自己的身體感受沒
有責任，但她現在知道當她有那些身體感受時她有選擇。治療師
也標的了瑪蒂是唯一非繼父親生孩子的悲傷，而繼父非常地慈愛
且關心她。瑪蒂和治療師處理了悲傷。其後他們處理瑪蒂和生父
的關係，讓她可以哀悼並允許自己感覺能和繼父有安全的依附
關係。當他們繼續歷程更新瑪蒂的標的項時，也持續植入駕馭感
經驗讓她感覺被引發情緒時可以運用。瑪蒂開始用言詞表達她的
感覺，瑪蒂開始說她的感受，而非崩潰。瑪蒂開始在學校有好表
現，並第一次達成成績單上所有科目都是 A 的成就。治療師也
聚焦在與家庭工作，教育他們依附和創傷，並教導他們更為正向
的教養，當他們看見瑪蒂感到痛苦但沒有崩潰時稱讚她。治療師
聚焦在瑪蒂的力量和成就，同時允許她做出不健康的選擇時自己
選擇後果。

284

　　使用 EMDR 治療來治療有性反應和創傷反應行為的兒童可以是
很成功的。當治療師治療兒童行為和相關衝動的根源，且植入資源和
替代行為，讓兒童在感覺到衝動要做出性的不當行為時可以運用，結
果可能是有利的。

醫療處遇受創的兒童

　　EMDR 治療對於承受痛苦的醫療處遇和必須長期進行醫療或損
傷的兒童也很有幫助。EMDR 治療不僅只用來標的受創的和侵入性

的醫療程序記憶，也適用那些必須承受持續的醫療議題的兒童，例如：癌症、糖尿病和燒燙傷的治療。

　　對有醫療創傷或狀況的兒童進行個案概念化，依循本書早先章節中已討論過的八階段，以繪製地圖來辨識要歷程更新的標的項。治療也包含使用進階的資源技巧和未來藍圖以協助兒童為醫療檢查或治療做準備。歷程更新醫療狀況和／或醫療創傷可以跟兒童很簡單且直接地進行。

　　治療有醫療狀況的兒童的個案概念化，包含幫助兒童歷程更新已發生的事情、正在發生的事情和／或可能會發生的事情。例如有氣喘經驗的兒童也會同時出現焦慮和創傷的症狀。治療師可以透過讓兒童解釋他或她對診斷的了解來開啟治療。

- 「氣喘是什麼？」找出兒童知道什麼。
- 「有氣喘是最糟糕的部分，還是因為氣喘隨之而來的事情是最糟糕的部分（像是去急診）？」

　　一個兒童說最糟糕的部分是「打針」，另一位兒童說：「我會死，因為我不能呼吸。」他的壞想法是「我會死」，而他的好想法是「我可以學習幫助自己的方法。」他開始配戴醫療手環，並且獲得隨身攜帶吸入器的許可，他也學會深呼吸來對抗會造成呼吸管道收縮的身體部位。透過教兒童因應技巧、放鬆技巧和提供他工具來幫助自己，兒童能歷程更新過去氣喘發作的記憶。他的媽媽幾個月後打電話來說，孩子生平第一次氣喘發作時沒有去醫院，因為他能經由重述他的新正向信念「我可以處理。」來保持平靜。

　　治療師可以詢問兒童下列問題來探索醫療創傷：

- 「你為什麼在這裡？」（除了父母說的原因之外）
- 「什麼讓你感到困擾？」

285

- 「第一次或最糟糕的一次經驗發生在什麼時候？」
- 「此事發生最糟糕的是哪個部分？」
- 「在你身上發生的這件事情，讓你現在對自己不好的想法是什麼？」
- 「對這件事有一天你會想要有什麼好的想法？」
- 繼續評估階段……

　　此歷程對兒童提供支持，且允許他或她在治療中是積極的參與者，這在醫療照護中通常不會發生。

創傷性腦損傷的 EMDR 治療

　　EMDR 治療可以運用在有創傷性腦損傷（traumatic brain injury, TBI）的兒童身上，下列案例演示了一個有助於運用 EMDR 治療在 TBI 的兒童時，其父母口述的範例。

個案研究：戴倫差點溺死

　　有位神父找作者之一到醫院對一位 2 歲男孩的父母進行 EMDR 治療，他在兩天前差點溺死後進入植物人狀態。戴倫（Darren）存活的機率很低，醫生正準備移除維生系統。一開始治療師對父母進行 EMDR 治療，幫助他們變得較冷靜，且對他們的醫療決定更加明確，也幫助他們記起關於戴倫更多正向的事件，而不只是聚焦在過去兩天中發生的事情。

　　在移除維生系統之後，醫生允許父母帶戴倫回家等待其生命結束。然而戴倫沒有死，父母開始在家照顧他的醫療需求。治療師諮詢其他 EMDR 治療師後，在取得醫生和父母的許可之下，決定嘗試對這個幼兒處理創傷。治療師本來不願意進行 EMDR

286　治療，因為孩子有癲癇的情況，治療師與父母討論此事，由於父母感覺 EMDR 幫助過他們，所以他們認為 EMDR 可能也能夠幫助戴倫。

當治療師看到戴倫時，他躺在沙發上，手臂僵硬地擺在胸口，他的雙腿伸直且僵硬，他的視線固定看向左方，偶爾會眨眼或轉動眼睛。治療師決定介紹父母做在拉菲特（Lovett 1999）所著書中相似的父母口述。母親坐在戴倫後面，輕拍戴倫的肩膀，一邊講述他差點溺死的故事。雖然她當時不在場，她以一種自己想像事件發生經過的方式描述。母親選了一個戴倫可能實際會有的負向認知「我的不安全」，正向認知是「我的安全」。

當他的母親在講述這個故事時，故事進行到實際落水的情景，可以看見戴倫的身體變得僵硬且弓起，當母親提到直升機運送和醫院裡發生的事件時，他痛苦地扭動身體。母親繼續敘說這個故事，穿插「我的不安全。」直到她講到戴倫被父母帶回家的部分，此時她開始說：「我的安全。」我們可以輕易地看到戴倫放鬆下來，他的手臂第一次在胸前鬆開，且他睡著了。母親和治療師都感到很驚奇。

戴倫的生理狀態持續進步，父母積極地尋求醫療照護和替代療法。治療師在兩週後來訪時，母親表示他們現在遇到其中一個困難，是讓戴倫前往所有的約診，因為戴倫的肌肉會僵硬，以至於難以在不對他造成痛苦的情況下讓他坐上安全座椅。母親同意再次進行 EMDR 治療的父母述說模式，這次她講述了一個最近就醫的事件，從試著讓戴倫坐進安全座椅開始。她繼續描述戴倫就醫路途中和回家途中的痛苦，母親在述說故事時再次穿插負向認知「我的不安全」，直到戴倫回到家時，母親改為正向認知「我的安全」。然後治療師進行看醫生的未來藍圖，並使用「我的安全」的正向認知。最後戴倫放鬆下來，且第一次直視他的母

> 親。
>
> 　　幾年間戴倫持續進步，他會口語表達、會大笑，也會看著他的父母，當他的母親難過時他會哭。他可以不用餵食管吃一些食物，他喜愛鳥叫聲，且很明顯地對環境有所反應。戴倫腿部的肌肉仍然僵硬，但他顯然不再處於昏迷狀態中。
>
> 　　戴倫最近在他 7 歲時過世，他不明原因地開始體重減輕，最後在他母親的懷中過世，儘管苦戰，但他帶給他的父母許多愛和喜悅。

　　治療師運用父母敘說來歷程更新戴倫對事件的記憶，因為戴倫當 287 時無法口語表達且處於植物人的狀態，但我們仍強烈建議治療師如果可以的話，針對標的項詢問兒童的正向認知和負向認知。

　　在開始 EMDR 治療前先和醫師討論治療也很重要，因為雙側刺激可以同時安撫、放鬆或過度刺激案主。既然難以教導和監控有腦傷的案主情感調節和自我安撫，治療師從安全情境範本開始，且以非常緩慢和短回合數的雙側刺激進行，是有助益的。當治療師在進行時，他或她應該要與案主同步，案主可能會有口語表達和不尋常的肢體動作，以此觀察案主當下如何承受雙側刺激。最好小心謹慎地進行治療，直到治療師和父母對此歷程確實有利於案主感到放心。

早發性或青春期的雙極性疾患

　　出現嚴重情緒狀態不穩定伴隨暴怒和極端行為議題的兒童，會需要在診斷歷程中參與完整的評估。符合早發性雙極性疾患或青春期雙極性疾患臨床診斷的兒童也需要參與完整的診斷歷程，以排除其他診斷或辨識共病，因為許多兒童會被誤診為 ADHD 和對立反抗疾患（oppositional defiant disorder, ODD）。即使一些兒童天資聰穎，但可能會出現情緒狀態不穩定、挫折承受力低和難以自我安撫的現象，這

與早發性雙極性疾患相似。醫療議題（伴隨兒童的創傷史）、近期壓力程度和探索親族被診斷雙極性疾患可能性的家系圖，也必須在初談過程中被徹底地檢視。治療師不該輕易地做出早發性雙極性疾患的診斷，排除共病議題是重要的。

　　有早發性雙極性疾患的兒童也需要被轉介給兒童精神科醫師進行評估，但在評估階段中，兒童仍然可以從自我安撫和保持平靜技巧中獲益。一旦兒童評估完成且治療團隊相信早發性雙極性疾患的診斷是對的，很有可能會開精神藥物的處方給兒童以改善情緒的穩定度。

　　當團隊在處理改善和穩定兒童情緒時，治療師可以開始和兒童進行繪製地圖的歷程，以辨識可能對兒童造成創傷的經驗，包含在極端情緒和暴怒之後兒童會有什麼後果產生。許多有早發性雙極性疾患的兒童常常有給成人惹麻煩的歷史，伴隨社交情境的困難，會造成兒童感覺自己是壞孩子或沒有人喜歡他或她。如果適合兒童的發展階段，我們鼓勵治療師跟兒童解釋雙極性疾患並幫助兒童了解為什麼他

288 人會對自己有某些反應．例如：「你知道你跟我提過人們看起來對你很生氣？好，你可以告訴我人們會因為什麼對你生氣嗎？」大部分的兒童會說：「我老是惹麻煩，我不知道為什麼。」或「因為我很生氣，所以惹上麻煩。」有些孩子會開誠布公地討論發生了什麼事，有些孩子會想要假裝沒發生什麼事。作者之一經驗到有早發性雙極性疾患的兒童往往是有依附創傷但非常有創造力和活潑的兒童。治療師探索有早發性雙極性疾患的兒童的次級議題是重要的，那些經驗可以在 EMDR 治療中標的以歷程更新。兒童出現早發性雙極性疾患的症狀，而後在學校和家裡惹麻煩，甚至有時候被學校退學，這些情況令兒童感到憤怒或受傷，加劇了情緒的不穩定和易怒，以上狀況看起來是個負向的循環。我們建議治療師運用情緒駕馭感和資源技巧來幫助兒童穩定，並且辨識出兒童過往的任何創傷經驗，一旦兒童成功地對減敏感期有所準備，就能在 EMDR 治療中歷程更新。

　　需要教育父母什麼是早發性雙極性疾患，並提供資源和額外的

親職技巧，例如：全美精神疾病患者聯盟（www.nami.org）的手冊。
我們也建議為兒童的學校提供協助，幫助老師和學校員工為兒童準備
以改善為中心的教育資源，對於為被診斷為早發性雙極性疾患的兒童
編寫個別教育計畫的學校員工，治療師也可以提供指引和資訊。關於
青春期雙極性疾患的額外資訊可以在青春期雙極性疾患研究基金會
（www.jbrf.org）找到，此組織也出版了兒童雙極性疾患問卷。

　　因此，當 EMDR 治療用於治療被診斷患有早發性雙極性疾患的
兒童時，個案概念化要在心理和精神方面進行全面的評估，同時透過
治療階段來處理有雙極性疾患的兒童之各種動力。

臨床和行為議題

拔毛症

　　拔毛症同時是臨床和行為議題，被定義為衝動控制疾患，一般
而言有一個事件與外顯症狀有關。拔毛症意指對於案主拔除體毛的診
斷，包含：頭髮、眉毛、睫毛或身體任何部位的毛髮。除了有明顯的
衛生狀況和生理表徵議題之外，拔毛症會造成關係衝突和社交問題。
以 EMDR 治療有拔毛症的兒童時，在個案概念化中會由精神科醫師 289
或兒童心理師排除其他的疾患，如果有必要的話，他們可以評估醫療
議題和考量任何藥物的使用。一旦排除其他的醫療狀況，治療中的下
一個步驟是決定症狀什麼時候開始，和在那段時間中可能發生了什麼
情境或事件。拔毛的症狀通常會隨著兒童進行治療而加劇，因為父母
對兒童的症狀感到太困擾，以至於父母的反應會讓兒童更加羞愧。和
父母工作以幫助父母因應兒童的拔毛症，教導父母不要回應而是只要
觀察並鼓勵兒童，這點很重要。

　　有拔毛症的兒童可能會有嚴重的內在或外在的聲音。外在的聲音
可能來自於父母、老師、教練或年長的手足。批判的外在聲音是如此
大聲，讓兒童持續地感覺被蔑視和自己無能。這個批判的外在聲音可

能會內化，而後兒童變得自我批判和完美主義。在 EMDR 範本中，找到試煉事件是重要的，而後標的近期造成拔毛的刺激點。在使用 EMDR 範本時，進行未來藍圖是重要的，為兒童增加想像未來可以做使其感到舒適和安撫的替代行為。

個案研究：克洛伊的拔毛症經驗

　　9 歲的克洛伊（Chloe）被帶來見治療師是因為她會拔自己的睫毛，克洛伊的母親說這在學校開學而她的新美術老師對全班大吼之後發生，克洛伊說她的美術老師非常地批判且不停地吼叫，母親和美術老師及校長談過之後吼叫停止了，但拔睫毛的情況卻持續發生。克洛伊的母親說克洛伊去年的舞蹈老師也會對學生大吼，但在父母於 6 個月前帶克洛伊離開舞蹈課之後，那便不再是個問題。

　　克洛伊是個聰明、漂亮的女孩，但有表達情緒的困難。克洛伊的母親形容她是個完美主義者，她的房間維持得非常整潔，而且她喜愛整理她的筆類收藏品。克洛伊的母親感到非常焦慮，且會批判克洛伊拔睫毛的情況。

　　第一步是向克洛伊的母親保證她的女兒會沒事，而母親能保持冷靜和支持克洛伊的努力是很重要的。下一步是教導克洛伊情緒和如何表達情緒。治療師推薦一本「美國女孩」出版社出版的書《感覺》（Feelings）。這個孩子和治療師標的美術老師第一次大吼、最糟糕的一次大吼和最近的一次大吼。克洛伊的負向認知是「我有危險。」然後治療師標的阻礙的信念「我必須要完美。」

290　　治療師也標的了母親批判的聲音。最後他們標的了當克洛伊放鬆、看電視或睡前會想要拔睫毛的時候，這明顯地減少了拔睫

毛的現象，但她仍然會以一週一次的頻率拔睫毛。最後治療師指引克洛伊回到她最初的認知，並問她：「妳第一次感覺『我有危險』是什麼時候？」克洛伊立刻說：「當我的跳舞老師告訴我們她會用錘子殺了我們。」治療師引導克洛伊完成 EMDR 的治療階段，克洛伊的症狀被成功地標的和歷程更新，而她停止拔她的睫毛。

　　在作者的經驗裡，有拔毛症和其他衝動控制疾患的兒童不了解他們當下出現的行為，通常只有當被某人面質時他們才會注意到。有自我虐待行為的兒童可能也是如此。所有這些行為似乎都包含在自虐行為發生時所產生的解離元素。

自我虐待行為，包括摳自己

　　有自我虐待行為的兒童可能包含會摳開放傷口或以摳自己的方式造成傷口。如同拔毛症，評估兒童經驗到的焦慮和憂鬱程度，且排除其他的醫療議題是重要的。自我虐待行為和摳自己會造成次級醫療議題，包含感染和留下疤痕，這對父母來說是極度有壓力的事。探索兒童和父母記憶中第一次摳自己的時候，並處理試煉事件，然後處理現在的刺激點。請參見第十二章，其中討論一位有拔毛症的青少年。

有藥癮議題的兒童

　　嬰兒、幼兒和年幼的兒童不常出現藥癮議題，但很多成癮的成人表示在很年輕的時候就使用藥物和酒精。有未治療創傷的青少年有很高的風險有菸癮、使用大麻和酒精（參見第十二章，有更多關於青少年和物質濫用的資訊）。在此處提及此一主題是為了要提醒和兒童及青少年工作的讀者，要接受治療物質濫用疾患的訓練（Brown, Gilman, Goodman, Adler-Tapia & Freng, 2015; Knipe, 2005; Miller, 2010;

Popky, 2005）。有一個整合的創傷治療範本（integrated trauma treatment protocol, ITTP）模式將 EMDR 和尋求安全的治療包含在內（Brown et al., 2015）。如果治療師能夠以 EMDR 治療處理導致化學
291 依賴的創傷，同時結合其他成癮治療的模式，以及如匿名戒酒團體和麻醉藥匿名團體等的支持，兒童與青少年也許可以走向更健康的成年生活。

童年的行為／發展議題

感覺處理障礙

　　感覺處理障礙（sensory proceeding disorder, SPD）雖然不是臨床診斷，但在治療兒童時需要加以評估。感覺處理障礙常被視為強迫症、自閉症、亞斯伯格症的症狀，有時會出現在資優的兒童身上。感覺處理障礙通常由職能治療師診斷出來。本章節內容跟感覺處理障礙無關，目的是將治療師的注意力帶至當使用 EMDR 治療時，感覺統合困難造成的衝擊。如果您對於學習更多關於感覺統合的議題感興趣，我們鼓勵您閱讀克蘭諾維茲（Kranowitz）於 2005 年所著的《不同步的孩子》（The Out-of-Sync Child）。

　　感覺處理指的是接收、處理和回應感官資訊輸入的過程，大腦其中一個功能是處理感官資訊，有些個體對於某些感官資訊反應良好，但其他個體則不是如此。既然雙側刺激是感官資訊的輸入，治療師需要決定案主的最佳感官資訊的輸入，以此選擇雙側刺激並評估感覺處理障礙。評估案主的感官功能和案主的感官偏好是重要的，以促進訊息處理的歷程，特別是當和雙側刺激的選擇相關時。

個案研究：蜜雪兒和她的姊姊艾莉莎

　　在此前的個案研究中討論過有個名叫蜜雪兒的小女孩，她在一場意外中失去了她的手。治療師也與她的姊姊艾莉莎（Alyssa）工作，她目睹了這場意外。因為蜜雪兒使用觸覺刺激時效果很好，治療師假設艾莉莎對觸覺刺激的反應也會很好。但治療師隨後注意到艾莉莎處理記憶的速度很慢且有很大的困難，治療師便與艾莉莎的母親會談，母親表示這個孩子在嬰兒時便有感覺統合的議題，需要轉圈才能平靜下來。此外，艾莉莎總是得聽到字被大聲地唸出來，才能夠學習閱讀。因此，治療師試著對艾莉莎使用聽覺刺激，其後她處理記憶便相當快速。這並非指艾莉莎有感覺統合的議題，而是艾莉莎有明確的感官偏好。一旦治療師覺察此事，改變雙側刺激的類型便能改善艾莉莎對 EMDR 治療的反應。

　　感覺處理障礙不只是兒童的議題，對成人也是個議題。然而，許多成人已經適應了他們的感覺統合議題，也較能清楚地向治療師表達為何某個類型的雙側刺激是不舒適的。這不意味著當有位成年案主說：「我是視覺學習者。」眼睛移動就會對這位案主最好，或是每位案主進行雙側刺激時只有一種類型的感官偏好。反之，這只是表示當治療師與案主考量雙側刺激時要多一個面向。

　　如果兒童有感覺統合議題，與有感覺統合議題相關的事件實際上可能會是創傷。作者之一和一位小女孩工作，她拒絕穿鞋子上學，且只想要穿拖鞋，她說因為鞋子會讓她的腳不舒服。這個孩子在學校會惹上麻煩，因為她在體育課的時候應該要穿某種類型的網球鞋，她的父母也對她非常生氣。一旦治療聚焦在她第一次感覺穿鞋子不舒服的經驗，而且治療師教育她的父母有關感覺統合議題，這個孩子便能

夠選擇鞋子，早晨對這個孩子和父母來說不再是創傷的。有時兒童不會記得什麼時候開始不舒服，但治療師可以標的不舒服本身，讓兒童選擇一個影像代表鞋子令他或她感到困擾的最糟時刻和負向認知，例如：「我不能忍受穿鞋的感覺。」和正向認知「我可以感覺到它，那沒有關係。」對有些兒童來說，有塊遺失的拼圖和對鞋子的感覺與初始的痛苦有關。在早先討論的案例中，在 EMDR 治療後，父母買了一雙孩子可以忍耐穿著的鞋子，讓她在上體育課的時候穿。孩子只在體育課的時候穿不舒服的鞋子，而後她在成功地上完體育課之後，被允許穿上她的拖鞋。兒童告訴她的父母：「我可以穿著那雙鞋子一小時。」那是兒童的駕馭感經驗，治療師以雙側刺激植入它。

網路上或在《不同步的孩子》（Kranowitz, 2005）中有自評表，可以評估感覺統合困難的症狀。

個案研究：阿曼達的感覺處理挑戰

作者之一和名為阿曼達（Amanda）的 5 歲女孩工作，她被養母帶來做治療。阿曼達出生便被收養，阿曼達的母親知道孩子的父母都被診斷為思覺失調症。阿曼達被她的發展兒科醫師轉介，因為兒科醫師診斷阿曼達有感覺處理障礙、非特定精神疾病和疑似亞斯伯格症。

阿曼達的母親很擔心，因為阿曼達有很多恐懼，包含害怕使用公廁。這個恐懼阻礙阿曼達做很多事情，包括去上幼兒園。阿曼達是個漂亮的小孩，她總是要穿著襪子，即使是穿涼鞋的時候，雖然是大熱天她還是穿著多層的衣服。阿曼達受不了水在她的臉上，或者某種衣服摩擦她的皮膚，或是某種質地的食物。阿曼達有很多恐懼且容易被激怒，然後會變得非常焦慮。

在會談室的白板上繪製標的項地圖後，阿曼達比較放鬆，開

293

始光腳在白板上創作複雜的圖畫，阿曼達也會在療程中唱歌，她有最甜美的聲音。治療師讓阿曼達開始處理第一個標的項：使用公廁。治療師問阿曼達何以她不喜歡使用公廁，即使母親陪伴著她。阿曼達說：「廁所有隆隆聲。」治療師讓阿曼達幫助每個人了解「隆隆聲」。

　　然後治療師在靠近會談室旁的廁所見孩子和她的母親，阿曼達的母親走進廁所並沖馬桶，此時阿曼達和治療師站在會談室外的走廊上。當馬桶槽清空的時候，阿曼達說：「聽。」當水槽清空完畢開始再次注水之前，最後有一個清楚的隆隆聲。阿曼達說最糟的部分是那個「隆隆聲」，她的壞想法是「我會掉到馬桶裡。」好的想法是「我會沒事的。」阿曼達和治療師繼續完成程序性步驟，接著標的隆隆聲，此時治療師要求阿曼達的母親站在廁所中持續地沖馬桶。

　　阿曼達在會談室外的走廊上來回走動，在她的襪子裡擺著 NeuroTek 的觸動器，當她準備好告訴治療師「現在發生了什麼」時，她會停下腳步。15 分鐘後，阿曼達取出觸動器，並且告訴她的母親和治療師那個隆隆聲聽起來不再嚇人。兒童和治療師接著走進廁所，她站上馬桶而治療師在旁邊，兩人對著鏡子扮鬼臉。阿曼達決定她要上廁所，所以治療師在外面等待。

　　她很快地開始辨識和害怕連結在一起的所有聲音，以及如何減敏感聲音以緩解她的害怕。阿曼達對聲音極度敏感，而她開始把觸動器放在她的耳朵旁邊。治療師學習到她可以聽見她的感受，而經由標的聲音阿曼達的害怕逐漸消失。在最後一次會談中，阿曼達告訴治療師她如何使用以前治療師給她玩的冰箱磁鐵，她會把磁鐵緊貼著耳朵，她發明了用大圓磁鐵蓋住她的耳朵並且來回移動磁鐵的方法，讓聲音交替出現在她的耳中，以此製造雙側刺激。兒童形容這個聲音像是把貝殼靠近耳朵會聽見像海

294

的聲音。

　　然後阿曼達決定在她上游泳課的時候把磁鐵丟到游泳池底部，然後潛至游泳池底部看看當磁鐵在水裡時是否聽起來像海洋的聲音。阿曼達不只是把臉浸入水中，而是能夠參與游泳課。阿曼達對於自己的成就感到自豪，並且在她感到害怕的時候能以很多不同的方法使用雙側刺激。阿曼達的感官統合議題解決了，她學會放鬆和對她嚇人的想法使用雙側刺激。然後她可以去上學，因為她是個非常聰明且有創意的小女孩，她學會了處理世界上所有會嚇到她的東西。

　　身為成人的治療師不可能總是能夠理解兒童如何經驗痛苦和兒童呈現出來的問題根源為何，但是這不會阻礙治療師幫助兒童解決問題核心的議題。治療師不需要了解對兒童來說發生了什麼事，但標的項與兒童有共鳴是重要的。治療師與兒童的同步和良好觀察技巧的執行，治療師可以看見兒童以其建構經驗的方式提取經驗，然後治療師在他或她歷程更新事件時跟隨著兒童。減敏感成功的評估是基於兒童、父母和老師所述的明顯改變和兒童症狀的理想改善。

智能和發展障礙

廣泛性發展障礙

　　雖然 DSM-5 使用自閉症類群障礙（autism spectrum disorder, ASD），但在 ICD-10 將診斷涵括在廣泛性發展障礙（pervasive developmental disorders, PDD）之中。在 ICD-10 中，自閉症類群障礙包含亞斯伯格症和兒童期崩解症，被涵括在廣泛性發展障礙裡。在此診斷領域中的兒童可能也會有智能和發展障礙伴隨感覺統合議題的共病。敏銳的治療師在使用 EMDR 治療時會考量所有共病的議題。

　　當治療師和有不同類型的廣泛性發展障礙的兒童工作時，可以使用完整的八階段標準步驟來標的兒童經驗到的相關行為議題和壓力源。EMDR 治療不會解決障礙，但確實可以減少症狀。只經由教導自我安撫技巧、保持平靜的行為和植入駕馭感經驗，通常便會減少症狀出現的頻率、時間長度和強度。

　　一位學校心理師述及學校裡對被診斷為自閉症的兒童使用 EMDR 治療。一位 8 歲的女孩因為和老師衝突在教室裡爆怒之後，心理師和兒童處理這個事件中最糟糕的部分。兒童辨識出負向認知為「我不能放下那個老師是怎麼對我的。」兒童的正向認知是「我可以學習放下。」在三個療程中聚焦在減敏感和歷程更新影像，母親注意到女孩在家裡變得較平靜。

　　評估雙側刺激對有任何廣泛性發展障礙類型的兒童造成的衝擊是有必要的，因為雙側刺激可能會過度刺激兒童，最後使其躁動不安。治療師應該測試不同類型的雙側刺激，找到一個對兒童有效的雙側刺激。

　　此外，如果兒童同時有語言障礙和／或認知障礙，EMDR 治療階段的執行會需要調整以符合兒童的發展階段，在先前的章節中已經陳述過此議題。兒童和青少年可以從 EMDR 治療中獲益，但可能會需要較長時間來處理標的項。

有認知挑戰和智能障礙的兒童

　　有認知挑戰的兒童可以從 EMDR 治療中獲得極大的益處。事實上，作者之一評估 EMDR 治療是有認知挑戰的兒童的治療選項，因為治療不需要兒童有進階的口語技巧或洞察。兒童會以他們自己獨特的方式處裡，這方式對他們來說最為合理。不是以兒童獲得的洞察做為證據，而是以一旦用 EMDR 治療歷程更新標的項之後，兒童在功能、行為和症狀上的改善做為證明。

個案研究：安德魯和針

作者之一與名叫安德魯（Andrew）的 4 歲男孩工作，他被診斷中度智能遲緩和沒有口語表達，只能發出喉音。安德魯被養父母帶來做治療，養父母表示每次帶男孩去看醫生的時候，他都會昏倒。因為這個孩子處於需要長期醫療的狀況，安德魯很常因昏倒和跌落而受傷。

治療師要安德魯在治療中畫出在他昏倒之前讓他真的很害怕的東西，治療師讓養母對負向認知提供建議，當她說「我會害怕」的時候，安德魯以一種這個抓住了他的注意力的方式看著養母和治療師，養母接著建議了幾個正向認知，安德魯在養母說「我會沒事的，怎麼樣？」時，再次和養母眼神接觸。

在治療師評估這對安德魯造成多大的困擾（SUD）後，並問他在身體的哪裡感覺到害怕，安德魯指著他的頭。治療師接著要安德魯想著那個畫面和在他頭部感覺到「我會害怕」的字眼，並拿著觸動器。安德魯也會把觸動器放在圖畫上，然後停下來看著治療師。

起初治療師以為安德魯不懂，但隨後她找到一個機會說：「深呼吸，替我畫另一張圖如何？」安德魯用了很多顏色大力地畫圖，然後把手中的觸動器放在圖畫上。治療師讓兒童深呼吸，然後翻頁畫下想到了什麼東西。安德魯很有幹勁地畫每張圖，而且每張圖都有治療師不理解的明確意圖，但這個小男孩看似很投入地畫圖。

治療師觀察到兒童是有目的地畫圖，雖然治療師不能理解圖畫的意涵，但是安德魯看起來是知道的。最後他完成了，安德魯深呼吸並對著治療師微笑。養母表示安德魯在家時，當他的養姊給自己注射胰島素時，他不再感到害怕，他也能夠去看醫生而不

296

> 會昏倒。治療師繼續標的垃圾車的聲音和吸塵器的聲音，直到安
> 德魯能夠對兩者都保持平靜。

兒童期和青春期經常出現的行為／情緒障礙

注意力不足／過動症

　　兒童期經常會遇到的診斷之一是 ADHD，兒童會出現注意力不
集中、過動或結合注意力不足與過動的類型。不幸的是，很多兒童
被學校人員診斷為 ADHD，但兒童的症狀實際上可能是來自於其他
的醫療和心理議題，看起來像是 ADHD，但其實不是。在明確的診
斷出現後，EMDR 治療不會解決 ADHD，但可能會減少一些與焦慮
和／或 PTSD 有關的過動症狀。有些被診斷為 ADHD 的兒童可能與
PTSD 和／或焦慮症共病。經歷創傷事件的兒童、和家庭暴力和／或
有心理健康與物質濫用議題的父母一起生活的兒童，還有遭遇痛苦的
生命經驗的兒童，他們呈現出來的症狀可能與 ADHD 的症狀一致。
治療師需要考量難以專注和／或過動的兒童，可能經由出現這些症狀
做為對創傷的因應之可能性，但其他的兒童可能有 ADHD 的診斷，
因創傷事件和／或持續的痛苦事件使其惡化，造成兒童為 ADHD 所
苦。例如：有 ADHD 的兒童通常在學業上或社交情境中有挫敗的歷
史，有 ADHD 的兒童頻繁地經驗來自於受挫的父母、家庭成員或老
師的負面回饋，這些痛苦的經驗和事件都是 EMDR 治療的潛在標的
項。因為兒童會經驗很多與焦慮、運作困難和過動有關的壓力事件，
運用一些工具來評估症狀並為 EMDR 治療搜集標的項是重要的。治
療師可能會發現和兒童一起完成標的項地圖是有幫助的，可以幫助兒
童和治療師總結兒童的顧慮。

> ## 個案研究：戈登和 ADHD
>
> 作者之一曾與一位名叫戈登（Gordan）的小男孩工作，他被診斷為 ADHD，在治療師訓練他和教育父母學習更有效的親職技巧之後，兒童做得很好並中斷治療。幾個月後，戈登的父母帶他回來進行治療，因為他的過動明顯地增加，戈登的父母想知道戈登是否需要增加藥物的劑量。雖然戈登拒絕繪製他的標的項地圖，但戈登想要寫一則與他的擔心有關的故事。簡單地說，戈登描寫一個同班的孩子在學校的男廁中對戈登性侵害。在標的戈登的創傷後，戈登的過動恢復到之前的水準，而他不需要增加他 ADHD 的藥物劑量。

有 ADHD 和共存議題的兒童

此外，有 ADHD 的兒童也可能會出現感覺統合和抽搐的共存議題。作者在本章中會分開討論處理感覺統合議題和抽蓄。

在與有 ADHD 症狀的兒童進行治療時，治療師必須願意常常到處移動和改變治療方式。有 ADHD 的兒童在治療中是具有挑戰性的，治療師覺察自己對兒童的反應是重要的。如果治療師在治療中被挑戰，最可能會勾起兒童生命中和朋友、老師和其他人之間發生的事情。這些負向的社交經驗對兒童而言也是引起焦慮的創傷來源，進而加劇過動的傾向。這種與人和周圍世界不同步的循環是 EMDR 治療的一個非常合適的標的項，同時也暗示了孩子對技能培養和資源的需求。治療師在治療中運用治療關係和親子關係，做為在會談室之外可能會發生什麼事情的例子，讓兒童練習注意和嘗試新行為。

例如：治療師可以對兒童說：「當你做＿＿＿＿＿〔行為〕，我感覺＿＿＿＿＿〔情緒〕，那是你想要我感受到的嗎？或者你指的是其他的不同的東西？」這會給予治療師其他人如何回應兒童的額外訊

298

息，並提供機會練習新的反應，並以雙側刺激植入更適當的行為。

有 ADHD 的兒童有轉換的困難，可能會問很多問題而不等待對方回答，並糾正治療師說的任何話。在會談室中，有 ADHD 的兒童可以是非常具攻擊性且嘗試控制環境，這似乎是孩子努力在降低他或她的焦慮。教導有 ADHD 的兒童放鬆技巧、情緒調節工具和界限是有幫助的，治療師可能也會發現替有 ADHD 的兒童做某種類型的訓練是有助益的。當兒童為 ADHD 議題所苦時，治療師需要教導兒童進階的建立資源技巧。有時在標的創傷經驗和教導新的行為和技巧之後，甚至有可能減少有 ADHD 的兒童的藥物用量。父母也從治療師提供的進階的親職技巧和訓練中獲益，能幫助他們處理兒童的症狀。

使用 EMDR 治療來處理好發於兒童期和青春期的行為和情緒障礙

年幼的兒童常被父母帶來治療，父母擔心作息的議題，例如：睡眠、飲食和如廁訓練。有些兒童的症狀沒有達到特定診斷的標準，但出現與自我調節相關的症狀，例如：睡眠、飲食、自我照顧、社交技巧、溝通技巧和動作技巧。

當兒童未能取得依其年齡預期會有的發展進展時，有幾個解釋兒童缺乏成功自我調控的可能設想。第一，兒童可能有發展議題而需要轉介至兒科醫生評量和參與發展評估。第二個議題是當兒童從未熟練 299 一個在其年齡應該可以熟練的技巧時，治療師要評估此議題是否和兒童的焦慮與感覺統合議題有關。第三，當兒童已經獲得某些預期的發展進展卻遇到停滯期，而不再獲得發展進展。第四個設想是兒童之前有熟練技巧但卻退化。後三者設想可能意味著兒童生命中的壓力源，或甚至是一個可能的創傷。

例如：如果父母因為如廁訓練而帶一個 3 歲的兒童來做治療，治療師首先必須確認兒童是否在正常的發展範圍中且嘗試要熟練這個技巧。治療師必須探索父母是否因為某些原因而對孩子的如廁訓練感到有壓力，或者兒童是否有適當的發展進程而只需要教育父母何為典型

的發展。此外，治療師可能需要詢問兒童之前是否曾熟練過如廁訓練而現在退化了。前兩者為需要進行親職訓練的發展議題，但最後的狀況可能意味著在兒童的生命中有情境壓力源或創傷。

睡眠障礙

當兒童所處的環境改變時，兒童可能會出現睡眠障礙，這包含了人們進入或離開他們的生活，或兒童作息改變。例如，如果兒童去新的日托中心，或父母離婚與兒童有新的睡眠安排，兒童可能會經驗到睡眠中斷。其他的情況可能是當有新的家庭成員加入或兒童經驗學校中的變化，上述任何情境都會導致睡眠障礙。可以運用 EMDR 治療標的這些情境議題，幫助教導兒童因應和減少症狀。

在搜集個案史和了解兒童的生命中發生了什麼事情之後，治療師首先應該要標的兒童個案史中指認出來的壓力源或創傷，如果睡眠是創傷的表現，那麼治療師應該要讓兒童完成繪製地圖，完成 EMDR 治療的創傷歷程更新階段。

如果沒有可指認的壓力源或創傷，治療師需要探索兒童的內在狀態怎麼了。可以讓兒童畫出自己身體的輪廓，然後把 OK 繃貼在感覺不舒服的部位。探索至今為止家庭為了處理症狀已經做了些什麼也有幫助。什麼方法有用，什麼方法是部分有效，而什麼方法沒有效果？例如：如果兒童對於在自己的床上睡覺感到焦慮，治療師將會需要和兒童標的焦慮。治療師會需要使用系統減敏感程序，以漸進的方式進行治療。

個案研究：辛西婭的臥房

300

作者之一為名叫辛西婭的（Cynthia）7 歲女孩提供治療，她總是對睡覺感到困擾。當他們搬新家時，她的睡眠障礙變得更加

嚴重，她可以聽見臥房外面街道的聲音。辛西婭和她的治療師嘗試標的第一次她感到不舒服的經驗，但她想不起來第一次的經驗。

　　然而辛西婭可以指認嚇到她的具體事件和時間點，辛西婭害怕她臥房的窗戶，所以治療師標的她的臥房窗戶，這對辛西婭有一些幫助，但是她仍然對於要在自己的床上睡覺感到害怕。當治療師概覽辛西婭身上發生了什麼時，她注意到她會在晚餐時間開始變得焦慮，因為她開始想到晚上要上床睡覺。

　　辛西婭和她的治療師標的她對於上床睡覺的想法，辛西婭的負向認知是「我必須要在 2 個小時內上床睡覺，而且我不安全。」她的正向認知是「我正在吃晚餐，我現在是安全的。」在深植正向認知後，她再也不會在吃晚餐的時候嚇壞了，而在晚餐和睡前這段時間對孩子和家庭來說不再感到有壓力。

　　當睡覺時間到的時候，辛西婭的母親會坐在床尾而不是跟她躺在一起，治療師標的負向認知「我媽媽沒有跟我躺在一起，所以我不安全。」最終孩子能夠進入正向認知「我媽媽還在這裡，我是安全的。」治療師運用漸進式的步驟或系統減敏感，讓辛西婭的母親移動到門口、走廊，然後類化至孩子的正向認知為「我媽媽在家裡，我是安全的。」

　　治療接著進行到將她的安全感類化至其他的照顧者，包含雙親，而後祖父母，而後至保母。辛西婭之後可以相信「有人在這裡照顧我，我是安全的。」她最終能夠在睡覺時間時睡在自己的床上而不會感到痛苦和崩潰。辛西婭需要被教導放鬆技巧，當她感到痛苦時，能夠運用這些放鬆技巧來讓自己保持平靜。治療師能夠運用連續漸進法的步驟來減敏感辛西婭和睡眠有關的負向信念，直到治療師為所有辛西婭擔心的事減敏感，而她成功地在自己的床上睡覺。

對兒童進行 EMDR 治療的系統行為方法會很成功，特別是在處理調節議題的時候。作者建議將 EMDR 治療結合系統減敏感，加上親職訓練和在家裡的正增強，做為與兒童工作時的全面方法。不論兒童呈現出何種類型的自我調節議題，治療師可以評估兒童的議題並標的任何非適應性編碼的訊息，以期讓兒童回到較健康的發展軌跡上。

301

選擇性緘默

當運用 EMDR 治療與出現選擇性緘默的兒童或因為某些理由而決定不講話的兒童工作時，治療師必須在治療開始時找到和兒童溝通的方法。治療師可以使用遊戲治療、藝術治療或繪畫以期找到與兒童互動的橋梁。治療不該聚焦在兒童缺乏口語表達，因為在兒童來到會談室之前，兒童可能已經因為不講話而在一個以上的場合被詢問或被嘲笑。

在個案概念化時，治療師需要決定兒童是否之前有口語表達，可能發生了什麼事情讓兒童停止講話。有時創傷事件很明顯，但有時治療師可能必須把最近讓兒童緘默的一系列事件拼湊起來。因此在 EMDR 治療的第一階段期間，治療師訪談兒童和父母時要詢問兒童的發展史，包含溝通技巧的掌握。兒童的口語表達持續到她的父親被派駐到伊拉克嗎？兒童有取得符合年齡的發展進程，而後進展停滯還是退化嗎？或者兒童從未掌握被期待的語言技巧？此外，治療師要查明兒童是否在某些情境中會講話，但在其他情境中不講話。兒童會跟其他的兒童講話卻不跟成人講話嗎？兒童會在家裡講話卻不在學校講話嗎？兒童會在沒有人在看的時候跟玩偶講話嗎？還是兒童完全不講話？

治療師也要評估在兒童停止講話之前，是否已有任何可能的口語表達議題。兒童在發出 R 的音時有困難嗎？兒童有口語表達的議題嗎？兒童非常害羞或焦慮嗎？如果治療師懷疑有口語表達議題，轉介兒童進行語言評估是有必要的，對治療歷程有助益。

當與有選擇性緘默的兒童工作時，兩位作者遇到很多兒童被其他兒童開玩笑之後便停止講話，特別是當他們因為口語表達被嘲弄時。一個兒童在幼兒園停止講話，因為另一個兒童告訴她，她年紀太小以至於不能在學校講話。有個男孩在遊戲場上告訴某個兒童她「講話很奇怪」。有個兒童在閱讀班嘗試讀書卻被其他的兒童嘲笑他發音的方式之後，他便停止講話。上述每個事件對成人來說看起來都沒什麼，但對個別的兒童而言皆有極大的衝擊。治療師不應該假設事件不重要而不會造成兒童選擇性緘默。

最後，作者之一最棒的成功是當治療師和兒童建立起合作的治療關係時，在愉快的互動過程中，治療師只是問兒童：「**所以什麼讓 302 你決定再也不講話？**」不論兒童回應什麼，治療師說：「**喔，我懂了。**」其後治療師會問兒童他或她是否會想要標的那個事件，讓那個事件不再對兒童造成這麼大的困擾。治療師嘗試淡化對講話的重視，而更聚焦在處理令兒童感到困擾或有壓力的記憶。

在作者的經驗中，一旦歷程更新了創傷事件，其後兒童會開始在他們生活中更多層面講話，最終解決選擇性緘默。有一個額外的提醒：即便兒童選擇要講話，但對兒童來說開始講話可能是困難的，因為老師、家庭成員，特別是其他兒童，都會對其新的口語表達過度反應。因此治療師要讓父母在舒服的環境中安排兒童和同學的遊戲日，讓選擇性緘默的兒童可以慢慢地開始和其他兒童講話。治療師可能也可以建議讓兒童的老師在沒有其他兒童的時候帶兒童到教室，讓兒童在一對一的狀況下開始與老師講話。重要的是，可以採取任何步驟讓兒童新的口語表達對他人來說不那麼意外，它會讓兒童感到不自在，因為關注本身會讓兒童再次停止講話。

個案研究：貝莎妮和選擇性緘默

　　幾年前，作者之一被要求對一位 7 歲有選擇性緘默的兒童進行 EMDR 治療，貝莎妮教了治療師很多關於兒童和 EMDR 治療的事。這個故事從結尾開始。當貝莎妮終於在治療進行八個月之後開始講話時，治療師問她為什麼她停止講話，她回答：「因為遊戲場上有個男孩說我講話很可笑。」如果治療師一開始就先問貝莎妮這個問題並用 EMDR 治療標的此記憶就好了！感謝貝莎妮是個非常有耐心和寬容的小女孩。

　　最初貝莎妮被兒童福利機構轉介給治療師，以治療創傷和選擇性緘默。治療師被告知貝莎妮最後一次講話是當她發現母親在家裡的沙發上服藥過量而報警的時候。治療師認為標的項很明確。貝莎妮在寄養照護機構時與治療師碰面，而她每週搭計程車往返。此過程造成貝莎妮被留在治療師的會談室中好幾個小時，然後每次都由另一個司機來接她回家，這部分對兒童和治療師來說都是創傷的，不論她在治療中需要什麼，都只有貝莎妮和治療師一起努力。除了治療師和養母通了幾次電話之外，貝莎妮和治療師幾乎沒有從其他成人那裡得到協助。

　　在建立和諧的關係和每週一起吃午餐之後，貝莎妮開始和她的治療師在寫字版上寫東西給對方。剛開始時，貝莎妮用音標拼所有的字，其後她與治療師玩字謎，看看他們是否可以理解對方。當時貝莎妮是一年級，但顯得非常聰明且善於表達。此時，治療師聚焦在兒童的個案史、擬定治療計畫和 EMDR 治療的準備期，貝莎妮和治療師探索資源並植入當她對自己感到滿意的駕馭感經驗。

　　治療師隨後得知這個小女孩開始接聽電話，雖然她在其他地方仍不講話。所以治療師讓她用會談室裡的電話，此時治療師

303

走到等候室用那裡的電話和貝莎妮通話。治療師往返於會談室和等候室之間，讓兒童講電話、書寫或畫圖來進行整個創傷歷程更新。最後，治療師標的報警及警察和急救人員來到貝莎妮的家，治療師後來得知沒有人知道貝莎妮在報警之後躲在家裡的衣櫃裡好幾個小時，他們只帶其他的孩子離開而其中沒有貝莎妮。治療師認為她找到了第二個可以和貝莎妮處理的標的項。所以貝莎妮決定躲在會談室裡的衣櫃中歷程更新這個標的項，此時治療師則坐在門外，讓觸動器的電線從衣櫃門板底下穿過進行雙側刺激。當治療師停下觸動器時，貝莎妮會開門，然後每一次雙側刺激繼續時她會把門關上。當治療師問「現在發生了什麼？」時，貝莎妮甚至會把紙條從門板下遞出回應。

最後貝莎妮微笑著從衣櫃裡出來，再也沒有將衣櫃門關上。在寄養家庭時，她開始出現更多與人的溝通，包含在餐廳點餐和跑去接電話，所以治療師標的了在餐廳點餐。然後治療師邀請貝莎妮走路去一家當地的餐廳，兒童可以在那家餐廳點午餐。治療師嘗試使用在餐廳點餐做為駕馭感經驗，並祝賀貝莎妮的成功。治療師與貝莎妮約定好她們可以去附近的餐廳，如果貝莎妮點餐，不論她點什麼餐點，治療師都會買單。第一次貝莎妮沒有點餐，所以兩人回到會談室。第二次前往餐廳時，貝莎妮點餐而治療師買了午餐給她。走回會談室的路上，治療師問貝莎妮起初為什麼她會不講話，這個孩子看著治療師好像覺得治療師非常笨。一旦他們標的有個男孩在遊戲場說貝莎妮講話很奇怪的事件，她就不再停止講話了。

治療師不清楚所有之前標的的事件是否有幫助，然而一旦標的了遊戲場上的男孩這段記憶後，貝莎妮便做得很好。治療師處理的下一個標的項是這個極為聰明的女孩只因為不講話而在一年級被留級，貝莎妮對此產生的憤怒。

304

這個 7 歲的兒童教會治療師總是要向兒童詢問標的項，至少在最初的時候。自從從這個孩子身上學習到這件事，不論兒童幾歲，作者總是會向兒童詢問標的項，即便是幼兒也可以畫畫、擺設遊戲室或使用手偶或沙盤來溝通讓他們感到困擾、擔心或嚇人的影像。事件可以是真實發生的或想像的，但此事件是講話議題的源頭。治療師怎麼想不重要，但兒童會知道對自己來說的真實是什麼。作者鼓勵治療師詢問兒童以尋找關於他或她為何停止講話的遺漏片段，並繼續進行EMDR 治療。

摘要

本章提供對有特定心理健康疾患、創傷、壓力的生命經驗和教育議題的兒童運用 EMDR 治療時的總覽。此外，本章除了描繪如何將創意融入個案概念化中之外，還提供真實案例以闡述情感調節及和睦的治療關係。這是作者使用 EMDR 治療八階段進行心理治療的經驗（同時結合其他治療方法的技術與兒童一起工作），治療師可以處理兒童來接受心理治療的許多常見議題。

參考文獻

American Psychiatric Association. (2013). *Diagnostic and statistical manual of mental disorders* (5th ed.). Arlington, VA: Author.

Bowlby, J. (1999). *Attachment and loss* (Vol. 1, 2nd ed.). New York, NY: Basic Books.

Brown, S. H., Gilman, S. G., Goodman, E. G., Adler-Tapia, R., & Freng, S. (2015). Integrated trauma treatment in drug court: Combining EMDR therapy and seeking safety. *Journal of EMDR Practice and Research, 9*(3), 123–136.

International Society for the Study of Trauma and Dissociation Task Force on Children and Adolescents. (2004). Guidelines for the evaluation and treatment of dissociative symptoms in children and adolescents. *Journal of Trauma and Dissociation, 5*(3), 119–150.

Knipe, J. (2005). Targeting positive affect to clear the pain of unrequited love, codependence, avoidance and procrastination. In R. Shapiro (Ed.), *EMDR solutions* (pp. 189–211). New York, NY: W. W. Norton.

Knipe, J. (2009). The BHS and CIPOS procedures and targeting positive affect to resolve avoidance and idealization defenses. In M. Luber (Ed.), *EMDR scripted protocols*. New York, NY: Springer Publishing.

Kranowitz, C. S. (2005). *The out-of-sync child: Recognizing and coping with sensory processing disorder* (Rev. ed.). New York, NY: Perigee.

Lovett, J. (1999). *Small wonders: Healing childhood trauma with EMDR*. New York, NY: Free Press.

Miller, R. (2010). The feeling-state theory of impulse-control disorders and the impulse-control disorder protocol. *Traumatology, 6*(3), 2–10.

Perry, B. (2006). Applying principles of neurodevelopment to clinical work with maltreated and traumatized children. In N. B. Webb (Ed.), *Working with traumatized youth in child welfare* (pp. 27–52). New York, NY: Guilford.

Popky, A. J. (2005). DeTUR, an urge reduction protocol for addictions and dysfunctional behaviors. In R. Shapiro (Ed.), *EMDR solutions: Pathways to healing* (pp. 167–188). New York, NY: W. W. Norton.

Shapiro, F. (2001). *Eye movement desensitization and reprocessing: Basic principles, protocols, and procedures* (2nd ed.). New York, NY: Guilford.

World Health Organization. (2016). *ICD-10 Classification of Mental and Behavioural Disorders: Clinical Descriptions and Diagnostic Guidelines* (*ICD-10 Version: 2016*). Geneva, Switzerland: Author. Retrieved from http://apps.who.int/classifications/icd10/browse/2016/en#

Zero to Three. (2005). *Diagnostic classification of mental health and developmental disorders of infancy and early childhood* (Rev. ed., Report No. DC:0–3R). Washington, DC: Zero to Three Press.

【第十四章】兒童特有的情境問題
——從嬰兒到青少年

　　孩子們會因各種獨特的壓力或創傷情境而接受心理治療。這些童年情境包括孩子可能一出生就面臨（例如寄養或收養或產傷引起的醫療問題）或發生在他們身上的事件（例如車禍、離婚、兒童虐待或家庭暴力）。兒童可能會捲入壓力或創傷性情境（例如出庭作證、教育挑戰、社會壓力源或霸凌）。本章旨在幫助臨床治療師透過 EMDR 治療的八個階段來概念化這些兒童的特定情境。每個情境主題都針對治療師在治療中可能需要做出適合年齡層之程序性考量和修改。

兒童特有的情境問題

出庭作證

　　治療師可能會遇到必須在少年法庭或刑事法庭作證的兒童和青少年。在提供任何類型的治療之前，治療師應與檢察官或少年法庭的律師就治療進行核對，並讓律師同意治療。接下來，如果有足夠的時間進行治療，治療師可以遵循 EMDR 治療的八個階段來處理與法庭問題相關的任何過去或現在的問題。如果沒有時間，治療師可以教孩子／青少年資源和涵容技巧，並進行重點是看到孩子成功作證的未來排練（Future Rehearsal, FR）。這將幫助孩子／青少年區分過去／當前的問題，並協助應對即將到來的壓力源，直到孩子／青少年在作證完成後可以恢復治療。這是過去／現在問題的蒐集箱。

308　　一旦孩子學會了資源和涵容技巧，治療師就可以讓孩子專注於任何關於作證的預期焦慮。如果可能，治療師可以帶孩子去法庭，讓他或她與檢察官交談，以幫助孩子熟悉律師和環境。然後治療師可以

在實際的法庭上進行 FR，或者治療師可以在治療師的診療室進行想像的 FR。FR 腳本涉及治療師要求孩子想像作證。接下來，治療師要求孩子在他或她的腦海中播放想像的影片。治療師也可以決定使用反向範本（Adler-Tapia, 2012）。然後，治療師詢問孩子對未來作證可能產生的潛在恐懼。治療師問孩子：「**關於這件事，你最擔心的是什麼？**」治療師繼續詢問孩子他或她對未來有什麼擔憂，並重新處理孩子的預期焦慮是有幫助的。當孩子不再報告任何恐懼並且孩子可以看到事件的正面結果時，治療師就會引入孩子沒有考慮過的可能壓力源。對孩子說：「**如果發生這種情況怎麼辦？**」治療師專注於讓孩子對具有潛在壓力的法庭事件減敏感。最後，治療師讓孩子在腦中播放預期作證的影片，直到孩子報告沒有苦惱。

有一個例子是一位治療師與母親反對酒駕協會（Mothers Against Drunk Drivers, MADD）轉介的孩子一起工作。這些孩子們必須在刑事法庭上作證，往往是與他們的父母抗衡。治療師發現，經由使用反向範本（Adler-Tapia, 2012）為孩子們準備出庭作證非常有幫助，不僅可以幫助孩子做好準備，還可以為孩子提供資源以避免他因過程受到創傷。治療師會詢問孩子對未來的負向信念以及他想改而相信的正向信念。治療師進行了完整的評估期，然後對未來的壓力事件使用眼動減敏，直到孩子歷程更新未來的焦慮，能夠相信對未來的正向信念，並體驗到清晰的身體掃描，在腦中播放他或她自己作證的影片，並想像在治療之間可能出現的任何其他痛苦來源。

要對家庭成員做出不利證據，或得面對家庭中壓力情境的兒童，往往難以找出資源和支持系統來幫助他們應對生活中的情況。有時孩子們決定他們需要額外的增強或安全的地方來處理這些困難的家庭處境。例如，一個年輕人無法確定他生活中真正安全或平靜的地方，因此他選擇使用電子遊戲中的人物並創建一個堡壘，如果他感到不舒服，尤其是在作證時，他可以在那裡並感到安全。每次治療，他都會為堡壘增加力量，包括護衛犬、警報系統、武裝警衛和隱形雷射系統

以防止入侵者。孩子每天都練習去他的安全堡壘，所以等到他作證的時候，他就看到自己去了堡壘，在堡壘上回答了法庭上的問題。孩子最終作證反對一位家庭成員並且非常成功。他離開證人席時感覺到被支持和勇氣十足。

處理離婚

當父母離婚時，嬰兒、幼兒、兒童和青少年會面臨許多問題。失落議題是龐大的。兒童／青少年不僅會失去日常生活，還會失去他們所知道的生活。這可能會給嬰兒、兒童或青少年造成創傷。他或她的生活環境會發生變化，他或她與每個父母相處的時間會發生變化，與家人和朋友的關係也可能會發生變化。而且，通常父母的壓力很大，因此父母對於孩子／青少年需求的支持和同步也會發生變化。兒童／青少年有多種方式應對這些變化，但是當嬰兒／兒童／青少年的日常生活活動受到嚴重干擾時，父母需要尋求外部的協助。任何明顯的變化超過二週，比如在睡眠、飲食習慣、排便習慣、注意力、社交關係或成績等方面，都表示他們正在為離婚而苦戰。嬰兒和學齡前兒童可能會出現不同的反應，如哭泣、大驚小怪、發脾氣，或者他們可能會變得更加孤僻。

EMDR 治療對嬰兒、幼兒、兒童和青少年在處理離婚情況下的失落感、安全感、權力感和控制感方面效果很好。該範本可能需要根據前幾章中概述的年齡組進行一些調整，但要標的的問題仍保持不變。對於兒童和青少年，EMDR 治療可以處理他們錯誤的責任感和自責感，這些感受可能會導致他們對自己和／或父母的憤怒。這些可能的領域都是治療師要探索，並標的進行歷程更新。對於嬰兒和幼兒來說，問題可能多集中在安全和被關愛。

如前幾章所述，兒童／青少年應該選擇標的項。很多時候，兒童／青少年的標的項是一種症狀（例如惡夢），或者是讓兒童／青少年擔心或困擾的事情（例如失去朋友）。有些症狀可能代表離婚狀況中

的較大問題（例如一個施虐的親方），這些問題可能需要直接標的出來。以下是一些處理過的兒童／青少年例子：一個孩子擔心自己在她父親的新公寓床上嘔吐；一名青少年在登上探望母親的班機前出現恐慌發作；另一個孩子變得悶悶不樂與憤怒，對她在學校的朋友大喊大叫。兒童或青少年指認的干擾就是創傷被編碼的樣貌，因此這些都是需要在治療中標的的問題。

正如第十一章所討論的，在修改後的腳本中，症狀仍然是需要解決的。治療師應專注於嬰兒／幼兒表現出的症狀（例如惡夢或發脾氣），並在父母的幫助下將症狀做為目標處理。

案例研究：泰莎和她父母的離婚

310

一位治療師與 8 歲的泰莎（Tessa）一起工作，那時她的父母離婚。她最大的擔心是搬出她一直住的房子。泰莎的負向認知是：「我不想離開。我別無選擇。」她的正向認知是：「我可以處理的。」泰莎非常沮喪，她的 SUD 是 8。泰莎只用了 15 分鐘歷程更新，然後她的正向認知演變成「我可能更喜歡我的新房間。裝飾我的房間可能會令人興奮。我可以選擇我房間的樣貌。」

兒童和青少年將使用自然而然適合他們的語言進行處理。有時兒童／青少年會以非常針對創傷和具體的方式表達，或者有時他或她會以隱喻的方式說。但是兒童／青少年總是用對他或她有意義和賦權的方式處理它。

交通事故

如果嬰兒、幼兒、兒童或青少年捲入交通事故，他或她可能會出

現與創傷一致的症狀。這些症狀需要與事故、醫療以及隨後的任何相關壓力源的記憶一起歷程更新。

　　一般來說，在處理兒童和青少年的交通事故時，標準 EMDR 治療的八個階段就足夠了。通常與成人觀點不同的是兒童或青少年的記憶。兒童／青少年會記得事故發生前的感官體驗或他們正在做的事情。與嬰兒和幼兒一起工作的治療師會發現他們將體驗主要編碼在感覺運動記憶中，並且需要父母或治療師來解說他們的體驗。嬰兒在 EMDR 治療中可能需要用父母敘述的方式，而幼兒可以在繪畫或遊戲治療中呈現事故的片段（第十一章）。治療師需要探索嬰兒或幼兒記憶網絡的獨特編碼方式，並花時間讓孩子為他或她自己表達。

案例研究：得文和交通事故

311

　　治療師與一位名叫得文（Devon）的 2 歲兒童工作，之前得文的一個手足在交通事故中死亡。由於得文的語言能力有限，治療師請當時在車裡的母親講述她記得事故發生前的事情。治療師讓母親在白板上畫出畫面。當得文的母親畫完並談論事故發生前他們正在唱的那首歌時，得文抓住他母親的手和治療師的手來回搖晃，襪子裡有觸動器。得文接著擦掉白板，開始唱一首新歌。在那次療程之後，得文不再經歷他以前奮戰的腸道或膀胱問題，並再次開始睡在自己的床上。後來，一名對孩子進行獨立體檢的精神科醫師打電話給治療師，她要求治療師的初談紀錄，因為精神科醫師無法辨識出孩子有任何創傷或痛苦的證據。得知這名 2 歲兒童接受 EMDR 治療後可以成功地歷程更新，讓精神科醫師感到震驚。

　　發生事故後，一些兒童和青少年會對乘坐交通工具感到焦慮，因

此使用 FR 練習乘坐交通工具會很有幫助。即使是嬰兒和幼兒也可以從講故事或繪畫來練習 FR 而受益。一位治療師讓父母告訴幼兒一個關於搭車「會很有趣，你可以看到窗外」的故事。

嬰兒、幼兒、兒童和青少年的人際暴力

身體和性虐待

　　本章沒有詳細探討針對嬰兒、幼兒、兒童和青少年的身體和性虐待經驗，因為這些問題在整本書中都有討論到。EMDR 治療可以成功治療嬰兒、幼兒、兒童和青少年的性虐待和／或身體虐待和忽視。有效幫助治療師成功治療虐待的是治療師對當前壓力源的認識，注意到與創傷相關的症狀，並解決任何解離症狀（Adler-Tapia, Settle& Shapiro, 2011）。

人際暴力

　　孩子從嬰兒到青少年都會經歷人際暴力（interpersonal violence, IPV）的負面影響。根據孩子的發展程度和 IPV 的類型（例如父母對父母或父母對子女），孩子可能會受到不同方式的影響。孩子們可能會直接遭受虐待，也可能目睹父母之間的可怕虐待，或父母對子女，或兄弟姊妹之間的暴力。在 EMDR 治療進行個案概念化時，治療師需要考慮首先要標的什麼以及要解決哪個負向認知主題——安全、責任或選擇。

　　首先必須解決外部安全問題，然後治療師才能專注於孩子的內部 312 安全感。雖然環境中的安全對於所有年齡層族群來說都是一個問題，但會有不同的體驗。嬰兒需要一個信任、一致且依附良好的父母，或者治療師可能需要專注於與孩子和父母一起進行依附關係修復工作（第十三章）。治療師可以利用父母說故事的方法來解決在 IPV 期間出現的依附問題和創傷。兒童和青少年都需要在他們的環境中具有

安全感、他們自己的掌控與他們的情緒和效能感，才能開始進行歷程更新。處理 IPV 問題需要資源和掌控感的練習，它們對兒童和青少年特別有幫助。治療師可能需要在整個治療過程中，在資源獲取和歷程更新二者間交互進行。

在處理 IPV 倖存者時，治療師的 EMDR 治療時機和對案主的關注是必要的。治療師應該幫助孩子待在歷程更新，同時幫助孩子調節他或她的情緒。如果兒童和青少年無法處理氾濫的情緒，他們會避免和拒絕 EMDR 治療。如果發生宣洩，治療師將需要返回資源、涵容和駕馭感經驗（第四章）。

當在概念化如何在 EMDR 治療中使用三叉取向時，治療師可能想要選擇一個現在或未來的標的項，因為過去的標的項太令人不安而無法開始處理。使用反向範本（Adler-Tapia, 2012），標的項以相反的順序歷程更新——未來、現在、過去。接下來，治療師應該歷程更新案主當前的觸發事件。

嬰兒、兒童和青少年會有各種與 IPV 相關的觸發事件或症狀。兒童的飲食、睡眠和如廁訓練可能會發生變化。他們可能會避開視線以避免看到他們認為具有威脅性的人。所有年齡層的族群都可能有驚嚇反應、發脾氣和不恰當的行為，可被直接標的出來。

兒童和青少年都可辨識出在 IPV 情況下感到無能為力和別無選擇。常見的 NC 是：「我是隱形的。我不能做／說什麼」；「我被困住了。我不能出去」。對於其他兒童和青少年來說，責任議題可能是個問題。諸如「這是我的錯」、「我很愚蠢」或「他們需要我的幫助」之類的 NC 對孩子來說是很常見的，尤其是當孩子已被親職化，並將他們的職責視為成人／父母的角色以及照顧家庭時。

最後，治療師應該為孩子們開發蒐集箱，以便在療程結束時和療程之間使用，為他或她提供一個工具來管理他或她的情緒。EMDR 治療師可能需要在與案主的每次療程中使用資源和有駕馭感的技能。

寄養和收養

寄養

　　兒童福利系統中的嬰兒、幼兒、兒童和青少年通常在被寄養之前經歷過虐待和忽視。然後，他或她必須應付照顧者、學校、朋友、睡眠安排和整個生活的變化。EMDR 治療中除了處理因寄養而發生的壓力事件之外，將兒童／青少年帶入寄養的原始事件需要被標的出來。幫助兒童或青少年因應寄養壓力是重要的。

　　寄養會產生許多獨特的問題。其一為寄養的短暫性以及它如何影響兒童或青少年及其治療。對於與寄養系統合作的 EMDR 治療師來說，從**照護階段**的角度來看 EMDR 治療是很有用的。照護階段會發生在孩子參與一段時間的治療之後，但在治療完成之前，治療會中斷一段時間（見 Adler-Tapia，2011；Adler-Tapia & Settle，2009）。

　　寄養兒童和青少年經常經歷搬家和關係不穩定，以及品質不佳的心理健康服務。治療師可能會開始經由治療與孩子連結，然後由於距離、資金或兒童福利系統的原因，孩子會被遷移或更換新的治療師。這使得治療極其困難，治療師必須從每次療程可能是治療師與孩子進行的唯一一次或最後一次療程的角度來工作。正因為如此，對於治療師來說，重要的是透過實施可以在一次療程中完成的較小治療目標，將每一次療程概念化為一個完整的療程。

　　此外，透過一個過渡客體，如毯子、筆記本或絨毛玩具，讓孩子與治療師建立某種聯繫是很重要的。一個例子是當治療師告訴孩子一個關於與人有所連繫的故事或參考像《E.T.》這樣的電影時（Kennedy、Spielberg 與 Mathison，1982），讓孩子知道治療師與孩子是相連的，即使他或她不在診療室。然後治療師可以給孩子一條小的、便宜的嬰兒毯、絨毛玩具或從二手店購買的著色書，以代表他們之間的聯繫。由於寄養和兒童福利系統的暫時性，治療師必須將 EMDR 治療視為照護階段的一部分，其中包括將過渡客體轉換成資

313

395

源、技巧的建立，同時為孩子提供內在資源以因應當前生活情況。

　　教孩子使用蒐集箱來處理過去的創傷是非常有幫助的，孩子就可以在當下此境繼續日常運作，這樣有一天便可回來進行歷程更新。這並非排除使用 EMDR 治療來歷程更新創傷記憶，而是改變個案概念化以滿足孩子的需求。如果治療師標的過去的事件，必須提前為減敏感階段做好準備，包括讓孩子和家庭環境做好支持孩子的準備。當標的事件時，治療師應該標的事件中可掌握的部分，然後為孩子添加一個正向模板，以為孩子離開當次的治療療程做準備。提醒孩子：「你今天真的很努力，重要的是你為自己的辛勤工作感到自豪。」治療師可以提醒孩子治療很困難，並且孩子在這個過程中很勇敢。如果每次治療都以孩子的正向模板結束，孩子將能夠掌握這些照護階段，同時能夠參與未來的治療機會。

314

　　不幸的是，寄養兒童在寄養期間經常經歷額外的創傷事件，其中可能包括父母或其他家庭成員的探視。如果父母或家庭成員是涉嫌虐待的肇事者，探視可能會帶來壓力。使用蒐集箱和反向範本來幫助孩子因應這些探視是非常有用的。

　　寄養也會帶來困難的社會和教育挑戰，這些挑戰可以透過 EMDR 治療來解決。EMDR 治療可用於解決因寄養所引起的許多問題，隨著處理孩子可以忍受的事件，教導孩子涵容工具、自我掌控和情緒辨識能力，對於必須繼續在寄養中度過不穩定且經常有壓力經驗的孩子，似乎可幫助他們有所隔離，並為孩子創造一些韌性。

案例研究：塞巴斯蒂安和他的學校生命線

　　一位治療師與一個 10 歲名叫塞巴斯蒂安（Sebastian）的男孩一起工作，他一直在他的寄養家庭中出現不恰當的行為。在與塞巴斯蒂安探討困擾他的事情時，塞巴斯蒂安說他被分配了一項學

校作業，要寫下他的生命線，並寫出在生命中每一年他發生的一件事。塞巴斯蒂安非常沮喪，因為他不記得在寄養家庭之前的生活。在治療中，治療師根據塞巴斯蒂安生命中每一年發生事件的合理推測，為塞巴斯蒂安創造了一條生命線。例如，治療師和塞巴斯蒂安討論在他生命的第一年可能做過的事情。他知道自己的生日，並在他生命的第一年學會了爬行，在他生命的第二年他學會了走路。在他生命中的每一年，治療師都使用雙側刺激（BLS）來幫助塞巴斯蒂安克服和處理他對無法記住自己生活的悲傷，然後塞巴斯蒂安創造了自己的生命史。塞巴斯蒂安在治療中完成了他的生命線任務，然後治療師深植他完成生命線後所感受到的成就感。塞巴斯蒂安說：「我曾覺得自己不夠好去做生命線作業，但現在我覺得我和其他所有孩子一樣好。」然後，治療師使用未來藍圖（FT）深植，讓他看到自己向全班展示了自己的生命線，並為他所完成的一切感到勇敢和堅強。

在照護期間，如果治療師可在特定時間會談中將 EMDR 治療概念化，則 EMDR 治療可以非常有效地用於兒童福利系統中的孩子。照護階段可用來處理所有來治療的孩子，但特別有助於生活在非常短暫的環境中的孩子，以提供他們可以掌握自己的治療照護。

收養

在處理與收養過程相關的情緒上的巨大反差時，父母和孩子會從 EMDR 治療中受益。父母從 EMDR 治療中受益，以幫助他們與孩子建立依附關係和連結。除了收養過程的不確定性和等待的壓力之外，過去曾經歷過不孕、流產、失去孩子的父母都可能會從 EMDR 治療中受益。這些問題都是歷程更新的可能的標的項，以協助父母對孩子的依附關係。

315

孩子可能來自各種情況，包括出生時收養、寄養、與親戚住在一起或孤兒院。加上孩子可能在他或她的環境中經歷了許多變化，包括來自不同的國家和生活在不同的文化中。這些領域全都是幫助依附的潛在標的項（見第十三章；Adler-Tapia，2012）。

兒童的年齡會影響標的項和 NC（負向認知）。孩子愈大，治療師可能需要解決的依附創傷就愈多。較年幼的孩子 NC 可能跟安全和被愛的主題比較有關。青少年的 NC 可能更集中在價值感和歸屬感。

教育問題

學業困境

通常，兒童和青少年因家庭作業、考試和／或學習困難而被父母帶來接受治療。治療師需要評估所有這些領域並納入／排除學習問題、學習障礙和／或其他診斷（例如 ADHD、憂鬱、焦慮）。一旦這些問題被診斷和／或排除，治療師可以專注於與兒童／青少年的學業困境或失敗相關的創傷事件。

治療師採用傳統的 EMDR 治療，並詢問孩子／青少年他或她目前在學校的最大困境是什麼？第一次發生是什麼時候？其他什麼時候也發生過這種情況？最糟糕的情況是什麼時候？最近一次發生是什麼時候？然後，治療師使用標準的 EMDR 治療歷程更新這些事件。使用 FT（未來藍圖）來幫助兒童／青少年為未來的家庭作業、考試或其他關注領域設想一個正向模板是有必要的，並歷程更新任何預期的焦慮。

資賦優異兒童和青少年

本節探討資賦優異兒童面臨的獨特問題，以及如何將 EMDR 治療整合到治療中以幫助資賦優異兒童和青少年。

有天賦的兒童、青春期前兒童和青少年可能苦於情感上和感覺

統合問題。就本章而言，**資賦優異**被定義為在標準化評估量表中，定量、定性或非語言領域測試在 PR97 或以上的兒童／青少年群體。這絕不意味著得分在資賦優異範圍內的兒童／青少年是一個同質性的群體。這 3% 群體的變異範圍與普通人群一樣多。資賦優異孩子在智力和情感上的許多方面都有天賦，但時常苦於焦慮、憂鬱、情緒調節和其他情感與行為症狀，而接受治療。資賦優異兒童的智力水平和情感水平可能不同步。有一個例子是一個 8 歲的女孩，她用 19 歲的智力水平理解事物，但在情感上仍然是一個 8 歲的孩子。正是這種不同步性讓許多資賦優異兒童受苦。然而，並非所有資賦優異兒童都會遇到困難。治療師要閱讀關於資賦優異兒童和青少年的一些著作，以幫助教育孩子和父母了解天賦的各個層面。

　　以下是治療師與資賦優異兒童一起工作時應該考慮的幾個問題：兒童／青少年如何處理他或她的智力和情感功能之間的差異？一個了解伊朗核能發展事實但在情感上只有 8 歲的孩子如何從正確的角度來思考？他或她如何過濾和調節情緒？

　　治療師可以透過讓他或她畫出恐懼來直接標的出恐懼。如果孩子陷入停滯並且 SUD 沒有下降，那麼使用著重於實際可能狀況的蘇格拉底問句認知交織（CI）法會有所幫助。例如，如果孩子擔心得癌症和死亡，治療師可以使用已知訊息來正確看待概率。如果孩子擔心得癌症，治療師可能會說：**「不到 1% 的孩子得癌症。如果天氣預報員說今天下雨的可能性不到 1%，你會帶傘嗎？」「不會。」「那下雨的可能性很小，是嗎？」「對。」「那麼，你得癌症和死亡的可能性有多大？」「不太可能。」「跟著它。」**

　　有天賦的兒童和青少年也可能難以調節他們的強烈情緒，變得非常敏感，表現出感覺整合問題，與人際關係和在社會環境中的運作搏鬥。資賦優異兒童往往對事物的感覺更深刻；他們聽到人們說的話並在智力上理解它，但由於他們的智力、情商和成熟度之間的差異，他們會產生強烈的情緒反應。有時這會造成高度的焦慮，因為年幼的孩

316

子思考較具象化，即使他們能夠思考遠遠超出他們年齡的事情。資賦優異兒童還能夠考慮深層的智力議題，如戰爭、社會不公、虐待動物等，並對這些議題產生強烈的情緒反應，從而導致存在憂鬱。這些孩子在發展上尚不能抽象思考和考慮灰色地帶，這會導致情緒失調。透過 EMDR 治療，治療師可以直接標的孩子的強烈情緒。

317

案例研究：威力和他強烈的情緒

威力（Wally）是一個高天賦的 7 歲男孩，從一個活動過渡到到另一個活動對他來說是場苦戰，結果往往情緒崩潰。當威力在用電腦工作，他的母親或父親要求他做其他事情時，威力就會大發脾氣。治療師標的了威力的母親請他來吃飯的時間。威力的壞想法（NC）是「我還沒做完，我不能放下這個。」他的好想法（PC）是「我可以完成這部分並在晚餐後回來，我現在可以放手。」威力對 NC 的情緒是「非常生氣！」他強烈地感覺到它在他的胃和頭上。在治療師用歷程更新這個標的項後，在一次 15 分鐘的療程中，威力能夠回到接下來的療程，沒有發脾氣的情況。治療師驚訝地發現，從一項活動平靜地過渡到另一項活動的能力已經類化到威力生活中的其他過渡領域。儘管威力的媽媽一再告訴他，他可以在晚飯後回到電腦前，但威力始終無法不心煩意亂地做到這一點。當威力在歷程更新過程中體驗到他的憤怒和身體感覺的變化時，他開始對「我可以現在放下它」的想法感到自在。然後他開始意識到他確實可以等待，然後回到電腦前，他的 PC 變成了：「我可以處理！」

由於各種原因，資賦優異兒童也可能在社交方面遇到困難。有時他們會跳級，不得不與年齡較大的孩子進行社交互動。其他時候，

這些最聰明的孩子並不具備社交智力，像是閱讀社交線索的能力或同理心、成熟度、衝動控制力和良好的判斷力。有時，資賦優異兒童無法正確決定什麼是適當的行為，什麼不是。治療師要考慮的問題是，他或她正在治療的孩子的智力比大多數成年人高，但成熟度仍像個孩子。

案例研究：安迪和色情簡訊

一位作者與一位名叫安迪（Andy）的 13 歲男孩一起工作，他非常有天賦。他在學校跳了兩個年級。安迪的年紀是典型的七年級學生（國二），但讀十年級（高二）。當安迪第一次拿到手機時，他拍了一張他私處的裸照，然後發送到他在高中裡認識的所有同學的手機上。安迪因發色情簡訊而被高中停學。他認為自己發的照片很滑稽，但校長認為不合適，正在考慮向警方報案。安迪沒有意識到他的行為是多麼不成熟，也沒有意識到他的行為的法律後果。治療師使用資源來深植一個常識性的正面模板「我可以停下來並思考我行為的後果」。然後，治療師與安迪一起進行技巧建立，來幫助他了解自己行為的後果。治療師教導安迪，他可以利用他的智力做為一種資源來預測「如果你做了_____〔行為〕，那麼_____〔後果〕可能會發生。」在讓安迪專注於後果之後，治療師添加了緩慢、短回合數的 BLS。然後治療師補充了安迪的資源聲明：「我覺得這很有趣，但其他人可能不會欣賞我的幽默。」治療師再次用簡短、緩慢的 BLS 深植了該語句。接下來，治療師解決此意外事件造成的創傷，並標的最糟糕的部分，即收到校長的反對信。不好的想法（NC）是「我希望我沒有這樣做。我是個白痴。」安迪的好想法（PC）是「我可以在行動之前停下來並想一下。我從中吸取了教訓。」安迪能夠

318

> 歷程更新他對這種情況的羞恥和尷尬，並學會提高他的衝動控制
> 能力，以幫助他未來決定適合的社交行為。

　　除了處理衝動和爭議性問題外，資賦優異兒童和青少年可能面臨的另一個挑戰是感官問題（第十三章）。資賦優異兒童經常受到如燈光、聲音和觸覺等感官刺激的影響。資賦優異兒童有時會對襯衫上的標籤、襪子上的接縫、太亮的燈光或太大聲的聲音敏感。無論孩子在哪個感覺區域苦戰，治療師都可以辨認出感覺並做為標的項，與 NC和 PC 一起完成評估期，並透過 EMDR 治療對其進行歷程更新。

　　對治療師來說，教育兒童、青春期前兒童和青少年了解什麼是天賦是有幫助的。有許多提供給父母和兒童／青少年關於天賦的書籍，對治療師研究和推薦很有用。一位作者根據高曼（Goleman）（1995）的書回顧了情商的概念。雖然支持兒童豐富他或她的智力很重要，但更重要的是讓兒童在情感上了解自己，並做出常識性決定，以在生活中取得成功。對於資賦優異兒童來說，能夠了解他人的情緒和肢體語言也很重要。父母應該專注於愛孩子本身，而不是專注於孩子的智力和成就，並認識到所有孩子都有天賦和才能。

319

　　治療師與資賦優異兒童或青少年工作的最後一個領域是關於教育和休閒活動的時間管理與決策。資賦優異兒童／青少年在許多領域，如興趣、能力和才能上，都很難做出選擇。幫助他們了解如何探索他們大量的才能是有幫助的。治療師可以透過解釋來幫助兒童／青少年理解他或她有很多選擇，如「現在是從生活的宴會桌中挑選的時候了。」具有如此多能力和興趣的孩子經常對他們可能的選擇不知所措。治療師可以鼓勵孩子探索他或她的許多興趣領域（如物理、排球、唱歌），但要解釋說最終人們必須決定在哪裡投入時間和精力。治療師可以讓兒童／青少年想像他或她真正喜歡和感興趣的事物，並將所有感興趣的領域放在宴會桌上。讓孩子／青少年留意他們花時間

細細品味的東西，然後決定這是否是他們想要投入精力做的事情。一旦兒童／青少年選擇了幾個感興趣的領域並專注於資源決策，治療師可以添加一些緩慢、短回合數的 BLS。或者，如果兒童／青少年在決策過程中出現焦慮，治療師可以將其做為標的項處理。對於資賦優異兒童來說，做決定通常是痛苦和焦慮的來源，因為他們在很多領域都非常聰明和才華橫溢，以至於孩子面臨選擇的挑戰，這是減少焦慮和發展決策技能的有用工具。

拒學行為

　　兒童和青少年可以表現出拒絕上學的行為，而不符合任何特定診斷的標準。拒學行為可能有很多原因，因此蒐集完整的個案史很重要。評估孩子時要考慮的領域是發展和氣質問題、教室環境（如建築空間、教師、社交互動和霸凌）、孩子生活的變化（如搬家或父母不在）、文化壓力（如日本對學校、成績和更長的上學時間有強烈的關注）、家庭動態、父母的焦慮或依附問題，以及迄今為止曾如何處理拒學行為。

　　標的出孩子認為擔心或不去上學的理由（如「我媽媽可能忘記接我」；「老師大喊大叫」；「孩子們不喜歡我」）。根據孩子在處理過程中處理情緒的能力，治療師可能必須專注於駕馭感技術，以幫助孩子在繼續處理之前忍受焦慮或任何強烈的情緒（見第九章）。在歷程更新最早和最嚴重的拒學事件後，開發 FT 是必要的，從內在經驗來支持兒童／青少年實際上學和處理它的能力。

　　治療師接著可以使用**放映電影的技巧**，藉由增加小的和特定時間 320 上學經驗的想像，讓孩子在想像中獲得立即且具體成功的上學經驗：「想像一下明天和你媽媽一起去教室」和「現在想像走進去你的教室」。

　　如果孩子在歷程更新中無法處理他或她的情緒，治療師可以使用第三方故事來教育和向孩子示範如何處理這種情況。這對於那些因為

無法忍受焦慮而不願談論自己的經歷的孩子很有幫助。治療師可以談論一個想像中的角色，如小熊維尼正在與類似的問題對抗。治療師創建一個故事，展示虛構人物如何解決問題，以便向孩子傳授新技巧。幾代人以來，兒童治療師一直使用故事來教孩子解決問題、批判性思維和同理心的技巧。使用主角曾經歷焦慮的第三方故事可以幫助孩子管理情緒，同時他或她正在學習新的技巧，以便在他或她開始重返學校時使用。

　　接下來，治療師與父母單獨制定一個關於如何練習新技巧的計畫。例如，在沒有人的情況下帶孩子去學校，是有助於在壓力較小的情況下開始練習的技巧。治療師可以使用 BLS 深植拜訪學校的影像。然後，治療師指導父母一旦父母和孩子在學校，父母應該獎勵和忽略哪些行為。請一位教師或其他學校工作人員在頭幾天協助父母將孩子留在學校是有用的。有時，父母可能還需要為他或她自己開發資源，以便能夠堅定而充滿愛地離開。以下是一個如何將故事用於拒學行為的案例。

案例研究：布萊恩在幼兒園的困難

　　布萊恩（Brian）接受治療是因為他上幼兒園有困難。他的母親報告說，他每天在車上一直歇斯底里地哭著上學。布萊恩難以忍受他的焦慮，所以治療師讓母親給布萊恩講了一個關於小熊維尼上幼兒園的故事，以及他在那裡一路哭泣的故事。小熊維尼的媽媽會試圖安慰他，但似乎沒有任何效果。布萊恩的媽媽告訴他，小熊維尼喜歡和小豬一起玩，小熊維尼很期待在學校見到小豬。

　　她告訴布萊恩小熊維尼媽媽幫助他上學的小步驟。她解釋說，首先母親會帶小熊維尼到學校門口。布萊恩的母親隨後建議

維尼擁抱他的母親，然後轉身，在教室裡找一個有趣的玩具看看。然後小熊維尼看著小豬和他的另一個玩伴跳跳虎，微笑著走向他們，沒有回頭。布萊恩的媽媽一邊敲著他的膝蓋一邊講述了這個故事。布萊恩的母親隨後在她和布萊恩坐在車裡時重述了這個故事。布萊恩能夠按照指示成功加入他的幼兒園。布萊恩的母親按照她自己對布萊恩的指示，轉身堅定地走出門外。一旦父母離開，讓教師和其他學校工作人員參與指導孩子的計畫至關重要。讓老師以關心和實事求是的方式將孩子帶入教室，可以為孩子提供支持，同時不會鼓勵焦慮或對抗。

社交問題／霸凌

　　兒童／青少年在家裡、與朋友、在活動中或在學校面臨許多困難、尷尬或未知的社交情況。幫助兒童／青少年學會駕馭複雜的社交門檻世界是兒童和青少年治療師的工作。治療師要提供技能，包括教授自我肯定、設定界限、同理心、溝通、衝突管理以及應對霸凌等等。

　　EMDR 治療師可以教授這些技能，並以資源或駕馭感的練習來深植它們。治療師可以讓孩子或青少年視覺化想像、角色扮演或透過演示最新教導的行為來制定。然後治療師添加幾回合緩慢的 BLS 來增強和鞏固想像中的新行為。

　　像任何創傷性事件一樣，壓力大、創傷性的社會情況可以直接被標的出來。治療師可以標的出在遊戲場上獨自一人、午餐時沒有人坐在一起，或被排除在派對之外的事件。NC 通常是「我是個失敗者」或「我不夠好」。

　　霸凌是一種攻擊性的社會行為形式，旨在使對方感到渺小和不重要，並對對方施加控制。治療師可以推薦許多關於霸凌行為的書籍供父母和孩子閱讀。「美國女孩」公司（AmericanGirl®）有幾本針對青

春期前兒童／青少年早期的書籍，關注在霸凌，這些書籍在教育青春期前兒童／青少年如何處理攻擊性行為方面非常實用。這些書還可以幫助兒童／青少年檢查自己的行為，以防止可能的意外霸凌。

在治療師確保家長和學校了解兒童／青少年經歷的霸凌行為後，治療師可以直接標的霸凌事件。受到霸凌傷害的兒童／青少年可以從歷程更新與霸凌相關的許多事件中受益。此外，目睹到霸凌他人情況的兒童／青少年可能會因沒有做任何事情而產生替代性創傷和／或內疚。這些事件也可以被標的。

322 摘要

本章討論如何在兒童／青少年某些特定情況下使用 EMDR 治療，例如寄養、收養、離婚、交通意外事故、教育和社交創傷。本章的目的是說明如何為面臨獨特經歷的兒童做 EMDR 治療的個案概念化。鼓勵 EMDR 治療兒童／青少年治療師在八個治療階段中使用並結合其他臨床模式和技術，以治療兒童／青少年接受心理治療所帶來的許多常見問題。通常，治療師需要做的唯一修改是在個案概念化過程中，關於標的什麼、如何調整治療步調以及何時和兒童或青少年一起使用資源。

參考文獻

Adler-Tapia, R., Settle, C., & Shapiro, F. (2011). Eye Movement Desensitization and Reprocessing (EMDR) psychotherapy with children who have experienced sexual abuse and trauma. In P. Goodyear-Brown (Ed.), *Handbook of child sexual abuse: Prevention, assessment, and treatment* (pp. 229–250). New York, NY: Wiley.

Adler-Tapia, R. L. (2012). *Child psychotherapy: Integrating theories of developmental psychology into clinical practice.* New York, NY: Springer Publishing.

Adler-Tapia, R. L., & Settle, C. S. (2009). EMDR psychotherapy with children. In A. Rubin & D. W. Springer (Eds.), *Treatment of traumatized adults and children: Part of the clinician's guide to evidence-based practice series.* New York, NY:

Wiley.

AmericanGirl. (n.d.). http://www.americangirl.com/shop/bookstore

Goleman, D. (1995). *Emotional intelligence.* New York, NY: Bantam.

Kennedy, K. (Producer), Spielberg, S. (Director), & Mathison, M. (Writer). (1982). *E. T. The extra-terrestrial* (Motion picture). United States: Universal Pictures.

【附錄 A】治療知情同意書

未成年治療同意書

我同意＿＿＿＿＿＿＿＿＿＿＿＿＿（治療師的姓名）對我的孩子／青少年
＿＿＿＿＿＿＿＿＿＿＿＿＿（兒童的姓名）提供治療和／或診斷的服務。藉
由簽署這份同意書，證明我在法律上擁有孩子的監護權或共同監護權，因此
可以合法行使孩子治療的同意權。

＿＿＿＿＿＿＿＿＿＿＿＿＿＿　　　　＿＿＿＿＿＿＿＿＿＿

父母／監護人簽名　　　　　　　　　日期

兒童同意書

我了解我的父母或監護人同意我接受治療；然而，我也被詢問並且同意自己
接受治療。藉由以下的簽名，我明白上述治療師已得到我的同意為我治療。

＿＿＿＿＿＿＿＿＿＿＿＿＿＿　　　　＿＿＿＿＿＿＿＿＿＿

兒童姓名　　　　　　　　　　　　　日期

＿＿＿＿＿＿＿＿＿＿＿＿＿＿　　　　＿＿＿＿＿＿＿＿＿＿

兒童簽名　　　　　　　　　　　　　見證人

【附錄 B】EMDR 治療蒐集個案史、 325
個案概念化和擬定治療計畫表

（除了臨床的一般初談表外，另須完成此表。）

1. 父母目前關心的議題及治療目標為何？（「**當＿＿＿＿＿時，我便知道治療對我的孩子有了成效。**」）

_____

_____

_____

2. 主題：（孩子／父母所呈現出來與責任、安全、控制／選擇有關的主題有哪些？）

_____

_____

_____

3. 症狀評估：（孩子／父母對症狀的前兆是否有表示？症狀出現多久時間了？有沒有什麼時候症狀未出現？）

_____

_____

_____

治療師姓名 ＿＿＿＿＿＿＿＿＿＿＿＿＿　　日期 ＿＿＿＿＿＿＿＿＿＿＿＿＿

治療師簽名 ＿＿＿＿＿＿＿＿＿＿＿＿＿＿＿＿＿＿＿＿＿＿＿＿＿＿＿

326

4. 單獨請父母指認創傷經驗。當治療師與父母討論標的項時，治療師請兒童在遊戲室等待：（在父母個別的敘述中，孩子最糟糕的創傷經驗為何？評估近期促發的創傷，包含與當前苦惱或症狀最密切相關的創傷／觸發事件。記錄每個兒童主動提到的其他創傷經驗。列出觸發事件，就是會促發創傷記憶並引起苦惱、症狀，或是導致兒童迴避的人、地點、事物等。）

_____

_____

_____

5. 指認兒童提到的創傷經驗。（治療師邀請兒童重新加入會談，並就每個記錄下來的標的項辨識腳本與兒童會談。兒童可能對父母指認的標的項沒有什麼反應。）在這個過程中，治療師也完成評估量表（對於 8 歲以上的兒童）。（如果兒童對父母不在場感到自在，便請父母到等候室等待，並完成評估量表。）

_____

_____

_____

6. 指認兒童所述的駕馭感經驗。（「**告訴我你曾經做過並讓你感到自豪的事情。告訴我你曾經覺得自己真的很棒的時刻。**」）

_____

_____

_____

備註：

_____

_____

_____

治療師姓名 _____   日期 _____

治療師簽名 _____

【附錄 C】兒童／青少年症狀監控紀錄表 327

日期：＿＿＿＿＿＿＿＿＿＿　　兒童姓名：＿＿＿＿＿＿＿＿

父母填寫人＿＿＿＿＿＿＿＿＿＿＿＿＿＿＿＿＿＿＿＿＿

治療師＿＿＿＿＿＿＿＿＿＿＿＿＿＿＿＿＿＿＿＿＿＿＿

症狀	每天（治療之後）						
	第1天	第2天	第3天	第4天	第5天	第6天	第7天
胃痛							
拉肚子／便祕							
睡眠困擾							
行為問題							
發脾氣／衝動行為							
哭泣							
迴避行為							
躁動							
排尿／腸道問題							
抗拒行為							
焦慮							
飲食習慣改變							
頭痛							

備註：1＝輕微，2＝中等，3＝嚴重

（接續下一頁）

328 其他可能和治療有關的症狀：

症狀的 正向變化	每天						
	第 1 天	第 2 天	第 3 天	第 4 天	第 5 天	第 6 天	第 7 天

備註：1＝輕微，2＝中等，3＝嚴重

其他意見／擔憂：

_____

_____

_____

_____

正向資源	每天						
	第 1 天	第 2 天	第 3 天	第 4 天	第 5 天	第 6 天	第 7 天
社交互動表現 良好							
能完成日常活 動（例如：良 好衛生習慣）							
能遵循生活常 規（睡覺、上 學、日常活動）							
溝通良好							
能尊重他人							
能好好處理 衝突							
能夠管理和 表達情緒							

備註：1＝輕微，2＝中等，3＝嚴重

請完成此表，並在孩子下次會談時帶來，謝謝！

【附錄 D】兒童和青少年安全／平靜情境表　329

兒童和青少年安全／平靜情境工作表

姓名：＿＿＿＿＿＿＿＿＿＿＿＿＿＿＿　日期：＿＿＿＿＿＿＿＿＿＿＿＿＿＿＿

圖像：＿＿＿＿＿＿＿＿＿＿＿＿＿＿＿＿＿＿＿＿＿＿＿＿＿＿＿＿＿＿＿＿＿＿＿＿

＿＿

＿＿

正向情緒：＿＿＿＿＿＿＿＿＿＿＿＿＿＿＿＿＿＿＿＿＿＿＿＿＿＿＿＿＿＿＿＿＿

＿＿

＿＿

身體感受（位置和描述）：＿＿＿＿＿＿＿＿＿＿＿＿＿＿＿＿＿＿＿＿＿＿＿＿＿

＿＿

＿＿

提示詞：＿＿＿＿＿＿＿＿＿＿＿＿＿＿＿＿＿＿＿＿＿＿＿＿＿＿＿＿＿＿＿＿＿＿

＿＿

＿＿

用於提示／自我提示練習的輕微困擾：＿＿＿＿＿＿＿＿＿＿＿＿＿＿＿＿＿＿

＿＿

＿＿

安全／平靜情境的簡短說明

第一步：描述圖像。

第二步：描述情緒和正向感受（包含位置）。

第三步：以安撫的語調加強圖像和情感。

第四步：介紹短版的眼動（2 至 4 回眼球快速移動）。

　　　　如果是正向回饋，繼續數回合短版的眼動。　330

如果只有一點點或中性回饋，嘗試其他眼動方向。

如果有干擾或負向回應，探索解決方法（例如對負向素材的遏制，為安全情境增加更多保護功能），或是換另一個不同的安全情境或安撫資源圖像。

第五步：確認提示詞。引導兒童將提示詞和安全／平靜情境放在一起，並增加數回合眼動。

第六步：讓兒童練習自我提示，聚焦在圖像和字詞並不做眼動。

第七步：讓兒童回想一個輕微的困擾。治療師提示安全／平靜情境。

第八步：讓兒童回想一個輕微的困擾。讓兒童提示安全／平靜情境。

姓名　　　　　　　　　　　　　日期

【附錄 E】繪製 EMDR 治療之標的項地圖　331

本附錄內容亦可參見《EMDR 應用於兒童心理治療之藝術：從嬰兒到青少年的治療手冊》第十一章。

治療師引導繪圖的指南

　　在 EMDR 治療中，當治療師準備以 EMDR 治療處理案主的議題時，繪製標的項地圖這項技術可以用來組織蒐集到的訊息。在進行完整的 EMDR 治療步驟時，這對於每一個年齡層的案主來說都是一項很有效的工具。此範本是特別為了兒童／青少年所撰寫，但在與成人工作時也可以很有效地使用。治療師可以在蒐集個案史、個案概念化和擬定治療計畫階段開始使用繪製地圖進行個案概念化，並且在 EMDR 治療八階段中持續使用。繪製地圖整合了 EMDR 治療的具體步驟，並幫助案主理解治療師可能考慮的概念化。繪製地圖有助於闡明 EMDR 治療如何以明確的方式為最年輕的案主發揮作用。

　　當治療師開始依據父母的意見與兒童／青少年的討論來探索問題的成因時，有關案主創傷史的資料逐漸浮現，治療師向案主解釋，這些都是能幫助他或她的大腦解決問題的重要資訊。治療師可以建議兒童／青少年談一點關於這個有點困擾他或她的訊息；因此，在兒童／青少年的協助下，治療師便可以創造一個地圖，案主可以把他或她的擔憂或害怕裡重要的部分通通放進去。治療師可以建議兒童／青少年，經由把他／她的擔憂放在紙上，兒童／青少年可能就不用那麼擔憂，因為地圖可以當作蒐集箱使用。治療師向兒童／青少年展示他們將要使用紙和筆開始繪製困擾他或她的事物的地圖，而治療師需要兒童／青少年的協助使地圖正確無誤。治療師提議讓兒童／青少年幫忙繪製地圖，或完全由他或她自己製作。

　　完成地圖之後，要向兒童／青少年說明，如果已經忘記某件事或是如果有些事情改變了，地圖可以隨時做更改。最後，很重要的是要鼓勵兒童／青少年當地圖的主人，並解釋他／她可以主導地圖接下來的變化。　332

繪製地圖的會談範本

1. 治療師問候在等候室的兒童／青少年和父母，並陪同他們一起進入會談室。
2. 治療師回顧前次會談，並回答兒童／青少年和父母的所有提問。
3. 治療師評估自上次會談後的一般功能。治療師檢視前次會談中指認出的所有症狀之當前狀態，並探索任何新的症狀。治療師詢問兒童／青少年和父母：「從我們上次會談後，有什麼改變嗎？」（詳細指導語請參見第五章。）
4. 治療師檢視父母填寫的兒童／青少年症狀監控紀錄表。
5. 治療師提醒兒童／青少年可以使用安全／平靜情境和停止信號。
6. 治療師與父母討論有關指認 EMDR 治療的可能標的項。
7. 接著治療師與兒童／青少年討論有關指認 EMDR 治療的標的項，並與父母的回應比較。
8. 治療師向兒童／青少年解釋繪製地圖。
9. 治療師與兒童／青少年接著開始繪製地圖，讓兒童／青少年選擇單字，並將之放在地圖的圖形裡，以助於辨識出每個圖形裡是什麼擔憂。
10. 如果兒童／青少年在辨識標的項時變得焦慮，治療師可能要複習安全／平靜情境或是視需要使用認知交織。
11. 治療師教導兒童／青少年如何將地圖條目當成蒐集箱使用，把標的項黏在地圖上。
12. 治療師要提醒兒童／青少年可以隨時增加或改變地圖。
13. 治療師引導兒童／青少年將地圖上的標的項依序排列。
14. 接著治療師請兒童／青少年評量地圖上標的項的 SUD。
15. 治療師接著將 SUD 與排序進行比較。
16. 治療師接著解釋標的項在大腦中如何互相連結。治療師和兒童／青少年可以在地圖上畫出標的項之間相連的線條，並以粗細表示連結的強度。
17. 治療師請兒童／青少年辨識每個標的項的壞想法。
18. 接著治療師請兒童／青少年辨識每個標的項的好想法。
19. 治療師接著請兒童／青少年指認和評估每個標的項的 VoC。
20. 治療師接著請兒童／青少年指認與每個標的項有關的感受。
21. 治療師隨後請兒童／青少年指認標的項間的關聯，以及兒童／青少年對它們的感受。
22. 治療師接著請兒童／青少年探索與此相同感受有關聯的早期記憶。
23. 治療師接著請兒童／青少年選擇要開始處理的標的項，並指出與其他標的項的關聯，包含相似的感覺和身體感受。
24. 治療師接著與兒童／青少年進行減敏感標的項，並對地圖進行再評估。
25. 治療師與兒童／青少年繼續處理下一個標的項。

繪製標的項地圖的腳本

　　始自搜集個案史、個案概念化和擬定治療計畫階段，每個範本和腳本都已收錄在本書中。要聚焦於與兒童／青少年同步並聽取負向認知以及需以 EMDR 處理的可能標的項。將案主的負向認知和潛在標的項記錄下來，對治療師來說是很有幫助的。

　　在準備期，治療師向父母和兒童解釋 EMDR。

　　接著治療師要評估父母目前的穩定度，以及和兒童一起參與 EMDR 治療的能力。

　　教導兒童安全／平靜情境。在此過程中，允許兒童／青少年實驗不同形式的雙側刺激：輕敲、打鼓、踩腳、使用觸動器等等。

　　教導停止信號。

　　與父母晤談以指認 EMDR 可能的標的項。

　　與兒童／青少年晤談以指認 EMDR 的標的項，並與父母的回應比較。

　　向兒童解釋繪製地圖。「我想請你幫我創作一幅地圖，我們把你所有的擔憂、傷痛等都放在上面。你知道地圖是什麼嗎？」如果兒童／青少年知道地圖是什麼，便繼續進行繪製地圖。如果不知道，就要向兒童解釋地圖是什麼：「今天我們要開始製作你的地圖，地圖會顯示讓你困擾的事情或你的擔憂，就像在你的腦袋裡一樣（治療師可以指著自己和兒童／青少年的頭）。今天我們要開始繪製地圖，但我們可以隨時改變或增加擔憂上去。記得你的大腦會修復你的擔憂，我會教你一種幫助大腦把擔憂變小，甚至讓它們不見的方法。」

　　用大張的圖畫紙、筆或鉛筆，在紙的中間畫一個大而奇怪的圖形，並請兒童／青少年指出一個他／她最大的擔憂開始繪圖。「在這張紙上，我想要我們一起來繪製你的地圖，先挑選一個你現在最大的擔憂，或是現在最讓你困擾的事情。」幫助兒童／青少年在圖形中寫下他／她最大的擔憂或症狀，以開始繪製地圖。讓兒童／青少年選一個單字放進地圖上的圖形裡，以協助指認每個圖形中是什麼擔憂。

　　「當我們繪製這張地圖時，你可能會感覺有一點害怕或擔心，但是記得，在我的診療室裡你是安全的，而且如果你太害怕了，你可以練習使用我們之前學的安全情境。你記得怎麼使用你的安全情境讓你感覺好一點嗎？」視需要回顧安全／平靜情境，或繼續指認標的項。

　　除了安全／平靜情境之外，你也可以教導兒童／青少年用地圖上的圖形當蒐集箱。「你有看到你地圖上的這個大擔憂嗎？我們需要做些什麼來讓這個擔憂鎖在地圖上的圖形裡？好讓它不會干擾你。」通常兒童／青少年會非常有創意，並且會想到很多點子，但有需要時你還是可以協助。你可能會想建議兒童／青少年可以在地圖的圖形上加設有雷射的銅牆鐵壁，防止任何東西從圖

334

形裡逃脫。你也可以加上：「當我們把你的擔憂放在地圖上時，我們把它封印在那個圖形裡，這樣它就不會跑出來干擾你。它會一直黏在地圖上，直到我們拿下來把它變小。你覺得這樣可以嗎？」經由邀請兒童／青少年找出更多困擾他們的事情來持續蒐集標的項，並建議兒童／青少年的父母可能已經想到的事物。舉例來說，你也許對強尼說：「你的媽媽認為你在學校惹了很多麻煩，因為你對爸爸的離開感到生氣。你覺得我們應該把這個放進你的地圖裡嗎？」繼續詢問強尼是否有媽媽不了解或不知道應該也要放進地圖的東西。持續增加圖畫把兒童／青少年的擔憂都畫到地圖上。如果還需要找出兒童／青少年的所有擔憂，你可以多拿些紙出來。有時候這個過程會進行得非常快速，你便可以進行 EMDR 範本的下一個階段，但有時候這個過程要花上一整個會談時間。如果你注意到兒童／青少年在完成地圖的過程中變得激動，你可以進行認知交織（CIs），建議兒童／青少年練習安全／平靜情境，或是暫停並進行資源深植，好讓兒童／青少年可以因應地圖上的標的項。可參見對兒童／青少年進行認知交織和資源深植的章節。在整個過程的後續階段，試著同步理解兒童／青少年，並使用他們的語言來理解兒童／青少年如何標籤他／她自己的問題或擔憂。

335　　　　持續找出其他的擔憂並加進地圖。請兒童／青少年幫助你創作地圖，或是由兒童／青少年以適於兒童／青少年發展階段和理解能力的方式創作地圖。

　　　　向兒童／青少年說明你會做紀錄，因為他／她說的內容非常重要，而你希望自己能正確地記住。「我正在寫下你告訴我的事情，因為它非常重要，而我年紀大了，我不想忘記你告訴過我的事情。你覺得這樣可以嗎？」

　　　　當兒童／青少年已經找出今天所有他／她想放上地圖的擔憂，提醒兒童／青少年之後他／她隨時可以增加地圖上的內容。「如果我們忘了某件事或某些事情改變了，記得我們可以隨時修改地圖。」

　　　　接著邀請兒童／青少年幫忙將地圖上的標的項排序。「現在我想請你幫助我了解哪一個擔憂或是標的項最大或最讓你困擾？你可以指給我看哪一個是最大或最糟的嗎？」從最糟或是「最讓我困擾」的那一項開始，一直排到最小的擔憂或是「幾乎完全不會困擾我」。

　　　　完成排序之後，向兒童／青少年解釋 SUD，並請兒童／青少年為地圖上的每一個標的項指認 SUD。「我想要讓我們能夠分辨這些事有多困擾你，所以當我請你告訴我這件事有多困擾你的時候，我們可以用數字或是用手像這樣比讓我知道。」治療師用自己雙手的距離示範 SUD 分數，然後治療師說：「是這麼大？這麼大？或是這麼大？」治療師也可以用其他方式測量 SUD。SUD 可以大於整個世界或是宇宙或比海深，或是治療師也可以請兒童／青少年說出他／她能想像最大的東西是什麼，接著治療師再請兒童／青少年想像最小的東西是什麼。然後治療師請兒童／青少年說出地圖上的每個標的項的擔憂有多大，並記錄在地圖上。「世界上你可以想到最大的東西是什麼？」不論兒童／青少年

回答什麼，治療師解釋：「這告訴我如果你的擔憂像＿＿＿＿＿＿（重述兒童／青少年的答案）一樣大，會讓你很困擾。」然後治療師問兒童：「你可以想到最小的東西是什麼？」不論兒童／青少年回答什麼，治療師說：「這告訴我如果你的擔憂像＿＿＿＿＿＿（重述兒童／青少年的答案）一樣小，就完全不會困擾你。」「這樣我們兩個就能知道某件事有多困擾你。」

當治療師已經開始用地圖的隱喻進行治療時，可以請孩子指出地圖上或地球上的擔憂有多大。治療師可以像這樣說：「它像整個州一樣大或是更大？」如果它比這個州更大，治療師也許可以說：「也許它像整個國家一樣大還是更大？」如果它比整個國家還大，治療師可以繼續說：「和全世界一樣大、整個宇宙還是無限大？」治療師要扮演一個有創意的角色，幫助孩子確認擔憂對他們而言有多大。

完成 SUD 之後，檢視與排序相比的 SUD。治療師如果注意到 SUD 和排序不相符，就要確認一下兒童／青少年是否了解評估標的項帶給自己多少壓力的概念。

在完成 SUD 之後，治療師也可以用地圖的方式解釋擔憂或記憶在我們的大腦裡如何產生連結。「在我們的大腦裡，有時候記憶或擔憂會連結在一起。就像你告訴我，當你想到你爸爸時，你會難過，而你想到死去的狗狗時，你會難過。在你的地圖上，讓我們來指出你認為擔憂之間的連結有多強。」治療師向兒童／青少年示範如何畫擔憂之間的線條，以及如何依據兒童／青少年認為兩個標的項之間的關聯有多大，來繪製或粗或細的線條。這可以幫助兒童／青少年理解他／她的大腦如何運作，以及為何當兒童／青少年想到他／她的爸爸和狗狗的時候會感到難過。除了教育兒童，治療師也在創造連結，當治療師進行減敏感時，這些連結將有助於將兩個記憶連結起來。

進行 SUD 之後，請兒童／青少年幫助治療師了解伴隨記憶出現的壞想法為何。「當你想到那個擔憂的時候，和擔憂一起出現的壞想法是什麼？」若有需要，治療師可以提供建議或是使用「兒童認知清單」。接著詢問兒童／青少年他／她會想以什麼想法替換或是「有什麼好的想法？」

在找出負向認知和正向認知之後，便評估 VoC。治療師可以使用 VoC 橋梁的例子說：「如果我們把你的壞想法放在這邊（把壞想法放在紙的左側），好想法在這邊（在紙的右側寫下好的想法），在你的壞想法和你的好想法之間，我們造一座七步橋（治療師在壞想法和好想法之間畫一座想像的橋，總共有七步），你覺得你現在在哪裡？」

在 VoC 之後，請兒童／青少年告訴治療師當想到標的項時，會伴隨出現什麼感覺。有時候治療師可能需要提供一些感覺的字詞來幫助兒童。「當你想到那些困擾你的事情和壞想法時，你會有什麼感覺？」

一旦治療師已經確認特定記憶的感覺之後，治療師便為兒童尋找標的項之間的連結。向兒童／青少年解釋，有時候事情對他／她造成的困擾遠超出預

336

419

期，那是因為感覺和以前困擾他／她的其他事情相連結。舉例來說：如果強尼已識別出生氣的感覺和某個標的項有關聯，便請強尼找出其他可能也會讓他感到生氣的標的項，並詢問他認為兩者之間是否有關聯。此外，這可能也有助於找出其他和難過、生氣或其他感覺有關的支線記憶。

337　　　識別感覺之後，治療師詢問兒童／青少年在他／她的身體的哪個部位感受到那種感覺。有時候兒童／青少年可以指出並告訴治療師他／她在身體的哪個位置感覺到擔憂，但有時候治療師需要休息一下，教導案主正念。「當你想到讓你困擾的事情和＿＿＿＿＿感覺時，你在身體的哪個位置感受到這個感覺？有些人感覺它在頭裡，有些人感覺它在心裡，有些人感覺它在肚子裡，有些人感覺它在腿和腳裡。」治療師可以指著自己不同的身體部位，來向兒童／青少年示範可能會在何處感到不安。

　　　一旦兒童／青少年確認身體感受，治療師就可以解釋：「這張地圖有助於告訴我們需要處理哪些部分，才能幫助你處理＿＿＿＿＿（重述兒童的擔心、症狀或行為問題）。每次我們一起工作時，我們會選擇你地圖上的某件事來處理，直到我們把你地圖上所有的事物處理完。你有任何問題嗎？」等待回應。「讓我們選擇今天或下週我們要處理的第一件事。」（依據當次會談剩餘的時間而定。）

　　　每次會談時，治療師可以向兒童／青少年確認是否有發生任何改變，而需要從地圖上增加或移除什麼東西。

【附錄 F】繪製 EMDR 治療標的項或症狀圖表　339

繪製圖表的內容亦可參見《EMDR 應用於兒童心理治療之藝術：從嬰兒到青少年的治療手冊》第十一章。

繪製駕馭感經驗和標的項圖表之治療師指南

　　繪製圖表是由作者之一發展出來的多面向技術，以說明 EMDR 治療中的各項步驟。繪製圖表涉及治療師教導兒童／青少年使用簡單的長條圖來指認與評估駕馭感經驗、標的項或症狀，或是評估治療進展，以及／或是做為蒐集箱。繪製圖表的目的在於幫助孩子發展出自我觀察者，並有具體的方法來理解和記錄 EMDR 治療中的片段。

　　繪製駕馭感經驗圖表的目的，在於找出一些讓孩子有正向經驗的資源、活動、能力以及經驗。舉例來說，萊利對於他能在棒球比賽中將球打得很遠感到很自豪，萊利就可以在他的圖表中將打棒球標註為駕馭感經驗。指認和繪製駕馭感經驗圖表能夠讓孩子對 EMDR 治療過程有正向連結，也能發展一個正向的內在鷹架，為減敏感期做好準備。

　　繪製標的項圖表是用來辨識標的項及症狀。繪製圖表幫助兒童／青少年藉由有助於具體化、視覺化的方式繪圖，以創作他／她的問題、擔憂或「煩惱」之清單。繪製標的項圖表的目的有助於治療師和兒童／青少年共同篩選出優先進行歷程更新的標的項。

　　若是做為一個評量工具，繪製圖表可以在會談的尾聲使用，或是在後續會談中進行再評估。在兒童／青少年找出資源或是標的項後，兒童／青少年和治療師可以測量資源的強度或是能夠戰勝標的項的程度，然後重新評估治療進展。但繪製圖表不是用來做為 SUD 量表的。　340

　　如果兒童／青少年對於困擾的情緒已不堪負荷，也可以在會談中或會談尾聲將繪製圖表做為一個蒐集箱。治療師可以引導兒童／青少年把擔憂或煩惱留在紙上，猶如蒐集箱一般。

　　治療師可以讓兒童／青少年運用各種繪製圖表的方法畫出不同的圖表，或是將某些圖表結合。繪製圖表在 EMDR 治療範本中是動態且持續進行的部分。

繪製圖表的會談範本

1. 治療師問候在等候室的兒童／青少年和父母，並陪同他們一起進入治療師的診療室。
2. 治療師回顧前次會談，並回答兒童／青少年和父母的所有提問。
3. 治療師評估自上次會談後的一般功能。治療師檢視前次會談中指認的所有症狀之當前狀態，並探索任何新的症狀。詢問兒童／青少年和父母：「從我們上次會談之後，有什麼改變嗎？」（詳細指導語請參見第五章。）
4. 治療師檢視父母填寫的兒童／青少年症狀監控紀錄表。
5. 治療師提醒兒童／青少年安全／平靜情境以及停止信號。
6. 與父母討論有關 EMDR 治療所指認的可能標的項。
7. 與兒童／青少年討論有關 EMDR 指認的標的項，並與父母的回應比較。
8. 使用以下腳本向兒童／青少年解釋繪製圖表，以先找出資源，然後找出駕馭感經驗。
9. 使用繪製圖表來找出使用腳本的標的項。如果兒童／青少年在辨識標的項時變得焦慮，視需要提醒兒童／青少年有關安全／平靜情境。
10. 選擇一個標的項，繼續使用範本的各個部分來進行 EMDR 評估期（參見本書第三章）。
11. 在會談結束時，運用圖表來評估治療的進展，並提醒兒童／青少年，圖表也可以做為蒐集箱使用。
12. 為兒童／青少年檢視駕馭感經驗圖表做為一種資源，以供每次會談之間有需要時使用。
13. 下次會談時，先檢視駕馭感經驗圖表，再進入標的項繪製圖表，以繼續進行 EMDR 治療。

341 ## 繪製駕馭感經驗圖表的腳本

　　首先，治療師要探索兒童／青少年是否了解繪製圖表的概念。通常 6 歲大的兒童就已經在學校學過簡單的長條圖了。許多時候，即使是 4 歲的孩子也可以在治療師的協助下畫出基本的圖表。如果兒童／青少年不知道圖表是什麼，可以透過下列的說法來教育他們一些概念，如：「我現在會示範給你看怎麼繪製圖表。圖表是一種測量東西的方法，今天我們要來測量一些你覺得很棒的事情，還有你覺得是問題、擔憂或煩惱的事情。」

　　治療師用蠟筆在圖畫紙上畫一個大 L 來說明什麼是圖表。治療師將縱軸以百分比為單位平分成十等分，縱軸的底部標示為 0，每一格增加 10，在每一條

分隔線旁邊依序寫上 10%、20%，以此類推，最頂端則標示為 100%。「這條線可以讓我們透過數字來測量東西，0 是代表我們對它們的感覺一點都不好，而100% 則是我們對某些事情感覺非常棒。」

在圖表橫軸的下方，治療師可以寫上或畫上一些駕馭感經驗／活動的例子，或是兒童／青少年可能會提出來畫成圖表的問題或擔憂。對於駕馭感經驗，治療師說：「我們要在圖表的下方列舉一些讓你感覺很棒的事情，好讓我們進行測量。你可以告訴我一些你真的覺得很棒的事情嗎？」駕馭感（或好事）圖表可以用在每次會談中。在製作駕馭感經驗圖表時，治療師可以請兒童／青少年跟治療師分享一些他／她覺得自己做得很棒的事，或是一些讓他們感覺自己很棒的事情，然後將這些事情用一、兩個字描述，在橫軸下方表示出來。「能否告訴我，還有沒有什麼其他讓你覺得很棒的事呢？」

在蒐集駕馭感經驗之後，治療師可以請兒童／青少年往 100% 的方向或是盡可能接近 100% 的地方畫出長條圖並著色。「你可以畫一條線來表示你對這件事的感覺有多好嗎？10% 是你覺得有一點點好，50% 是你覺得很不錯，而100% 是你覺得這件事超棒的。」100% 代表他／她對這個經驗或活動的感覺有多好。舉例來說，如果菲比覺得自己在繪畫和藝術方面很不錯，她從橫軸底部往上畫了一條到 100% 的直線，就代表她對自己在繪畫方面的表現感覺就是這麼棒。接著治療師可以請菲比再找出一些讓她也有正向感受的活動，同樣讓她從 0% 到 100% 畫出這些長條圖，以顯示菲比在這些正向經驗上有多好的感受程度。

請兒童／青少年選擇其中一個正向經驗來進行深植駕馭感經驗，並透過雙側刺激來提升他／她身體裡的好的感覺，類似資源開發與深植（Resource Development Installation, RDI）範本的簡便版。RDI 是一種提供資源和正向經驗給兒童／青少年的方法。治療師對孩子說：「所以，我要請你想著這些（駕馭感經驗）在你的身體裡感覺有多好，請你同時握著這個觸動器一會兒。」治療師可以用任何兒童／青少年曾經選擇過的雙側刺激類型來深植駕馭感經驗。

342

繪製標的項圖表的腳本

每當完成一個標的項圖表，便再另外拿張紙，同樣畫一個在縱軸上有百分比標示的 L 型圖表，並在橫軸下方列出兒童陳述的問題、擔憂或煩惱。接著請兒童／青少年畫出長條圖或直線，來表示他們對這個標的項感覺變得多好或有多少能力，100% 代表問題已經解決，以及／或兒童／青少年覺得有能力可以處理這個問題或議題。0 則代表兒童／青少年對此問題感到無能為力。「現在我們要來畫一張擔憂或問題圖表，並且要把你所有的擔憂或煩惱的事情都寫在底下，然後我們要來測量看看你對這個問題的感覺有多好。當它到達頂端或是

100% 的時候，你知道你是有能力處理這個問題的。這就像是一張報告單，我們可以從中了解你能夠處理這件事，而且這件事不再讓你煩惱或擔憂。」

治療師接著可以在會談尾聲重回圖表上的標的項，並評估標的項。「好，我們已經處理了這個問題，現在你覺得你對這個問題的掌握程度到哪裡？」兒童／青少年可以往 100% 的方向畫長條圖，以顯示他／她對這個標的項的感覺好多少。通常解決了一個標的項，兒童／青少年會自發性地表示其他的標的項也解決了。兒童／青少年接著可以在圖表上畫線，以表示他／她對每個標的項感覺變好的程度。

繪製圖表也很適合用在下一次會談中再評估標的項。治療師說：「好，你記得我們上次處理了什麼嗎？現在拿出我們的圖表再看一次。針對我們上次處理的問題，你現在的位置在哪裡？」兒童／青少年可能會覺得自己更有能力處理這個問題，因此百分比會上升。或者，有時候兒童／青少年也會對原來的問題變得更擔心，這時候治療師可以給兒童／青少年一支黑色的蠟筆或麥克筆，來標示他／她覺得處理問題能力下降的程度。兒童常常會在繪製圖表的過程中感到增能，因為他們能夠看到自己的進步。

標的項圖表也可以在會談結束時當作蒐集箱使用，幫助兒童／青少年在兩次會談之間避免出現強烈情緒或不當行為。治療師可以簡單地說：「這是你的擔憂或煩惱圖表，我們今天會把它們留在紙上並放在我的診療室裡。當你回家後，如果有任何原因這些問題又跑出來干擾你，那麼你可以想像把它們放回我診療室裡的這張圖表中，並把它們留在這裡。」

343 ## 繪製圖表的腳本

首先，治療師要探索兒童／青少年是否了解繪製圖表的概念。通常 6 歲大的兒童已經在學校學過簡單的長條圖了。許多時候，即使是 4 歲的孩子也可以在治療師的協助下畫出基本的圖表。如果兒童／青少年不知道圖表是什麼，可以透過下列的說法來教育他們一些概念，如：「我現在會示範給你看怎麼繪製圖表。圖表是一種測量東西的方法，今天我們要來測量一些你覺得很棒的事情，還有你覺得是問題、擔憂或煩惱的事情。」

治療師用蠟筆在圖畫紙上畫一個大 L 來說明什麼是圖表。治療師將縱軸以百分比為單位平分成十等分，縱軸的底部標示為 0，每一格增加 10，在每一條分隔線旁邊依序寫上 10%、20%，以此類推，最頂端則標示為 100%。「這條線可以讓我們透過數字來測量東西，0 是代表我們對它們的感覺一點都不好，而100% 則是我們對某些事情感覺非常棒。」

在圖表橫軸的下方，治療師可以寫上或畫上一些駕馭感經驗／活動的例子，或是兒童／青少年可能會提出來畫成圖表的問題或擔憂。

　　針對駕馭感經驗，治療師說：「我們要在圖表的下方列舉一些讓你感覺很棒的事情，好讓我們進行測量。你可以告訴我一些你真的覺得很棒的事情嗎？」駕馭感（或好事）圖表可以用在每次會談中。為了製作駕馭感經驗圖表，治療師可以請兒童／青少年跟治療師分享一些他／她覺得自己做得很棒的事，或是一些讓他們感覺自己很棒的事情，然後將這些事情用一、兩個字描述，在橫軸下方表示出來。「能否告訴我，還有沒有什麼其他讓你覺得很棒的事呢？」蒐集駕馭感經驗之後，治療師可以請兒童／青少年往 100% 的方向或是盡可能接近 100% 的地方畫出長條圖並著色。「你可以畫一條線來表示你對這件事的感覺有多好嗎？10% 是你覺得有一點點好，50% 是你覺得很不錯，而100% 是你覺得這件事超棒的。」100% 代表他／她對這個經驗或活動感覺有多好。舉例來說，如果菲比覺得自己在繪畫和藝術方面很不錯，我們可以從橫軸底部往上畫一條到 100% 的直線，就代表她對自己在繪畫方面的表現感覺就是這麼棒。接著我們繼續找出一些讓她也有正向感受的活動，同樣讓她從 0% 到100% 畫出這些長條圖，以顯示菲比在這些正向經驗上有多好的感受程度。

　　接著我們請兒童／青少年選擇其中一個正向經驗來進行深植駕馭感經驗，並透過雙側刺激來提升他／她身體裡的好的感覺，類似資源開發與深植範本的簡要版。治療師對孩子說：「所以，我要請你想著這些（駕馭感經驗）在你的身體裡感覺有多好，請你同時握著這個觸動器一會兒。」治療師可以用任何兒童／青少年曾經選擇過的雙側刺激類型來深植駕馭感經驗。

344

　　每當完成一個標的項（或擔憂和問題）圖表，另外拿一張紙，同樣畫一個在縱軸上有百分比標示的 L 型圖表，並在橫軸下方列出兒童所陳述的問題、擔憂或煩惱。接著請兒童／青少年畫出長條圖或直線，來表示他們對這個標的項感覺變得多好或有多少能力，100% 代表問題已經解決，以及／或兒童／青少年覺得有能力可以處理這個問題或議題。0 則代表兒童／青少年對此問題感到無能為力。「現在我們要來畫一張擔憂或問題圖表，並且要把你所有的擔憂或煩惱的事情都寫在底下，然後我們要測量看看你對這個問題的感覺有多好。當它到達頂端或是 100% 的時候，你知道你是有能力處理這個問題的。這就像是一張報告單，我們可以從中了解你能夠處理這件事，而且這件事不再讓你煩惱或擔憂。」

　　治療師接著可以在會談尾聲重回圖表上的標的項，並評估標的項。「好，我們已經處理了這個問題，現在你覺得你對這個問題的掌握程度到哪裡？」兒童／青少年可以往 100% 的方向畫長條圖，以顯示他／她對這個標的項的感覺變得有多好。通常解決了一個標的項，兒童／青少年會自發性地表示其他的標的項也解決了。兒童／青少年接著可以在圖表上畫線，以表示他／她對每個標的項感覺變好的程度。

　　繪製圖表也很適合用在下一次會談中再評估標的項。治療師說：「好，你記得我們上次處理了什麼嗎？現在拿出我們的圖表再看一次。針對我們上次處

理的問題，你現在的位置在哪裡？」兒童／青少年可能會覺得自己更有能力處理這個問題，因此百分比會上升。或者，有時候兒童／青少年也會對原來的問題變得更擔心，這時候治療師可以給兒童／青少年一支黑色的蠟筆或麥克筆，來標示他／她覺得處理問題能力下降的程度。兒童常常會在繪製圖表的過程中感到增能，因為他們能夠看到自己的進步。

標的項圖表也可以在會談結束前當作蒐集箱使用，幫助兒童／青少年在兩次會談之間避免出現強烈情緒或不當行為。治療師可以簡單地說：「這是你的擔憂或煩惱圖表，我們今天會把它們留在紙上並放在我的診療室裡。當你回家後，如果有任何原因這些問題又跑出來干擾你，那麼你可以想像把它們放回我診療室裡的這張圖表中，並把它們留在這裡。」

繪製圖表可以有很多不同的做法，在你練習過基本概念的圖表之後，我們鼓勵你用自己的想法把圖表調整成符合你的案主需求的樣子。

【附錄 G】近期事件範本—兒童及青少年版　345

1. 透過口語、藝術或是遊戲治療來獲得兒童或青少年的敘說文本。把發生的事情從頭到尾說給我聽。_____

_____

_____

2. 有時候兒童／青少年在敘說的同時可能會出現令人無法負荷的情緒，這時治療師可能就要換成實施安全／平靜情境。參見附錄 D 安全／平靜情境表單。

3. 如果兒童／青少年能夠創造一個連貫的敘說文本，但還是出現令人無法負荷的情緒，治療師可以讓兒童／青少年將這個事件繪製成一系列的圖畫，或是兒童可以創作一本書、一部電影，或是關於這個事件的時間表。有時候要談論過去發生的事情並不容易，所以你可以把它畫出來，或是使用「便利貼」來製作一個故事板。你想透過畫圖告訴我以前發生的事嗎？_____

_____

4. 治療師接著標的兒童／青少年所記得的最糟部分。兒童／青少年可以挑選一張圖片來代表最糟的部分，或是在沙盤中將最糟糕的情況創作出來。現在，告訴我發生的事情裡不好或最糟糕的部分是什麼？_____

_____

5. 接著治療師依照時間順序來標的敘說的其他部分。對兒童／青少年而言，假若兒童沒有變得逃避，並開始因其他議題的出現而分散注意力，這過程會相當短。兒童／青少年的記憶網絡相對來說也可能比較短，而且如果兒童／青少年仍處在承受範圍，這會是個很快的過程。通常愈年幼的兒童／青少年，歷程更新會更快速完成。現在，依照發生的先後順序，從頭到尾告訴我所有不好的部分。我們怎麼把發生在你身上的事按順序排好？　346

_____

6. 接著治療師讓兒童／青少年閉上眼睛，像播放電影一樣看著整個事件的敘說文本，假如有任何不舒服的狀況發生，治療師就標的這個不舒服，依循範本的每一個步驟進行歷程更新，但略過身體掃描。這個過程會一直持續到兒童／青少年可以完整地在想像中播放完敘說文本，且不再出現任何不舒服。*現在我要請你閉上眼睛，想著發生了那件不好的事情，並在你腦海裡像播放電影一樣，把所有發生的事情想過一次，如果仍然有干擾你的地方就告訴我。*

_____

7. 如果還是有不舒服的感覺，就持續進行歷程更新，直到不舒服的感覺完全解除。*就注意著讓你不舒服的東西，我們繼續處理它。* 治療師持續歷程更新殘餘的不適，直到不再有不舒服的感覺。

8. 治療師接著請兒童／青少年睜開眼睛，再讓他／她看一次整個敘說文本。*現在我想要請你睜開眼睛，一邊像播放電影一般，如果有出現任何的不舒服就告所我。* _____

9. 接下來，治療師深植一個在步驟 4 浮現的正向認知，或是最明顯也最符合兒童／青少年現況的正向認知。治療師讓兒童／青少年以身體掃描做結束，如果需要的話，也一併處理當下的刺激。*現在我要請你想著我們剛剛處理的事情，以及現在對你自己的好的想法，然後我們要繼續進行* _____（雙側刺激）。

10. 接著像處理任何其他標的項一樣進行身體掃描。

【附錄 H】評估、減敏感、深植、身體掃描、結束以及再評估的腳本 347

階段三：評估期

治療師對兒童和青少年的指導語

接下來我們要做的是針對那件困擾你的事情＿＿＿＿〔標的項〕進行＿＿＿＿＿＿〔雙側刺激〕，我會進行＿＿＿＿〔雙側刺激〕一會兒，然後我會停下來請你放空、深呼吸，接下來我們會稍微討論一下。有時候事情可能會改變，也可能不會。沒有所謂的正確或錯誤答案，我想知道的就是你所想到或感覺到的，你可以告訴我所有你注意到的東西。

檢視停止信號

如果任何時候你想停下來，記得你告訴過我的，你會做：＿＿＿＿＿〔之前討論過的停止信號〕。

檢視並確認安全／平靜情境以及資源影像

簡短地檢視在前幾次會談中建立的安全情境以及資源影像。

記得我們之前討論過的安全／平靜情境嗎〔治療師說出安全情境的命名並提供描述的線索〕？當我們討論你記得的事情時，如果你需要，我們可以運用安全／平靜情境。我也想確認你記得曾經告訴過我有關＿＿＿＿〔如果需要，治療師可以描述資源影像，以及相關的感覺、素質、能力〕。也可以這麼做：有沒有任何這些＿＿＿＿〔資源〕感覺現在真的可以幫助我們的？當我們討論以前發生的事情時，你有沒有想到哪些人、寵物或物品可以陪在你身邊，幫助你感覺好一點？

標的項辨識 348

在與兒童／青少年及父母的合作之下，治療師根據在蒐集個案史以及擬定治療計畫過程中所建立的創傷經驗／標的項清單，來決定標的項。通常，兒童

／青少年的標的項比較近期；兒童／青少年指認的創傷可能不是父母指認的創傷。在選擇一個標的項進行歷程更新時，治療師應該選擇與兒童／青少年正在經歷的當前主要症狀最相關的標的項。兒童／青少年可能會有多重創傷，而引發目前最嚴重症狀的創傷應該優先被標的。這可以在蒐集個案史階段中決定。要完成這部分，應該先詢問父母（只有在治療師認為這對兒童／青少年而言太過受創，才將他們分開），接著詢問兒童／青少年。然後治療師應該繼續詢問兒童／青少年，你記得以前什麼時候也曾出現這樣的感覺嗎？_____

這仍然是在處理目前的標的項，但沿著通道追溯過去是否有任何相關的記憶。兒童／青少年通常會停在目前的標的項，這沒有關係。即使曾經有過，通常兒童／青少年會說：「沒有，我不記得有這種時候。」。如果他／她沒有以前的相關記憶，就標的目前的記憶。當你選擇與目前主要症狀中最糟糕部分有關的標的項時，也同時對其他創傷有全面性的減敏感效果。一個曾被性騷擾或身體虐待的兒童／青少年可能可以藉由標的目前觸發事件或創傷而得到完全的歷程更新。治療師應該使用繪畫、黏土、沙盤或其他技術來引導出創傷，對幼童而言尤其需要。治療師需要有耐心並與兒童／青少年同步，因為標的項可能以非口語的方式表達出來。如果治療師評估兒童／青少年完全無法提取被認為與目前症狀有關的記憶網絡，最後的方法就是請父母提供一些伴隨可能的負向認知以及正向認知的標的項。

畫面／影像

對於最困擾的畫面或影像，治療師問：畫面中最糟糕／最噁心的部分是什麼？如果沒有畫面，治療師問：當你想著那件事的時候，現在發生了什麼？____

負向認知（NC）

當你想著那件事情／畫面的時候，同時出現什麼字眼？或者你可以說：有什麼不好的或「噁心的」想法會跟著這件事／畫面一起出現？特別是對於可能需要再教育的幼童。對青少年也同樣可以改成說：「壞想法是什麼？」以及「好想法是什麼？」兒童和青少年都可以抓到這個概念。但要記得，對幼童而言，負向認知可能更具創傷特殊性。同樣地，兒童／青少年指認的 NC 可能不是父母對兒童／青少年所想的 NC。重要的是，負向認知能引起兒童／青少年的共鳴。根據兒童／青少年的發展，孩子可能不會總是用「我」來表達，孩子可能會以第三人稱述說，例如「大衛痛痛」，伴隨「大衛覺得好多了」的正向認知。這些都與孩子目前的認知發展程度或語言能力有關。有時候認知是具體

349

的，像是「傑夫壞壞」以及「傑夫棒棒」。或者孩子也可能會用想像來表達對於自己的想法。有時候你會先得到正向認知，然後再回過頭來得到負向認知。就像與大人工作時一樣，負向認知和正向認知應該是與孩子有共鳴的，當他們有感覺的時候，孩子可能會用各種方式告訴你：孩子會和你有眼神接觸、說出來、改變他／她的肢體語言、改變他／她的遊戲，或以其他方式表示正向認知和負向認知。（附錄 D 中有列出一份兒童的正向認知和負向認知講義。）

正向認知（PC）

　　當你想著那件事情／畫面的時候，你會想告訴自己一些什麼不同的話？或者你可以說：有什麼好的想法是你想要告訴自己的？

正向認知效度（VoC）

　　當你說那些字詞＿＿＿＿＿〔重述正向認知〕，你現在感覺這些字詞有多真實呢？從 1 是完全不真實，而 7 是完全真實。（治療師可以用雙手比出距離，或是其他適合兒童發展程度且能夠敘述不安的測量方式。）

情緒／感覺

　　當你想著這個畫面〔或是事件〕和這些字詞＿＿＿＿＿〔負向認知〕，你現在有什麼感覺？（如果兒童／青少年需要進一步的解釋，治療師可以使用感覺圖表或其他形式的教育工具來幫助兒童／青少年辨識情緒，探索兒童／青少年在當下的感覺。）

主觀困擾指數（SUD）

　　從 0 到 10，0 表示它一點都不困擾你，而 10 表示它令你非常困擾，現在這件事情有多困擾你？（治療師可以用雙手比出距離，或其他兒童可以連結的測量方式。）

身體感受的位置

350

　　你感覺它在你身體的哪個位置？（如果兒童／青少年一開始無法回答，治療師可以透過指出身體部位來教導兒童／青少年專注於身體感受，治療師可以這麼說，有時候有些人覺得它在他們的頭部，或在他們的肚子裡，或是在他們的腳上。你覺得它在你身體的哪個位置呢？）＿＿＿＿＿＿＿＿＿＿＿＿＿

階段四：減敏感期

　　我要你想著這個畫面〔用案主的話來標示和描述〕和這些字詞〔用案主的話重述負向認知〕，＿＿＿＿＿＿的感覺，並注意著在你身體的哪個位置有這些感覺，然後＿＿＿＿＿＿〔治療師用之前確認的雙側刺激類型〕。

　　開始雙側刺激。（以你在說明 EMDR 時建立的雙側刺激方式和速度。）

　　在每一回合的雙側刺激中，至少一次或兩次，或當有明顯變化時，要告訴案主：**就是這樣。很好，就是這樣。**與兒童／青少年工作時，可能要經常改變雙側刺激的形式，以幫助兒童／青少年維持注意力，對幼童尤其如此。

　　如果兒童／青少年看起來太沮喪以至於無法繼續歷程更新時，讓兒童／青少年安心，且提醒他們在先前會談中與兒童／青少年指認的隱喻，會很有幫助。當我們開始處理這件事情的時候，你會有更多的感覺是正常的。記住，我們曾說過它就像＿＿＿＿＿＿〔隱喻〕，所以只要注意著它就好。這是舊東西。（只有必要時才使用，如果兒童／青少年很沮喪。）

　　在一回合的眼動（EM）之後，可以這樣引導兒童／青少年：深呼吸一下。（當治療師對兒童／青少年這麼說的時候，如果同時對兒童／青少年示範一個誇張的深呼吸，通常很有幫助。）

　　問一些問題，像是：你現在得到什麼？或是告訴我你剛剛得到什麼。或是如果兒童／青少年需要引導，說：你現在想到什麼和感覺到什麼？你的身體感覺如何？或者你腦中出現的畫面是什麼？

　　在兒童／青少年敘述了他／她的經驗之後，說，跟著它，然後進行另一回合的雙側刺激。（不要重述兒童／青少年的話或陳述。）另一個用語是，你可以說，想著它。

　　再次詢問：你現在得到什麼？如果有出現新的負向素材，繼續進行更多回合的雙側刺激往通道前進。

　　持續進行數回合的雙側刺激，直到兒童／青少年的回應不再有新素材，這代表他／她可能已經到了記憶通道的末端。在這個時候，兒童／青少年可能看起來會很明顯地平靜許多，不再有新的困擾素材出現。然後回到標的項，詢問：當你想到我們今天一開始討論的那件事，現在有發生什麼嗎？（記得兒童／青少年可能不會表現出情感，而且通常處理會非常快速。所以對於標的記憶，兒童／青少年可能沒有更多的困擾素材可以提取或描述。）在兒童／青少年敘述了他／她的經驗之後（幼童和青少年可能透過口語或是畫畫或是透過遊戲治療表現他／她所經驗到的），

再進行一回合的雙側刺激。

如果陳述的是正向素材，在回到標的項之前再進行一或兩回合的雙側刺激，來提升正向連結的強度。如果你認為兒童／青少年已經到達通道的末端，也就是所呈現的素材都是中性的或正向的，就接著問：當你再回到我們今天一開始討論的那件事情〔治療師可以提到畫面、沙盤或是其他兒童／青少年用來找出初始標的項的東西〕，你現在得到什麼？不管兒童／青少年說了什麼，治療師都進行一回合的雙側刺激。

如果沒有發生什麼改變，就檢核 SUD，詢問兒童／青少年：當你想到那件事情，從 0 到 10，0 表示它一點都不困擾你，而 10 表示它令你非常困擾，現在這件事情有多困擾你？（治療師可以運用在評估期描述的其他方式來檢核 SUD。）

如果 SUD 大於 0，時間允許的話，再多進行幾回合的雙側刺激。如果 SUD 為 0，就再進行一回合的雙側刺激，以確認不會再出現新的素材。之後便進入深植正向認知的階段。（記得：只有在回到標的項進行一回合的雙側刺激後，沒有出現新的素材，且 SUD 為 0，才能進入深植階段。）

階段五：深植期

深植正向認知是指將初始記憶／事件或畫面與想要的正向認知進行連結。

這個字詞_____〔重述正向認知〕看起來依然是正確的嗎？還是現在有其他更適合的正向字詞呢？

當你想著我們一開始討論的那件事情，並且說著那些字詞_____〔重述正向認知〕，現在感覺那些話有多真實呢？從 1 是「完全不真實」，到 7 是「完全真實」。

說：現在想著那件事情，並且說那些字詞，_____〔重述正向認知並進行一回合的雙側刺激〕。

接著再次檢核 VoC。當你想到我們一開始討論的那件事情時，並且說著那些字詞_____〔重述正向認知〕，現在感覺那些話有多真實呢？從 1 是「完全不真實」，到 7 是「完全真實」。

持續進行數回合的雙側刺激，直到素材變得更具適應性。如果兒童／青少年表示為 7，則重複「想著那件事情，並且說那些字詞，_____〔重述正向認知並進行數回合雙側刺激〕」來強化，直到不再加強為止。然後進到身體掃描階段。

如果在數回合的雙側刺激之後，兒童／青少年仍表示為 6 或更低，要檢核正向認知的適切性，並額外進行歷程更新處理所有的阻礙信念（如果需

352

要的話）。

階段六：身體掃描期

「閉上你的眼睛；專注在你告訴我的那件事情以及那個字詞＿＿＿＿＿＿
〔重述最後的正向認知〕，並注意著你的整個身體，從頭頂到腳底，告訴我你
在身體的哪個部位感覺到什麼。」如果陳述了任何感受，便進行一回合的雙側
刺激。如果說的是不舒服的感覺，則進行歷程更新直到不舒服完全消失。然後
再次進行身體掃描，看看是否還有任何負向感受。如果陳述正向的或舒服的感
受，便進行雙側刺激來加強這個正向的感覺。如果陳述的是不舒服的感覺，則
進行雙側刺激來加強正向的感覺。

治療師接著繼續進行數回合的雙側刺激，以幫助兒童／青少年吸收這些訊
息，並發展出未來行動的正向藍圖。

未來藍圖或結束

有時候治療師沒有足夠的時間在一次的會談時間裡完成未來藍圖（FT），
如果時間有限，治療師應該在這個時候省略未來藍圖，並進行結束以完成這次
療程。如果省略了未來藍圖，治療師應該在下次會談中完成再評估之後，立刻
回過頭來進行未來藍圖。

給治療師的指引

對成人和兒童／青少年進行未來藍圖是不同的，兒童／青少年需要做出立
即和當下的正向行為，因為這會讓他們被增能。因此，一旦早期記憶、目前觸
發事件和症狀透過特定標的項被妥善處理之後，治療師便可以探索兒童／青少
年會希望在未來如何感覺和行動。治療師可能需要教導兒童／青少年相關的技
巧（諸如社交技巧、自信、憤怒管理）。

未來藍圖的腳本

標的項：「你希望可以做到什麼？」（正面的行為像是「睡在我自己的床
上」）。

負向認知／正向認知／正向認知效度：「當你想著那件你希望可以做到的
事情時，會出現什麼壞想法嗎？」（治療師找出對未來行動的新的負向
認知。）治療師接著問兒童／青少年：「你更願意告訴自己什麼？」或
者治療師說：「有什麼好的想法嗎？」治療師透過詢問來帶出對新正向

353

認知的 VoC：「當你想著你希望你可以做到的事情以及這些字詞_____
_____〔治療師重述正向認知〕時，現在感覺那些話有多真實呢？從 1 是
『完全不真實』，到 7 是『完全真實』。」

情緒：治療師繼續要辨識情緒，對兒童／青少年說：「當你想著那件你希
望可以做到的事情，有伴隨出現什麼感覺嗎？」

主觀困擾指數：治療師繼續評估 SUD，對兒童／青少年說：「那個感覺有
多困擾你？」

身體感受：治療師接著要找出身體感受，說：「你在身體的哪個位置有這
個感覺？」（治療師可以運用之前討論過有關身體感受的範例。）

　　一旦治療師對未來想要的行為／行動／感覺引導出未來標的項、負向認知
／正向認知、VoC、情緒、SUD 以及身體感受時，治療師接著說：「在第二
天左右的某個時候，我要你想著_____〔想要的正向行為，諸如「獨自睡
在自己的床上」，或是用適當的方式處理憤怒〕以及這些字詞_____〔述
及新的正向認知〕以及所有的_____〔帶出正向視覺線索〕、
_____〔正向的聲音〕和_____〔正向的動作感受〕。」治療師以之
前和兒童／青少年處理所使用的雙側刺激掃視相同次數進行未來藍圖。如果有
些負向素材出現，接著以任何出現的東西做為標的項來處理負面的事情。如果
適應性處理結果持續出現正面的方向，可依下列步驟繼續：

「現在，請你想像（或假裝）從現在開始的三個晚上，都有著相同的_____
_____〔想要的正向行為〕。」
進行雙側刺激。
「現在，已經一個禮拜了，……〔相同的話和情節〕。」
進行雙側刺激。
「現在，已經一個月了，……〔相同的話和情節〕。」
進行雙側刺激。
「現在，我們假想我們看著已經比較大／年長的你，而那時候你需要_____
_____〔想要的行為〕。想像_____〔正向的行為〕和_____
〔正向認知〕。」
進行雙側刺激。

　　你可以讓幼童在任何時候畫畫、使用沙盤或創作黏土雕塑。保持同步以評
估可能出現的任何負向連結或扭曲，兒童／青少年應該會對所期待的事情在情
緒上、生理上以及認知上都感到舒服。

354 **階段七：結束期**

結束／總結經驗

　　對兒童／青少年說：「好，我們今天做了很多事，你太棒了。在我下次見到你之前，你可能會想到一些東西，所以如果你有任何想法、夢境或感覺想要告訴我，或是你覺得讓我知道比較好，你能不能畫圖給我，或是寫下來，或是告訴你的媽媽和爸爸？」＿＿＿＿＿＿＿＿＿＿＿＿＿＿＿＿＿＿＿

結束未完成會談的程序

　　一個未完成的會談指的是這次會談中兒童／青少年的標的項尚未解決，也就是兒童／青少年顯然還很沮喪，或是 SUD 大於 1 且 VoC 小於 6。以下是結束一個未完成會談的建議程序，其目的在於承認兒童／青少年已經完成的工作，並讓兒童／青少年在良好的狀態下離開診療室：

1. 說明必須停止的原因，並確認兒童／青少年的狀態。「我們需要先停在這邊（現在整理一下），因為時間差不多了。在我們今天談了這些事情之後，你現在感覺如何？」＿＿＿＿＿＿＿＿＿＿＿＿＿＿＿＿＿＿＿＿
2. 對所做的努力給予鼓勵和支持：「我們今天很努力，而且你做得很棒。你現在感覺如何？」＿＿＿＿＿＿＿＿＿＿＿＿＿＿＿＿＿＿＿＿
3. 「讓我們停在這邊，並且在你離開前再進行一次蒐集箱和安全情境。還記得你的安全情境嗎？我要請你想著那個地方。你看到了什麼？你聞到了什麼？在那邊有什麼感覺？你在身體的哪個位置注意到這個感覺？」（治療師可以對兒童運用蒐集箱和安全情境來結束減敏感過程）

階段八：再評估期

　　在介紹 EMDR 治療後，治療師在每次會談一開始，都要評估治療進展以及處理先前被喚起的創傷記憶：

　　「記得我們上次做了什麼嗎？你有想到那件事嗎？從我們上次碰面後，你有什麼想讓我知道的事情嗎？」
　　詢問父母從上次會談後，是否有任何變化（例如：症狀改變、新行為）。
　　治療師再評估先前標的項的進展程度，以決定標的項是否已被處理（SUD

＝0，VoC＝7）。SUD 大於 0 或 VoC 小於 7 只有在符合生活情境效度時 355
才能接受。治療師在兒童／青少年專注於前次會談中的標的項時再次評
估 SUD。如果不是，在案主有意識地（影像、認知、情緒、感受）想著
這個標的項時，是什麼仍然困擾著他／她？

「當你想到我們上次處理的事情，你現在得到什麼？」等兒童／青少年回
答之後，治療師回應：「當你想到＿＿＿＿〔案主的答案〕時，它現
在有多困擾你？」（治療師引出 SUD）治療師繼續問兒童／青少年：
「當你想到我們處理的事情和＿＿＿＿這個想法〔治療師重述案主在
之前會談中提出的正向認知〕，你現在感覺有多真實？從 1 分到 7 分，1
是『完全不真實』，到 7 是『完全真實』。」（治療師可以用手的距離
或特定案主先前使用的其他測量方式進行。）

治療師持續對與目前症狀有關的所有標的項進行歷程更新，直到所有必要
的標的項完成歷程更新為止。

對兒童和青少年進行創傷歷程更新階段的腳本

回顧停止信號：「如果任何時候你想停下來，記得你告訴過我的，你會
做：＿＿＿＿。」
回顧並確認安全／平靜情境以及資源影像：「記得我們之前討論過的『安
全情境』〔治療師說出安全情境並提供描述的線索〕。當我們討論你記
得的事情時，如果你需要的話，我們可以運用『安全情境』。我也想確
認你記得曾經告訴過我有關＿＿＿＿＿＿＿＿＿＿＿＿。」

評估階段

「我們已經討論過那些讓你擔憂或困擾的事情，所以我們今天要從哪一項開始
呢？」＿＿＿＿

指認畫面／影像

最困擾的：「畫面中最糟糕／最噁心的部分是什麼？」

如果沒有畫面：「當你想著那件事的時候，現在發生了什麼？」
負向認知：「當你想到那件事情／畫面的時候，現在有什麼關於你自己的
壞想法嗎？」或者你也可以說：「有什麼壞想法會伴隨著那個噁心的畫
面出現？」＿＿＿＿

437

正向認知：「當你想著那件事情／畫面的時候，你會想告訴自己一些什麼不同的話？」或者你可以說：「有什麼好的想法是你想要告訴自己的？」_____

356　測量 VoC：「當你說那些字詞時_____〔重述正向認知〕，你現在感覺這些話有多真實呢？從 1 代表完全不真實，到 7 是完全真實。」

引出情緒／感覺：「當你想著這個畫面〔或是事件〕和這些字詞_____〔負向認知〕，你現在有什麼感覺？_____

SUD：「從 0 到 10，0 表示它一點都不困擾你，而 10 表示它令你非常困擾，現在這件事情有多困擾你？」_____

指認身體感受的位置

「你感覺它在你身體的哪個部位？_____
「有時候有些人覺得它在他們的頭部，或在他們的肚子裡，或是在他們的腳上。你覺得它在你身體的哪個部位呢？」

減敏感階段

「接下來我們要做的是針對那件事情_____〔標的項〕進行_____〔雙側刺激〕，而我會進行雙側刺激一會兒，然後我會停下來請你放空、深呼吸，接下來我們會稍微討論一下。有時候事情可能會改變，也可能不會。沒有所謂的正確或錯誤答案，我想知道的就是你所想到或感覺到的，所有的東西你都可以告訴我。」

腳本

1. 「我要你想著那個畫面〔用案主的話來標示和描述〕，_____和這些字詞〔用案主的話重述負向認知〕_____的感覺，並注意著在你身體的哪個部位有這些感覺，然後跟著我的手指。」

2. 在一回合的雙側刺激之後，指引兒童／青少年：「深呼吸。現在你得到什麼？」或是「告訴我你得到什麼？」或者如果兒童／青少年需要指導：「你現在想到和感覺到什麼？你的身體感覺如何？或是在腦海裡你有看到什麼嗎？」_____

3. 在兒童／青少年講述他／她的經驗後，說：「跟著它。」或：「只要注意它就好。」然後進行另一回合的雙側刺激。（不要重述兒童／青少年的字詞或陳述。）

4. 再詢問一次：「你現在得到什麼？」
_____

5. 持續進行數回合的雙側刺激，直到兒童／青少年陳述的內容顯示兒童／青少年已到達記憶通道的末端。詢問：「當你想到我們今天一開始討論的東西時，現在會發生什麼事？」＿＿＿＿＿＿＿＿＿＿＿＿＿＿＿＿

6. 再評估標的項：「當你回過頭想著我們今天一開始討論的東西時〔治療師可以提到圖畫、沙盤，或是任何兒童／青少年用以指認初始標的項的東西〕，現在你會得到什麼？」＿＿＿＿＿＿＿＿＿＿＿＿＿＿＿＿ 357
不論兒童／青少年回答什麼，都進行一回合的雙側刺激。

7. 檢核 SUD：詢問兒童／青少年：「當你想到那件事，從 0 分到 10 分，0 指的是一點都不會讓你感到困擾，而 10 指的是讓你非常困擾，現在那件事困擾你的程度有多少呢？」＿＿＿＿＿＿＿＿＿＿＿＿＿＿＿＿

8. 如果 SUD 大於 0，若時間允許，繼續進行幾回合的雙側刺激。若 SUD 為 0，進行一回合的雙側刺激以確認沒有新的素材出現，隨後便進入正向認知的深植。（記住：只有在你已返回標的項且進行一回合的雙側刺激後，沒有出現新的素材且 SUD 為 0，才能進入深植階段。）

深植階段

1. 「這個字詞＿＿＿＿＿〔重述正向認知〕看起來依然是正確的嗎？還是現在有其他更適合的正向字詞呢？」＿＿＿＿＿＿＿＿＿＿＿＿＿＿＿＿

2. 「當你想到我們一開始討論的那件事情，並且說著那些字詞＿＿＿＿〔重述正向認知〕，現在感覺那些話有多真實呢？從 1 是完全不真實，到 7 是完全真實。」＿＿＿＿＿＿＿＿＿＿＿＿＿＿＿＿

3. 說：「現在想著那件事情，並且說那些字詞，＿＿＿＿＿〔重述正向認知〕然後跟著我。」接著進行一回合的雙側刺激。

4. 再次檢核 VoC。「當你想到我們一開始討論的那件事情時，並且說著那些字詞＿＿＿＿＿〔重述正向認知〕，現在感覺那些話有多真實呢？從 1 是完全不真實，到 7 是完全真實。」＿＿＿＿＿＿＿＿＿＿＿＿＿＿＿＿
＿＿＿＿＿＿＿＿＿＿＿＿＿＿＿＿＿＿＿＿＿＿＿＿＿＿＿＿＿＿＿＿

身體掃描階段

腳本

「閉上眼睛；專注在你告訴我的那件事情以及那個字詞＿＿＿＿＿〔重述最後的正向認知〕，並注意著你的全身，從頭頂到腳底，告訴我你在身體的哪個部位感覺到什麼。」如果陳述了任何感受，便進行一回合的雙側刺激。如果說的是不舒服的感覺，則進行歷程更新，直到不舒服完全消失。

358 未來藍圖的腳本

標的項：「你希望能夠做到什麼？」（正面的行為之類的）「睡在我自己的床上。」

負向認知／正向認知／正向認知效度：「當你想著這件你希望可以做到的事情時，會出現什麼壞想法嗎？」（治療師對未來行動找出新的負向認知。）治療師接著問兒童／青少年：「你會想要告訴自己什麼不同的想法嗎？」或者治療師可以說：「有什麼好的想法嗎？」治療師透過詢問帶出對新正向認知的 VoC：「當你想著你希望可以做到的事情以及這些字詞〔治療師重述正向認知〕時，現在感覺那些話有多真實呢？從 1 是完全不真實，到 7 是完全真實。」

情緒：治療師接著要指認出情緒，這樣對兒童／青少年說：「當你想著那件你希望可以做到的事情，有伴隨出現什麼感覺嗎？」＿＿＿＿＿＿＿＿

SUD：治療師接著指認 SUD，這樣對兒童／青少年說：「那感覺有多困擾你？」

身體感受：治療師接著要找出身體感受，這樣說：「你在身體的哪個部位有這個感覺？」＿＿＿＿＿＿＿＿＿＿＿＿＿＿＿＿＿＿＿＿＿＿＿＿＿＿＿＿＿

一旦治療師引導出對未來想要的行為／行動／感覺，以及其對應的未來標的項、負向認知／正向認知、VoC、情緒、SUD 以及身體感受時，治療師可以接著這樣說：「在明天或未來的某個時候，我要你想著＿＿＿＿＿＿〔想要的正向行為，諸如獨自睡在自己的床上，用適當的方式控制生氣〕以及這些字詞＿＿＿＿＿＿〔重述新的正向認知〕，以及所有的＿＿＿＿＿＿〔帶出正向視覺線索〕、＿＿＿＿＿＿〔正向的聲音〕、＿＿＿＿＿＿〔正向的動作感受〕。」治療師透過 24 趟來回掃視的雙側刺激進行未來藍圖。如果有些負向東西出現，不管是什麼，都將它視為標的項處理。如果適應性處理持續出現正面的方向，依下列步驟繼續進行：

「現在，我要請你想像（或假裝）從現在開始的三個晚上，都有著相同的＿＿＿＿＿＿〔想要的正向行為〕。」進行雙側刺激。

「現在，已經一個禮拜了，……〔相同的話和情節〕。」雙側刺激。

「現在，已經一個月了，……〔相同的話和情節〕。」雙側刺激。

「現在，我們假想我們看著已經比較大的你，而那時候你需要＿＿＿＿＿＿〔想要的行為〕。想像＿＿＿＿＿＿〔正向的行為〕和＿＿＿＿＿＿〔正向認知〕。」進行雙側刺激。

你可以讓兒童在任何時候畫畫、使用沙盤或黏土雕塑。保持同步以評估可

能出現的任何負向連結或扭曲，兒童／青少年應該對於所期待的事情在情緒上、生理上以及認知上都感到舒服。

結束階段

腳本

　　結束／總結經驗：「好，我們今天做了很多事，而且你太棒了。在我下次見到你之前，你可能會想到一些東西，所以如果你有任何想法、夢境或感覺想要告訴我，或是你覺得讓我知道比較好，你能不能畫圖給我，或是寫下來一些東西，或是告訴你的媽媽和爸爸？」_____

結束未完成會談的程序

1. 說明必須停止的原因，並確認兒童／青少年的狀態。「我們現在需要先停在這邊並整理一下，因為時間差不多了。在我們今天談了這些事情之後，你現在感覺如何？」_____

2. 對所做的努力給予鼓勵和支持：「我們今天很努力，而且你做得很棒。你現在感覺如何？」_____

3. 「讓我們停在這邊，並且在你離開前再進行一次蒐集箱和安全情境。記得你的安全情境嗎？我要請你想著那個地方。你看到了什麼？你聞到了什麼？在那邊有什麼感覺？你在身體的哪個部位注意到它？」_____

未完成會談後的再評估

腳本

1. 「記得我們上次做了什麼嗎？你有想到那件事嗎？從我們上次碰面後，你有什麼想讓我知道的事情嗎？」_____

2. 詢問父母從上次會談後，是否有任何變化（例如：症狀改變、新行為）。

3. 治療師再評估先前標的項的進展程度，以決定標的項是否已被處理（SUD=0，VoC=7）。SUD 大於 0 或 VoC 小於 7 只有在符合生活情境效度時才能接受。治療師在兒童／青少年專注於前次會談中的標的項時再次評估SUD。如果不是，在案主有意識地（影像、認知、情緒、感受）想著這個標的項時，是什麼仍然困擾著他／她？

4. 「當你回到我們上次處理的事情，你現在得到什麼？」_____

等兒童／青少年回答之後，治療師回應：「當你想到＿＿＿＿＿＿＿〔案主的答案〕時，它現在有多困擾你？」（治療師引出 SUD）治療師繼續問兒童／青少年：「而當你想到我們處理的事情和這個（360）想法＿＿＿＿〔治療師重述案主在之前會談中提出的正向認知〕，你現在感覺有多真實？從 1 是完全不真實，到 7 是完全真實。」（治療師可以用手的距離或特定案主先前使用的其他測量方式進行。）

5 治療師持續對與目前症狀有關的所有標的項進行歷程更新，直到所有必要的標的項完成歷程更新為止。

【附錄 I】兒童與青少年的認知　361

兒童認知清單

壞的想法（NC）	好的想法（PC）
我不好	我很好
我在迷霧中	我在明亮的地方／我在陽光下
我快要爆了	我很平靜
我快要爆炸了	我很冷靜
我很熱	我很冰涼（像黃瓜一樣）
我沒有歸屬	我有歸屬
我很笨	我很聰明
我很糊塗	我很聰明
我生病了	我一切都好
我做不到	我可以做到
我受傷了	我好多了
我不明白	我明白
我無法得到幫助	我可以得到幫助
我搞砸了	我盡力了
我什麼都不知道	我真的知道
我快死了	我還活著
我餓了	我很滿足
我不可愛	我很可愛
我很胖	我剛剛好
我迷路了	我找到自己的路
我差點淹死，我很害怕，這讓我屏住呼吸	我告訴自己，你應該高興你能屏住呼吸那麼久
我不能從水裡浮上來	我很高興我會游泳
我沒能和爸爸一起去醫院	我可以和爸爸一起去醫院
我不舒服	我很舒服
我的皮膚感到不舒服	我的皮膚感到舒服

（接續下一頁）

壞的想法（NC）	好的想法（PC）
基本／常見認知	
我不安全	我現在是安全的
我無法保護自己	我可以保護自己
我無法控制	我可以控制
我無法信任	我可以信任

362

註釋：治療師可以選擇將負向認知（NCs）和正向認知（PCs）分為安全、責任和選擇三種類別；然而，兒童的認知往往很具體，很難明確分類至哪個特定類別的 NC 或 PC。

【附錄 J】EMDR 治療法忠誠度問卷　363

階段一：案主生命史蒐集、個案概念化和擬定治療計畫

治療師是否確認案主的生命史和擬定治療計畫？　　　　　　□是 □否

治療師是否篩檢解離症狀和其他可能有礙創傷歷程更新的症狀？　□是 □否

治療師是否對案主解釋適應性訊息處理（AIP）？　　　　　□是 □否

治療師是否以過去─現在─未來的編排進行標的項確認？　　□是 □否

階段二：準備期

您是否確認治療師有討論 EMDR 療法的機制？（座位、火車隱　□是 □否
喻、停止信號、解釋雙側刺激〔BLS〕）

治療師是否協助案主確認安全／平靜情境？　　　　　　　　□是 □否

治療師是否與案主使用資源？　　　　　　　　　　　　　　□是 □否

如果是，是什麼類型的資源？＿＿＿＿＿＿＿＿＿＿＿＿＿＿＿＿＿＿

治療師是否為案主做好準備，進行額外的 EMDR 治療的階段？　□是 □否

治療師是否評估案主的準備情況，以繼續進行創傷歷程更新？　□是 □否

階段三：評估期　364

您是否確認治療師在案主準備投入第四階段減敏感期之前進行多　□是 □否
向度評估？

治療師是否確認特定的記憶或畫面，然後找出最糟糕的部分？　□是 □否

如果是，請描述標的項？＿＿＿＿＿＿＿＿＿＿＿＿＿＿＿＿＿＿＿

治療師是否協助案主確認負向認知（NC）？　　　　　　　□是 □否

如果是，請描述 NC＿＿＿＿＿＿＿＿＿＿＿＿＿＿＿＿＿＿＿＿＿

治療師是否協助案主確認正向認知（PC）？　　　　　　　□是 □否

如果是，請描述 PC＿＿＿＿＿＿＿＿＿＿＿＿＿＿＿＿＿＿＿＿＿

治療師是否協助案主確認認知效度（VoC）？　　　　　　　□是 □否

如果是，最初的 VoC 是？＿＿＿＿＿＿＿＿＿＿＿＿＿＿＿＿＿＿

治療師是否協助案主辨認出一種情緒？ □是 □否
如果是，辨認出的情緒是什麼？_____
治療師是否要求案主評估主觀困擾指數（SUD）？ □是 □否
如果是，SUD 是多少？_____
您是否觀察到治療師協助案主辨認身體感受？ □是 □否
如果是，辨認出什麼樣的身體感受？_____

階段四：減敏感期

治療師是否指導案主開始減敏感？ □是 □否
治療師是否使標的項減敏感到 SUD 為 0？ □是 □否
如果不是，治療師是否進行了減敏感並處理 □是 □否 □不適用
未完成的會談？

階段五：深植期

您是否觀察到治療師檢查 PC 以確認它是否仍然適切或是否換一 □是 □否
個較佳的？
365　您是否確認治療師利用深植過程將 PC 的 VoC 分數提升到 7？ □是 □否

階段六：身體掃描期

您是否確認治療師有進行身體掃描過程？ □是 □否
您是否有觀察到治療師引導案主做清晰的身體掃描？ □是 □否

階段七：結束期

您是否確認治療師完成了結束流程？ □是 □否

階段八：再評估期

在案主治療過程中的某個時刻，您是否確認影片中有與案主一起 □是 □否
進行再評估的過程？

三叉取向

1. 是否有證據顯示治療師有評估現在的狀態？　　　　　　□是 □否
2. 是否有證據顯示治療師評估並歷程更新任何現在的引爆點？　□是 □否
3. 是否有證據顯示治療師對未來藍圖的應用，是透過引導案主將　□是 □否
　 新的技能應用到未來的事件中？

註記：＿＿＿＿＿＿＿＿＿＿＿＿＿＿＿＿＿＿＿＿＿＿＿＿＿＿＿＿＿＿

_____

【附錄 K】兒童和青少年之阻礙信念問卷

兒童和青少年阻礙信念問卷之治療師指南

治療師可以使用此問卷來辨別兒童和青少年的阻礙信念。它改編自思想領域治療法（Callahan & Callahan, 1996）和阻礙信念問卷（Knipe, 1998）。

通常，治療師不知道什麼時候兒童和青少年所說的話實際上是阻礙信念，並且在減慢或阻止處理。治療師可以使用此問卷來評估兒童／青少年所說的內容，實際上是否會導致處理受阻，或者只是將此問卷做為指引。

在問卷中首先列出成人的陳述／阻礙信念，接著列出的是兒童或青少年可能用來表達他或她的阻礙信念的字眼例子。一旦治療師已指出可能的阻礙信念，此等信念就可以直接在評估期標的，並歷程更新以繼續處理先前的標的項。

兒童和青少年阻礙信念問卷

請給每個句子一個分數，從 1（感覺完全不真實）到 7（感覺完全真實）。

我很慚愧我有這個問題。 　　只有怪胎才接受治療。 　　我感覺像是一個科學實驗。	1 2 3 4 5 6 7
我永遠無法克服這個問題。 　　我會永遠有這個問題。	1 2 3 4 5 6 7
我不確定我是否想克服這個問題。 　　什麼都不重要（虛無主義）。	1 2 3 4 5 6 7
如果我解決了這個問題，我會感到被剝奪。 　　如果我一直吃得健康，我就不能吃糖果。	1 2 3 4 5 6 7
我沒有力量或意志力來解決這個問題。 　　這太麻煩了。 　　我不在乎。	1 2 3 4 5 6 7

如果我真的談論這個問題，會有不好的事情發生。 　　談論我對家人的感覺是不好的事。 　　擔心是我保護家人的方式。	1　2　3　4　5　6　7
這是一個只能由其他人解決的問題。 　　這是他們的錯（朋友、家人）。	1　2　3　4　5　6　7
如果我解決了這個問題，我將失去部分真實的自己。 　　展露黑暗面讓我很酷（Emo 音樂曲風、哥德次文化、 　　割腕）。 　　如果我按照老師說的去做，小朋友們就不會再認為我 　　是有趣的了。	1　2　3　4　5　6　7
我不想再思考這個問題了。 　　這太麻煩了。	1　2　3　4　5　6　7
我應該解決這個問題，但我並不總是做我應該做的。 　　每個人總是告訴我該怎麼做，所以我就是不想做。	1　2　3　4　5　6　7
我喜歡有這個問題的人勝過沒有這個問題的人。 　　當一個完美主義者很好。	1　2　3　4　5　6　7
克服這個問題對我來說可能是危險的。 　　如果我變好，一切（家人、朋友）都可能改變。	1　2　3　4　5　6　7
當我試圖思考這個問題時，我無法專注於它。 　　思考這個很無聊（愚蠢）。	1　2　3　4　5　6　7
我說我想解決這個問題，但我從來沒去做。 　　我說這是一個問題是因為我的父母認為是問題……但 　　我真的不這麼認為。	1　2　3　4　5　6　7
我解決這個問題，可能會對其他人不利。 　　我不能獨立，因為我媽媽仍需要我。 　　我的職責是讓我的朋友和家人們維持一切都好。	1　2　3　4　5　6　7
如果我克服了這個問題，我就再也不能擁有它了。 　　我不想變得完美。	1　2　3　4　5　6　7
我不配克服這個問題。 　　我很壞／愚蠢。	1　2　3　4　5　6　7
這個問題比我大太多。 　　我只是個孩子。我能做什麼？	1　2　3　4　5　6　7
如果我克服了這個問題，它會挑戰我的價值觀。 　　我比任何醫生都更了解我的身體。 　　我知道大麻可以幫助我緩解焦慮。	1　2　3　4　5　6　7

369

在我的生活中，有人討厭這個問題。 　　每個人都討厭我（問題）。	1 2 3 4 5 6 7
這個問題會帶來一些好處。 　　惹惱人是一種樂趣。	1 2 3 4 5 6 7
坦率地說，我沒有問題。 　　這不是問題。	1 2 3 4 5 6 7
我有這個問題很久了；我永遠無法徹底解決它。 　　什麼都不會改變。	1 2 3 4 5 6 7
我必須等待去解決這個問題。 　　我必須等待進入更好的學校（不同的家、不同的朋友）。	1 2 3 4 5 6 7
如果我解決了這個問題，我可能會損失很多。 　　我男朋友不會喜歡我的。	1 2 3 4 5 6 7
如果我解決這個問題，主要是為了其他人。 　　這是我父母想要的，而不是我。	1 2 3 4 5 6 7

【附錄 L】網路資源　371

American Academy of Child and Adolescent Psychiatry. (1998). *Practice parameters for the assessment and treatment of children and adolescents with posttraumatic stress disorder*. Retrieved from www.aacap.org/galleries/PracticeParameters/PTSDT.pdf

Association for the Study and Development of Community. (n.d.). *Measures of child social–emotional, behavioral, and developmental well-being, exposure to violence, and environment*. Retrieved from http://capacitybuilding.net/Measures%20of%20CEV%20and%20outcomes.pdf

The Children's Trauma Consortium of Westchester: A Community Service Center of the National Child Traumatic Stress Network. (2007). *Child and adolescent trauma measures*. Retrieved from http://origin.web.fordham.edu/images/academics/graduate_schools/gsss/catm%20-%20introduction.pdf

Dr. Bruce Perry's website. Retrieved from www.childtrauma.org

Emotional Literacy workbooks for kids with free downloads. Retrieved from www.kidseq.com/activity.php

International Society for the Study of Dissociation. (2004). Guidelines for the evaluation and treatment of dissociative symptoms in children and adolescents. *Journal of Trauma & Dissociation, 5*(3), Article 10.1300/J229v05n03_09. Retrieved from www.isst-d.org/education/ChildGuidelines-ISSTD-2003.pdf

National Alliance on Mental Illness. Retrieved from www.nami.org

National Center for PTSD. Retrieved from www.ncptsd.va.gov/ncmain/information (A handout on children of veterans and adults with PTSD can be downloaded from www.nami.org/Content/Microsites191/NAMI_Oklahoma/Home178/Veterans3/Veterans_Articles/9childrenofveteransandadultswithPTSD.pdf.)

PTSD and Dissociative Measures for Children. Retrieved from http://www.nctsn.org/content/standardized-measures-assess-complex-trauma (This site includes all the measures to assess trauma and dissociation for children with free downloadable copies of the forms.)

Steiner, C. (2002). *Emotional literacy: Intelligence with a heart*. Retrieved from www.claudesteiner.com/Training for emotional literacy. http://www.claudesteiner.com/2000_i.htm; Follow links to Steiner's book, *A Warm Fuzzy Tale*.

World Federation for Mental Health. N.I.C.E. Guidelines for treating PTSD. Retrieved from www.nice.org.uk/nicemedia/pdf/CG026fullguideline.pdf

Zero to Three Website. Website for information on infant toddler development with handouts for parents. Retrieved from www.zerotothree.org

　　　　　　　　　　　　【附錄 M】 評量兒童的評估工具

研究人員需要決定對兒童使用哪種評估工具，以辨識創傷事件和創傷症狀。以下是一些可用的評估工具：

A-DES: Adolescent–Dissociative Experiences Scale (Armstrong, Carlson, & Putnam, 1997). Retrieved from www.aspen-therapy.com/pdfs/Aspen%20-%20Adolescent%20Dissociative%20Scale.pdf

BASC-2: Behavioral Assessment Scale for Children (2nd ed.) (Reynolds & Kamphaus, 2002). This form must be purchased.

CDC: Child Dissociative Checklist, Version 3 (Putnam, 1997). Retrieved from secure.ce-credit.com/articles/102019/Session_2_Provided-Articles-1of2.pdf

Child/Adolescent Behavioral Monitoring Form (Adler-Tapia & Settle, 2008a, 2008b).

CITES: Children's Impact of Traumatic Events Scale-2 (Wolfe, Gentile, Michienzi, Sas, & Wolfe, 1991). Retrieved from www.ptsd.va.gov/professional/assessment/child/cites-2.asp

CPSS: Child PTSD Symptom Scale (Foa, Cashman, Jaycox, & Perry, 1997; Foa, Johnson, Feeny, & Treadwell, 2001). Requests for use of this measure must be made to Dr. Edna Foa.

CRIES: The Children's Impact of Event Scale (13). Retrieved from emdrresearchfoundation.org/toolkit/cries-13.pdf

CRTES-Revised: *The Child's Reaction to Traumatic Events Scale–Revised* (Jones, 2002; Jones, Fletcher, & Ribbe, 2002).

DDIS: Dissociative Disorders Interview Scale. Retrieved from www.rossinst.com/downloads/DDIS-DSM-5.pdf

K-SADS-PL: Kiddie-Sads-Present and Lifetime Version. Retrieved from http://www.psychiatry.pitt.edu/sites/default/files/Documents/assessments/ksads-pl.pdf

TSCC: Trauma Symptom Checklist for Children (Briere, 1996). 　　374

TSSC: Traumatic Stress Symptom Checklist for Infants, Toddlers, and Preschoolers (Adler-Tapia, 2001).

參考文獻

Adler-Tapia, R. (2001). *Traumatic stress symptom checklist for infants, toddlers, and preschoolers.* (Unpublished, available from the author).

Adler-Tapia, R. L., & Settle, C. S. (2008a). *EMDR and the art of psychotherapy with children.* New York, NY: Springer Publishing.

Adler-Tapia, R. L., & Settle, C. S. (2008b). *EMDR and the art of psychotherapy with children treatment manual.* New York, NY: Springer Publishing.

Adler-Tapia, R. (2012). EMDR for the treatment of children in the child welfare system who have been traumatized by abuse and neglect. In A. Rubin (Ed.), *Programs and interventions for maltreated children and families at risk* (pp. 141–160). Hoboken, NJ: John Wiley.

Armstrong, J. G., Carlson, E. B., & Putnam, F. W. (1997). Development and validation of a measure of adolescent dissociation: The adolescent dissociative experiences scale. *Journal of Nervous & Mental Disorders, 185*(8), 491–497.

Briere, J. (1996). *Trauma symptom checklist for children: Professional manual.* Lutz, FL: Psychological Assessment Resources.

Foa, E. B., Cashman, L., Jaycox, L., & Perry, K. (1997). The validation of a self-report measure of PTSD: The Posttraumatic Diagnostic Scale™ (PDS™). *Psychological Assessment, 9*(4), 445–451.

Foa, E. B., Johnson, K. M., Feeny, N. C., & Treadwell, K. R. H. (2001). The Child PTSD Symptom Scale: A preliminary examination of its psychometric properties. *Journal of Clinical Child Psychology, 30*, 376–384.

Jones, R. T. (2002). *The child's reaction to traumatic events scale (CRTES): A self-report traumatic stress measure.* Blacksburg, VA: Virginia Polytechnic University.

Jones, R. T., Fletcher, K., & Ribbe D. R. (2002). Child's Reaction to Traumatic Events Scale-Revised (CRTES-R): A self-report traumatic stress measure. (Available from the author, Dept. of Psychology, Stress and Coping Lab, 4102 Derring Hall, Virginia Tech University, Blacksburg, VA 24060).

Putnam, J. (1997). *Dissociation in children and adolescents: A developmental perspective.* New York, NY: Guilford.

Reynolds, C. R., & Kamphaus, R. W. (2002). *Behavioral Assessment Scale for Children* (2nd ed.). Bloomington, MN: Pearson.

Wolfe, V. V., Gentile, C., Michienzi, T., Sas, L., & Wolfe, D. A. (1991). The children's impact of traumatic events scale: A measure of post-sexual abuse PTSD symptoms. *Behavioral Assessment, 13*, 359–383.

375

【附錄 N】註釋書目：
EMDR 治療應用於兒童之研究 *

EMDR 治療應用於個別兒童心理治療之研究概覽

Adler-Tapia, R. L., & Settle, C. S. (2009). Evidence of the efficacy of EMDR with children and adolescents in individual psychotherapy: A review of the research published in peer reviewed journals. *Journal of EMDR Practice and Research, 3*(4), 232–247.

在本文中，作者群使用來自於佛兒和密鐸斯（Foa and Meadows）的黃金標準，出版了 EMDR 治療應用於兒童的研究。此外，許多研究尚未出版，但已於研討會或論文研究中報告，且也註明 EMDR 治療已應用於許多童年診斷上。

Fleming, J. (2012). The effectiveness of eye movement desensitization and reprocessing in the treatment of traumatized children and youth. *Journal of EMDR Practice and Research, 6*(1), 16–26.

本文提供目前所有探討受創的兒童和青少年的 EMDR 處遇研究摘要，在超過 15 個以上的研究中顯示治療的成效。本文仔細考量了類型一和類型二創傷之間的差異，且專門研究 EMDR 對類型一和類型二創傷後兒童和青少年所經歷的創傷性壓力的影響。有相當多的研究評估 EMDR 治療類型一創傷，顯示出 EMDR 對此有效的有力證據，但只有少數的研究專門探討 EMDR 對於類型二
376 創傷的治療。EMDR 對不同症狀和問題範疇的效果也受到檢視，作者亦提出對 EMDR 臨床應用和進一步研究的建議。

Rodenburg, R., Benjamin, A., de Roos, C., Meijer, A. M., & Stams, G. J. (2009). Efficacy of EMDR in children: A meta-analysis. *Clinical Psychology Review, 29*, 599–606.

洛登伯格等人（Rodenburg et al., 2009）從增加效益的角度提供了後設分析審核 EMDR 對兒童的治療成效，本研究評估 EMDR 對照 CBT 的療效，作者群

---

* 此書目可從 springerpub.com/adler-tapia 下載。

以 EMDR 與照護標準或未治療相比做出結論，EMDR 對兒童的療效是獲得支持的。當以 EMDR 治療和 CBT 相比，EMDR 的增加效益在本研究中獲得證實。

EMDR 治療用於個別兒童心理治療的研究

Adler-Tapia, R. L., & Settle, C. S. (2009). *EMDR in the treatment of childhood depression: Findings from a pilot study.* Manuscript submitted for publication.

　　阿德勒－塔皮亞和賽圖（2009）對 2 至 10 歲被確定為犯罪被害人（包括兒童虐待或凶殺證人）的兒童證明治療師遵守 EMDR 範本的能力進行了忠誠度研究。研究者運用使用手冊的研究範本，並且持續地與參與研究的治療師進行諮詢，這些治療師皆完整地接受 EMDR 的訓練，且在對幼童使用 EMDR 治療上有接受進階的訓練。雖然此研究是忠誠度研究，聚焦在記錄治療師與兒童工作時嚴格遵守 EMDR 範本的能力，還是進行了前後測。12 位 3 至 9 歲的兒童被轉介至此前導研究進行 EMDR 治療，並在初談時進行了兒童創傷事件量表、創傷後症狀量表（PTSS-10；Raphael, Lundin & Weisaeth, 1989）以及兒童行為評量系統（BASC）的評估。其後兒童參與了 EMDR 完整的八階段治療，聚焦在一個被辨識出的標的項，且收納其他潛在的標的項，透過重複測量以對兒童進行治療後評估。為了此前導研究的目的，12 位兒童中有七位兒童完成治療範本，這七位兒童在治療前一開始皆被評估有出現明顯的憂鬱症狀而進行治療，其後以 BASC 評估證實在後續治療中憂鬱症狀有顯著下降。在 BASC 評量中，這七位兒童在治療前皆被父母或老師評估症狀在「有危險」或「臨床顯著」的範圍，而在 12 次的 EMDR 範本治療後，遵循夏琵珞博士認可的 EMDR 操作範本，七位兒童皆被評估為「正常範圍」。 377

Ahmad, A., Larsson, B., & Sundelin-Wahlsten, V. (2007). EMDR treatment for children with PTSD: Results of a randomized controlled trial. *Nordic Journal of Psychiatry, 61*(5), 349–354.

　　阿赫曼等人（Ahmad et al, 2007）實施隨機對照研究，在兩組被診斷有 PTSD 的兒童中，比較 EMDR 治療效果與對照組。兒童被隨機分配到 EMDR 治療組和對照組中，總共有 177 位兒童被轉介參與本研究，其中 59 位兒童被診斷為 PTSD，從中錄取 33 位兒童參與本研究。兒童被分配至 EMDR 治療組（17 位）或對照組（16 位），作者群記錄 EMDR 治療組的兒童接受調整過的 EMDR 範本的 EMDR 治療。作者群談到此調整被記載在其他文章中，在出版此研究時被作者群提交一併出版。本研究中，治療師為每位兒童提供八週的門診且每次至多 45 分鐘。作者群總結，接受 EMDR 治療的兒童出現顯著的改善，特別是與 PTSD 有關的再體驗症狀。

Bronner, M. B., Beer, R., Jozine van Zelm van Eldik, M., Grootenhuis, M. A., & Last, B. F. (2009). Reducing acute stress in a 16-year old using trauma-focused cognitive behaviour therapy and eye movement desensitization and reprocessing. *Developmental Neurorehabilitation, 12*(3), 170–174.

布朗納等人（Bronner et al., 2009）使用以創傷為中心的整合性認知行為治療（TF-CBT）和 EMDR 來治療一名有急性壓力的 16 歲女孩。在本個案研究中，作者群提及女孩因潛水意外導致的脊椎損傷所經歷的痛苦記憶、記憶重現和焦慮。作者群使用兒童版事件影響量表來評估青少年的症狀。在 EMDR 治療中，作者群提及一次 20 分鐘的療程，其中包含 EMDR 的評估期和減敏感期，讓兒童聚焦在潛水意外。標準化評估記錄了在治療後，壓力評分顯著降低，且在治療方案之後沒有記憶重現。作者群建議在未來研究中，要大量研究對兒童的治療成效。

Chemtob, C., Nakashima, J., & Carlson, J. (2002). Brief treatment for elementary school children with disaster-related posttraumatic stress disorder: A field study. *Journal of Clinical Psychology, 58*(1), 99–112.

378　　錢姆托等人（Chemtob et al., 2002）使用應用行為分析隨機間隔組設計，來評估使用三次 EMDR 療程治療 40 位經歷自然災害三年後被評估有 PTSD 的兒童。此研究為有創傷相關症狀的兒童進行評估，他們在夏威夷颶風伊尼基後持續地出現與 PTSD 有關的症狀。研究設計用以評估在此災難後為兒童進行臨床治療的效果，是一控制研究，目標為評估為災難後有 PTSD 的兒童使用短期治療。本研究不是設計來評估 EMDR 的療效，而是聚焦在災難後兒童治療的需求。作者群解釋他們選擇 EMDR 做為本研究的治療方法的基本原理，且總結 EMDR 是可操作且顧及忠誠度和快速治療成效的潛在證據，因為在早前的成人研究中，表明此治療方式對單一創傷事件的治療效果。雖然並非特別聚焦在評估 EMDR 做為一種治療方式的成效，本研究指出對與災難相關 PTSD 的兒童進行三次 EMDR 療程，能對症狀表現有所改善。

Cocco, N., & Sharpe, L. (1993). An auditory variant of eye movement desensitization in a case of childhood post-traumatic stress disorder. *Journal of* Behavior Therapy and Experimental Psychiatry, 24(4), 373–377.

柯科和夏普（Cocco and Sharpe, 1993）錄下對一位 4 歲男孩使用 EMDR 來治療他的 PTSD 的個案研究，作者們報告他們使用「EMD 程序」來治療兒童的症狀，而作者們發現在三週後其症狀減少。在本研究中，作者們紀錄單一個案研究，治療師運用 EMDR 範本的片段來治療這位 4 歲的男孩，本研究是最早記錄在非常年幼的兒童身上運用 EMDR 範本的研究之一。

de Roos, C., & de Jongh, A. (2008). EMDR treatment of children and adolescents with a choking phobia. *Journal of EMDR Practice and Research, 2*(3), 201–211.

　　德‧路斯和德‧榮（de Roos and de Jongh, 2008）使用懼怕症範本來治療四名年齡介於 4 至 18 歲兒童的窒息恐懼症。不似過往將 EMDR 用於有窒息恐懼症兒童的研究，本研究是第一個應用夏琵珞所著之恐懼症範本且標的了創傷記憶而非症狀的研究。在本研究的病例中，作者群提到 EMDR 治療消除了所有窒息恐懼症的症狀。

de Roos, C., Greenwald, R., de Jongh, A., & Noorthorn, E. O. (2004, November). *EMDR (Eye Movement Desensitization and Reprocessing) versus CBT (Cognitive Behavioral Therapy) for disaster-exposed children: A controlled study.* Poster session presented at the annual meeting of the International Society for Traumatic Stress Studies, New Orleans.

　　在本研究中，德‧路斯等人（de Roos et al., 2004）實施了 EMDR 與 CBT 的比較研究，研究參與者為 52 位年齡介於 4 至 18 歲的兒童，他們在 2000 年 5 月 13 日於荷蘭的恩斯赫德市，經歷了煙火工廠的爆炸。這些兒童被轉介至恩斯赫德的心理健康災後照顧中心，且隨機各分配 28 位兒童轉介進行 EMDR 或 CBT 治療。研究者追蹤後回報 20 位接受 CBT 治療的兒童以及 18 位接受 EMDR 治療的兒童完成了治療。研究者總結兩種療法皆是有效的，而 EMDR 在統計上證明了在每次療程中有較大的改變，且只需要較少的療程。本研究的作者群提到本研究中所有的治療師皆完整接受 EMDR 與 CBT 的訓練，並使用操作範本，且由獨立的評分員評估。研究者也表示 EMDR 團體中的兒童平均需要 3.2 次療程，而 CBT 團體中的兒童平均需要 4 次療程。後續追蹤顯示治療效果得以維持。

de Roos, C., Greenwald, R., den Hollander-Gijsman, M., Noorthoorn, E., van Buuren, S., & de Jongh, A. (2011). A randomised comparison of cognitive behavioural therapy (CBT) and eye movement desensitisation and reprocessing (EMDR) in disaster-exposed children. *European Journal of Psychotraumatology, 2,* 1–11. doi:10.3402/ejpt. v2i0.5694.

　　德‧路斯等人（de Roos et al., 2011）比較了 EMDR 與 TF-CBT 治療 52 位經歷煙火爆炸而出現災難相關的 PTSD 症狀的兒童。在此研究中，38 位年齡介於 4 歲至 18 歲的兒童被隨機分配至 EMDR 或 TF-CBT，每位兒童接受 4 次療程，且每次療程至多 60 分鐘，並制定完成研究方案的具體標準。雖然參與者在兩種治療方法中都顯示出創傷後壓力症狀的減少，但作者群提及 EMDR 治療總體來說比 TF-CBT 更有效率。EMDR 組中的參與者（N＝18）在較少的療程中（平均為 3.17）完成治療範本，相較於 TF-CBT 組（N＝20）（平均為 4.0 療程）。

379

Greenwald, R. (1994). Applying eye movement desensitization and reprocessing (EMDR) to the treatment of traumatized children: Five case studies. *Anxiety Disorders Practice Journal, 1*(2), 83–97.

格林瓦德（Greenwald, 1994）記錄了五個 EMDR 運用於兒童的個案研究。在 1992 年颶風安德魯襲擊佛羅里達後，作者提及為轉介來的五名兒童各提供 2 次心理治療，作者表示在颶風過後兩週與治療前跟這些兒童的母親進行了一次結構式訪談。對母親們進行問題評定量表（PRS），以評估颶風前一週、颶風襲擊後兩週以及治療完成後一週兒童對每種症狀的困擾，並在治療期間測量主觀困擾指數（SUD）。作者也寫下在最後的療程後一週與四週進行電話追蹤訪談，表示兒童在治療後顯示出症狀改善。

Hensel, T. (2009). EMDR with children and adolescents after single-incident trauma—An intervention study. *Journal of EMDR Practice and Research 3*(1), 2–9.

韓賽爾（Hensel, 2009）隨機分配 36 位年齡介於 1 至 18 歲之間的兒童及青少年，轉介至作者的私人診所中接受 EMDR 訓練或對照組。作者提及所有的兒童皆被評估為只經驗單一事件創傷。韓賽爾發現所有 36 位兒童都有明顯且快速的改善，而兒童的父母在後續追蹤中回報治療後的療效維持 6 個月以上，他也提到學齡前和學齡兒童對治療的反應沒有顯著差異。Hensel 使用 CROPS ／ PROPS 做為治療前後的評估。

Jaberghaderi, N., Greenwald, R., Rubin, A., Dolatabadim, S., & Zand, S. O. (2002). A comparison of CBT and EMDR for sexually abused Iranian girls. *Clinical Psychology and Psychotherapy, 11,* 358–368.

賈伯哈德里等人（Jaberghaderi et al., 2002）將 EMDR 與認知行為療法（CBT）治療受到性虐待的伊朗女孩進行比較。研究者隨機分配 14 位年齡介於 12 至 13 歲的女孩接受 CBT 或 EMDR 治療，而後比較兩個組的治療結果。研究者實施了前後測，評量包含 CROPS、PROPS、魯特教師量表（Rutter Teacher Scale）以及治療前和治療後兩週的 SUD。研究者總結「兩種治療對創傷後症狀結果皆有較大的影響，對行為結果有中等的影響，上述結果皆具有統計學上的意義，自評創傷後壓力症狀的報告利於 EMDR 而非 CBT，然此結果未達顯著趨勢。」

Muris, P., Merckelbach, H., Holdrinet, I., & Sijsenaar, M. (1998). Treating phobic children: Effects of EMDR versus exposure. *Journal of Consulting and Clinical Psychology, 66,* 193–198.

Muris, P., Merckelbach, H., van Haaften, H., & Mayer, B. (1997). Eye movement desensitization and reprocessing versus exposure in vivo: A single-session crossover study of spider-phobic children. *British Journal of Psychiatry, 171,* 82–86.

在兩篇不同的研究中，莫利斯等人（Muris et al., 1997, 1998）比較使用 EMDR 與暴露療法在治療有蜘蛛恐懼症的兒童的差異，研究者總結使用 EMDR 沒有顯著的改善症狀，此研究是第一個比較使用暴露療法與 EMDR 在治療蜘蛛恐懼症兒童上的差異；然而，作者提及在 EMDR 治療中，他們標的了蜘蛛恐懼症的症狀，而非治療兒童與懼怕行為／症狀有關的創傷記憶。研究者隨機分配 26 位被認為有「蜘蛛恐懼症」的兒童進行三次心理治療。治療的第一階段包括一次 1.5 小時的 EMDR 療程（據作者表示遵循夏琵珞建議的範本），用電腦處理實境或實境暴露法，而後評估兒童的症狀。第二階段的治療包括讓所有的兒童參與 2.5 小時的實境暴露法團體治療，研究者隨後對所有的參與者進行第二次的評估，得出實境暴露法仍然是治療兒童蜘蛛恐懼症的首選治療方法的結論（p. 193）。此研究在研究法上受到每種治療條件下受試者數量的限制；以一個 1.5 小時的 EMDR 療程治療九名兒童，包括個別和團體治療在內的多種情況。 381

Oras, R., Cancela De Ezpeleta, S., & Ahmad, A. (2004). Treatment of traumatized refugee children with eye movement desensitization and reprocessing in a psychodynamic context. *Nordic Journal of Psychiatry, 58,* 199–203.

歐拉斯等人（Oras et al., 2004）用 EMDR 治療 13 位年齡介於 8 至 16 歲的兒童，他們在 1996 年至 1999 年期間與家人住在瑞典的一個難民營中。所有的兒童都曾遭受恐怖主義襲擊，並被安置在難民營中等待，以了解他們向瑞典申請獲得庇護的進度。這些兒童被轉介至瑞典烏普拉大學醫院的兒童及青少年精神醫學部門，作者表示會依據兒童的需求，將 EMDR 與談話治療、遊戲治療和其他治療方式結合。療程次數從 5 至 25 次不等，而以 EMDR 為主的治療對每位兒童案主進行 1 至 5 次不等的療程。作者群在文章中總結了 EMDR 八階段範本，然而沒有評估操作的治療範本和忠誠度。作者最初使用 PTSS–C、總體功能評估量表（GAF）來評估兒童的症狀，然後在治療完成後再次評估。作者發現在功能及 PTSD 症狀上有顯著改善，特別是再體驗的症狀。從治療前／後施測的 PTSS–C 和 GAF 量表中，治療師得出結論：兒童的 PTS 症狀有所改善或減輕，但在治療後沒有症狀的兒童，他們的家庭已獲得庇護並生活在永久的住家中。研究者得出的結論是：兒童在與再體驗相關的症狀上表現出最為顯著的進步，但在迴避的症狀方面進步幅度較小。這項研究是第一個將個別 EMDR 治療應用於在難民營裡生活極度不確定與困難狀況中的兒童的結果研究。雖然作者在文章中概述了 EMDR 治療八階段治療範本，但作者沒有使用操作性的治療範本，也沒有評估忠誠度。作者表示他們將談話治療、遊戲治療和心理動力療法整合至兒童的治療中。在本研究中，進行治療的心理師沒有為了提高獨立評估者的效度而進行前／後測評量。 382

Pellicer, X. (1993). Eye movement desensitization treatment of a child's nightmares: A case report. *Journal of Behavior Therapy and Experimental Psychiatry, 24*(1), 73–75.

　　培利瑟（Pellicer, 1993）在最初一篇關於應用 EMD 於兒童的文章中，記錄了使用 EMD 來治療 10 歲女孩的惡夢，作者寫下兒童的惡夢在一次 EMD 治療後得以緩解。（在此治療文件撰寫當下，EMDR 中的「R」尚未被包含在內。）

Puffer, M., Greenwald, R., & Elrod, D. (1998). A single session EMDR study with twenty traumatized children and adolescents. *International Electronic Journal of Innovations in the Study of the Traumatization Process and Methods for Reducing or Eliminating Related Human Suffering, 3*(2), Article 6. Retrieved from http://www.fsu.edu/~trauma/v3i2art6.html

　　帕夫等人（Puffer, 1998）使用間隔設計來評估對被認定有「單一創傷記憶」的兒童進行一次性 EMDR 療程之有效性，在此研究中，22 位 8 至 17 歲的兒童「在便利性的基礎上（他們可以選擇在學校放假前或放假後進行）被平均分配在治療組和延遲治療組中」。在開始治療前，所有的兒童都接受了兒童表現焦慮量表（CMAS）、事件影響量表（IES）、主觀困擾指數（SUD）和正向認知效度（VoC）的評估，其中包含由一位已完成「EMDR 學會認證課程訓練之前半部」的博士生所提供的單次 90 分鐘的 EMDR 療程（p. 4）。研究者得出結論：「……針對創傷記憶的測量（IES、SUD、VoC）均顯示出相較於 CMAS，對 EMDR 治療有較佳的反應，而 CMAS 是一種較全面的焦慮測量方法」（p. 5）。同樣地在本研究中，由於沒有使用操作性治療範本，因此很難確定兒童接受了什麼治療。而因為提供治療的博士生尚未完成 EMDR 的基礎訓練，很難想像治療師如何在 90 分鐘內遵守 EMDR 範本且完成治療的八階段，這使得本研究更加複雜。

Rubin, A., Bischofshausen, S., Conroy-Moore, K., Dennis, B., Hastie, M., Melnick, L.,...Smith, T. (2001). The effectiveness of EMDR in a child guidance center. *Research on Social Work Practice, 11*(4), 435–457.

383　　魯賓等人（Rubin et al., 2001）將 39 位年齡介於 6 至 15 歲的兒童，以手足配對的方式將之隨機分配至治療組或對照組中，以比較在兒童輔導中心接受治療的兒童的治療結果。在這項研究中，41％兒童的父母有一位患有可被診斷的精神疾病，研究者向兒童的一位家長提供兒童行為檢核表（CBCL）讓他們填寫。在前測中，39 位參與者中有 33 位參與者在 CBCL 獲得臨床高分。在本研究中，有 16 位兒童在對照組中，他們接受中心的標準照護治療，而治療組中 23 位兒童接受與對照組相同的治療，並增加了 3 次 EMDR 治療。參與研究的兒童接受的個人遊戲治療、團體治療和家族治療的整合治療，實驗組的療程中

位數為 21 次，對照組為 22 次，而研究者在研究中沒有提到治療療程的範圍。研究者總結需要進行更多研究，但在本研究中，無論是治療組或對照組，都沒有在後測得分上發現有統計學上的顯著意義。研究者指出，這些兒童呈現出混合的心理健康診斷，33％的兒童正在服用精神藥物，41％有一位父母被診斷出患有精神疾患。由於這些兒童呈現出一系列的臨床診斷，且有 41％的兒童與被診斷患有精神疾病的父母一起生活，因此很難確定哪些變量可能會影響治療結果。

Scheck, M., Schaeffer, J. A., & Gillette, C. (1998). Brief psychological intervention with traumatized young women: The efficacy of eye movement desensitization and reprocessing. *Journal of Traumatic Stress, 11,* 25–44.
　　謝克等人（Scheck et al., 1998）研究 EMDR 對於受創的年輕女性的療效，60 位年齡介於 16 歲至 25 歲的女性被隨機分配到 EMDR 或主動傾聽（AL）控制的兩個療程中。結果測量（貝克憂鬱量表、狀態—特質焦慮量表、賓大創傷後壓力症候群量表、事件影響量表、田納西自我概念量表）的多因數變異分析（變異數分析）交互作用和單純主要效果表明兩者皆有顯著改善，且 EMDR 治療的參與者在治療前後有更大的改變。EMDR 組的前後效應值為 1.56，而 AL 組為 0.65。儘管 EMDR 的療程短，但 EMDR 治療組的參與者的治療後結果變量平均值在所有指標上，皆優於非患者或成功治療的正常組。

Soberman, G., Greenwald, R., & Rule, D. (2002). A controlled study of eye movement desensitization and reprocessing (EMDR) for boys with conduct problems. *Journal of Aggression, Maltreatment and Trauma, 6*(1), 217–236.
　　索柏曼等人（Soberman et al., 2002 ）操作了一個研究，研究者在 29 位年齡介於 10 歲至 16 歲被診斷為有行為疾患的男孩的治療範本中，增加三次 EMDR 療程，他們正在接受心理健康計畫提供的心理治療，該計畫包括住院和門診治 384 療服務。這些男孩被隨機分配至標準照護或標準照護「加上三次聚焦於 EMDR 創傷療程」，索柏曼等人（2002）使用 EMDR 來治療男孩們明顯的行為問題表現之下潛在的可能創傷。這項研究發現「與記憶相關的痛苦以及減少創傷後症狀的趨勢」有顯著減少，該研究還發現接受 EMDR 療程的男孩在「二個月的追蹤訪談中其問題行為也大量且顯著地減少」（p. 217）。這是第一個使用 EMDR 治療被診斷出有行為問題的兒童的研究，並且概念化這些兒童是因有潛在的創傷而導致明顯的行為問題。

Tufnell, G. (2005). Eye movement desensitization and reprocessing in the treatment of pre-adolescent children with post-traumatic symptoms. *Clinical Child Psychology and Psychiatry, 10*(4), 587–600.

塔夫內爾（Tufnell, 2005）用 EMDR 治療了四名分別為 4 歲、5 歲、10 歲和 11 歲的兒童，這四位兒童皆在經歷車禍意外後出現創傷後壓力症候群，而被轉介接受心理治療。此系列案例是第一個記錄 EMDR 應用於車禍意外後的兒童身上的研究。在此系列案例中，沒有使用標準評量來評估兒童的症狀或功能，所有症狀皆基於父母的報告和治療師的評估。作者指出治療包括針對幼兒的敘事 EMDR 療程和針對兩個年齡較長的兒童的三次 EMDR 療程，每位兒童至多可進行七次療程。在這篇文章中，塔夫內爾總結認為治療是快速有效的，這項研究是第一個透過治療師的治療敘述記錄了 EMDR 用於經歷車禍意外的幼兒的研究。

Wanders, F., Serra, M., & de Jongh, A. (2008). EMDR versus CBT for children with self-esteem and behavioral problems: A randomized controlled trial. *Journal of EMDR Practice and Research, 2*(3), 180–189.

萬德等人（Wander et al., 2008）進行了 EMDR 與 CBT 的比較研究，26 位有行為問題的兒童在住院或門診診所的標準照護之前，隨機分配了四次 EMDR 療程或 CBT 療程。在治療後評估和 6 個月的追蹤訪談中，研究者發現 EMDR 和 CBT 對行為和自尊問題皆具有顯著的正向影響，EMDR 治療更快速，並且不像 CBT 一樣要進行家庭作業。

385 針對 EMDR 團體／蝴蝶擁抱範本應用於兒童的研究

Adúriz, M. E., Knopfler, C., & Bluthgen, C. (2009). Helping child flood victims using group EMDR intervention in Argentina: Treatment outcome and gender differences. *International Journal of Stress Management, 16*(2), 138–153.

此範本將標準的 EMDR 八階段（Shapiro, 2001）、團體治療模式和藝術治療型態相結合，並使用蝴蝶擁抱（Artigas, Jarero, M auer, López Cano, & Alcalá, 2000）做為自我操作的雙側刺激類型，修改個別 EMDR 範本的原因是為了在災難發生後提供心理健康服務並滿足心理健康群體的需求。該範本最初是為了與兒童一起工作而設計的（Artigas 等人，2000），後來被修改為可使用於成人（Artigas & Jarero, 2014）。此範本在時間、資源和結果方面優於其他範本的團體治療（Adúriz 等人，2009）。

Fernandez, I., Gallinari, E., & Lorenzetti, A. (2004). A school-based eye movement desensitization and reprocessing intervention for children who witnessed the Pirelli Building airplane crash in Milan, Italy. *Journal of Brief Therapy, 2*(2), 129–135.

費南德茲等人（Fernandez et al., 2004）說明了將 EMDR 應用於 236 名年

齡介於 6 至 11 歲的學童，他們目睹了墜機事故。這項研究涵括 EMDR 團體範本研究中最大的兒童母群。「『蝴蝶擁抱』是一種『使用雙重覺知刺激與標準的 EMDR 範本多樣態』的介入」（Jarero, Artigas, Mauer, López Cano & Alcalá, 1999）。根據治療後 30 天的教師回報，研究者總結除了兩位兒童之外，其他所有兒童都恢復了災難前的功能。

Jarero, I., Artigas, L., & Hartung, J. (2006). EMDR integrative group treatment protocol: A postdisaster trauma intervention for children and adults. *Traumatology, 12*(2), 121–129.

　　賈瑞若等人（Jarero et al., 2006）對在墨西哥彼德拉斯內格拉斯（Piedras Negras）的兒童進行了一項 EMDR 團體範本的研究，在該處因洪水造成當地居民死亡並摧毀了許多房屋。研究小組治療了 44 名年齡介於 8 至 15 歲的兒童，共有 22 名男孩與 22 名女孩參與了研究。研究者使用了作者創建的 EMDR 團體範本（Jarero 等人，1999）來治療兒童，本研究中的研究者使用兒童對創傷事件反應量表（CRETS; Jones, 2002）進行了前測和後測評估，並在該團體治療後四週的追蹤訪談中，發現參與者的 CRTES 分數顯著下降。

Korkmazlar-Oral, U., & Pamuk, S. (2002). Group EMDR with child survivors of　386 the earthquake in Turkey. In J. Morris-Smith (Ed.), *Occasional Papers Series 19: EMDR: Clinical applications for children* (pp. 47–50). London: Association for Child Psychology and Psychiatry, William Yule (Ed.), ACPP Occasional Paper Series Editor.

　　寇克馬茲拉－歐洛和帕慕克（Korkmazlar-Oraland Pamuk, 2002）使用 EMDR 團體範本來治療土耳其地震後的兩組兒童。在這項研究中，研究者為 16 位年齡介於 10 歲至 11 歲的兒童提供了 EMDR 團體治療活動。參與研究的兒童以必須失去直系親屬、房屋被拆除且「沒有機會與任何人分享他／她的經驗」的兒童為對象。整個治療在 3.5 小時內完成，如同作者所稱，這篇文章是為了記錄一個治療受創兒童的人道主義計畫，而不是以研究為目的，因此只能報告軼事類型證據。這項研究是一項實地研究，其中研究方法次要於治療經歷災難的兒童。

Wilson, S., Tinker, R., Hofmann, A., Becker, L., & Marshall, S. (2000, November). *A field study of EMDR with Kosovar-Albanian refugee children using a group treatment protocol.* Paper presented at the annual meeting of the International Society for the Study of Traumatic Stress, San Antonio, TX.

　　威爾森等人（Wilson et al., 2000，11 月）在德州聖安東尼奧市舉辦的國際創傷壓力研究學會年會上，發表了一篇題目為「對科索沃阿爾巴尼亞的兒童難民使用團體治療方案進行 EMDR 實地研究」的論文。研究者對來自德國赫馬爾的

科索沃阿爾巴尼亞族難民營中的兒童進行了實地研究，汀克（Tinker）博士稱，威爾森博士和他運用蝴蝶擁抱團體範本治療了兩組兒童。較年輕的組別包括 17 名 6 至 10 歲的兒童，較年長的組別為九名 11 至 13 歲的兒童。

在這項研究中，研究者在治療前和治療後使用賽夫（Saigh）兒童 PTSD 量表和兒童簡易精神疾病評定量表來測量兒童的症狀。在這項實地研究中，兒童在他們的生命中經歷了高度的痛苦和創傷，雖然這些創傷事件不一定相同。研究者對兩組兒童皆採用有效力的前後測評量，然而在參與團體方案之前，年長組已經參加了六個月的治療，研究者回應了兒童的需求，並進行了以滿足兒童的心理健康為主之研究。

Zaghrout-Hodali, M., Alissa, F., Sahour, B., & Dodgson, P. W. (2008). Building resilience and dismantling fear: EMDR group protocol with children in an area of ongoing trauma. *Journal of EMDR Practice and Research, 2*(2), 106–113.

387　　札格洛特－霍大利等人（Zaghrout-Hodali et al., 2008）對在伯利恆經歷過槍擊的兒童進行實地研究。研究者指出，除了治療兒童對家庭和社區創傷事件的反應外，EMDR 團體方案對兒童在遇到新的創傷事件時表現出更強的復原力是有幫助的。札格洛特－霍大利等人（2008）指稱，七位年齡介於 8 至 12 歲的兒童在槍擊事件後被父母轉介尋求心理幫助，其中有四位兒童在事件中受傷，另一位與該團體一起玩的兒童受了比較嚴重的傷，而在他身體狀況夠好時接受了個別的 EMDR 治療。這七位兒童由兩位訓練有素的 EMDR 治療師治療，他們也接受過團體方案的培訓並擁有豐富的臨床經驗，治療包含四次療程和一次「在第四次諮商之後四至五個月內」的後續追蹤。札格洛特－霍大利等人（2008）稱他們使用了 Wilson 等人（2000）描述的蝴蝶擁抱範本，其中包含 EMDR 範本的八階段。

其他資源

Adler-Tapia, R. L. (2008). *EMDR group protocol fidelity manual.* Camden, CT: EMDR/HAP.

Adler-Tapia, R. L., & Settle, C. S. (2004). *EMDR fidelity manual: Children's protocol.* Camden, CT: EMDR/HAP.

Adler-Tapia, R. L., & Settle, C. S. (2008). *EMDR and the art of psychotherapy with children.* New York, NY: Springer Publishing.

Adler-Tapia, R. L., & Settle, C. S. (2008). EMDR psychotherapy with children. In A. Rubin & D. W. Springer (Eds.), *Treatment of traumatized adults and children: Part of the clinician's guide to evidence based practice series.* New York, NY: Wiley.

Adler-Tapia, R. L., & Settle, C. S. (2009). EMDR assessment and desensitization phases with children: Step-by-step directions. In M. Luber (Ed.), *EMDR scripted protocols.* New York, NY: Springer Publishing.

Greenwald, R. (1999). *Eye movement desensitization and reprocessing (EMDR) in child and adolescent psychotherapy.* Northvale, NJ: Jason Aronson Press.

Greyber, L., Dulmus, C., & Cristalli, M. (2012, October). Eye movement desensitization reprocessing, posttraumatic stress disorder, and trauma: A review of randomized controlled trials with children and adolescents. *Child & Adolescent Social Work Journal, 29*(5), 409–425.

Jarero, I., & Artigas, L. (2009). EMDR integrative group treatment protocol. *Journal of EMDR Practice and Research, 3*(4), 287–288.

Jarero, I., & Artigas, L. (2010). The EMDR integrative group treatment protocol: Application with adults during ongoing geopolitical crisis. *Journal of EMDR Practice and Research, 4*(4), 148–155.

Jarero, I., Artigas, L., & Luber, M. (2011). The EMDR protocol for recent critical incidents: Application in a disaster mental health continuum of care context. *Journal of EMDR Practice and Research, 5*(3), 82–94.

Jarero, I., Artigas, L., & Montero, M. (2008). The EMDR integrative group treatment protocol: Application with child victims of mass disaster. *Journal of EMDR Practice and Research, 2,* 97–105.

Kemp, M., Drummond, P., & McDermott, B. (2010). A wait-list controlled pilot study of eye movement desensitization and reprocessing (EMDR) for children with post-traumatic stress disorder (PTSD) symptoms from motor vehicle accidents. *Clinical Child Psychology and Psychiatry, 15*(1), 5–25. (Originally published online November 18, 2009).

Lovett, J. (1999). *Small wonders: Healing childhood trauma with EMDR.* New York, NY: The Free Press.

Popky, A. J. (2005). DeTUR, an urge reduction protocol for addictions and dysfunctional behaviors. In R. Shapiro (Ed.), *EMDR solutions: Pathways to healing* (pp. 167–188). New York, NY: W. W. Norton.

Rodenburg, R., Benjamin, A., Meijer, A. M., & Jongeneel, R. (2009, September) Eye movement desensitization and reprocessing in an adolescent with epilepsy and mild intellectual disability. *Epilepsy & Behavior, 16*(1), 175–180.

Tinker, R. H., & Wilson, S. A. (1999). *Through the eyes of a child: EMDR with children.* New York, NY: W. W. Norton & Co.

Wadaa, N. N., Zahari, N. M., & Alqashan, H. F. (2010, Spring). The use of EMDR in treatment of traumatized Iraqi children. *Digest of Middle East Studies, 19*(1), 26–36.

388

參考文獻

Artigas, L., & Jarero, I. (2014). The butterfl y hug. In M. Luber (Ed.), *Implementing EMDR early mental health interventions for man-made and natural disasters: Models, scripted protocols, and summary sheets* (pp. 127–130). New York, NY: Springer Publishing.

Artigas, L., Jarero, I., Mauer, M., López Cano, T., & Alcalá, N. (2000, September). *EMDR and traumatic stress after natural disasters: Integrative treatment protocol and the Butterfly Hug.* Poster presented at the EMDRIA Conference, Toronto, Ontario, Canada.

Jarero, I., Artigas, L., Mauer, M., López Cano, T., & Alcalá, N. (1999, November). *Children's post traumatic stress after natural disasters: Integrative treatment protocol.* Poster presented at the annual meeting of the International Society for Traumatic Stress Studies, Miami, FL.

Jones, R. T. (2002). *The child's reaction to traumatic events scale (CRTES): A self-report traumatic stress measure.* Blacksburg: Virginia Polytechnic University.

Raphael, B., Lundin, T., & Weisaeth, L. (1989). A research method for the study of psychological and psychiatric aspects of disaster. *Acta Psychiatrica Scandinavica, 353,* 1–75. Retrieved from http://dx.doi.org/10.1111/j.1600-0447.1989.tb03041.x

Shapiro, F. (2001). *Eye movement desensitization and reprocessing: Basic principles, protocols, and procedures* (2nd ed.). New York, NY: Guilford.

【附錄 O】名詞索引 389

編按：附錄所標示之數字為原文書頁碼，查閱時請對照貼近內文左右之原文頁碼。

392

393

394

F

397

398

399

400

Psychotherapy 065

EMDR 應用於兒童心理治療之藝術：
從嬰兒到青少年（第二版）

EMDR and the Art of Psychotherapy with Children:
Infants to Adolescents, Second Edition

著—羅比‧阿德勒—塔皮亞（Robbie Adler-Tapia）、卡洛琳‧賽圖（Carolyn Settle）
譯—謝馨儀、朱品潔、余芊慧、陳美秀、楊雅婷
審閱—鄔佩麗

出版者—心靈工坊文化事業股份有限公司
發行人—王浩威　總編輯—徐嘉俊
責任編輯—裘佳慧　特約編輯—林婉華
內頁排版—龍虎電腦排版股份有限公司
通訊地址—106 台北市信義路四段 53 巷 8 號 2 樓
郵政劃撥—19546215　戶名—心靈工坊文化事業股份有限公司
電話—（02）2702-9186　傳真—（02）2702-9286
Email—service@psygarden.com.tw　網址—www.psygarden.com.tw

製版‧印刷—中茂分色製版印刷股份有限公司
總經銷—大和書報圖書股份有限公司
電話—（02）8990-2588　傳真—（02）2290-1658
通訊地址—242 新北市新莊區五工五路 2 號（五股工業區）
初版一刷—2023 年 4 月　ISBN—978-986-357-289-3　定價—860 元

The original English language work:
EMDR and the Art of Psychotherapy with Children
ISBN: 9780826138019
by **Robbie Adler-Tapia PhD and Carolyn Settle, LCSW**
has been published by:
Springer Publishing Company
New York, NY, USA
Copyright © 2017. All rights reserved.
This edition arranged with Springer Publishing Company through
Big Apple Agency, Inc., Labuan, Malaysia
Complex Chinese translation copyright © 2023 by PsyGarden Publishing Company
All Rights Reserved

國家圖書館出版品預行編目資料

EMDR 應用於兒童心理治療之藝術：從嬰兒到青少年 ／羅比‧阿德勒—塔皮亞
（Robbie Adler-Tapia）、卡洛琳‧賽圖（Carolyn Settle）著, 謝馨儀、朱品潔、余
芊慧、陳美秀、楊雅婷譯 . -- 初版 . -- 臺北市：心靈工坊文化事業股份有限公
司 2023.4
　　面；　公分 . -- （Psychotherapy；065）
譯自：EMDR and the Art of Psychotherapy with Children: Infants to Adolescents
ISBN 978-986-357-289-3（平裝）

1.CST: 心理創傷　2.CST: 心理治療

178.8　　　　　　　　　　　　　　　　　　　　　　　　112004682